Schnellübersicht
AutoCAD 2000

Josef Steiner
Robert Valentin

Markt&Technik
Buch- und Software-
Verlag GmbH

SCHNELL-ÜBERSICHT

AutoCAD 2000
AutoCAD 2000
AutoCAD 2000
AutoCAD 2000
AutoCAD 2000
AutoCAD 2000
AutoCAD 2000
AutoCAD 2000
AutoCAD 2000
AutoCAD 2000
AutoCAD 2000

Die Deutsche Bibliothek – CIP-Einheitsaufnahme

Sommer Werner:
AutoCAD 2000 / Werner Sommer / Hermann Knauer. –
München : Markt und Technik Verl. 2000
   (Schnellübersicht)
   ISBN 3-8272-5639-9

Die Informationen in diesem Produkt werden ohne Rücksicht auf einen eventuellen
Patentschutz veröffentlicht. Warennamen werden ohne Gewährleistung der freien
Verwendbarkeit benutzt. Bei der Zusammenstellung von Texten und Abbildungen wurde
mit größter Sorgfalt vorgegangen. Trotzdem können Fehler nicht vollständig ausgeschlossen
werden. Verlag, Herausgeber und Autoren können für fehlerhafte Angaben
und deren Folgen weder eine juristische Verantwortung noch irgendeine Haftung
übernehmen. Für Verbesserungsvorschläge und Hinweise auf Fehler sind Verlag und
Herausgeber dankbar.

Alle Rechte vorbehalten, auch die der fotomechanischen Wiedergabe und der
Speicherung in elektronischen Medien. Die gewerbliche Nutzung der in diesem Produkt
gezeigten Modelle und Arbeiten ist nicht zulässig.

Fast alle Hardware- und Softwarebezeichnungen, die in diesem Buch erwähnt werden,
sind gleichzeitig auch eingetragene Warenzeichen oder sollten als solche betrachtet werden.

Umwelthinweis:
Dieses Buch wurde auf chlorfrei gebleichtem Papier gedruckt.
Die Einschrumpffolie – zum Schutz vor Verschmutzung – ist aus umweltverträglichem
und recyclingfähigem PE-Material.

10 9 8 7 6 5 4 3 2

03   02   01   00

ISBN 3-8272-5639-9

© 2000 by Markt&Technik Verlag,
ein Imprint der Pearson Education Deutschland GmbH
Martin-Kollar-Straße 10–12, 81829 München/Germany
Alle Rechte vorbehalten
Einbandgestaltung: Grafikdesign Heinz H. Rauner, München
Druck und Verarbeitung: Freiburger Graphische Betriebe, Freiburg
Printed in Germany

Was finden Sie in dieser Schnellübersicht?

Tabellenübersicht	6
Inhaltsverzeichnis	7
Vorwort	10
Arbeiten mit der Schnellübersicht AutoCAD 2000	12
Kapitel 1 bis 10	ab Seite 14
Stichwortverzeichnis	524
Inhaltsverzeichnis ausklappbar	hintere Umschlagseite

Tips zur Schnellübersicht:

- **Lesen Sie das Kapitel »Arbeiten mit der Schnellübersicht AutoCAD 2000«**
  Sie finden hier eine ausführliche Anleitung zum effektiven Einsatz der Schnellübersicht.
- **Lassen Sie die Schnellübersicht offen aufliegen**
  Das handliche Buch findet immer einen freien Platz.
- **Klappen Sie das Inhaltsverzeichnis aus**
  Sie finden hier schnell das richtige Kapitel.
- **Suchen Sie ein Kapitel nach den Registermarken**
  Die Nummern auf den Marken ermöglichen ein schnelles Auffinden.
- **Nutzen Sie die Verweise für weitere Informationen**
  In jedem Kapitel sind umfangreiche Verweise, mit deren Hilfe weitere Beschreibungen gefunden werden.

Tabellenübersicht

Nachfolgend finden Sie eine Auflistung der Tabellen, die in dieser Schnellübersicht enthalten sind.

Übersicht aller Tabellen

Tabelle	Bezeichnung	Seite
Tabelle 7.1	Mögliche Bildformate	406
Tabelle 10.1	Befehle per »Drag&Drop« ausführen	489

Inhaltsverzeichnis

	Was finden Sie in dieser Schnellübersicht?	5
	Tabellenübersicht	6
	Vorwort	10
	Arbeiten mit der Schnellübersicht AutoCAD 2000	12
1	**Grundfunktionen**	**14**
1.1	Start von AutoCAD 2000	14
1.2	Der AutoCAD 2000 Bildschirm	17
1.3	Befehle und Optionen	20
1.4	Befehlseingabe auf der Tastatur	24
1.5	Abrollmenüs und Pop-up-Menüs	28
1.6	Dialogfelder	30
1.7	Werkzeugkästen	33
1.8	Befehlsauswahl aus dem Bildschirmmenü	38
1.9	Tablettmenü	40
1.10	Vorlagen	42
1.11	Neue Zeichnungen anlegen, Zeichnungen speichern und öffnen	43
1.12	Koordinatensysteme	66
1.13	Koordinateneingabe	68
1.14	Hilfe in AutoCAD 2000	74
2	**Zeichentechniken und Zeicheneinstellungen**	**78**
2.1	Zeichentechniken und Konstruktionshilfen	78
2.2	Formate, Einheiten und Limiten	98
2.3	Layer in der Zeichnung	102
2.4	Der Linientyp von Objekten	110
2.5	Die Farbe von Objekten	116
2.6	Die Linienstärke von Objekten	119
2.7	Plotstile und Plotstil-Tabellen	122
2.8	Weitere Objekteinstellungen	127
2.9	Festlegung des Multilinienstils	128
2.10	Benutzerkoordinatensysteme	132
3	**Zeichenbefehle**	**137**
3.1	Punkte	138
3.2	Liniensegmente	140
3.3	Beispiele zum Skizzieren: Kreise und Bögen	146
3.4	Splines und Ellipsen	153
3.5	2D-Polylinien, Ringe, Polygone, Rechteck, Solidflächen	158
3.6	Multilinien	168
3.7	3D-Polylinien, 3D-Flächen, 3D-Netze und P-Netze	170

3.8	Volumenkörper	180
3.9	Schraffieren	186
3.10	Korrekturbefehle	195
4	**Editierbefehle**	**196**
4.1	Die Objektwahl	198
4.2	Objektgriffe	204
4.3	Löschen und Kopieren von Objekten	209
4.4	Ändern der Objektanordnung	212
4.5	Ändern der Objektgeometrie	221
4.6	Erzeugung von regelmäßigen Anordnungen	238
4.7	Editieren von Polylinien, Multilinien und Splines	242
4.8	Bearbeiten von Volumenkörpern und Regionen	253
5	**Bemaßen und Beschriften**	**264**
5.1	Lineare Maße	264
5.2	Winkelmaße	271
5.3	Radius- und Durchmessermaße	273
5.4	Schnellbemaßung und weitere Bemaßungsbefehle	275
5.5	Bearbeitung von Bemaßungen	285
5.6	Bemaßungsvariablen und Bemaßungsstile	288
5.7	Abfragebefehle	305
5.8	Textbefehle	308
5.9	Textstile und Zeichensätze	322
6	**Anzeigebefehle**	**324**
6.1	Zoom und Pan	324
6.2	Ausschnitte	332
6.3	3D-Ansichtspunkt	336
6.4	Der 3D-Orbit	343
6.5	Steuerung der Anzeige	349
6.6	Renderfunktionen	352
7	**Blöcke, externe Referenzen, Bilddateien und Gruppen**	**372**
7.1	Blöcke	372
7.2	Attribute	383
7.3	Externe Referenzen	393
7.4	Blöcke und externe Referenzen editieren	402
7.5	Bilddateien	406
7.6	Gruppen	415

8	**Änderungsfunktionen und das Design-Center**	**418**
8.1	Der Objekt-Eigenschaften-Manager	418
8.2	Eigenschaften übertragen	427
8.3	Die Schnellauswahl	429
8.4	Das Design-Center	432
9	**Layout und Ausgabe**	**445**
9.1	Ansichtsfenster im Modellbereich	445
9.2	Layouts, Seiteneinrichtung und Ansichtsfenster	450
9.3	Papier- und Modellbereich im Layout	464
9.4	Plotter konfigurieren	475
9.5	Zeichnungen Plotten	481
10	**Datenaustausch, sonstige Befehle und Programmoptionen**	**486**
10.1	»Drag&Drop«-Funktionen	486
10.2	Die Windows-Zwischenablage	490
10.3	Hyperlinks und Internet	502
10.4	Sonstige Befehle	507
10.5	Programmoptionen	510
10.6	Konfiguration des Grafiktabletts	522
Stichwortverzeichnis		**524**
Inhaltsverzeichnis		hintere Umschlagseite ausklappbar

Vorwort

Mit zunehmender Leistungsfähigkeit von Personalcomputern und ihrer Software wird es für den Anwender immer schwieriger, die Übersicht über alle Funktionen der eingesetzten Software zu behalten. In den meisten Fällen wird nur ein Teil der angebotenen Möglichkeiten genutzt, mit denen er sich im Laufe der Zeit zurechtfindet. In einführenden Schulungen können nur die wichtigsten Funktionen gelehrt und verstanden werden.

So bleibt sowohl für neue Anwender als auch für solche, die schon einige Erfahrungen mit der eingesetzten Software haben, ein Informationsdefizit. Beide möchten bisher unbekannte oder wenig genutzte Funktionen schnell und unkompliziert nachschlagen können.

Für diese Anwendergruppen ist die Reihe »Schnellübersicht« entwickelt worden. Sie besteht aus Nachschlagewerken zu Standardprogrammen und Programmiersprachen, die in kompakter und übersichtlicher Form schnelle Antworten auf die Fragen geben, die bei der täglichen Arbeit mit dem jeweiligen Programm auftreten.

- Die Beschreibungen sind problemorientiert aufgebaut, und miteinander verwandte Themen sind auch in räumlicher Nähe zueinander zu finden.
- Alle Informationen werden so vermittelt, wie sie bei der praktischen Arbeit benötigt werden.
- Eine Übersicht auf der Titelseite gibt einen schnellen Überblick darüber, welche Themenkreise wo zu finden sind.
- Ein ausklappbares Inhaltsverzeichnis erleichtert das Auffinden der Lösungen zu einem bestimmten Problem.
- Ein einheitlicher Aufbau der Kapitel erleichtert die schnelle Erkennung und Umsetzung der benötigten Informationen.
- Zahlreiche Querverweise erschließen den Zugriff auf weiterführende Informationen.
- Das handliche Format vermeidet Platzprobleme am Arbeitsplatz.
- Alle Bücher sind nach einheitlichen Prinzipien gegliedert. So finden Sie sich in weiteren Schnellübersichten für andere Softwareprodukte sofort zurecht.

Damit schließt sich die Lücke zwischen umfangreichen und unhandlichen Programmhandbüchern und knappen Übersichtskarten. Die Schnellübersicht bietet ein Maximum an übersichtlich gegliederter Information auf wenig Raum. Die praktischen Erfahrungen des Autorenteams sowie über 3 Millionen verkaufte Exemplare garantieren den praxisgerechten Aufbau jedes Buches.

Wir wünschen Ihnen viel Erfolg
mit der Schnellübersicht AutoCAD 2000.

Das Autorenteam

Arbeiten mit der Schnellübersicht AutoCAD 2000

Beachten Sie die folgenden Tips zum Arbeiten mit der Schnellübersicht. Damit können Sie diesen handlichen Helfer effektiv einsetzen und Informationen schnell finden.

Tips

- **Stellen Sie Ihre Schnellübersicht in unmittelbare Nähe Ihrer Tastatur.** So können Sie jederzeit bei Auftreten eines Problems schnell zum richtigen Buch greifen und nachschlagen.
- **Klappen Sie das Inhaltsverzeichnis aus.** In diesem kompakten ausklappbaren Inhaltsverzeichnis finden Sie schnell das richtige Kapitel zu jedem Problem.
- **Lassen Sie die Schnellübersicht offen an Ihrem Arbeitsplatz liegen.** Das handliche Buch findet immer einen freien Platz.

So schlagen Sie ein Problem nach

- **Suchen Sie im ausklappbaren Inhaltsverzeichnis nach Ihrem Problem.** In der Auflistung der Unterthemen finden Sie schnell das richtige Kapitel mit Kapitel- und Seitennummer.
- **Schlagen Sie das gewünschte Kapitel auf.** Die Registermarken mit Kapitelnummern ermöglichen Ihnen ein schnelles Auffinden.

So schlagen Sie einen Begriff nach

- **Suchen Sie im Stichwortverzeichnis nach dem Begriff.** Das Stichwortverzeichnis finden Sie am Ende des Buches.

Typischer Aufbau eines Kapitels

- **Kapitelbeschreibung.** Nach der Überschrift folgt eine kurze Beschreibung des Kapitels.
- **Beschreibung der Arbeitsschritte.** Unter der Überschrift »Ausführung« finden Sie Schritt-für-Schritt-Lösungen zu den wichtigsten Abrbeitsabläufen.
- **Anmerkungen.** In den darauffolgenden Anmerkungen sind Tips und Details gesammelt.
- **Beispiele** ergänzen die einzelnen Beschreibungen und zeigen die Anwendung von Befehlen in der Praxis.
- (→ x.x) Bei jeder Erwähnung eines Punktes, zu dem Sie nähere Erläuterungen in einem anderen Kapitel nachschlagen können, finden Sie einen entsprechenden **Verweis** mit der Kapitelnummer.

Um den umfangreichen und vielfältigen Möglichkeiten von AutoCAD 2000 zu genügen, weichen einige Kapitel in Details von diesem typischen Aufbau ab. Wir haben aber versucht, immer eine gute Übersicht zu bewahren.

Wenn Sie diese Tips beachten, wird das handliche Buch ein nützlicher Helfer bei Ihrer Arbeit mit AutoCAD 2000 werden.

Schreibweisen

In dieser Schnellübersicht werden die folgenden Schreibweisen zur Unterscheidung von Textelementen verwendet.

- **Fettdruck.** Für wichtige Begriffe.
- **KAPITÄLCHEN.** Für Befehle.
- `Schreibmaschinenschrift`. Für Beispielbefehlszeilen, Listings sowie Internet-Adressen.

1 Grundfunktionen

1.1 Start von AutoCAD 2000

Mit AutoCAD 2000 kann nur gearbeitet werden, wenn das Programm auf der Festplatte installiert ist. Dabei werden alle erforderlichen Programm- und Datendateien in die entsprechenden Ordner kopiert. Das sind normalerweise, falls keine Änderungen vorgenommen wurden, der Ordner *\Programme\Acad2000* und weitere Unterordner davon. Der Vorgang wird vom Installationsprogramm weitgehend automatisch ausgeführt. Es wird davon ausgegangen, dass dies erfolgt ist.

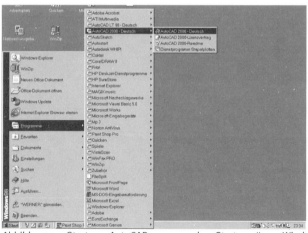

Abbildung 1.1: Start von AutoCAD 2000 aus dem Startmenü von Windows

Ausführung: AutoCAD starten

- Computer einschalten, Windows wird gestartet
- Aus dem Menü START von Windows, die Funktion PROGRAMME, die Gruppe AutoCAD 2000 – DEUTSCH und dort das Programm AutoCAD 2000 – DEUTSCH zum Start anklicken (→ Abbildung 1.1).
- Bei der Installation wird eine Verknüpfung auf dem Desktop angelegt. Mit einem Doppelklick auf das Symbol kann AutoCAD 2000 ebenfalls gestartet werden.

AutoCAD 2000 wird gestartet. Nach einiger Zeit erscheint der Zeichenbildschirm von AutoCAD auf dem Bildschirm (→ 1.2). Zunächst erscheint das Startdialogfeld (→ Abbildung 1.2) auf dem Bildschirm. Das Dialogfeld ist ähnlich dem des Befehls NEU (→ 1.11).

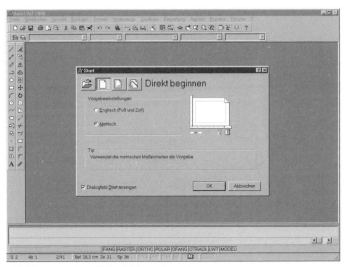

Abbildung 1.2: Startdialogfeld von AutoCAD 2000

Folgende Möglichkeiten stehen in der oberen Symbolleiste zur Auswahl:

- **ZEICHNUNG ÖFFNEN**

  Im Dialogfeld erscheint eine Liste mit den zuletzt bearbeiteten Zeichnungen (→ Abbildung 1.3). Von der markierten Zeichnung wird eine Voransicht im Fenster neben der Liste angezeigt. Mit einem Doppelklick auf eine Zeichnung in der Liste wird diese in einem Fenster geöffnet. Mit einem Klick auf die Schaltfläche **OK** wird die in der Liste markierte Zeichnung geöffnet. Mit der Schaltfläche **DURCHSUCHEN** kommt das Dialogfeld des Befehls **ÖFFNEN** (→ 1.11) auf den Bildschirm.

Abbildung 1.3: Startdialogfeld mit den zuletzt bearbeiteten Zeichnungen

- **DIREKT BEGINNEN**

  Start einer neuen Zeichnung ohne Voreinstellungen, wie beim Befehl **NEU** (→ 1.11).

- **VORLAGE VERWENDEN**

  Start einer neuen Zeichnung mit einer gespeicherten Vorlage, wie beim Befehl **NEU** (→ 1.11).

- **ASSISTENT VERWENDEN**

  Start einer neuen Zeichnung mit einem Assistenten, wie beim Befehl **NEU** (→ 1.11).

- **ABBRECHEN**

  Abbruch des Setups und Start einer neuen Zeichnung ohne Voreinstellungen (→ oben).

1.2 Der AutoCAD 2000 Bildschirm

Nach dem Start von AutoCAD 2000 erscheint der Zeichenbildschirm (→ Abbildung 1.4). Zeichnungen können neu erstellt oder bereits gespeicherte geöffnet und bearbeitet werden (→ 1.11).

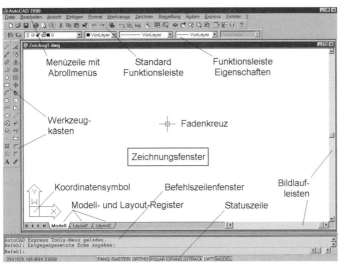

Abbildung 1.4: Der AutoCAD 2000-Zeichenbildschirm

Der AutoCAD 2000-Bildschirm besteht aus folgenden Elementen:

■ **Zeichenfläche mit den Zeichenfenstern:**

Den größten Teil des Bildschirms nimmt die Zeichenfläche mit den Zeichnungsfenstern ein. Es können ein oder mehrere Zeichnungsfenster auf der Zeichnungsfläche geöffnet und diese überlappend, nebeneinander oder übereinander am Bildschirm angeordnet werden. Außerdem kann ein Fenster maximiert werden, so dass es die ganze Zeichenfläche ausfüllt.

Alles, was während einer Sitzung erstellt wird, erscheint im aktiven Zeichnungsfenster. Während des Zeichnens kann das Fenster gewechselt werden. Begonnene Befehle bleiben gespeichert und können fortgesetzt werden, wenn das Fenster wieder aktiviert wird.

■ **Fadenkreuz:**
Das Fadenkreuz kann mit dem Zeigegerät (Maus oder Lupe bzw. Stift des Grafiktabletts) bewegt werden. Es besteht aus einer senkrechten und waagrechten Linie. Der Schnittpunkt der Linien zeigt auf die momentane Eingabeposition. Um den Schnittpunkt befindet sich das Fangfenster zur Anwahl von Zeichnungsobjekten (→ 2.1).

■ **Das Koordinatensymbol:**
In AutoCAD kann mit mehreren Koordinatensystemen gearbeitet werden, sogenannten Benutzerkoordinatensystemen. Das Koordinatensymbol zeigt die Lage der X- und Y-Achse des aktiven Benutzerkoordinatensystems an.

■ **Befehlszeilenfenster:**
Am unteren Rand der Zeichenfläche befindet sich das Befehlszeilenfenster. Hier werden der Befehlsdialog und die Bedienereingaben protokolliert. Das Befehlszeilenfenster lässt sich in der Größe verändern und auch frei am Bildschirm verschieben.

■ **Menüzeile mit Abrollmenüs:**
Befehle lassen sich aus den Abrollmenüs wählen. Durch Anklicken eines Begriffs in der Menüzeile wird das Menü aktiviert.

■ **Werkzeugkästen:**
Alle Befehle lassen sich auch in Werkzeugkästen anwählen. Werkzeugkästen lassen sich ein- und ausschalten und entweder am Bildschirmrand festsetzen (andocken) oder frei auf dem Bildschirm platzieren.

■ **STANDARD-FUNKTIONSLEISTE:**
Wichtigste Befehle lassen sich mit Werkzeugsymbolen in der **STANDARD-FUNKTIONSLEISTE** (unter der Menüzeile) anwählen. Die Symbole sind identisch mit denen der Microsoft-Office-Programme. Die **STANDARD-FUNKTIONSLEISTE** kann wie ein Werkzeugkasten aus- und eingeschaltet und auf dem Bildschirm verschoben werden.

- **Funktionsleiste EIGENSCHAFTEN:**
  Wichtige Zeichnungseinstellungen lassen sich mit Werkzeugsymbolen und Abrollmenüs in einer weiteren Funktionsleiste unter der **STANDARD-FUNKTIONSLEISTE** vornehmen. Auch diese Leiste kann wie ein Werkzeugkasten aus- und eingeschaltet und auf dem Bildschirm verschoben werden.
- **Bildlaufleisten:**
  An den Bildlaufleisten am unteren und rechten Rand der Zeichenfläche lässt sich der Zeichnungsausschnitt auf der Zeichenfläche verschieben. Die Bildlaufleisten lassen sich mit den Voreinstellungen (→ 10.5) aus- und einschalten.
- **Register Modell und die Layout Register:**
  Links neben der unteren Bildlaufleiste haben Sie die Register für den Modellbereich und die verschiedenen Layouts in der Zeichnung.
- **Statuszeile:**
  Am unteren Bildschirmrand werden verschiedene Statusinformationen der Zeichnung angezeigt, die sich dort auch umschalten lassen.

1.3 Befehle und Optionen

Alle Aktionen in AutoCAD 2000 werden durch die Auswahl von Befehlen gestartet. Die Befehle lassen sich grob in folgende Gruppen einteilen:

- **Dateibefehle** (→ 1.11):
  Befehle zum Starten von neuen Zeichnungen und Laden und Speichern von vorhandenen Zeichnungen.
- **Zeichnungshilfen** (→ 2):
  Befehle zur Steuerung der Zeichnungshilfen wie Raster, Fang, Objektfang, Objektspuren usw. sowie der Layer, der Farbe und des Linientyps usw.
- **Zeichenbefehle** (→ 3):
  Befehle zum Zeichnen geometrischer Grundelemente sowie von Polylinien, Flächen, Festkörpern und Schraffuren.
- **Editierbefehle** (→ 4):
  Befehle zur Änderung bestehender Zeichnungsobjekte wie Löschen, Kopieren, Schieben, Brechen, Abrunden, Facettieren, Spiegeln, Drehen, Strecken, Versetzen usw.
- **Bemaßungs- und Beschriftungsbefehle** (→ 5):
  Befehle zum Beschriften und zur normgerechten Bemaßung von Zeichnungen. Möglich sind Linear-, Radius-, Durchmesser- und Winkelmaße sowie eine spezielle Koordinatenbemaßung.
- **Anzeigebefehle** (→ 6):
  Befehle zur Änderung der Vergrößerung und des Ausschnittes sowie der Teilung des Bildschirms in Fenster und der Darstellung von 3-dimensionalen Objekten.
- **Blöcke, externe Referenzen, Bilddateien und Gruppen** (→ 7):
  Teile einer Zeichnung können mit Befehlen zu sogenannten Blöcken zusammengefasst werden, die sich an anderer Stelle oder in einer anderen Zeichnung einfügen lassen. Darüber hinaus kann in einer Zeichnung eine andere als externe Referenz eingefügt oder es können Bilddateien in einer Zeichnung platzieren werden. Außerdem lassen sich aus Objekten der Zeichnung Gruppen bilden.

- **Änderungs- und Bearbeitungsfunktionen** (→ 8):
  Befehle zur Änderung der Objekteigenschaften, der Objekteigenschaftenmanager und das AutoCAD Design Center sind neue Möglichkeiten der Zeichnungsänderung und Bearbeitung in AutoCAD 2000.
- **Layout- und Ausgabebefehle** (→ 9):
  Befehle zur Seiteneinrichtung und zur Erstellung des Zeichnungslayouts und zur Ausgabe der fertigen Zeichnung auf dem Drucker oder Plotter.
- **Datenaustausch und sonstige Funktionen** (→ 10):
  Befehle zum Austausch zwischen den einzelnen Zeichnungsfenstern, zum Austausch mit anderen Windows-Programmen über OLE sowie zur Erzeugung von Austauschdateien. Sonstige Befehle und der Befehl zur Einstellung der Programmoptionen.

Ausführung: Befehlsoptionen

Die meisten Befehle lassen sich in verschiedenen Varianten verwenden. Man spricht bei AutoCAD 2000 von **Befehlsoptionen**. Meist wird bei der Auswahl eines Befehls die Liste der Optionen im Befehlszeilenfenster angezeigt. Diese steht dann innerhalb der eckigen Klammern [.....].

Meistens ist eine Option vorgewählt. Diese kann ohne weitere Auswahl ausgeführt werden. In manchen Fällen wird eine Option aus der Liste als Vorgabeoption in den Zeichen <...> angezeigt. Diese kann mit Eingabe von ⏎ übernommen werden. Wenn eine andere Option als die vorgewählte gewünscht wird, kann der Name der Option über die Tastatur eingegeben werden. Es genügen aber meist schon ein bis zwei Buchstaben als Kurzzeichen. Sie sind in der Optionsliste mit Großbuchstaben dargestellt (nicht immer die ersten Buchstaben).

Beispiele: Optionslisten der Befehle KREIS und PEDIT

```
Befehl: KREIS
Zentrum für Kreis angeben oder
[3P/2P/Ttr (Tangente Tangente Radius)]:
Radius für Kreis angeben oder [Durchmesser]:
```

```
Befehl: PEDIT
Polylinie wählen:
Option eingeben [Öffnen/Verbinden/BReite/BEarbeiten/kurve
Angleichen/Kurvenlinie/kurve LÖschen/LInientyp/Zurück]:
z.B.BE für BEarbeiten
Bearbeitungsoption für Kontrollpunkt eingeben [Nächster/
Vorher/BRUch/Einfügen/Schieben/Regen/Linie/Tangente/BREi-
te/
eXit] <N>:
```

Die Befehlsoptionen oder deren Kürzel können auf der Tastatur eingegeben werden. Werden Befehle aus den Abrollmenüs, den Werkzeugkästen oder vom Tablettmenü gewählt, stehen meist schon mehrere Varianten des Befehls zur Auswahl, bei denen bestimmte Optionen vorgewählt sind.

Ausführung: Optionen aus dem Pop-up-Menü

In AutoCAD 2000 können die möglichen Optionen auch aus einem Pop-up-Menü gewählt werden. Dieses erscheint, wenn die rechte Maustaste bei der Anfrage der Option auf der Zeichenfläche gedrückt wird (→ Abbildung 1.5). Zusätzlich sind dort auch immer die Funktionen für den Abbruch eines Befehls, für die Eingabe von ⏎ (Funktion **Eingabe**) und die Zoom- und Pan-Befehle wählbar.

Abbildung 1.5: Pop-up-Menü für die Befehlsoptionen

Ausführung: Transparente Befehle

Verschiedene Befehle können **transparent** verwendet werden, das heißt, sie können jederzeit (auch bei der Arbeit mit anderen Befehlen) eingegeben werden. Dazu muß der Eingabe des Befehlsnamens ein »'« vorangestellt werden.

Beispiel: Eingabe eines transparenten Befehls

```
Befehl: LINIE
Ersten Punkt angeben: 80,210
Nächsten Punkt angeben oder [Zurück]: '_Zoom
>>Fensterecke angeben, Skalierfaktor eingeben (nX oder nXP)
oder [Alles/Mitte/Dynamisch/Grenzen/Vorher/FAktor/Fenster]
<Echtzeit>: _w
>>Erste Ecke angeben: Eckpunkt angeben
>>Entgegengesetzte Ecke angeben: Zweiten Eckpunkt angeben
Nehme LINIE-Befehl wieder auf.
Nächsten Punkt angeben oder [Zurück]:
```

Werden transparente Befehle aus den Menüs oder Werkzeugkästen gewählt, werden sie automatisch im transparenten Modus ausgeführt.

Ausführung: Englische Namen für Befehle und Optionen

Transparente Befehle: Jede nicht englische Version von AutoCAD kann auch mit den englischen Befehlen und Optionen bedient werden. Dazu wird der entsprechenden Eingabe ein Unterstrich »_« vorangestellt.

Beispiel: Englische Bedienung

```
Befehl: _LINE
Ersten Punkt angeben: 80,200
Nächsten Punkt angeben oder [Zurück]: 150,200
Nächsten Punkt angeben oder [Zurück]: 150,280
Nächsten Punkt angeben oder [Schließen/Zurück]: 80,280
Nächsten Punkt angeben oder [Schließen/Zurück]: _CLOSE oder
nur _C für die Option ZURÜCK
```

1.4 Befehlseingabe auf der Tastatur

Befehle können durch Eingabe des Befehlsnamens über die Tastatur aktiviert werden. Er kann nur dann eingegeben werden, wenn in der letzten Zeile des Befehlszeilenfensters die Meldung

    Befehl:

angezeigt wird. Die Eingabe des Namens wird mit ⏎ oder ⎵Leertaste⎵ abgeschlossen.

Im weiteren Verlauf des Buches wurde darauf verzichtet, bei jedem Befehl darauf hinzuweisen, dass er auch auf der Tastatur eingegeben werden kann, da dies immer möglich ist.

Ausführung: Befehlswiederholung und Befehlsabbruch

Wird auf die Befehlsanfrage nur ⏎ oder die ⎵Leertaste⎵ eingegeben, so wird der zuletzt verwendete Befehl wiederholt. ⏎ und die ⎵Leertaste⎵ haben im Befehlsdialog von AutoCAD dieselbe Wirkung.

Wurde ein falscher Befehl gewählt, wird er durch Drücken der Taste ⎵Esc⎵ abgebrochen. In manchen Fällen muss diese Taste zweimal gedrückt werden, um den Befehl komplett abzubrechen. Wird ein neuer Befehl aus den Menüs oder Werkzeugkästen gewählt, wird ein bereits aktiver Befehl automatisch abgebrochen.

Ausführung: Wiederholung bzw. Abbruch aus dem Pop-up-Menü

Die Wiederholung des letzten Befehls kann auch aus einem Pop-up-Menü gewählt werden. Das wird mit der rechten Maustaste aktiviert, wenn kein Befehl aktiv ist (→ Abbildung 1.6).

Abbildung 1.6: Befehlswiederholung aus dem Pop-up-Menü

Wird die rechte Maustaste im Befehlszeilenfenster gedrückt, erscheint ein Pop-up-Menü mit dem Eintrag **ZULETZT AUSGEFÜHRTE BEFEHLE >**. Wird dieser Eintrag gewählt, werden in einem Untermenü die zuletzt verwendeten Befehle aufgelistet (→ Abbildung 1.7). Bei Anwahl eines Befehls aus diesem Untermenü, wird der laufende Befehl abgebrochen.

Abbildung 1.7: Pop-up-Menü mit den zuletzt ausgeführten Befehlen

Wird die rechte Maustaste bei der Arbeit mit einem Befehl gedrückt, kann aus dem Pop-up-Menü mit den Optionen (→ Abbildung 1.5) mit dem Eintrag **ABBRECHEN** die Funktion zum Befehlsabbruch gewählt werden.

Ausführung: Befehlszeilenfenster und Textfenster

Am unteren Bildschirmrand befindet sich das Befehlszeilenfenster. Dort werden alle Eingaben protokolliert und die Optionslisten der gewählten Befehle angezeigt.

Ausführung: Befehlszeilenfenster verändern

Das Fenster lässt sich auf verschiedene Arten ändern:

■ **Fenster vergrößern:**
Mit der Maus an die Fensterumrahmung klicken, Maustaste festhalten und in die gewünschte Richtung ziehen. Solange das Fenster am unteren Rand der Zeichenfläche fixiert ist, kann nur die Höhe des Fensters an der oberen Trennlinie verschoben werden.

■ **Fenster frei platzieren:**
Mit der Maus an den Fensterrand klicken, festhalten und Fenster an einer beliebigen Stelle auf dem Bildschirm ablegen.

■ **Fenster andocken:**
Soll das Fenster wieder am unteren oder am oberen Rand festgesetzt werden, Fenster wie oben beschrieben verschieben und auf dem unteren oder oberen Rand der Zeichenfläche ablegen. Es wird dann automatisch angedockt. Wird beim Verschieben die Taste [Strg] gedrückt, dann wird das Andocken verhindert. Das Fenster wird über die anderen Bedienelemente gelegt.

■ **Fenster durchblättern:**
Mit den Bildlaufleisten am unteren und rechten Fensterrand lässt sich in den Befehlszeilen blättern.

Ausführung: Textfenster einblenden

Soll mehr Text dargestellt werden, kann mit der Taste [F2] zum Textfenster umgeschaltet werden. Dabei handelt es sich um ein eigenes Windows-Anwendungsfenster, das bildschirmfüllend dargestellt oder über die anderen Fenster gelegt werden kann. Nochmaliges Drücken der Taste [F2] blendet das Textfenster wieder aus.

Ausführung: Funktionen im Befehlszeilen- und Textfenster

Mit den Tasten [↑] und [↓] können die letzten Eingaben im Befehlszeilenfenster zurückgeholt und durchgeblättert werden, allerdings nur die, die über die Tastatur eingegeben wurden.

Mit der Maus kann Text im Befehlszeilen- oder Textfenster markiert werden. Wird dann die rechte Maustaste gedrückt, erscheint ein

Pop-up-Menü (→ Abbildung 1.7). Folgende Funktionen stehen dort zur Verfügung:

- **IN BEFEHLSZEILE EINFÜGEN:**
  Fügt den markierten Text an der Befehlsanfrage ein. Damit kann ein häufig benötigter Befehl wiederholt werden, indem er immer wieder an die Befehlsanfrage kopiert wird.

- **KOPIEREN:**
  Der markierte Text wird in die Windows Zwischenablage kopiert.

- **PROTOKOLL KOPIEREN:**
  Der komplette Inhalt des Textfensters wird in die Windows-Zwischenablage kopiert.

- **EINFÜGEN:**
  Setzt den Inhalt der Zwischenablage an der Befehlsanfrage ein.

- **OPTIONEN...:**
  Verzweigt zum Befehl **OPTIONEN** (→ 10.5).

- **ZULETZT AUSGEFÜHRTE BEFEHLE >:**
  Wiederholung eines der zuletzt ausgeführten Befehle (→ 1.4).

1.5 Abrollmenüs und Pop-up-Menüs

Befehle werden in der Regel nicht auf der Tastatur eingegeben, sondern aus den Abrollmenüs gewählt.

- Unter der Titelzeile befindet sich die Menüzeile. Klickt man auf den gewünschten Eintrag, wird das Menü abgerollt. Das Menü kann auch aktiviert werden, wenn die [Alt]-Taste und der in der Menüzeile unterstrichene Buchstabe gedrückt werden.
- Ein weiterer Klick aktiviert den gewünschten Befehl. Das kann auch wieder mit dem unterstrichenen Buchstaben auf der Tastatur erfolgen, diesmal allerdings ohne die [Alt]-Taste.
- Einträge in den Menüs, die mit › gekennzeichnet sind, aktivieren weitere Abrollmenüs. Der Weg durch die Menüs wird sichtbar, da alle gewählten Menüs am Bildschirm aufgeblättert bleiben (→ Abbildung 1.8).

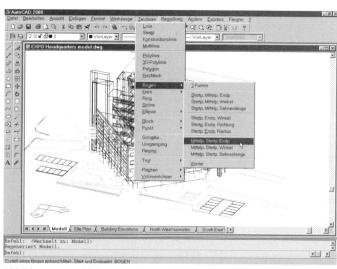

Abbildung 1.8: Befehlsauswahl aus dem Abrollmenü

- Felder, die mit ... abgeschlossen sind, aktivieren Dialogfelder zur Eingabe weiterer Werte.
- Ist ein Abrollmenü aktiviert und wird mit dem Mauszeiger auf einen Eintrag des Menüs gezeigt, verschwindet die Statuszeile am unteren Bildschirmrand und ein kurzer Hilfetext wird an der Stelle angezeigt. Der Text enthält eine Kurzbeschreibung der Funktion.
- Befehle stehen in den Abrollmenüs oft mehrfach mit verschiedenen vorgewählten Optionen zur Verfügung.
- Zur Auswahl von Befehlen aus den Menüs und zur Eingabe von Punkten wird immer die **Pick-Taste** verwendet. Das ist die linke Taste auf der Maus bzw. die erste Taste auf dem Eingabegerät des Grafik-Tabletts. Die weiteren Tasten sind wie folgt belegt:

Rechte Maustaste bzw. Taste 2	Aktivierung der verschiedenen Pop-up-Menüs
⌈*⌉ **und rechte Maustaste**	Pop-up-Menü für die Objektfang-Funktionen
Mittlere Maustaste bzw. Taste 3	Pan-Taste (→ 6.1)
Taste 4 (falls vorhanden)	Abbruch, wie ⌈Esc⌉

1.6 Dialogfelder

Viele Befehle in AutoCAD arbeiten mit Dialogfeldern. Sie vereinfachen die Bedienung wesentlich. Befehle und Optionen lassen sich darin direkt wählen, Parameter, Vorgabewerte oder Systemvariablen können so schnell und übersichtlich eingestellt werden.

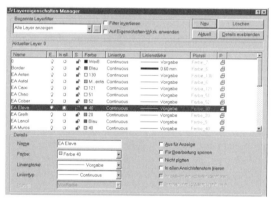

Abbildung 1.9: Beispiel, Dialogfeld zur Layersteuerung

Anmerkungen

- Bei den Feldern kann es sich um Schaltfelder handeln, die nur angeklickt werden müssen. Wenn sie aktiviert sind, ist das durch ein Kreuz gekennzeichnet. Wird das Feld nochmal gewählt, verschwindet das Kreuz.
- Felder mit Text oder numerischen Werten lassen sich editieren, wenn sie angeklickt werden. Ein Doppelklick markiert den ganzen Eintrag. Eine Eingabe überschreibt den vorherigen Wert.
- Mit der ⇥-Taste können die Felder der Reihe nach angefahren werden.
- Durch Eingabe des unterstrichenen Buchstabens eines Feldes kann es aktiviert werden. Schaltfelder lassen sich dann mit der Leertaste umschalten.

- Felder, die mit ... gekennzeichnet sind, rufen weitere Dialogfenster auf.
- Manche Dialogfenster enthalten Listenfenster. Damit lassen sich Einträge aus einer Liste zur Bearbeitung markieren. Die Liste kann mit dem senkrechten Schieber an der rechten Seite durchgeblättert werden (→ Abbildung 1.9).
- In vielen Listenfenstern ist Mehrfachauswahl möglich. Wird beim Anklicken die Taste [Strg] gedrückt, wird der neue Eintrag zu den bereits gewählten hinzugefügt. Wird dagegen die Taste [*] gedrückt, werden alle Einträge zwischen den bereits gewählten und dem neu angeklickten ausgewählt.
- Mit einem Rechtsklick in der Liste erscheinen je nach Art der Liste unterschiedliche Pop-up-Menüs (→ Abbildung 1.10), aus denen verschiedene Funktionen (Markieren, Löschen, Umbennnen, Details anzeigen usw.).

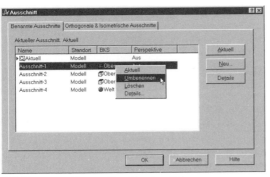

Abbildung 1.10: Pop-up-Menü in einer Liste

- Mit dem Feld **OK** werden die Eingaben bestätigt und das Dialogfeld ausgeblendet.
- Mit dem Feld **ABBRECHEN** wird das Dialogfeld ausgeblendet, Änderungen werden nicht ausgeführt.
- Mit dem Feld **HILFE...** wird der Befehl **HILFE** (→ 1.14) aktiviert und es erscheint das Dialogfeld für die Hilfefunktionen.

- Mit der Systemvariablen **FILEDIA** können die Dialogfelder zur Dateiauswahl abgeschaltet werden. Dateinamen müssen dann eingetippt werden.
- Verschiedene Befehle, die in AutoCAD 2000 mit Dialogfeldern arbeiten, lassen sich mit einem - vor dem Befehlsnamen ohne Dialogfeld ausführen. Dazu muß der Befehl auf der Tastatur eingegeben werden, z.B.: **LAYER** und -**LAYER**, **STIL** und -**STIL**, **AUSSCHNT** und -**AUSSCHNT** usw.

1.7 Werkzeugkästen

Die meisten Befehle lassen sich auch mit Symbolen anwählen. Diese sind in Werkzeugkästen und Funktionsleisten zusammengefasst. In der Standardeinstellung befindet sich auf dem Bildschirm:

- **STANDARD-FUNKTIONSLEISTE:**
  Microsoft-Office-kompatible Werkzeugsymbole mit Grundfunktionen wie Laden und Speichern, Drucken, Ausschneiden und Einfügen usw.
- **Funktionsleiste EIGENSCHAFTEN:**
  Zeichnungseinstellungen wie Layer, Farbe, Linientyp und Änderungsfunktionen.
- **Werkzeugkasten ZEICHNEN:** Mit den Zeichenbefehlen am linken Rand der Zeichenfläche.
- **Werkzeugkasten ÄNDERN:** Mit den Editierbefehlen am linken Rand der Zeichenfläche.

Werkzeugkästen lassen sich auf verschiedene Arten am Bildschirm anordnen. Dazu wird zunächst der gewünschte Werkzeugkasten aktiviert. Das erfolgt mit dem Befehl **WERKZEUGKASTEN**.

Ausführung: Befehl **WERKZEUGKASTEN**

Mit dem Befehl **WERKZEUGKASTEN** lassen sich die verfügbaren Werkzeugkästen in einem Dialogfeld ein- und ausschalten (→ Abbildung 1.11).

- **Befehl WERKZEUGKASTEN auswählen**
  - Abrollmenü **ANSICHT, WERKZEUGKÄSTEN...**
  - Tablettfeld **R3**

  In der Liste können die Werkzeugkästen, die angezeigt werden sollen, durch Anklicken markiert werden.

  MENÜGRUPPE: Da sich die Menüs aus mehreren Menüdateien zusammensetzen können, kann in diesem Abrollmenü gewählt werden, in welcher Menüdatei die Werkzeugkästen ein- bzw. ausgeschaltet werden sollen, normalerweise die aus der Menügruppe **ACAD**.

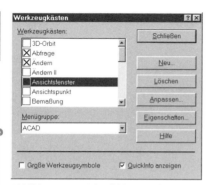

Abbildung 1.11: Dialogfeld zur Wahl der Werkzeugkästen

Zwei Schalter steuern das Aussehen der Werkzeugkästen:

GROSSE WERKZEUGSYMBOLE: Ist der Schalter eingeschaltet, werden große Symbole angezeigt.

QUICKINFO ANZEIGEN: Ist der Schalter eingeschaltet, wird am Mauszeiger eine Information zu dem Befehl angezeigt, wenn man mit dem Mauszeiger ca. eine Sekunde auf einem Symbol bleibt.

Ausführung: Werkzeugkästen aus dem Pop-up-Menü aus- und einschalten

Mit einem Rechtsklick auf ein beliebiges Symbol eines Werkzeugkastens erscheint ein Pop-up-Menü (→ Abbildung 1.12) mit allen Werkzeugkästen dieser Menügruppe.

Die derzeit eingeschalteten Werkzeugkästen sind mit einem Häkchen markiert. Wird ein ausgeschalteter Werkzeugkasten angeklickt, wird er eingeschaltet und umgekehrt.

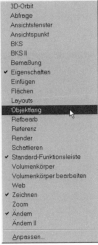

Abbildung 1.12: Werkzeugkästen im Pop-up-Menü aus- und einschalten

Ausführung: Eigenschaften von Werkzeugkästen

Werkzeugkästen lassen sich auf verschiedene Arten am Bildschirm anordnen.

- Werkzeugkästen können sich fest am Rand der Zeichenfläche befinden (angedockt) oder sind frei platzierbar (→ Abbildung 1.13)
- Werkzeugkästen lassen sich verschieben, indem man auf den Rand klickt und mit gedrückter Maustaste den Werkzeugkasten an die gewünschte Stelle zieht. Kommt man in die Nähe des Bildschirmrandes, wird automatisch angedockt. Durch Drücken der Taste [Strg] lässt sich das automatische Andocken verhindern.
- Frei platzierbare Werkzeugkästen lassen sich durch einen Klick in der linken oberen Ecke schließen. Angedockte Werkzeugkästen müssen zuerst auf die Zeichenfläche gezogen werden und können dann genauso geschlossen werden.

1.7 Werkzeugkästen

- In manchen Werkzeugkästen befinden sich Abrollmenüs zur Auswahl von diversen benannten Objekten in der Zeichnung (→ Abbildung 1.13).

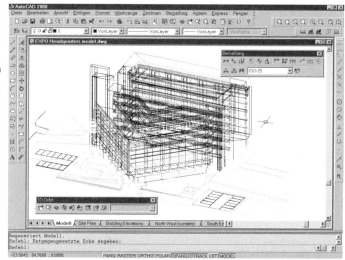

Abbildung 1.13: Werkzeugkästen angedockt und frei platzierbar

- Bleibt man mit dem Mauszeiger auf einem Werkzeugsymbol, wird nach ca. 1 sec. am Cursor eine Erläuterung zu dem Befehl angezeigt, das sogenannte Quickinfo (→ Abbildung 1.14). Gleichzeitig verschwindet die Statuszeile am unteren Bildschirmrand. Stattdessen wird dort ein kurzer Hilfetext angezeigt.
- Hinter manchen Symbolen, die in der rechten unteren Ecke ein Symbol › haben, verbirgt sich ein Flyout-Menü (→ Abbildung 1.14). Hält man beim Anklicken die Maustaste gedrückt, wird es ausgefahren. Mit gedrückter Maustaste fährt man auf das gewünschte Symbol und lässt dort los. Der darunterliegende Befehl wird ausgeführt.

- Das zuletzt gewählte Werkzeugsymbol aus einem Flyout-Menü bleibt im Werkzeugkasten oben.

Abbildung 1.14: Werkzeugkasten mit Flyout-Menü und Quickinfo

1.8 Befehlsauswahl aus dem Bildschirmmenü

Viele Befehle lassen sich aus dem Bildschirmmenü am rechten Rand der Zeichenfläche wählen (→ Abbildung 1.15). Wird das Fadenkreuz dorthin bewegt, erscheint ein Cursorfeld. Wird es auf einem Begriff positioniert, wird er invers dargestellt. Durch Anklicken wird die Funktion aktiviert.

Das Bildschirmmenü kann mit dem Befehl **OPTIONEN** (→ 10.5) ein- und ausgeschaltet werden. Es wird für die Befehlsauswahl aber nicht unbedingt benötigt, da alle Befehle auch in den anderen Menüs zur Verfügung stehen und dort auch schneller und übersichtlicher angewählt werden können. Deshalb ist es in der Standardkonfiguration nicht eingeschaltet. Außerdem geht durch das Bildschirmmenü ein erheblicher Teil der Zeichenfläche verloren.

Das Bildschirmmenü ist hierarchisch aufgebaut. Befehle sind in Gruppen zusammengefasst. Wird eine Befehlsgruppe ausgewählt, so erscheint das zugehörige Untermenü. Oft reicht der Platz für diese Untermenüs nicht aus. Durch Auswahl der Felder **NÄCHSTE** oder **VORHER** kann in den Menüs geblättert werden. Ist ein Befehl gewählt, werden die Befehlsoptionen ebenfalls zur Auswahl angezeigt und können übernommen werden. Aus jedem Untermenü gelangt man durch Auswahl der Felder:

AUTOCAD	ins Bildschirm-Hauptmenü,
* * * *	ins Untermenü **OBJEKTFANG** (→ 2.1),
DATEI	ins Untermenü für die Dateibefehle
BEARBEIT	ins Untermenü für die Bearbeitungsbefehle
ANZEIG1	ins erste Untermenü für die Anzeigebefehle
ANZEIG2	ins zweite Untermenü für die Anzeigebefehle
	usw.
DIENST	ins Untermenü **OBJEKTWAHL UND EINSTELLUNGEN** und
LETZTES	ins zuletzt angezeigte Menü

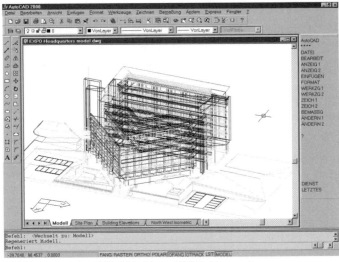

Abbildung 1.15: AutoCAD-Bildschirm mit Bildschirmmenü

1.9 Tablettmenü

Wird ein Grafik-Tablett verwendet, kann die verfügbare Tablettfläche in einen Zeigebereich und maximal vier Menübereiche aufgeteilt werden (→ 10.6). Die Felder in den Menübereichen können mit Befehlen, Optionen, Ziffern oder Makros belegt werden. Das Standardmenü von AutoCAD 2000 ist in vier Menübereiche aufgeteilt. Dazu wird eine Tablettfolie mit den aufgedruckten Symbolen zur Auflage auf das Grafik-Tablett mitgeliefert.

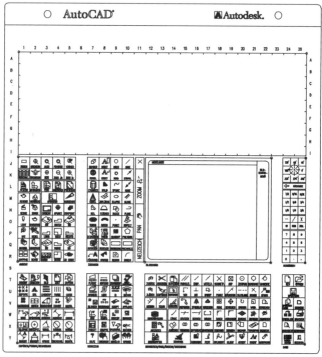

Abbildung 1.16: Standard-Tablettauflage

Um auch andere Tablettgrößen verwenden zu können, wird die Auflage auch als Zeichnungsdatei mitgeliefert (**TABLET2000.DWG** → Abbildung 1.16). Sie kann in der gewünschten Größe ausgeplottet und auf dem Tablett befestigt werden. Durch Zeigen auf das entsprechende Befehlsfeld und Drücken der Pick-Taste wird der Befehl aktiviert. Falsch vom Tablett gewählte Befehle können durch Auswahl eines neuen Befehls oder durch [Esc] abgebrochen werden.

1.10 Vorlagen

Bevor gezeichnet werden kann, ist es meist erforderlich, eine ganze Reihe von Grundeinstellungen für die Zeichnung vorzunehmen.

Um das nicht jedesmal neu machen zu müssen, können diese Einstellungen in einer Vorlagendatei gespeichert werden.

- Als Vorlage kann eine normale Zeichnung verwendet werden. Sie muß dazu aber als Vorlagendatei (Dateierweiterung *.DWT) in einem Unterverzeichnis der AutoCAD-2000-Programmdateien gespeichert werden. Normalerweise handelt es sich dabei um das Verzeichnis \Programme\Acad2000\Template.
- Eine ganze Reihe von Vorlagen mit DIN-, ANSI-, ISO- und JIS-Zeichnungsrahmen im Papierbereich (→ 9.2) für verschiedene Papierformate werden mitgeliefert.
- Es können aber auch eigene Vorlagen mit eigenem Zeichnungsrahmen und Schriftfeld angelegt werden.
- Eine neue Zeichnung kann aber auch ohne Vorlage begonnen werden. Die Einstellungen lassen sich dann mit dem **ASSISTENTEN** in verschiedenen Dialogfenstern vornehmen.
- Eine neue Zeichnung kann auch ohne Grundeinstellungen und Vorlage begonnen werden. Alle Einstellungen lassen sich dann mit den entsprechenden Befehlen vornehmen.

Anmerkungen

Wenn eigene Vorlagen erstellt werden, sollten möglichst folgende Einstellungen vorgenommen bzw. folgende Objekte vorgezeichnet werden:

- Layer mit zugehöriger Farbe und Linientypen (→ 2.3),
- Laden der benötigten Linientypen und Festlegung des Linientypenfaktors (→ 2.4),
- Bemaßungsvariable bzw. Bemaßungsstile (→ 5.6),
- Textstile (→ 5.9),
- Verschiedene Standard-BKS (→ 2.10),
- eventuell Layout (→ 9.2) mit Zeichnungsrahmen und Schriftfeld (verschiedene Vorlagen für die benötigten unterschiedlichen Formate und Maßstäbe).

1.11 Neue Zeichnungen anlegen, Zeichnungen speichern und öffnen

Um eine neue Zeichnung zu beginnen, eine gespeicherte Zeichnung zur Bearbeitung auf den Bildschirm zu holen oder eine Zeichnung zu speichern, stehen verschiedene Befehle zur Verfügung.
Bei den folgenden Befehlen werden Dialogfelder zur Auswahl der Dateinamen verwendet. Dazu muß die Systemvariable **FILEDIA** auf 1 gesetzt sein (Standardeinstellung). Bei der Einstellung 0 wird der Dateiname im Dialogbereich angefragt.

Ausführung: AutoCAD 2000 neu starten

Wenn das Programm gestartet wird, erscheint das Startdialogfeld (→ Abbildung 1.17) auf dem Bildschirm, aus dem die Befehle **NEU** und **ÖFFNEN** (→ unten) gewählt werden können.

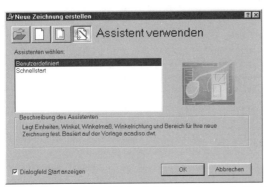

Abbildung 1.17: Dialogfeld des Befehls Neu bzw. beim Start des Programms

Ausführung: Befehl NEU

Mit dem Befehl **NEU** wird eine neue Zeichnung in einem neuen Zeichnungsfenster begonnen.

- **Befehl NEU auswählen**
  - Abrollmenü **DATEI, NEU...**
  - Tablettfeld **T24**
  - Symbol in der **STANDARD FUNKTIONSLEISTE**

Verschiedene Methoden zum Beginn einer neuen Zeichnung stehen zur Auswahl:

Ausführung: Assistent verwenden

Die Grundeinstellungen für die neue Zeichnung werden in Dialogfenstern abgefragt. Dazu kann der Assistent **BENUTZERDEFINIERT** oder **SCHNELLSTART** in der Liste gewählt werden.

- **BENUTZERDEFINIERT:**

Mit diesem Assistenten werden die Grundeinstellungen für die Zeichnung in fünf Dialogfeldern abgefragt.

- **EINHEITEN:** Damit kann die Zahlendarstellung für die Anzeige der Zeichnungseinheiten gewählt werden (→ Abbildung 1.18). Im metrischen System eignen sich die Auswahlmöglichkeiten **DEZIMAL** oder **WISSENSCHAFTLICH** (exponentielle Darstellung). Wird die Einstellung gewechselt, verändert sich im Bild daneben die Beispieldarstellung. Im Abrollmenü **GENAUIGKEIT** lässt sich die Zahl der Nachkommastellen einstellen (keine bis maximal 8). Die angezeigten Einheiten werden auf die eingestellte Zahl von Nachkommastellen gerundet. Mit den Schaltflächen **WEITER >>** und **<< ZURÜCK** lassen sich die einzelnen Dialogfelder durchblättern. **ABBRECHEN** beendet die Dialogfelder und startet mit den Standardeinstellungen.

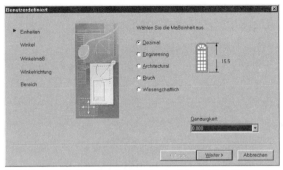

Abbildung 1.18: Benutzerdefinierter Assistent, Einheiten

◆ **WINKEL:** Im nächsten Dialogfeld lassen sich die Einheiten und die Genauigkeit für die Anzeige von Winkeleinheiten einstellen (→ Abbildung 1.19).

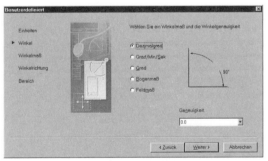

Abbildung 1.19: Benutzerdefinierter Assistent, Winkel

◆ **WINKELMASS:** In einem weiteren Dialogfeld lässt sich die 0°-Richtung für Winkel einstellen (→ Abbildung 1.20). Standardmäßig ist **OSTEN** vorgegeben, was auch nur für spezielle Anwendungen, z. B. in der Vermessungstechnik geändert werden sollte. Mit der Einstellung **ANDERE** kann ein beliebiger Winkel als 0°-Richtung eingestellt werden. Alle Winkelangaben beim Zeichnen beziehen sich dann auf diese Richtung.

Abbildung 1.20: Benutzerdefinierter Assistent, Winkelmaß

- **WINKELRICHTUNG:** Im nächsten Dialogfeld kann die Winkelmessrichtung eingestellt werden (→ Abbildung 1.21). Standardmäßig ist die mathematische Winkelrichtung **GEGEN UHRZEIGERSINN** eingestellt. Nur für spezielle Anwendungen sollte der Uhrzeigersinn gewählt werden. Alle Winkeleingaben beim Zeichnen wirken in dieser Richtung.

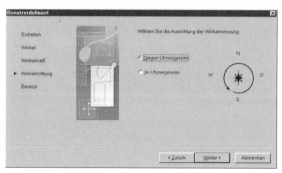

Abbildung 1.21: Benutzerdefinierter Assistent, Winkelrichtung

- **BEREICH:** Im letzten Dialogfeld kann die Breite und Höhe für die zu zeichnenden Objekte in Originalabmessungen (nicht im Papiermaß) eingegeben werden (→ Abbildung 1.22). Wird ein Grundriss mit den Abmessungen 12m x 9m in Metern gezeichnet, kann 12 für die Breite und 9 für die Höhe eingegeben werden. Soll noch ein Rahmen im Modellbereich darum herum gezeichnet werden, ist der Bereich entsprechend zu vergrößern. Eine Angabe des Bereichs ist aber nicht zwingend erforderlich. Standardmäßig ist 420 x 297 eingestellt, die Größe eines A3-Blatts im Querformat.

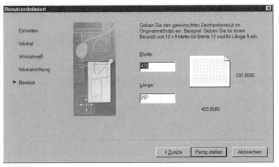

Abbildung 1.22: Benutzerdefinierter Assistent, Bereich

■ **SCHNELLSTART:**
Mit diesem verkürzten Assistent werden nur die wichtigsten Grundeinstellungen in zwei Dialogfeldern abgefragt.
- **EINHEITEN:** Wie beim Assistent **BENUTZERDEFINIERT**, es lassen sich aber nur die Einheiten und nicht die Genauigkeit einstellen (→ oben und Abbildung 1.23).

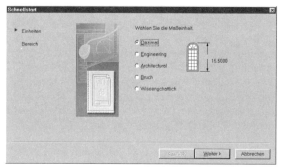

Abbildung 1.23: Assistent zum Schnellstart, Einheiten

◆ **BEREICH:** Wie beim Assistent **BENUTZERDEFINIERT** (→ oben und Abbildung 1.24).

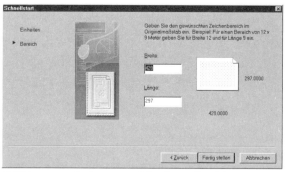

Abbildung 1.24: Assistent zum Schnellstart, Bereich

Ausführung: Vorlage verwenden

Die neue Zeichnung wird mit einer Vorlage gestartet (→ 1.10). Die Vorlage kann aus der Liste in der Mitte des Dialogfensters (→ Abbildung 1.25) gewählt werden. Im Fenster rechts daneben wird die Vorlage in der Voransicht angezeigt. Als Vorlagen werden in der Liste Dateien mit der Dateierweiterung *.DWT* aus dem Verzeichnis

Programme\Acad2000\Template angezeigt. Das Verzeichnis enthält Vorlagen mit ISO- oder ANSI-Grundeinstellungen, in verschiedenen Formaten, mit unterschiedlichen Plotstilen und mit Zeichnungsrahmen in den verschiedensten Normen.

Bei Anwahl der Schaltfläche **DURCHSUCHEN...** können weitere Vorlagen mit dem Windows-Dateiwähler aus beliebigen Verzeichnissen gewählt werden.

Abbildung 1.25: Start mit Vorlage

Ausführung: Direkt beginnen

Die neue Zeichnung wird ohne weitere Voreinstellungen begonnen. Es kann lediglich gewählt werden, ob mit britischen oder metrischen Maßeinheiten (→ Abbildung 1.26) gearbeitet werden soll.

Anmerkungen

- In AutoCAD 2000 lassen sich beliebig viele Zeichnungen in verschiedenen Zeichnungsfenstern anlegen oder öffnen. Ein Zeichnungsfenster ist immer das aktuelle. Eingegebene Befehle wirken sich auf diese Zeichnung aus. Dieses Fenster ist durch die aktive Titelleiste gekennzeichnet.
- Wird eine neue Zeichnung begonnen, erhält sie den Namen *Zeichng1.dwg*. Wird eine weitere begonnen, erhält sie den Namen *Zeichng2.dwg* usw. Erst wenn die Zeichnung gespeichert

wird oder die Arbeit an der Zeichnung beendet werden soll, muss ein anderer Name für die Zeichnung angegeben werden.

Abbildung 1.26: Neue Zeichnung direkt beginnen

Ausführung: Befehl KSICH

Mit dem Befehl **KSICH** wird die Zeichnung im gerade aktuellen Fenster unter ihrem Namen gespeichert.

- **Befehl KSICH auswählen**
    - Abrollmenü **DATEI, SPEICHERN**
    - Tablettfeld **U24-25**
    - Symbol in der **STANDARD-FUNKTIONSLEISTE**

Der Befehl wird ohne weitere Anfragen ausgeführt. Wurde die Zeichnung aber noch nie gesichert (Zeichnungsname *ZeichngX.dwg*), muss der Dateiname wie beim Befehl **SICHALS** (→ unten) eingegeben werden.

Ausführung: Befehl SICHALS

Mit dem Befehl **SICHALS** wird die Zeichnung unter einem neuen Namen gespeichert.

- **Befehl SICHALS auswählen**
    - Abrollmenü **DATEI, SPEICHERN UNTER...**
    - Tablettfeld **V24**

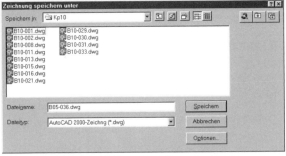

Abbildung 1.27: Dialogfeld zum Speichern einer Zeichnung

Anmerkungen

- Das Dialogfenster zur Speicherung entspricht dem Standardfenster in Windows 95 bzw. Windows NT 4.0, wie er in allen Windows-Anwendungen verwendet wird. Alle Funktionen sind identisch mit dem Microsoft-Standard.
- Im Abrollmenü **SPEICHERN IN** werden Laufwerk und der Pfad ausgewählt.
- In der Liste darunter werden alle bereits vorhandenen AutoCAD-Zeichnungsdateien und -Unterverzeichnisse aufgelistet.
- Im Feld **DATEINAME** kann der Name eingetragen werden, unter dem die Zeichnung gespeichert werden soll.
- Eine Dateierweiterung muß nicht angegeben werden, Zeichnungsdateien werden immer mit der Dateierweiterung *.DWG* gespeichert. Wird die Zeichnung als Vorlage (→ unten) gespeichert, wird automatisch die Dateierweiterung *.DWT* verwendet.
- Im Abrollmenü **DATEITYP** kann gewählt werden, in welchem Format die Zeichnung gespeichert werden soll. Zur Auswahl stehen: AutoCAD-2000-Zeichng (*.dwg)
- AutoCAD-R14/LT98/LT97-Zeichng (*.dwg)
- AutoCAD-R 13/LT95-Zeichnung (*.dwg)

- AutoCAD-Zeichnungsvorlagendatei (*dwt)
- AutoCAD-2000 DXF (*.dxf)
- AutoCAD-R14/LT98/LT97 DXF (*.dxf)
- AutoCAD-R 13/LT95 DXF (*.dxf)
- AutoCAD-R 12/LT2 DXF (*.dxf)
- Mit der Schaltfläche **OPTIONEN...** kann ein weiteres Dialogfeld aktiviert werden. Darin kann das Vorgabeformat für die Speicherung eingestellt werden. Außerdem lassen sich in einem weiteren Register die Optionen für die Speicherung von DXF-Dateien einstellen.
- Auf Diskette oder Festplatte werden immer zwei Versionen einer Zeichnung gespeichert. Die Datei mit der Erweiterung *.DWG* entspricht dem Zeichnungsstand bei der letzten Speicherung.
- Wird erneut gespeichert, wird die Dateierweiterung der bereits vorhandenen Zeichnungsdatei in *.BAK* (Backup-Datei=Sicherungsdatei) umbenannt und der momentane Zeichnungsstand in der Datei mit der Erweiterung *.DWG* gespeichert.
- **Wichtig:** Wurde die Zeichnung schon einmal gespeichert und nun unter einem neuen Namen gespeichert, wird anschließend an der Zeichnung mit dem neuen Namen weitergearbeitet.

Ausführung: Befehl ÖFFNEN

Mit dem Befehl **ÖFFNEN** kann eine bereits gespeicherte Zeichnung zur Bearbeitung geladen werden.
- **Befehl ÖFFNEN auswählen**
  - Abrollmenü **DATEI**, **ÖFFNEN**
  - Tablettbereich **T25**
  - Werkzeugfeld in der **STANDARD-FUNKTIONSLEISTE**

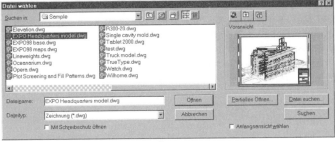

Abbildung 1.28: Dialogfenster zum Öffnen einer Zeichnung

Anmerkungen

- Laufwerk und Pfad können im Abrollmenü **Suchen in** eingestellt werden (→ Abbildung 1.28).
- In der darunterliegenden Liste kann die gewünschte Datei markiert werden. Der Dateiname wird dann in das Feld **Dateiname** übernommen. Er kann aber auch in dieses Feld eingetragen werden. Mit **Öffnen** wird die Zeichnung geladen.
- Im Abrollmenü **Dateityp** kann gewählt werden, welches Zeichnungsformat geladen werden soll. Zur Auswahl stehen:
  Zeichnung (*.dwg) für Zeichnungsdateien
  DXF (.dxf) für Dateien im DXF-Format
  Zeichnungsvorlage (*.dwt) für Zeichnungsvorlagen
- Wird das Feld **Anfangsansicht wählen** eingeschaltet, kann danach in einem weiteren Dialogfeld der Ausschnitt gewählt werden, der auf den Bildschirm gebracht werden soll. Voraussetzung ist, dass Ausschnitte (→ 6.2) in der Zeichnung gespeichert sind.
- Wird das Feld **Mit Schreibschutz öffnen** eingeschaltet, kann die Zeichnung zwar geöffnet und bearbeitet, die Änderungen können aber nicht gesichert werden.
- Im rechten Feld wird eine Voransicht der markierten Zeichnung angezeigt.

Ausführung: Schaltfläche DATEI SUCHEN...

1.11

Mit der Schaltfläche **DATEI SUCHEN...** wird eine weiteres Dialogfenster mit zwei Registerkarten eingeblendet.

- Standardmäßig ist die Registerkarte **BLÄTTERN** aktiv, in der alle Zeichnungen des aktuellen Verzeichnisses in der Voransicht gezeigt werden (→ Abbildung 1.29). In der Registerkarte können Ordner und Laufwerk der anzuzeigenden Zeichnungen eingestellt werden. Beim **DATEITYP** der anzuzeigenden Dateien kann auch hier zwischen:

  Zeichnung (*.dwg) für Zeichnungsdateien
  DXF (.dxf) für Dateien im DXF-Format
  Zeichnungsvorlage (*.dwt) für Zeichnungsvorlagen

- gewählt werden. Die Größe der Voransichtsbilder kann im Abrollmenü eingestellt werden.

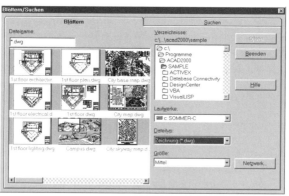

Abbildung 1.29: Dialogfenster Datei suchen, Blättern

- Auf der Registerkarte **SUCHEN** kann eine Datei nach verschiedenen Kriterien gesucht werden (→ Abbildung 1.30). Beim **SUCHKRITERIUM** kann ein Dateiname vorgegeben werden. Wildcards können verwendet werden, z. B.: **A*.DWG** für alle Zeichnungsnamen,

die mit A beginnen. Bei **Dateiformate** kann wieder wie oben gewählt werden.
- Beim **Datumsfilter** kann eingestellt werden, ob nur Zeichnungen gesucht werden sollen, die vor oder nach einem bestimmten Datum erstellt wurden.
- Im Feld **Suchen in** kann gewählt werden, welche Laufwerke bzw. welche Pfade durchsucht werden sollen. Mit der Schaltfläche **Bearbeiten** kommt ein weiteres Dialogfeld auf den Bildschirm. Dort lassen sich mehrere Ordner in eine Liste aufnehmen. In allen diesen Ordnern wird nach Dateien gesucht, auf die die Suchkriterien zutreffen.
- Mit der Schaltfläche **Suchen** wird die Suche gestartet.

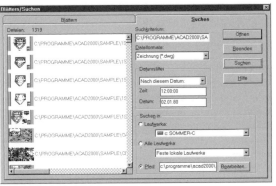

Abbildung 1.30: Dialogfenster Datei suchen, Suchen

- In beiden Registern kann die gewünschte Datei per Doppelklick in der Liste mit den Voransichtsbildern geöffnet werden. Die Schaltfläche **Öffnen** bewirkt, dass die in der Liste markierte Zeichnung geöffnet wird.

Ausführung: Schaltfläche SUCHEN

Wird beim ersten Dialogfeld des Befehls ÖFFNEN (→ Abbildung 1.28) beim Dateinamen ein Name eingetragen, kann diese Datei mit der Schaltfläche SUCHEN in den vorgegebenen Suchpfaden gesucht werden. Wird die Datei in den Ordnern nicht gefunden, die beim Befehl OPTIONEN (→ 10.5) als Suchpfade eingetragen sind, erscheint eine Meldung auf dem Bildschirm (→ Abbildung 1.31).

Abbildung 1.31: Meldungsfeld wenn Datei nicht gefunden wurde

Ausführung: Schaltfläche PARTIELLES ÖFFNEN...

Wird beim ersten Dialogfeld des Befehls ÖFFNEN (→ Abbildung 1.28) eine Datei gewählt und die Schaltfläche PARTIELLES ÖFFNEN... angewählt, können nur bestimmte Teile einer Zeichnung geladen werden. Das ist dann sinnvoll, wenn nur bestimmte Teile von sehr großen Dateien zu bearbeiten sind. Lade- und Bearbeitungszeiten lassen sich so deutlich verringern. In einem weiteren Dialogfeld kann dann gewählt werden, welche Teile der Zeichnung geladen werden sollen (→ Abbildung 1.32).

■ Falls in der Zeichnung Ausschnitte gespeichert sind, kann im Dialogfeld gewählt werden, welcher Ausschnitt der Zeichnung auf den Bildschirm gebracht werden soll. Außerdem kann angekreuzt werden, welche Layer angezeigt werden sollen. Es werden nur die Objekte aus dem gewählten Ausschnitt und den angekreuzten Layern aus der Zeichnungsdatei geladen.

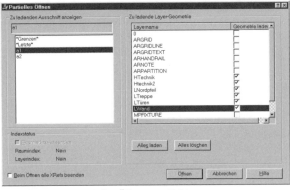

Abbildung 1.32: Partielles Öffnen von Zeichnungen

- In der Titelzeile des Zeichnungsfensters wird der Hinweis (PARTIELL GELADEN) angezeigt, wenn eine Zeichnung auf diese Art geladen wurde.
- Sollen später Teile der Zeichnung nachgeladen werden, kann dies mit dem Befehl TEILLAD erfolgen (→ unten).

Ausführung: Befehl TEILLAD

Wurde eine Zeichnung wie oben beschrieben nur partiell geöffnet, können mit dem Befehl TEILLAD weitere Teile davon nachgeladen werden.

- Befehl TEILLAD auswählen
  ◆ Abrollmenü DATEI , PARTIELLES LADEN

In einem ähnlichen Dialogfeld wie beim partiellen Öffnen (→ Abbildung 1.32) kann gewählt werden, in welchem Ausschnitt welche Layer zusätzlich geladen werden sollen.

Ausführung: Mehrere Zeichnungsfenster am Bildschirm

Sowohl mit dem Befehl ÖFFNEN als auch mit dem Befehl NEU lassen sich in AutoCAD 2000 beliebig viele Zeichnungsfenster auf dem Bildschirm öffnen.

Anmerkungen

Im Dialogfeld des Befehls ÖFFNEN (→ Abbildung 1.28) können mehrere Dateien markiert werden. Wird dann die Schaltfläche ÖFFNEN angeklickt, werden alle markierten Dateien geöffnet.

- Jede Zeichnung wird in einem eigenen Zeichnungsfenster geöffnet. Ein Zeichnungsfenster ist das aktive, das durch eine spezielle Farbe der Titelzeile gekennzeichnet ist.
- Die Zeichnungsfenster lassen sich mit den Symbolen an der rechten oberen Fensterecke zum Vollbild schalten (Symbol MAXIMIEREN), wieder auf die ursprünglich Größe bringen (Symbol WIEDERHERSTELLEN), zum Symbol herunterschalten (Symbol MINIMIEREN) oder die Bearbeitung beenden (Symbol SCHLIESSEN).
- Ist ein Zeichnungsfenster nicht formatfüllend, kann es an den Rändern in die gewünschte Größe oder an der Titelleiste an die gewünschte Position gezogen werden.
- Diese Funktionen lassen sich auch aus dem Systemmenü des Zeichnungsfensters ausführen, das mit dem Symbol in der linken oberen Ecke aktiviert wird (→ Abbildung 1.33).

Abbildung 1.33: Systemmenü des Zeichnungsfensters

- Das aktive Zeichnungsfenster kann mit einem Klick in das gewünschte Fenster aktiviert werden. Außerdem lassen sich die geöffneten Fenster nacheinander mit der Tastenkombination [Strg]+[↹] aktivieren und in den Vordergrund holen. Ist ein Fenster zum Vollbild geschaltet, werden auch alle anderen Zeichnungsfenster als Vollbild dargestellt.
- Wird das Zeichnungsfenster gewechselt, bleibt ein angewählter Befehl im letzten Fenster aktiv. Wird wieder in dieses Fenster gewechselt, kann an diesem Befehl ohne Unterbrechung weitergearbeitet werden.
- Im Abrollmenü **Fenster** sind alle geöffneten aufgelistet. Das aktive Fenster ist mit einem Häkchen markiert (→ Abbildung 1.34). Wird ein anderes Fenster angewählt, wird dieses aktiv.

Abbildung 1.34: Abrollmenü Fenster

- Im Abrollmenü **Fenster** kann auch die Anordnung der Fenster auf der Zeichenfläche geändert werden (→ Abbildung 1.34). Sie lassen sich überlappend, untereinander oder nebeneinander anordnen (→ Abbildung 1.35). Mit dem Eintrag **Symbole anordnen** werden minimierte Fenster am unteren Rand der Zeichenfläche angeordnet.

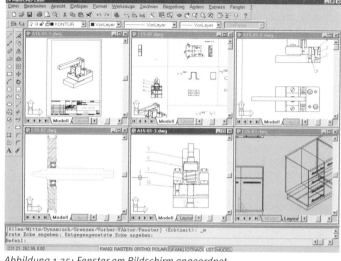

Abbildung 1.35: Fenster am Bildschirm angeordnet

- Wird versucht, ein Zeichnungsfenster zu schließen und es ist noch ein Befehl aktiv, kommt eine Warnmeldung, dass dieses Fenster nicht geschlossen werden kann.
- Wird versucht, ein Zeichnungsfenster zu schließen und es wurden in diesem Fenster seit der letzten Speicherung Änderungen vorgenommen, erscheint ein Dialogfeld mit der Meldung und es kann gewählt werden, ob gespeichert werden soll oder nicht (→ Abbildung 1.36).

Abbildung 1.36: Dialogfeld Änderungen an einer Zeichnung

- Wurde die Zeichnung neu begonnen und noch nie gespeichert, erhalten Sie beim Speichern das Dialogfeld des Befehls **SICHALS** (→ Abbildung 1.27), um einen Dateinamen und den Ort der Speicherung zu bestimmen.

Ausführung: Zuletzt bearbeitete Dateien öffnen

Die vier zuletzt bearbeiteten Zeichnungen werden im unteren Bereich des Abrollmenüs **DATEI** aufgelistet. Durch Anklicken wird die entsprechende Datei ohne weitere Auswahl erneut geöffnet.

Ausführung: Zeichnung öffnen per »Ziehen und Ablegen«

Viele Funktionen lassen sich in AutoCAD 2000 per »Ziehen und Ablegen« (Drag and Drop) ausführen. Auch Zeichnungen lassen sich nach dieser Methode öffnen. Dazu ist wie folgt vorzugehen:

- AutoCAD 2000 ist gestartet.
- In einem zweiten Fenster den Windows-Explorer öffnen.
- Im Verzeichnisbaum die gewünschten Zeichnungsdateien suchen und markieren.
- Markierte Zeichnungen mit gedrückter rechter Maustaste ins AutoCAD-Programmfenster ziehen und dort rechte Maustaste loslassen.
- Aus dem Pop-up-Menü (→ Abbildung 1.37) die Funktion **ÖFFNEN** wählen, um die Zeichnungen in AutoCAD zu öffnen.

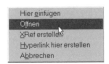

Abbildung 1.37: Pop-up-Menü bei Drag&Drop

Ausführung: Befehl WIEDERHERSTELLEN

Mit dem Befehl **WIEDERHERSTELLEN** kann eine Zeichnung mit Dateifehlern wiedergestellt werden, soweit dies noch möglich ist.

- **Befehl WIEDERHERSTELLEN auswählen**
  - Abrollmenü **DATEI, DIENSTPROGRAMME >, WIEDERHERSTELLEN...**
- **Befehlsanfrage:**
  Wie beim Befehl **ÖFFNEN**.

Ausführung: Befehl PRÜFUNG

Mit dem Befehl **PRÜFUNG** kann die Zeichnung im aktiven Zeichnungsfenster auf Dateifehler überprüft und eventuelle Fehler können auch korrigiert werden.

- **Befehl PRÜFUNG auswählen**
  - Abrollmenü **DATEI, DIENSTPROGRAMME >, PRÜFUNG...**
- **Befehlsanfrage:**

```
Befehl: PRÜFUNG

Gefundene Fehler beheben? [Ja/Nein] <N>: j
  213     Blöcke geprüft
Durchgang 1 4227    Objekte geprüft
Durchgang 2 4227    Objekte geprüft
Durchgang 3 7700    Objekte überprüft
0 Fehler gefunden, 0 behoben
```

Es kann gewählt werden, ob gefundene Fehler gleich behoben werden sollen oder nicht. Bei der Bearbeitung des Befehls wird ein Fehlerprotokoll im Befehlszeilenfenster ausgegeben.

Ausführung: Befehl DWGEIGEN

Mit dem Befehl **DWGEIGEN** lassen sich Zusatzinformationen mit der Zeichnung speichern, die auch außerhalb von AutoCAD im Windows-Explorer abgefragt werden können. So können Projektdaten mit der Zeichnung gespeichert werden.

■ Befehl DWGEIGEN auswählen
◆ Abrollmenü **DATEI, DIENSTPROGRAMME ›, ZEICHNUNGSEIGEN-SCHAFTEN...**

In einem Dialogfeld mit vier Registerkarten (→ Abbildung 1.38) lassen sich die Zeichnungsdaten abfragen bzw. Werte eintragen. Im Register **ALLGEMEIN** werden die Dateiinformationen angezeigt, im Register **DATEI-INFO** können Informationen zur Zeichnung eingetragen werden (→ Abbildung 1.38).

Abbildung 1.38: Dialogfeld mit den Zeichnungseigenschaften, Register Datei-Info

Im Register **STATISTIK** werden Erstellungs- und letztes Änderungsdatum sowie die gesamte Bearbeitungszeit angezeigt. Das Register **BENUTZERSPEZIFISCH** kann verwendet werden, um eigene Felder zu definieren und dafür Werte einzutragen.

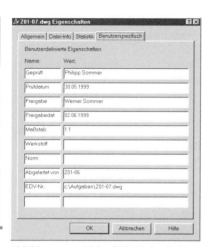

Abbildung 1.39: Dialogfeld mit den Zeichnungseigenschaften, Register Benutzerspezifisch

Anmerkungen

- Die Informationen lassen sich auch im Windows-Explorer abfragen. Wird die Datei markiert, kann mit einem Rechtsklick ein Pop-up-Menü aktiviert werden und aus diesem die Funktion **EIGENSCHAFTEN** gewählt werden. Es erscheint dann dasselbe Dialogfeld wie bei der Eingabe der Zeichnungseigenschaften in AutoCAD.
- Wird ein Laufwerk oder ein Ordner markiert, kann mit einem Rechtsklick wieder ein Pop-up-Menü aktiviert werden und aus diesem die Funktion **SUCHEN** gewählt werden. Im Dialogfeld für die Suche kann nach dem Text gesucht werden, der in die Felder bei den Zeichnungseigenschaften eingetragen wurde (→ Abbildung 1.40).

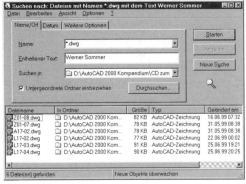

Abbildung 1.40: Suchen nach Stichwörtern aus den Zeichnungseigenschaften

Ausführung: Befehl QUIT

Mit dem Befehl **QUIT** kann AutoCAD beendet werden.
- **Befehl QUIT auswählen**
    - Abrollmenü **DATEI, BEENDEN**
    - Tablettfeld **Y25**
    - Tastenkombination (Alt)+(F4)

Wurden Zeichnungen seit ihrer letzten Speicherung geändert, erscheint das Dialogfenster zur Wahl, ob eine geänderte Zeichnung gesichert werden soll (→ Abbildung 1.36). Wurde diese Zeichnung noch nie gesichert, müssen der Dateiname sowie Laufwerk und Pfad wie beim Befehl **SICHALS** im Dialogfeld angegeben werden.

1.12 Koordinatensysteme

Damit jeder Punkt in einer Zeichnung lokalisiert werden kann, liegt der Zeichnung ein kartesisches Koordinatensystem zugrunde.

- **Weltkoordinatensystem**

  Es existiert ein festes Koordinatensystem, das nicht verändert werden kann, das sogenannte **Weltkoordinatensystem (WKS)**.

- **Benutzerkoordinatensysteme**

  Zusätzlich kann der Benutzer beliebig viele Koordinatensysteme definieren, die frei im Raum liegen können. Diese sogenannten **Benutzerkoordinatensysteme (BKS)** erlauben es, die Konstruktionsebene beliebig festzulegen und schnell zu wechseln (→ Abbildung 1.41).

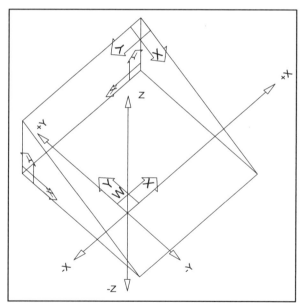

Abbildung 1.41: Welt- und Benutzerkoordinatensysteme

Anmerkungen

- Jeder Punkt in der Zeichnung wird durch seinen Abstand vom Koordinatenursprung in X-, Y- und Z-Richtung bestimmt.
- Wird eine 2-dimensionale Zeichnung erstellt, muß der Z-Anteil nicht angegeben werden. Er wird in diesem Fall auf die aktuelle Erhebung gesetzt (→ 2.8).
- Wird ein 3-dimensionales Objekt dargestellt, können Zeichnungspunkte mit drei Koordinatenanteilen eingegeben werden. Der Z-Anteil kann mit der Erhebung auf einen konstanten Wert festgelegt werden (→ 2.8).
- Die normale Darstellung auf dem Bildschirm entspricht der Draufsicht. Die positive Z-Achse kommt auf den Betrachter zu.

1.13 Koordinateneingabe

Koordinaten können auf verschiedene Arten eingegeben werden.

Ausführung: Koordinateneingabe auf der Tastatur

Beim exakten maßstäblichen Zeichnen müssen die Koordinaten der Zeichnungspunkte als numerische Werte auf der Tastatur eingegeben werden.

- Einheiten von Strecken und Winkeln können mit dem Befehl **EINHEIT** festgelegt werden (→ 2.2).
- Die Werte beziehen sich auf das momentan aktive Koordinatensystem. Sollen sie abweichend davon auf das Weltkoordinatensystem bezogen werden, ist den Koordinatenwerten das Zeichen * voranzustellen.
- Koordinatenangaben beziehen sich in der Regel auf den Nullpunkt des aktuellen Koordinatensystems. Sie können auch auf den zuletzt eingegebenen Punkt bezogen werden, sogenannte relative Koordinaten, durch vorangestelltes @ gekennzeichnet. Folgende Koordinatenformate sind möglich:

Ausführung: Eingabe in kartesischen Koordinaten

Ein Punkt wird durch seinen Abstand in X-, Y- und Z-Richtung vom Ursprung des aktuellen Koordinatensystems bzw. vom letzten Punkt angegeben (→ Abbildung 1.42).

Format:
X,Y,Z bzw. X,Y   absolute Koordinate
@dx,dy,dz bzw. @dx,dy   relative Koordinate

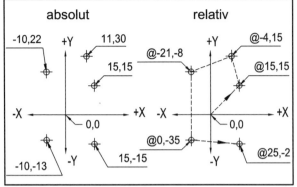

Abbildung 1.42: Absolute und relative kartesische Koordinaten

Ausführung: Eingabe in Polarkoordinaten

Ein Punkt wird durch den Abstand und den Winkel vom Ursprung des aktuellen Koordinatensystems bzw. vom letzten Punkt angegeben. Der Winkel wird zur X-Achse entgegen dem Uhrzeigersinn gemessen (→ Abbildung 1.43).

Format:
A<W absolute polare Koordinate
@A<W relative polare Koordinate

Das Format ist nur 2-dimensional möglich.

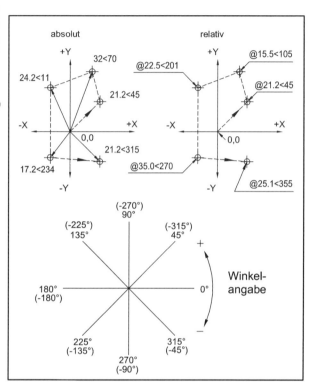

Abbildung 1.43: Absolute und relative Polarkoordinaten

Ausführung: Eingabe in sphärischen Koordinaten

Ein Punkt wird durch seinen Abstand vom Nullpunkt bzw. vom letzten Punkt, seinem Winkel in der XY-Ebene und seinem Winkel zur XY-Ebene des aktuellen Koordinatensystems angegeben. Der Winkel in der XY-Ebene wird von der X-Achse aus entgegen dem Uhrzeigersinn gemessen. Der Winkel zur XY-Ebene ist positiv, wenn der Punkt über der XY-Ebene liegt, und negativ, wenn er darunterliegt (→ Abbildung 1.44).

Format:
A<W1<W2   absolute sphärische Koordinate
@A<W1<W2   relative sphärische Koordinate

Das Format ist nur 3-dimensional möglich.

Ausführung: Eingabe in zylindrischen Koordinaten

Ein Punkt wird durch den Abstand seiner Projektion in die XY-Ebene vom Nullpunkt bzw. vom letzten Punkt aus, seinem Winkel in der XY-Ebene und seinem Abstand in Z-Richtung angegeben (→ Abbildung 1.44). Der Winkel in der XY-Ebene wird von der X-Achse aus entgegen dem Uhrzeigersinn gemessen.

Format:
A<W,Z   absolute zylindrische Koordinate
@A<W,Z   relative zylindrische Koordinate

Das Format ist nur 3-dimensional möglich.

Koordinatenformate

2D-Formate:

Typ	Eingabeart	Format	Beispiel
Kartesisch	BKS absolut	X,Y	20,30
	BKS relativ	@dx,dy	@10,20
	Welt absolut	*X,Y	*20,30
	WELT relativ	@*dx,dy	@*10,20
Polar	BKS absolut	A<W	20<45
	BKS relativ	@A<W	@20<45
	Welt absolut	*A<W	*20<45
	Welt relativ	@*A<W	@*20<45

3D-Formate:

Typ	Eingabeart	Format	Beispiel
Kartesisch	BKS absolut	X,Y,Z	20,30,10
	BKS relativ	@dx,dy,dz	@10,20,40
	Welt absolut	*X,Y,Z	*20,30,10
	WELT relativ	@*dx,dy,dz	@*8,20,40
Sphärisch	BKS absolut	A<W1<W2	20<45<30
	BKS relativ	@A<W1<W2	@8<45<30
	Welt absolut	*A<W1<W2	*20<45<30
	Welt relativ	@*A<W<W2	@*8<45<10
Zylindrisch	BKS absolut	A<W,Z	15<60,10
	BKS relativ	@A<W,Z	@15<60,10
	Welt absolut	*A<W,Z	*15<60,10
	Welt relativ	@*A<W,Z	@*5<60,8

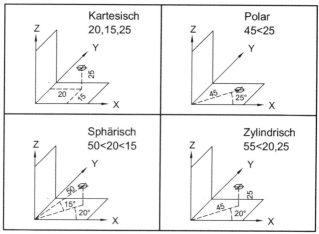

Abbildung 1.44: Koordinatenformate

Ausführung: Eingabe von Abständen

Wird statt einer Koordinate nur ein Abstand eingegeben, wird der Punkt relativ zum vorhergehenden Punkt gesetzt, und zwar im eingegebenen Abstand und in der Richtung des momentanen Standorts des Fadenkreuzes.

- **Beispiel für Abstandsangabe**

```
Befehl: LINIE
Ersten Punkt angeben: 0,0
Nächsten Punkt angeben oder [Zurück]: 100
Nächsten Punkt angeben oder [Zurück]: 200
Nächsten Punkt angeben oder [Schließen/Zurück]: 50
Nächsten Punkt angeben oder [Schließen/Zurück]: s
```

Anmerkungen

- Die Eingabe von Abständen ist nur dann sinnvoll, wenn der Fang, der Ortho-Modus oder der Polarfang aktiv ist (→ 2.1).

Ausführung: Koordinateneingabe mit dem Zeigegerät

Koordinaten können auch mit dem Zeigegerät eingegeben werden. Dazu muß das Fadenkreuz auf dem Bildschirm mit dem Zeigegerät auf die entsprechende Stelle positioniert und der Pick-Knopf gedrückt werden. Die Koordinaten des Punktes werden übernommen. Mit den verschiedenen Zeichnungshilfen (→ 2.1) kann die Positionierung des Fadenkreuzes exakt auf den gewünschten Punkt gebracht werden.

1.14 Hilfe in AutoCAD 2000

In AutoCAD 2000 ist eine umfangreiche Hilfe integriert. Sie wird mit dem Befehl **HILFE** aktiviert.

Ausführung: Befehl HILFE

Erklärungen werden mit dem Befehl **HILFE** angefordert.

■ **Befehl HILFE auswählen**
- ◆ Auf der Tastatur ? bei der Befehlanfrage oder '? in einem Befehlsdialog eingeben
- ◆ Abrollmenü **?**, **AUTOCAD-HILFE**
- ◆ Funktionstaste ⏎ drücken
- ◆ Tablettfeld **Y7**
- ◆ Symbol in der Standard-Funktionsleiste

Wird die Hilfe von der Befehlsanfrage gestartet, kommt das Dialogfenster mit drei Registerkarten auf den Bildschirm.

Im Register **INDEX** kann nach einem Stichwort gesucht werden (→ Abbildung 1.45). Wie im Index eines Buches kann hier ein Hilfethema gesucht werden.

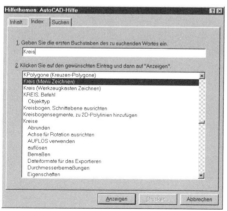

Abbildung 1.45: Hilfeindex

Durch Eingabe eines Begriffs im oberen Feld werden in der Liste darunter die Themen zu diesem Begriff aufgelistet. Wird ein Thema markiert, kann die Hilfe dazu mit der Schaltfläche **ANZEIGEN** (oder einem Doppelklick auf den Eintrag) in einem weiteren Fenster auf den Bildschirm gebracht werden (→ Abbildung 1.46).

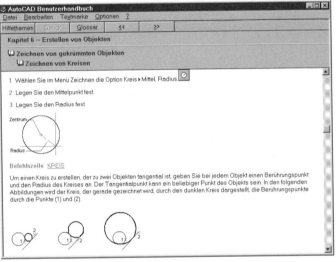

Abbildung 1.46: Hilfe zu einem Thema

Mit der Registerkarte **SUCHEN** kann nach einem beliebigen Stichwort innerhalb des Hilfetextes gesucht werden (→ Abbildung 1.47). Klickt man einen Abschnitt an, erscheint wieder die Hilfe im Fenster (→ Abbildung 1.46).

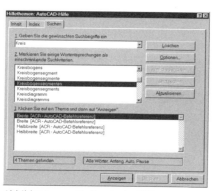

Abbildung 1.47: Suchen in der Hilfe

Mit der Registerkarte **INHALT** kommt man zum Inhaltsverzeichnis des Hilfetextes (→ Abbildung 1.48). Wie bei einem Buch erhält man ein Inhaltsverzeichnis, dessen Kapitel aufgeblättert werden können. Auch hier kann man wieder das entsprechende Hilfethema in einem Fenster auf den Bildschirm bringen (→ Abbildung 1.46).

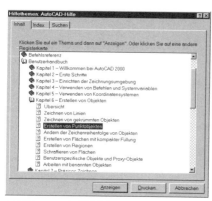

Abbildung 1.48: Hilfeinhalt

Anmerkungen
- Die Hilfe-Funktion läuft in einem eigenen Windows-Anwendungsfenster ab.
- Wird die Hilfe-Funktion in einem Befehlsdialog aktiviert, erscheinen direkt Erläuterungen zu diesem Befehl (→ Abbildung 1.46).
- Das Hilfe-Fenster kann transparent aufgerufen werden, das heißt, nach Beenden des Fensters wird der vorherige Befehl weitergeführt.
- Grün hervorgehobene Einträge sind Querverweise. Fährt man mit der Maus darauf, erscheint ein Handcursor. Klickt man den Begriff an, erscheint die Erläuterung dazu in einem eigenen Fenster.

Ausführung: Abrollmenü ?
Aus dem Abrollmenü ? lassen sich außer dem Befehl HILFE auch Hilfe-Funktionen aktivieren:

- **DIREKTHILFE ZUM PLOTTEN**
  Hilfe-Fenster mit Erläuterungen zu den neuen Plot-Funktionen.
- **NEU IN AUTOCAD 2000**
  Hilfe-Fenster mit den Neuerungen von AutoCAD 2000.
- **SUPPORT ASSISTENCE**
  Hilfe-Fenster mit den Support-Informationen zu AutoCAD 2000.
- **AUTODESK IM INTERNET**
  Links zu wichtigen Autodesk-Web-Seiten.
- **INFO ÜBER AUTOCAD**
  Informationen über die installierte AutoCAD-Version sowie die Personalisierungsdaten und die Seriennummer (Befehl INFO).

2 Zeichentechniken und Zeicheneinstellungen

2.1 Zeichentechniken und Konstruktionshilfen

In AutoCAD lassen sich auf verschiedene Arten exakte Zeichnungen erstellten. Eine Reihe von Zeichnungshilfen ermöglichen die exakte Eingabe von Geometriepunkten.

Ausführung: Koordinatenanzeige

Zur Platzierung von Punkten werden in der Statuszeile (→ Abbildung 2.1) mit dem Fadenkreuz mitlaufende Koordinaten angezeigt.

| 300.5347, 199.1674, 0.0000 | FANG RASTER ORTHO POLAR OFANG OTRACK LST MODEL |

Abbildung 2.1: AutoCAD-Statuszeile

- **Koordinatenanzeige**

  Die Koordinatenanzeige befindet sich am linken Rand der Statuszeile. Sie gibt die aktuelle Fadenkreuz-Position an (X,Y,Z). Das Format der Anzeige kann mit dem Befehl **EINHEIT** beeinflusst werden (→ 2.2). Ein Doppelklick auf das Anzeigefeld schaltet die Anzeige aus und wieder ein. Ist sie aus, wird sie trotzdem bei jeder Punkteingabe aktualisiert. Innerhalb von Zeichen- oder Editierbefehlen hat die Koordinatenanzeige drei Zustände: ein mit relativer polarer Anzeige, ein mit absoluter Anzeige und aus. Auch diese Umschaltung erfolgt per Doppelklick auf dem Anzeigefeld oder mit der Taste [F6].

- **Statusfelder**
  In der Mitte der Statuszeile sind die Schalter für die Zeichnungshilfen. Mit einem Mausklick wird die entsprechende Funktion aus- und eingeschaltet. Mit einem Rechtsklick können Einstellungen für die Funktion vorgenommen werden.
- **Hilfetext**
  Wird mit der Maus auf ein Befehlssymbol gezeigt, wird in der Statuszeile ein Hilfetext dazu angezeigt.

Anmerkungen

- Nur mit der Koordinatenanzeige lassen sich keine präzisen Zeichnungen erstellen.
- Nur mit exakten Zeichnungen lassen sich die Vorteile von CAD nutzen. Deshalb sollte entweder mit Koordinateneingabe oder einer der Zeichenhilfen gearbeitet werden (→ unten).

Ausführung: Zeichnen mit Raster und Fang

Zur leichteren Platzierung von Punkten kann der Zeichnung ein Punkte-Raster hinterlegt werden. Zudem kann mit dem Fang das Fadenkreuz nur noch auf Punkte des Fang-Rasters platziert werden. Raster und Fang lassen sich jederzeit zu- und abschalten.

- **Raster und Fang ein- und ausschalten**
  - Funktionstaste [F7] (für das Raster) bzw. [F9] (für den Fang)
  - Klick auf das Feld **RASTER** bzw. **FANG** in der Statuszeile

Ausführung: Befehl ZEICHEINST für Raster und Fang

Alle Zeichenhilfen lassen sich mit dem Befehl ZEICHEINST in einem Dialogfeld mit drei Registern einstellen.

- **Befehl ZEICHEINST auswählen**
  - Abrollmenü **WERKZEUGE, ENTWURFSEINSTELLUNGEN...**
  - Tablettfeld **W10**
  - Rechtsklick auf **FANG** oder **RASTER** in der Statuszeile und Auswahl von **EINSTELLUNGEN...** aus dem Pop-up-Menü

Das Dialogfeld hat drei Register. Die Einstellungen für Raster und Fang können im Register **FANG UND RASTER** vorgenommen werden (→ Abbildung 2.2).

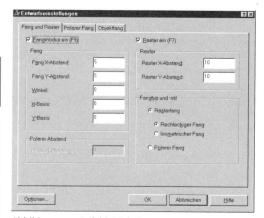

Abbildung 2.2: Befehl Zeicheinst, Register Raster und Fang

Veränderung des Rasters: Rechts oben im Dialogfeld kann der Rasterabstand in X- und Y-Richtung eingestellt werden. Das Raster wird im Weltkoordinatensystem (→ 2.10) nur innerhalb der Limiten angezeigt. Ist ein Benutzerkoordinatensystem aktiv, wird es auf dem ganzen Bildschirm angezeigt. Mit einem Schalter läßt sich das Raster auch hier ein- und ausschalten.

Veränderung des Fangs: In der linken Spalte des Dialogfeldes kann der Fangabstand in X- und Y-Richtung eingestellt werden. Zudem kann ein Fangwinkel eingegeben werden. Raster und Fang werden um diesen Winkel gedreht. Auch das Fadenkreuz erscheint dann mit dieser Drehung. Mit der Einstellung von X- und Y-Basis wird der Punkt festgelegt, an dem Raster und Fang ihren Ursprung haben bzw. um den sie gedreht wurden. Auch hier ist ein Schalter zum Ein- und Ausschalten des Fangs.

Neben den Schaltern, mit denen Fang und Raster ein- und ausgeschaltet werden können, kann auch der Fangtyp und -stil gewählt werden:

Rasterfang, rechteckiger Fang: Raster und Fang mit starrem rechteckigem Fangraster, beginnend bei einem Punkt mit eventueller Drehung um den Ursprungspunkt.

- **Rasterfang, isometrischer Fang:** Hier kann ein isometrischer Zeichenstil eingestellt werden. Das Fangraster wird dabei so gedreht, dass isometrisches Zeichnen in den verschiedenen Ebenen sehr einfach möglich ist. Beim Zeichnen kann die isometrische Zeichenebene mit der F5 Taste umgestellt werden. Das Fadenkreuz wird dann entsprechend der isometrischen Ebene ausgerichtet. Dabei wird aber trotzdem eine 2D-Zeichnung erzeugt, der Modus ist lediglich eine Zeichenhilfe. Auch die Koordinateneingaben entsprechen der X- und Y-Richtung des Koordinatensystems.

Polarer Fang: (→ unten).

Anmerkungen
- Der Fangmodus kann in jedem Ansichtsfenster unterschiedlich gesetzt werden.
- Das Fangraster muß nicht mit dem optischen Raster übereinstimmen.

Ausführung: Zeichnen mit dem Ortho-Modus

Mit dem Ortho-Modus ist es möglich, nur horizontal oder vertikal zu zeichnen. Mit dem Fadenkreuz wird nur der Abstand zum letzten Punkt eingegeben. Ist der horizontale Abstand vom letzten Punkt zum Fadenkreuz größer als der vertikale, wird horizontal weitergezeichnet und umgekehrt.

- **Ortho ein- und ausschalten**
    - ◆ Funktionstaste F8 drücken
    - ◆ Klick auf das Feld **Ortho** in der Statuszeile

Ausführung: Zeichnen mit dem polaren Fang

Mit dem Polaren Fang kann ein Fangraster in Winkelschritten und auf Wunsch auch in Abständen eingestellt werden. Das Fadenkreuz rastet beim Zeichnen und Editieren in diesen Schritten. Dabei wird am Fadenkreuz ein gelbes Rechteck mit den polaren Koordinaten angezeigt, das sogenannte Quick-Info, und ein Spurvektor in der Richtung des eingerasteten Winkels (→ Abbildung 2.3). Jetzt kann ein Punkt mit dem Fadenkreuz angeklickt werden. Dann sollte allerdings auch der polare Abstand entsprechend eingestellt sein. Es kann aber auch ein Abstand eingetippt werden und der Punkt wird in der Richtung des Spurvektors gesetzt.

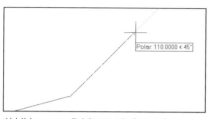

Abbildung 2.3: Zeichnen mit dem polaren Fang

Die Vorteile des Polarfangs gegenüber dem Rasterfang:
Es kann ein beliebiges Winkelraster eingestellt werden, nicht nur die orthogonalen Richtungen, und es kann auch in den Winkelrichtungen mit Abstandsangabe (→ 1.13) gezeichnet werden. Das polare Fangraster und der polare Fangwinkel beziehen sich immer auf den zuletzt eingegebenen Punkt, nicht wie beim einfachen Fang auf den Nullpunkt.

■ **Polaren Fang ein- und ausschalten**
   ◆ Funktionstaste [F10] drücken
   ◆ Klick auf das Feld **POLAR** in der Statuszeile

Ausführung: Befehl ZEICHEINST für den polaren Fang

Die Einstellungen des polaren Fangs können mit diesem Befehl vorgenommen werden.

■ **Befehl ZEICHEINST auswählen**
   ◆ Abrollmenü **WERKZEUGE, ENTWURFSEINSTELLUNGEN...**
   ◆ Tablettfeld **W10**
   ◆ Rechtsklick auf **POLAR** in der Statuszeile und Auswahl von **EINSTELLUNGEN...** aus dem Pop-up-Menü

Die Einstellungen für den polaren Fang können im gleichnamigen Register (→ Abbildung 2.4) vorgenommen werden.

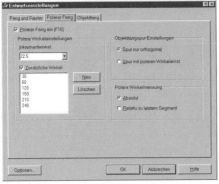

Abbildung 2.4: Befehl Zeicheinst, Register Polarer Fang

Dort ist ein Schalter, um die Funktion ein- und auszuschalten.
INKREMENTALWINKEL: Hier kann der Winkel für das Raster gewählt oder ein beliebiges Winkelraster eingetragen werden.
ZUSÄTZLICHE WINKEL: Weitere Winkel können in dieses Feld eingetragen werden. Mit der Schaltfläche **NEU** wird ein Eintrag angelegt, der dann bearbeitet werden kann. Mit der Schaltfläche **LÖSCHEN** wird er wieder entfernt.
POLARE WINKELMESSUNG: In diesem Feld kann gewählt werden, ob sich der Winkel des polaren Fangs auf das Koordinatensystem oder das zuletzt gezeichnete Segment beziehen soll.
Soll außer dem Fangwinkel ein Fangabstand verwendet werden, ist dieser im Register **FANG UND RASTER** einzustellen (→ Abbildung 2.2). Im Feld **POLARER ABSTAND** wird dieser eingetragen. **POLARER FANG** und **FANGMODUS** müssen eingeschaltet sein.

Ausführung: Zeichnen mit dem Objektfang

Der Objektfang ist das wichtigste Hilfsmittel für die Konstruktion. Er kann bei jeder Punkteingabe benutzt werden. Neue Punkte können

so auf geometrisch definierte Stellen bereits gezeichneter Objekte gesetzt werden, zum Beispiel:
- Linie am Endpunkt eines Bogens ansetzen
- Mittelpunkte zweier Kreise mit einer Linie verbinden
- Tangente von einem Punkt an einen Kreis zeichnen usw.

Ausführung: Objektfang für eine Punkteingabe aktivieren

Vor jeder Punkteingabe kann eine Objektfang-Funktion aktiviert werden. Die Wahl gilt dann für eine Eingabe. Bei der nächsten muss der Vorgang, falls gewünscht, wiederholt werden, wenn der Objektfang nicht fest eingestellt ist (→ unten).

- **Objektfang aktivieren**
  - Aus dem Pop-up-Menü (→ Abbildung 2.5), das mit der ⌐o⌐- oder [Strg]-Taste + rechte Maustaste aktiviert wird
  - Vom Tablettbereich **T15-22** und **U15-21**
  - Symbole in einem Flyout-Menü der Standard-Funktionsleiste oder im Werkzeugkasten **OBJEKTFANG**

Abbildung 2.5: Pop-up-Menü zur Wahl des Objektfangs

Beispiel für Befehlsanfrage:

```
Befehl: LINIE
Ersten Punkt angeben: END (wählen wie oben beschrieben)
von
```

Anmerkungen

- Sobald ein Objektfang gewählt wurde und man in die Nähe eines gesuchten Punktes kommt, wird an dem Punkt das Symbol für den entsprechenden Objektfang angezeigt. Wird dann die Pick-Taste gedrückt, wird der Punkt gewählt, auch wenn sich das Fadenkreuz nicht direkt auf dem Punkt befindet.
- Befinden sich auf dem Objekt mehrere Punkte, auf die diese Bedingung zutrifft (zum Beispiel die beiden Endpunkte einer Linie) oder sind in unmittelbarer Nähe des Fadenkreuzes mehrere Objekte mit solchen Punkten, lassen sich mit der ⇥-Taste die Punkte durchblättern. Das Symbol für den entsprechenden Objektfang wird nacheinander an jedem Punkt angezeigt.
- Wird ein Symbol für einen Objektfang angezeigt und man hält das Fadenkreuz für ca. 1 sec still, wird am Fadenkreuz eine Erklärung, der sogenannte Tipp, für den gefundenen Punkt angezeigt (→ Abbildung 2.6).

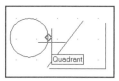

Abbildung 2.6: Gefundener Fangpunkt mit Tipp

Ausführung: Objektfang fest einstellen; AutoSnap

Die bessere Methode ist es, mit fest eingestellten Fangfunktionen zu zeichnen, dem sogenannten AutoSnap. Das ständige Auswählen der Fangfunktionen entfällt dann. Mit dem Befehl **Zeicheinst** lässt sich auch der AutoSnap einstellen.

- **Befehl ZEICHEINST auswählen**
  - ◆ Abrollmenü **WERKZEUGE, ENTWURFSEINSTELLUNGEN...**
  - ◆ Tablettfeld **U22**
  - ◆ Rechtsklick auf **OFANG** in der Statuszeile und Auswahl von **EINSTELLUNGEN...** aus dem Pop-up-Menü
  - ◆ Symbol in einem Flyout-Menü der **STANDARD-FUNKTIONSLEISTE** oder im Werkzeugkasten **OBJEKTFANG**
  - ◆ Wurde der Objektfang eingestellt, kann er mit einem Klick auf das Feld **OFANG** in der Statuszeile oder mit der Funktionstaste [F3] ein- und ausgeschaltet werden.

Die Einstellungen für den Objektfang werden im gleichnamigen Register (→ Abbildung 2.7) vorgenommen.

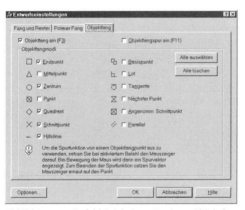

Abbildung 2.7: Befehl Zeicheinst, Register Objektfang

Dort ist je ein Schalter um den Objektfang und die Objektfangspuren (→ unten) aus- und einzuschalten.

OBJEKTFANGMODI: Hier können die einzelnen Fangfunktionen (→ unten) ein- und ausgeschaltet werden.

ALLE AUSWÄHLEN: Schaltet alle Fangfunktionen ein.

ALLE LÖSCHEN: Löscht alle Fangfunktionen.

Anmerkungen

- Meist werden mehrere Objektfangmodi beim Zeichnen benötigt. Dann sollten diejenigen eingeschaltet werden, die am häufigsten gebraucht werden, beispielsweise **ENDPUNKT** und **SCHNITTPUNKT** bei der Bemaßung. Wenn dann die Objekte überfahren werden, werden die entsprechenden Symbole angezeigt.
- Ist ein Objektfang fest eingestellt und für eine Punkteingabe wird ein anderer benötigt, kann dieser zusätzlich gewählt werden. Für diese eine Punkteingabe hat dieser dann Vorrang, die festen sind deaktiviert.
- Ist ein Objektfang fest eingestellt und für eine Punkteingabe wird kein Objektfang benötigt, kann **KEINER** gewählt werden. Für diese eine Punkteingabe ist der Objektfang abgeschaltet.

Ausführung: Einfache Objektfangmodi

Im Folgenden finden Sie die vorhandenen Objektfangmodi aufgelistet; zunächst die einfachen, die ohne zusätzliche Hilfslinien arbeiten (→ Abbildung 2.9):

ENDPUNKT: Fängt den Endpunkt einer Linie oder eines Bogens.

MITTELPUNKT: Fängt den Mittelpunkt einer Linie oder eines Bogens.

SCHNITTPUNKT: Fängt den Schnittpunkt von Objekten.

ANGENOMMENER SCHNITTPUNKT: Dieser Modus ist zwar für das Arbeiten an 3D-Modellen gedacht, ist aber auch sehr nützlich bei 2D-Zeichnungen. Es kann damit der in der momentanen Ansicht sichtbare Schnittpunkt zweier Objekte gefangen werden, die beliebig im Raum übereinanderliegen. Dazu müssen beide Objekte angewählt werden. Der ermittelte Punkt liegt auf dem zuerst gewählten Objekt.

Wenn das Fadenkreuz in der Nähe eines Schnittpunkts ist, unterscheidet sich der Modus bei 2D-Objekten nicht vom Objektfang **SCHNITTPUNKT**. Ist man jedoch in der Nähe eines Objekts ohne dass sich dort ein Schnittpunkt befindet, erscheint das Schnittpunktsymbol mit einem Quadrat und drei Punkten. Im Quick-Info wird dabei angezeigt: **ERWEITERTER ANGENOMMENER SCHNITTPUNKT** (→ Abbildung 2.8). Wird das Objekt angeklickt, wird nichts gefangen. Kommt man aber in die Nähe eines anderen Objektes, wird der virtuelle Schnittpunkt der beiden Objekte markiert (→ Abbildung 2.8). Das ist der Punkt, bei dem sich die Verlängerungen der beiden Objekte treffen. Das geht natürlich nur dann, wenn die Linien nicht parallel verlaufen. Kreise können dabei nicht gewählt werden. Mit einem Mausklick wird der Punkt gewählt, egal wo sich das Fadenkreuz befindet.

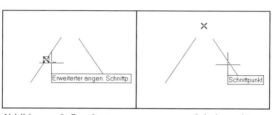

Abbildung 2.8: Erweiterter angenommener Schnittpunkt

ZENTRUM: Fängt das Zentrum eines Kreises oder Kreisbogens, das Zentrum oder ein Teil der Kreisperipherie muss sich dabei in der Nähe des Fadenkreuzes befinden.

QUADRANT: Fängt den Quadrantenpunkt eines Kreises oder Bogens.

TANGENTE: Fängt den Punkt auf einem Bogen oder Kreis, der mit dem zuletzt eingegebenen Punkt eine Tangente bildet.

LOT: Fängt den Punkt auf einem Objekt, der vom letzten Punkt einen rechten Winkel zum Objekt bildet.

BASISPUNKT: Fängt den Basispunkt eines Symbols, eines Textes oder eines Blocks.

PUNKT: Fängt einen Punkt in der Zeichnung.

NÄCHSTER: Fängt den Punkt auf einem Objekt, der dem Fadenkreuz am nächsten ist.

KEIner: Schaltet einen fest eingestellten Objektfang für diese Eingabe aus.

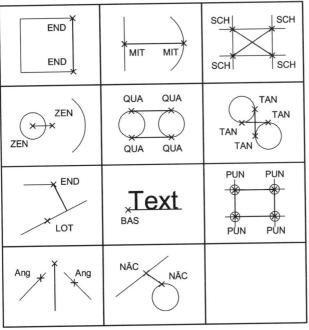

Abbildung 2.9: Objektfangmodi

Ausführung: Objektfang mit Hilfslinien und Relativpunkten

Weitere Möglichkeiten gibt es mit den Objektfangfunktionen, die mit Hilfslinien arbeiten.

HILFSLINIE: Diese Funktion ist vielseitig einsetzbar. Dazu muss der Objektfang **ENDPUNKT** mit aktiv sein. Neue Punkte können auf Hilfslinien von vorhandenen Objekten weg gesetzt werden (→ Abbildung 2.10). Vorgehen:

- Endpunkt einer Linie oder eines Bogens mit dem Fadenkreuz anfahren, bis das Symbol für den Endpunkt angezeigt wird.
- Direkt auf den gewünschten Punkt fahren, bis ein kleines + am Punkt angezeigt wird, aber den Punkt nicht anklicken.
- War es versehentlich der falsche Punkt, noch einmal den Punkt anfahren und er wird wieder freigegeben.
- Ist der Endpunkt festgehalten, mit dem Fadenkreuz in der Richtung der Linie oder des Bogens weiterfahren. Eine Hilfslinie wird vom gefangenen Punkt weg gezeichnet.
- Punkt anklicken und er wird auf der Hilfslinie platziert, oder Abstand eintippen und mit ⏎ bestätigen. Der Punkt wird in dem Abstand vom Endpunkt auf der Hilfslinie platziert.
- So kann auch eine weitere Hilfslinie von einem anderen Endpunkt weggezogen werden. In die Nähe des Schnittpunkts der beiden Hilfslinien fahren und das Symbol für den Schnittpunkt wird angezeigt. Mit einem Klick wird der Schnittpunkt der Hilfslinien gefangen.

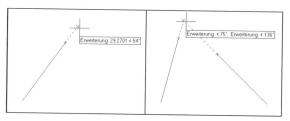

Abbildung 2.10: Objektfang Hilfslinien

PARALLEL: Mit dieser Funktion können Parallelen zu bestehenden Liniensegmenten erstellt werden. Dazu muß ein bestehendes Linienobjekt in der Zeichnung angefahren werden; das Symbol für die Parallelfunktion erscheint. Wenn dann mit dem Fadenkreuz in Richtung der neu zu zeichnenden Linie gefahren wird, erscheint eine Hilfslinie, wenn das neue Objekt parallel zum vorher gewählten ist. Das Parallelsymbol erscheint auf dem ursprünglichen Objekt (→ Abbildung 2.11). Der neue Punkt kann dann auf der Hilfslinie angeklickt werden oder ein Abstand wird eingetippt.

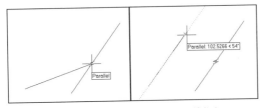

Abbildung 2.11: Zeichnen mit parallelen Hilfslinien

VON PUNKT: Ein Punkt wird mit einer der bisherigen Objektfangfunktionen gefangen. Zusätzlich wird ein relativer Abstand eingegeben. Der Punkt im angegebenen Abstand vom Bezugspunkt wird gewählt.

```
Befehl: LINIE
Ersten Punkt angeben: VON Punkt aus dem Menü wählen
Basispunkt: Punkt anklicken
<Abstand>: Relativen Abstand eingeben
Nächsten Punkt angeben oder [Zurück]:
```

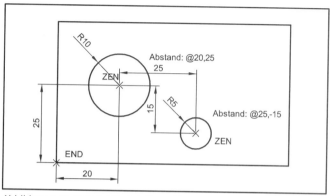

Abbildung 2.12: Beispiel für Relativpunkte

Ausführung: Objektfangspuren

Mit den Objektfangspuren können Objektfangpunkte abgegriffen und davon orthogonale Hilfslinien oder Hilfslinien entlang der Winkel des polaren Fangs weggezogen werden. Auf diesen Hilfslinien lassen sich Abstände für neue Punkte eingeben oder wenn zwei Hilfslinien weggezogen werden, die Schnittpunkte der Objektfangspuren anklicken. Die Objektfangspuren können nur zusammen mit den Objektfangfunktionen verwendet werden.

■ **Objektfangspuren aktivieren**
- Funktionstaste [F11] zum ein- und ausschalten
- Klick auf das Feld **Otrack** in der Statuszeile

Ausführung: Befehl ZEICHEINST für die Objektfangspuren

Die Objektfangspuren lassen sich ebenfalls mit dem Befehl ZEICH-EINST beeinflussen.

■ **Befehl ZEICHEINST auswählen**
- Abrollmenü **Werkzeuge, Entwurfseinstellungen...**
- Tablettfeld **W10**

◆ Rechtsklick auf die Taste **OFANG** oder **OTRACK** in der Statuszeile, aus dem Pop-up-Menü **EINSTELLUNGEN...** wählen

Die Einstellungen können im Register **POLARER FANG** (→ Abbildung 2.13) vorgenommen werden.

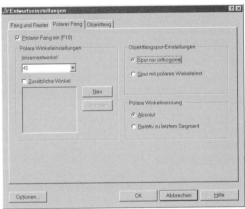

Abbildung 2.13: Befehl Zeicheinst, Register Polarer Fang

Dort kann im Feld **OBJEKTFANGSPUR-EINSTELLUNGEN** gewählt werden, ob die Objektfangspuren nur orthogonale Hilfslinien erzeugen oder die Hilfslinien entlang der Winkel des polaren Fangs angezeigt werden sollen.

■ **Zeichnen mit Objektfangspuren**

◆ Objektfangpunkt mit dem Fadenkreuz anfahren, bis das Symbol angezeigt wird.
◆ Direkt auf den gewünschten Punkt fahren, bis ein kleines + am Punkt angezeigt wird, aber den Punkt nicht anklicken.
◆ War es versehentlich der falsche Punkt, noch einmal den Punkt anfahren und er wird wieder freigegeben.
◆ Ist der Punkt festgehalten, kann orthogonal von dem Punkt weggefahren werden und eine Hilfslinie wird mitgezogen.

- Sind die Objektfangspuren auch für polare Winkel aktiviert, können auch in diese Richtungen Hilfslinien gezogen werden.
- Punkt auf der Hilfslinie anklicken oder den Abstand eintippen, den der neue Punkt vom gefangenen Punkt haben soll.
- Es kann auch eine weitere Hilfslinie von einem anderen Objektfangpunkt weggezogen und der Schnittpunkt der beiden Hilfslinien angeklickt werden.

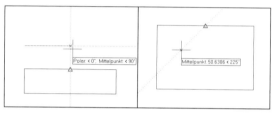

Abbildung 2.14: Objektfangspuren ziehen

Ausführung: Zeichnen mit den temporären Spurpunkten

Wenn Punkte über mehrere Stützpunkte hinweg konstruiert werden sollen, kann mit den temporären Spurpunkten gearbeitet werden.

■ **Temporäre Spurpunkte wählen**

Die Funktion für den **TEMPORÄREN SPURPUNKT** ist in den gleichen Menüs und Werkzeugkästen wie die Objektfangfunktionen zu finden.

■ **Zeichnen mit temporären Spurpunkten**
- Wird beispielsweise der Befehl **LINIE** gewählt und nach dem Startpunkt gefragt, kann die Funktion **TEMPORÄRER SPURPUNKT** angeklickt werden.
- Wird danach ein Punkt angeklickt, wird dieser nicht als Startpunkt für die Linie genommen. Es kann aber eine Hilfslinie weggezogen werden. Wird dann ein Punkt geklickt oder ein Abstand eingegeben, wird erst dieser Punkt als Startpunkt genommen.

◆ Es hätte aber auch noch einmal die Funktion **TEMPORÄRER SPURPUNKT** eingegeben und eine Hilfslinie zu einem weiteren Punkt gezogen werden können. So kann bis zum gewünschten Punkt eine ganze Serie von Stützpunkten eingegeben werden.

Ausführung: Einstellung der Zeichenhilfen

Mit der Schaltfläche **OPTIONEN** in jedem Register des Befehls **ZEICHEINST** (→ Abbildung 2.2, 2.4 und 2.7) kommt man zu einem Dialogfeld mit den Einstellungen für die Zeichenhilfen (→ Abbildung 2.15). Dasselbe erhält man, wenn im Befehl **OPTIONEN** das Register **ENTWURF** gewählt wird (→ 10.5)

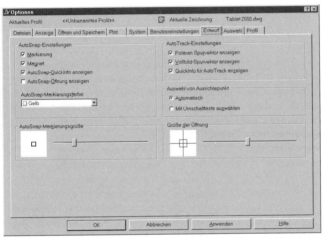

Abbildung 2.15: Dialogfeld des Befehls Optionen mit dem Register Entwurf

Der linke Teil des Registers ist für den Objektfang:

MARKIERUNG: Wenn der Schalter eingeschaltet ist, werden die Symbole an den Geometriepunkten angezeigt und sie können mit der ⇥-Taste durchgeblättert werden.

Magnet: Dieser Schalter bewirkt, dass die Symbole auch dann angezeigt werden, wenn sich das Fadenkreuz nur in der Nähe befindet.

AutoSnap-QuickInfo anzeigen: Der Schalter bewirkt, dass an den Fangpunkten die Quick-Infos angezeigt werden.

AutoSnap-Öffnung anzeigen: Der Schalter blendet zusätzlich ein Fangfenster ein, wie es in AutoCAD 12 und 13 verwendet wurde.

AutoSnap-Markierungsfarbe: In einem Abrollmenü kann die Farbe der Markierungssymbole gewählt werden.

AutoSnap-Markierungsgrösse: Einstellung der Größe der Markierungssymbole für den AutoSnap.

Grösse der Öffnung: Ist die AutoSnap-Öffnung eingeschaltet, kann an diesem Schieberegler die Größe des Fensters eingestellt werden.

Der rechte Teil des Registers ist für die Objektfangspuren:

AutoTrack-Einstellungen (Objektfangspuren): Mit dem Schalter **Polaren Spurvektor anzeigen** werden bei den Winkeln des polaren Rasters Hilfslinien angezeigt. Ist der Schalter **Vollbild-Spurvektor anzeigen** ein, werden die Hilfslinien über den ganzen Bildschirm angezeigt. Ist der Schalter **QuickInfo für AutoTrack anzeigen** ein, rastet der AutoTrack nur dann ein, wenn Sie kurz auf dem Punkt bleiben, auf dem eingerastet werden soll. Ansonsten rastet der AutoTrack sofort ein.

Auswahl von Ausrichtepunkt: Ist **Automatisch** eingestellt, rastet der AutoTrack ein, wenn der gewünschte Punkt kurz angefahren wird. Ist **Mit Umschalttaste auswählen** an, bekommt man den Ausrichtepunkt nur dann, wenn die Taste ⇧ in der Nähe des Punkts gedrückt wird.

Ausführung: Funktionstasten für die Zeichnungseinstellungen

Die meisten der oben beschriebenen Funktionen lassen sich mit Funktionstasten und Tastenkombinationen schalten. Hier noch einmal alle in der Übersicht.

Funktionstasten

Taste	Funktion
⏎	Aufruf der Hilfe Funktion
F2	Einblendung des Textfensters
F3	Objektfang ein und aus
F4	Tablett-Modus ein und aus
F5	Umschaltung der Isoebene
F6	Einmaliges Betätigen schaltet die mitlaufende Koordinatenanzeige in der Statuszeile ein, nochmaliges Drücken schaltet auf polare Anzeige um, und erneutes Drücken schaltet die mitlaufende Anzeige wieder aus. Koordinaten werden dann nur bei einer Punkteingabe angezeigt.
F7	Raster ein und aus
F8	Ortho-Modus ein und aus
F9	Fang ein und aus
F11	Polarer Fang ein und aus
F11	Objektfangspur ein und aus
Strg+A	Schaltet die Gruppenwahl ein und aus (→ 7.6)
Strg+J	Startet den zuletzt ausgeführten Befehl erneut
Strg+K	Hyperlink einfügen (→ 10.3)
Strg+R	Wechsel des aktiven Ansichtsfensters (→ 9.3)
Entf	Löschen von Objekten mit Griffen (→ 4.3)
Esc	Befehlsabbruch

2.2 Formate, Einheiten und Limiten

Strecken und Winkel können mit verschiedenen Einheiten und Formaten sowie in unterschiedlicher Genauigkeit angezeigt werden (Statuszeile → 2.1 und Abfragebefehle → 5.7).

Ausführung: Befehl EINHEIT

Mit dem Befehl EINHEIT lassen sich die Einheiten und die Genauigkeit in einem Dialogfeld einstellen.

- **Befehl EINHEIT auswählen**
  - aus Abrollmenü **FORMAT, EINHEITEN...**
  - vom Tablettfeld **V4**

Abbildung 2.16: Dialogfeld zur Einstellung der Einheiten

- **Einstellungen im Dialogfeld**

  LÄNGE: Einstellung des Typs und der Genauigkeit der linearen Einheiten in Abrollmenüs.

  WINKEL: Einstellung des Typs und der Genauigkeit der Winkeleinheiten in Abrollmenüs.

  IM UHRZEIGERSINN: Normalerweise werden in AutoCAD Winkel in mathematischer Richtung entgegen dem Uhrzeigersinn gemessen. Hier kann umgeschaltet werden, wenn Winkel im Uhrzeigersinn gemessen werden sollen.

ZEICHNUNGSEINHEITEN FÜR DESIGN-CENTER-BLÖCKE: Angabe, welchen Einheiten die Zeichnungseinheiten entsprechen sollen. Bei der Bildung von Blöcken (→ 7.1) kann ebenfalls angegeben werden, welchen Einheiten die Zeichnungseinheiten im Block entsprechen sollen. Mit diesen beiden Angaben können Blöcke beim Einfügen im Design-Center (→ 8.4) so skaliert werden, dass sie in der richtigen Dimension in der Zeichnung erscheinen.

RICHTUNG...: Mit dieser Schaltfläche lässt sich ein weiteres Dialogfeld aktivieren, in der die 0-Grad-Richtung gewählt werden kann (→ Abbildung 2.17).

Abbildung 2.17: Dialogfeld zur Einstellung der 0-Grad Richtung

Ausführung: Befehl LIMITEN

Die Zeichnung kann an einer beliebigen Position im Weltkoordinatensystem liegen. Sie wird von einem Rechteck begrenzt, das durch den linken unteren und den rechten oberen Eckpunkt festgelegt ist, den sogenannten Limiten. Mit dem Befehl **LIMITEN** können die Limiten festgelegt und eine Limitenkontrolle ein- und ausgeschaltet werden.

■ Befehl LIMITEN auswählen
  ◆ Abrollmenü **FORMAT, LIMITEN**

■ Befehlsanfrage:

```
Befehl: LIMITEN
Modellbereichlimiten zurücksetzen:
Linke untere Ecke angeben oder [Ein/Aus] <0.0000,0.0000>:
```

■ Optionen:

E (EIN): Die Limitenkontrolle wird eingeschaltet. Punkte außerhalb der Limiten werden nicht angenommen.

A (AUS): Die Limitenkontrolle wird ausgeschaltet.

Punkteingabe: Legt die linke untere Limite fest, danach wird die obere rechte Limite abgefragt.

```
Obere rechte Ecke angeben <420.0000,297.0000>:
```

Anmerkungen

- In AutoCAD wird immer 1:1 gezeichnet. Soll die Zeichnung später in einem anderen Maßstab geplottet werden, wird auf eine um den Maßstab vergrößerte oder verkleinerte Zeichenfläche gezeichnet. Soll zum Beispiel auf einem DIN-A4-Blatt im Querformat gezeichnet werden, das nachher 1:1 geplottet werden soll, dann liegen die Limiten nach Abzug eines unbedruckbaren Randes bei 0.00,0.00 (linke untere Limite) und 280.00,197.00 (rechte obere Limite). Soll dieses Blatt 1:100 geplottet werden, vergrößert sich der Zeichenbereich entsprechend, und die Limiten liegen bei 0.00,0.00 (linke untere Limite) und 28000.00,19700.00 (rechte obere Limite).

- In AutoCAD wird nur in Zeichnungseinheiten gearbeitet. Ob diese Einheiten mm, m oder km darstellen, ist beim Zeichnen nicht wichtig. Lediglich beim Plotmaßstab muss dies berücksichtigt werden. Wird beispielsweise auf dem DIN-A4-Blatt im Querformat in m gezeichnet und das Blatt soll später im Maßstab 1:100 geplottet werden, dann ergeben sich Limiten von 0.00,0.00 (linke untere Limite) und 28.00,19.70 (rechte obere Limite). Beim Plotten entspricht dann eine Zeichnungseinheit 10 mm auf dem Papier. Entsprechend muss der Plotmaßstab (→ 9.2 und 9.5) eingestellt werden.

- Oft fällt die linke untere Limite mit dem Nullpunkt des Koordinatensystems zusammen. Das muß aber nicht so sein, der Nullpunkt kann überall in der Zeichnung liegen.
- Die Limiten können beim Zoomen (→ 6.1) und beim Plotten (→ 9.2) als Konstanten benutzt werden.
- Das Raster (→ 2.1) wird nur innerhalb der Limiten angezeigt.
- Ist die Limitenkontrolle ein, werden beim Zeichnen nur Punkte angenommen, die sich innerhalb der Limiten befinden.
- Modellbereich und Papierbereich haben unterschiedliche Limiten (→ 9.2 und 9.3).

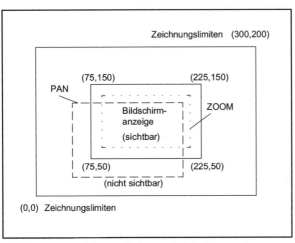

Abbildung 2.18: Zeichnungslimiten und Bildschirmanzeige

2.3 Layer in der Zeichnung

Zeichnungsobjekte können auf verschiedenen Ebenen gezeichnet werden, sogenannten Layern, die alle oder auch nur ein Teil davon am Bildschirm angezeigt werden können.

Eigenschaften von Layern

- Es wird immer auf dem aktuellen Layer gezeichnet.
- Man kann einzelne Layer ein- und ausschalten, frieren oder tauen und so nur Teile der Zeichnung anzeigen oder ausplotten.
- Es können beliebig viele Layer angelegt werden. Nur der Layer 0 ist immer vorhanden.
- Zusammengehörende Teile sollten auf einem Layer sein.
- Layer werden mit Namen versehen. Diese können bis zu 255 Zeichen lang sein und dürfen sich aus Buchstaben, Ziffern und den Sonderzeichen - _ $ | zusammensetzen. Der Name sollte einen Bezug zum Inhalt haben.
- Jedem Layer wird eine Farbe, ein Linientyp, eine Linienstärke und eventuell ein Plotstil zugeordnet. Alle Objekte, die darauf gezeichnet werden, erhalten normalerweise die Farbe und den Linientyp (→ 2.3) dieses Layers.
- Neue Layer erhalten zuerst immer die Farbe Weiß (Farbnummer 7) und den Linientyp *CONTINUOUS* (ausgezogene Linien).
- Layer, die längere Zeit nicht benötigt werden, sollten gefroren werden, da dadurch der Bildschirmaufbau beschleunigt wird. Beim Tauen eines Layers muss regeneriert werden.
- Layer, die nur kurzfristig nicht gebraucht werden, schaltet man besser aus. Beim Einschalten ist dann keine Regenerierung erforderlich.
- Layer lassen sich auch sperren, so daß die Inhalte auf diesem Layer nicht bearbeitet werden können. Außerdem lassen sich Layer plottbar und nicht plottbar schalten. Die Objekte von nicht plottbaren Layern werden am Bildschirm zwar angezeigt, erscheinen aber nicht auf der geplotteten Zeichnung.
- Arbeitet man mit Ansichtsfenstern im Layout (→ 9.2), können Layer in den einzelnen Ansichtsfenstern sichtbar und unsichtbar ge-

macht werden. Außerdem kann eingestellt werden, ob ein Layer in einem neu erzeugten Ansichtsfenster getaut oder gefroren sein soll.
- Layer können nur dann wieder gelöscht werden, wenn darauf keine Objekte gezeichnet wurden.

Ausführung: Befehl LAYER

Mit dem Befehl **LAYER** wird das Dialogfeld zur Layersteuerung auf den Bildschirm geholt. Alle Layereinstellungen können dort vorgenommen werden (→ Abbildung 2.19).

- **Befehl LAYER auswählen**
    - aus Abrollmenü **FORMAT, LAYER...**
    - Symbol in der Funktionsleiste **EIGENSCHAFTEN**
    - vom Tablettfeld **U5**

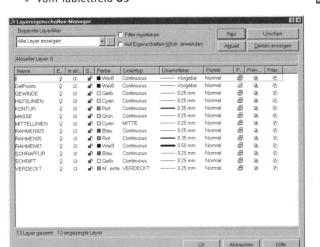

Abbildung 2.19: Dialogfeld für die Layersteuerung

- In der Mitte des Dialogfelds befindet sich die Liste aller Layer in dieser Zeichnung. Die Sortierung in der Liste kann geändert werden, indem man auf das entsprechende Titelfeld der Liste klickt. Die Liste wird dann nach diesem Feld sortiert. Ein weiterer Klick in das Titelfeld sortiert die Liste absteigend.
- Die Feldbreite kann verändert werden, wenn man den Trennstrich in der Titelzeile verschiebt. Ein Doppelklick auf den Trennstrich stellt die Breite so ein, dass der breiteste Eintrag komplett dargestellt werden kann.
- In der ersten Spalte der Liste wird der Layername angezeigt. Klickt man diesen an, wird er markiert. Dann kann er bearbeitet werden. Es lassen sich auch mehrere Layer markieren und bearbeiten. Wenn ein Layer markiert ist und mit gedrückter ⇧-Taste ein weiterer Layer angeklickt wird, wird dieser Layer und alle in der Liste dazwischen markiert. Klickt man dagegen mit gedrückter Strg-Taste einen weiteren Layer an, wird dieser zusätzlich markiert. Die Layer dazwischen bleiben unverändert.
- Sollen alle Layer markiert werden, drückt man die rechte Maustaste. Ein Menü mit zwei Einträgen erscheint am Cursor. Mit dem Eintrag **ALLES WÄHLEN** werden alle Layer markiert. Mit dem Eintrag **ALLES LÖSCHEN** werden die Markierungen entfernt.
- Klickt man auf die Schaltfläche **AKTUELL**, wird der markierte Layer zum aktuellen Layer und in der Zeile darunter angezeigt.
- Sind ein oder mehrere Layer markiert, kann auf ein Symbol in der Layerliste geklickt werden, und der Status wird umgeschaltet. Die Layer müssen aber nicht unbedingt markiert sein, klicken Sie nur auf das entsprechende Symbol in der Liste, und es wird ebenfalls umgeschaltet und der Layer gleichzeitig markiert. Auch hier kann die ⇧- oder Strg-Taste verwendet werden. Die Symbole haben folgende Funktionen:

Glühlampe ein	Layer ein
Glühlampe aus	Layer aus
Sonne	Layer getaut
Eiskristall	Layer gefroren

Vorhängeschloß offen	Layer entsperrt
Vorhängeschloß geschlossen	Layer gesperrt
Plottersymbol	Layerinhalt wird geplottet
Plottersymbol durchkreuzt	Layerinhalt wird nicht geplottet

Die beiden folgenden Symbole werden nur angezeigt, wenn der Layoutmodus aktiv ist (**TILEMODE** =0):

Sonne mit Fenster	Layer im aktuellen Ansichtsfenster getaut
Eiskristall mit Fenster	Layer im aktuellen Ansichtsfenster gefroren
Sonne mit leerem Fenster	Layer in einem neuen Ansichtsfenster getaut
Eiskristall mit leerem Fenster	Layer in einem neuen Ansichtsfenster gefroren

◆ Klickt man auf die Schaltfläche **NEU**, wird ein neuer Layer in die Liste eingefügt. Neue Layer erhalten zunächst die fortlaufend nummerierten Namen *Layer1*, *Layer2* usw.

◆ Neue Layer haben erstmal die Farbe *Weiß* und den Linientyp *CONTINUOUS*.

◆ In der ersten Spalte der Liste wird der Layername angezeigt. Klickt man den Namen an, wird er markiert. Beim zweiten Klick (kein Doppelklick, Pause dazwischen), kann der Name überschrieben werden. Mit einem weiteren Klick wird der Cursor gesetzt und der Name kann geändert werden.

◆ Markiert man einen Layer und klickt auf die Schaltfläche **LÖSCHEN**, verschwindet der Layer aus der Liste. Befinden sich Objekte auf dem Layer, erscheint eine Fehlermeldung, der Layer wird nicht gelöscht.

◆ Um Layern eine neue Farbe, einen neuen Linientyp, eine neue Linienstärke oder einen neuen Plotstil zuweisen zu können, müssen diese markiert sein. Klickt man dann auf das entsprechende Feld in der Liste, bekommt man ein Dialogfeld zur Auswahl der entsprechenden Einstellung (→ Befehle **Farbe** 2.5, **Linientyp** 2.4, **Lstärke** 2.6 oder **Plotstil** 2.7).

◆ Klickt man auf die Schaltfläche **Details anzeigen**, wird das Dialogfeld erweitert (→ Abbildung 2.20). Alle oben beschriebenen Funktionen für markierte Layer lassen sich in Abrollmenüs und mit Schaltfeldern vornehmen. Die Schaltfläche **Details ausblenden** bringt wieder nur die Liste.

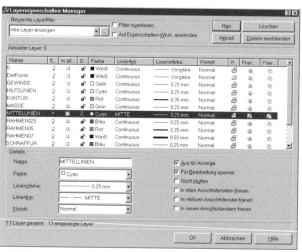

Abbildung 2.20: Dialogfeld für die Layersteuerung mit Details

■ **Layerliste gefiltert anzeigen**

Sind sehr viele Layer in der Zeichnung, kann die Liste für eine bessere Übersichtlichkeit gefiltert werden. Im Dialogfeld zur Layersteuerung kann im Abrollmenü **Benannte Layerfilter** (→ Abbildung 2.19 und 2.20) gewählt werden, welche Layer in der Liste angezeigt werden sollen:

Alle Layer anzeigen	Alle Layer werden angezeigt
Alle verwendeten Layer anzeigen	Alle Layer, auf denen Objekte gezeichnet wurden, werden angezeigt
Alle Xref-abhängigen Layer anzeigen	Alle Layer, die zu externen Referenzen gehören, werden angezeigt

Mit dem Schalter **FILTER INVERTIEREN**, kann die Wirkung des ausgewählten Filters umgekehrt werden. Der Schalter **AUF EIGENSCHAFTEN-WKZK ANWENDEN** bewirkt, dass auch im Abrollmenü für die Layer im Werkzeugkasten **EIGENSCHAFTEN** nur die gefilterten Layer angezeigt werden.

Mit einem Klick auf das Symbol rechts neben dem Abrollmenü für die Layerfilter kommt ein weiteres Dialogfeld auf den Bildschirm, in dem die Bedingungen für die Anzeige in der Layerliste festgelegt werden können (→ Abbildung 2.21).

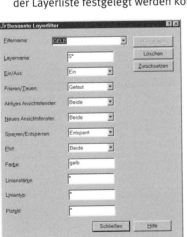

Abbildung 2.21: Dialogfeld zur Festlegung des Layerfilters

Anmerkung

- Wird der Befehl **Layer** mit einem vorangestellten »-« gestartet, läuft er ohne Dialogfeld im Befehlszeilenfenster ab. Die Optionen und Einstellungen müssen manuell vorgegeben werden.

2.3 Ausführung: Abrollmenü Layer im Werkzeugkasten Eigenschaften

Im Werkzeugkasten **Eigenschaften** befindet sich ein Abrollmenü, in dem die wichtigsten Funktionen zur Layersteuerung vorgenommen werden können.

- **Layersteuerung**
  - Abrollmenü im Werkzeugkasten **Eigenschaften**

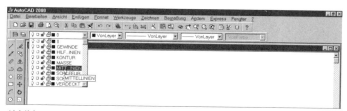

Abbildung 2.22: Abrollmenü zur Layersteuerung

- **Abrollmenü aktivieren:** Auf Anzeigefeld oder Pfeil klicken.
- **Aktuellen Layer wechseln:** Anderen Layernamen in der Liste anklicken, der Layer wird zum aktuellen Layer.
- **Layerstatus ändern:** Auf das entsprechende Symbol vor dem Layernamen klicken, und der Status wird geändert. Die Symbole sind identisch mit denen im Dialogfeld des Befehls **Layer**.

Anmerkung

- Die Farbe des Layers kann nicht geändert werden. Das Anklicken des Farbfelds hat keine Funktion.

Ausführung: Aktuellen Layer durch Objektwahl setzen

Im Werkzeugkasten **EIGENSCHAFTEN** befindet sich ein weiteres Symbol. Damit kann der aktuelle Layer auf den Layer gesetzt werden, auf dem das gewählte Objekt liegt.

- **Anwahl des Befehls**
  - Symbol im Werkzeugkasten **EIGENSCHAFTEN**
- **Befehlsanfrage**

```
Objekt wählen, dessen Layer der aktuelle Layer wird:
ABC ist jetzt der aktuelle Layer.
```

Wird ein Objekt angeklickt, wird dessen Layer zum aktuellen Layer.

2.4 Der Linientyp von Objekten

Beim Zeichnen kann mit verschiedenen Linientypen gearbeitet werden. Ein Linientyp ist der aktuelle; mit ihm werden neu erstellte Objekte gezeichnet. Ist der aktuelle Linientyp auf *VONLAYER* eingestellt, wird mit dem gezeichnet, der dem aktuellen Layer zugeordnet ist.

Ausführung: Befehl LINIENTYP

Mit dem Befehl **LINIENTYP** wird der aktuelle Linientyp festgelegt bzw. Linientypen geladen. Alle Einstellungen werden in einem Dialogfeld vorgenommen (→ Abbildung 2.23).

- Befehl **LINIENTYP** auswählen
    - aus Abrollmenü **FORMAT, LINIENTYP...**
    - vom Tablettfeld **U3**

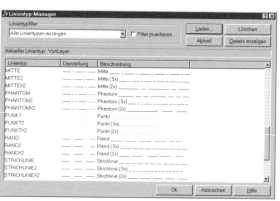

Abbildung 2.23: Dialogfeld zur Auswahl des Linientyps

- In diesem Dialogfeld kann der aktuelle Linientyp geändert werden. Markiert man einen Linientyp in der Liste und klickt auf die Schaltfläche **AKTUELL**, wird dieser zum aktuellen Linientyp gemacht. Alle Objekte, die von jetzt an gezeichnet werden, werden mit diesem Linientyp gezeichnet.

- Normalerweise sollten Sie den aktuellen Linientyp immer auf der Einstellung **VONLAYER** belassen. Die Objekte werden mit dem Linientyp gezeichnet, der dem aktuellen Layer zugeordnet ist.
- Klickt man in der Layerliste des Befehls **LAYER** auf das Feld **LINIENTYP**, kommt man ebenfalls zu diesem Dialogfeld. Dann kann dem Layer ein neuer Linientyp zugeordnet werden. Alle Objekte auf diesem Layer werden dann mit diesem Linientyp dargestellt.
- Genauso wie beim Befehl **LAYER** können die Sortierung und die Spaltenbreite verändert werden. Ebenso lassen sich Linientypen markieren und die Markierung wieder entfernen.
- Ein oder mehrere markierte Linientypen können mit der Schaltfläche **LÖSCHEN** gelöscht werden. Das geht aber nur dann, wenn sie in der Zeichnung nicht verwendet wurden und keinem Layer zugeordnet sind.
- Im Abrollmenü **LINIENTYPFILTER** kann die Liste der Linientypen gefiltert und damit reduziert werden:

Alle Linientypen anzeigen	Alle Linientypen anzeigen
Alle verwendeten	Alle Linientypen anzeigen, mit denen gezeichnet wurde
Alle Xref abhängigen	Alle, die zu externen Referenzen gehören

- Mit dem Schalter **FILTER INVERTIEREN** kann die Wirkung des ausgewählten Filters umgekehrt werden.
- Mit der Schaltfläche **LADEN...** kommt man zum Dialogfeld zum Laden von Linientypen (→ unten).
- Linientypen sind in der Linientypendatei in einem bestimmten Maßstab definiert. Werden Sie in eine Zeichnung geladen, kann es sein, daß der Maßstab nicht zu dieser Zeichnung passt. Meist erscheinen unterbrochene Linien dann als ausgezogene Linien. In der Zeichnung kann ein Faktor eingestellt werden, mit dem die Skalierung den Zeichnungseinheiten angepasst wird.
- Klickt man auf die Schaltfläche **DETAILS ANZEIGEN**, werden zusätzliche Einstellmöglichkeiten angezeigt (→ Abbildung 2.24).

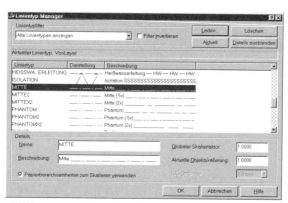

Abbildung 2.24: Dialogfeld zur Auswahl des Linientyps, erweiterte Anzeige

- Im Feld **GLOBALER SKALIERFAKTOR** stellt man den Faktor ein, der für die ganze Zeichnung gilt. Will man die Zeichnung in einem anderen Maßstab als 1:1 plotten, trägt man den Wert ein, zum Beispiel 10, wenn 1:10 geplottet werden soll, oder 0.1 bei 10:1.
- Im Feld **AKTUELLE OBJEKTSKALIERUNG** kann zusätzlich ein Korrekturfaktor eingestellt werden, mit dem der globale Skalierfaktor multipliziert wird. Alle Objekte, die danach gezeichnet werden, werden um diesen Faktor korrigiert. Dieser Faktor wird mit dem Objekt gespeichert und kann nachträglich mit den Änderungsfunktionen geändert werden.
- Außerdem besteht die Möglichkeit, den Namen und die Beschreibung des Linientyps in den Feldern zu ändern.
- Mit der Schaltfläche **DETAILS AUSBLENDEN** wird das Dialogfeld wieder verkleinert.

Anmerkungen

- Wird der Befehl **LINIENTYP** mit einem vorangestellten »-« gestartet, läuft er ohne Dialogfeld im Befehlszeilenfenster ab. Alle Optionen müssen dort eingegeben werden.

- Wird der aktuelle Linientyp geändert, werden alle folgenden Objekte mit dem neuen Linientyp gezeichnet. Vorher gezeichnete Objekte werden nicht geändert.
- Wird der Linientyp **VONBLOCK** vergeben, werden die Objekte mit dem Linientyp **CONTINUOUS** gezeichnet, bis sie zu einem Block (→ 7.1) zusammengefasst werden. Wenn der Block eingefügt wird, wird er mit dem aktuellen Linientyp gezeichnet.
- Der globale Skalierfaktor gilt für alle Objekte in der Zeichnung. Wird er geändert, wird die Zeichnung regeneriert und alle Objekte werden angepasst.
- Von jedem Linientyp existieren in der Datei *ACADISO.LIN* drei Varianten: *MITTE*, *MITTE2* und *MITTEX2*. Der Linientyp mit der Erweiterung *2* kennzeichnet den Linientyp, dessen Strichlängen halb so lang sind wie beim normalen. Die Erweiterung *X2* zeigt an, dass die Strichlängen doppelt so lang sind.
- Jedem Objekt kann ein zusätzlicher Linientypfaktor zugewiesen werden, die Objektskalierung. Diese wird mit dem globalen Linientypenfaktor multipliziert. Er kann auch mit dem Befehl **LTFAKTOR** voreingestellt oder nachträglich geändert werden.

Ausführung: Laden von Linientypen

Linientypen sind in Linientypendateien gespeichert, die die Dateierweiterung *.LIN* haben. Es wird je eine Linientypendatei für metrische und englische Einheiten mitgeliefert: *ACADISO.LIN* und *ACAD.LIN*. Linientypen müssen zuerst in die Zeichnung geladen werden, bevor mit ihnen gezeichnet werden kann.

- **Laden von Linientypen**
    - Im Dialogfeld des Befehls **LINIENTYP** (→ Abbildung 2.23) gibt es die Schaltfläche **LADEN...**. Damit wird das Dialogfeld zum Laden von Linientypen aktiviert (→ Abbildung 2.25)

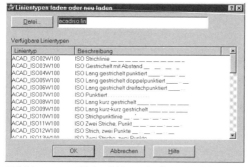

Abbildung 2.25: Dialogfeld zum Laden von Linientypen

- Mehrere Linientypendateien stehen jetzt zur Verfügung. Bei metrischen Einheiten wird die Linientypendatei **ACADISO.LIN** verwendet. Dieser Name erscheint als Vorgabe im Feld **DATEI** des Dialogfelds. Soll eine andere Linientypendatei geladen werden, klickt man auf die Schaltfläche **DATEI...** und wählt im Dateiwähler die entsprechende Datei aus.
- In der Liste darunter sind alle Linientypen, die in der gewählten Linientypendatei gespeichert sind, aufgelistet. Markiert man alle Linientypen, die geladen werden sollen, und klickt auf **OK**, werden Sie in die Zeichnung übernommen.

Ausführung: Abrollmenü **LINIENTYPEN** im Werkzeugkasten **EIGENSCHAFTEN**

Im Werkzeugkasten **EIGENSCHAFTEN** befindet sich ein Abrollmenü, in dem der aktuelle Linientyp gewählt werden kann.

■ **Linientypen**
- Abrollmenü im Werkzeugkasten **EIGENSCHAFTEN**

Abbildung 2.26: Abrollmenü zum Setzen des aktuellen Linientyps

Anmerkungen

- Normalerweise immer auf **VONLAYER** eingestellt lassen und den Linientyp über den aktuellen Layer steuern.
- Mit dem Eintrag **ANDERE...** kommt man zum Dialogfeld des Befehls **LINIENTYP**.

Ausführung: Befehl LTFAKTOR

Der globale Linientypenfaktor kann auch mit dem Befehl **LTFAKTOR** gesetzt werden.

- **Befehl LTFAKTOR auswählen**
   - nur auf der Tastatur einzugeben
- **Befehlsanfrage:**

```
Befehl: LTFAKTOR
Neuen Linientyp für Skalierfaktor eingeben <1.0000>:
```

2.5 Die Farbe von Objekten

Beim Zeichnen kann mit verschiedenen Farben gearbeitet werden. Eine Farbe ist die aktuelle; mit ihr werden neu erstellte Objekte gezeichnet. Ist die aktuelle Farbe auf *VONLAYER* eingestellt, wird mit der Farbe gezeichnet, die dem aktuellen Layer zugeordnet ist.

Ausführung: Befehl FARBE

Mit dem Befehl **FARBE** wird die aktuelle Farbe festgelegt, also die Farbe, mit der alle weiteren Objekte gezeichnet werden. Die Auswahl erfolgt in einem Dialogfeld (→ Abbildung 2.27).

- Befehl **FARBE** auswählen
  - ◆ aus Abrollmenü **FORMAT, FARBE...**
  - ◆ vom Tablettfeld **U4**

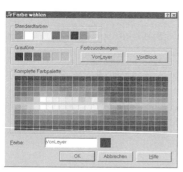

Abbildung 2.27: Dialogfeld zur Auswahl der aktuellen Farbe

Anmerkungen

- Wird die aktuelle Farbe geändert, werden alle folgenden Objekte mit der neuen Farbe gezeichnet. Vorher gezeichnete Objekte bleiben erhalten.
- Wird ein Farbfeld angeklickt, wird die Farbnummer übernommen.
- Farbwerte von 1 bis 255 sind möglich, 1 bis 7 sind Standardfarben und können auch mit dem Farbnamen eingegeben werden.

- Klickt man in der Layerliste des Befehls **LAYER** auf das Feld **FARBE**, kommt man ebenfalls zu diesem Dialogfeld. In diesem Fall kann dem Layer eine neue Farbe zugeordnet werden. Alle Objekte auf diesem Layer werden dann in dieser Farbe dargestellt.
- Es ist sinnvoll, immer mit der Farbe *VONLAYER* zu zeichnen. Die Objekte übernehmen dann die Farbe von dem Layer, auf dem sie gezeichnet werden. Nur so ist gewährleistet, dass beim Wechsel des aktuellen Layers auch eine andere Farbe aktiv ist. Ändert man die Zuordnung der Farbe zum Layer, ändern sich alle Objekte dieses Layers.
- Wird die Farbe *VONBLOCK* vergeben, werden die Objekte weiß gezeichnet, bis sie zu einem Block (→ 7.1) zusammengefasst werden. Wenn der Block eingefügt wird, erhält er die Farbe, die bei der Einfügung aktuell ist.

Ausführung: Abrollmenü FARBE im Werkzeugkasten EIGENSCHAFTEN

Im Werkzeugkasten **EIGENSCHAFTEN** befindet sich ein weiteres Abrollmenü, aus dem die aktuelle Farbe gewählt werden kann (→ Abbildung 2.28).

- **Farben**
  - Abrollmenü im Werkzeugkasten **EIGENSCHAFTEN**

Abbildung 2.28: Abrollmenü zum Setzen der aktuellen Farbe

Anmerkung

- Normalerweise immer auf *VONLAYER* eingestellt lassen und die Farbe über den aktuellen Layer steuern.
- Mit dem Eintrag **ANDERE...** kommt man zum Dialogfeld des Befehls **FARBE**.

2.6 Die Linienstärke von Objekten

Beim Zeichnen kann mit verschiedenen Linienstärken gearbeitet werden. Eine Linienstärke ist die aktuelle; mit ihr werden neu erstellte Objekte gezeichnet. Ist die aktuelle Linienstärke auf *VONLAYER* eingestellt, wird mit der Linienstärke gezeichnet, die dem aktuellen Layer zugeordnet ist.

Ausführung: Befehl LSTÄRKE

Mit dem Befehl **LSTÄRKE** wird die aktuelle Linienstärke festgelegt, die Linienstärke, mit der alle weiteren Objekte gezeichnet werden. Die Auswahl erfolgt in einem Dialogfeld (→ Abbildung 2.29).

- **Befehl LSTÄRKE auswählen**
  - aus Abrollmenü **FORMAT, LINIENSTÄRKE...**
  - vom Tablettfeld **U4**
  - Rechtsklick auf die Taste **LST** in der Statuszeile und aus dem Pop-up-Menü die Funktion **EINSTELLUNGEN...** wählen

Abbildung 2.29: Dialogfeld zur Auswahl der aktuellen Linienstärke

Anmerkungen

- In der Liste kann die aktuelle Linienstärke ausgewählt werden. Wird diese geändert, werden alle folgenden Objekte mit der neuen Linienstärke gezeichnet. Vorher gezeichnete Objekte bleiben unverändert.
- Klickt man in der Layerliste des Befehls **LAYER** auf das Feld **LINIENSTÄRKE**, kommt man ebenfalls zu diesem Dialogfeld. Dann kann

dem Layer eine neue Linienstärke zugeordnet werden. Alle Objekte auf diesem Layer werden dann in dieser Linienstärke dargestellt. Ist der Wert *VORGABE* eingestellt, bekommen die Objekte dieses Layers die Vorgabelinienstärke.

- Es ist sinnvoll, immer mit der Linienstärke *VONLAYER* zu zeichnen. Die Objekte übernehmen dann die Linienstärke von dem Layer, auf dem sie gezeichnet werden. So ist gewährleistet, dass beim Wechsel des aktuellen Layers auch eine andere Linienstärke aktiv ist. Ändert man die Zuordnung der Linienstärke zum Layer, ändern sich alle Objekte dieses Layers.

- Im Feld **EINHEITEN ZUM AUFLISTEN** kann eingestellt werden, ob die Linienstärken in der Liste in mm oder Zoll angezeigt werden sollen.

- Mit dem Schalter **LINIENSTÄRKEN ANZEIGEN** kann gewählt werden, ob Linienstärken am Bildschirm oder ob am Bildschirm nur ein Pixel breite Linien angezeigt werden sollen. Am Schieberegler **ANZEIGESKALIERUNG ANPASSEN** kann eingestellt werden, wie stark die Linienstärken am Bildschirm hervorgehoben werden sollen.

- Mit einem Klick auf den Schalter **LST** in der Statusleiste kann die Darstellung der Linienstärken in der Zeichnung ein- und ausgeschaltet werden.

- Im Abrollmenü **VORGABELINIENSTÄRKE** kann eingestellt werden, welche Linienstärken vergeben werden, wenn keine speziellen Einstellungen vorgenommen wurden. Das ist dann der Fall, wenn im Befehl **LSTÄRKE** *VONLAYER* eingestellt ist und beim Befehl **LAYER** in der Layerliste *VORGABE* steht.

Ausführung: Abrollmenü **LINIENSTÄRKE** im Werkzeugkasten **EIGENSCHAFTEN**

Im Werkzeugkasten **EIGENSCHAFTEN** befindet sich auch ein Abrollmenü, aus dem die aktuelle Linienstärke gewählt werden kann (→ Abbildung 2.30).

■ Linienstärke
◆ Abrollmenü im Werkzeugkasten EIGENSCHAFTEN

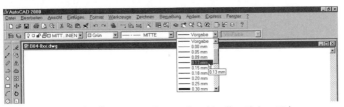

Abbildung 2.30: Abrollmenü zum Setzen der aktuellen Linienstärke

2.7 Plotstile und Plotstil-Tabellen

In AutoCAD 2000 kann mit Plotstilen gearbeitet werden. Im Plotstil wird definiert, dass beispielsweise alles, was rot gezeichnet wurde, blau gerastert geplottet wird, mit einer Strichstärke von 0.5 mm usw. Der Plotstil legt also fest, wie die Objekte auf dem Plotter ausgegeben werden sollen. Plotstile werden in Plotstil-Tabellen gespeichert. In AutoCAD 2000 sind zwei verschiedenen Arten von Plotstil-Tabellen möglich:

Farbabhängige Plotstil-Tabelle: Damit kann jeder Farbe ein Plotstil zugeordnet werden. Beim Zeichnen interessiert in diesem Fall nur die Farbe, und in der Plotstil-Tabellen wird festgelegt, wie die Objekte mit dieser Farbe geplottet werden sollen.

Benannte Plotstil-Tabelle: Damit kann schon beim Zeichnen ein aktueller Plotstil gewählt werden. Alle Objekte, die danach gezeichnet werden, erhalten diesen Plotstil. Es ist aber auch möglich, den Layern Plotstile zuzuordnen. Wird ein Layer zum aktuellen Layer gemacht, werden dessen Objekte so geplottet, wie es im zugeordneten Plotstil festgelegt ist. Der aktuelle Plotstil muss dann auf **VONLAYER** eingestellt werden.

Ausführung: Wahl der Art der Plotstil-Tabellen

Im Befehl OPTIONEN (→ 10.5) kann im Register PLOT eingestellt werden, ob bei einer neuen Zeichnung mit einer farbabhängigen oder benannten Plotstil-Tabellen gestartet werden soll. Außerdem kann beim Befehl NEU mit einer Vorlage gestartet werden. Standardmäßig sind verschiedene Vorlagen sowohl mit farbabhängigen als auch benannten Plotstil-Tabellen vorhanden. Durch die Wahl der Vorlage wird die Zeichnung entsprechend erstellt.

Achtung: Wurde eine Zeichnung mit einer bestimmten Art von Plotstil-Tabellen begonnen, kann diese in der Zeichnung nicht mehr gewechselt werden. Die Plotstil-Tabellen selbst kann gewechselt werden.

Ausführung: Befehl PLOTSTIL

Der Befehl **PLOTSTIL** kann nur in Zeichnungen mit benannten Plotstil-Tabellen gewählt werden. Damit kann in einem Dialogfeld (→ Abbildung 2.31) gewählt werden, welche Plotstil-Tabellen verwendet werden soll und welcher Plotstil daraus aktiv ist.

Bei der Arbeit mit farbabhängigen Plotstil-Tabellen wird die Plotstil-Tabelle erst beim Plotten gewählt. Der Befehl **PLOTSTIL** ist dann nicht erforderlich.

■ **Befehl PLOTSTIL auswählen**
  ◆ Auf der Tastatur eingeben

Abbildung 2.31: Dialogfeld zur Auswahl des aktuellen Plotstils

Anmerkungen

■ In der Liste kann der aktuelle Plotstil ausgewählt werden. Wird diese geändert, wird allen folgenden Objekten dieser Plotstil zugeordnet. Vorher gezeichnete Objekte bleiben unverändert.

■ Klickt man in der Layerliste des Befehls **LAYER** auf das Feld **PLOTSTIL**, kommt man ebenfalls zu diesem Dialogfeld. Dann kann dem Layer ein neuer Plotstil zugeordnet werden. Allen Objekten auf diesem Layer wird dieser Plotstil zugeordnet.

- Es ist sinnvoll, den Plotstil *VONLAYER* zu wählen. Die Objekte übernehmen dann den Plotstil vom aktuellen Layer. So ist gewährleistet, dass beim Wechsel des aktuellen Layers auch ein anderer Plotstil aktiv ist. Ändert man die Zuordnung des Plotstils zum Layer, ändern sich die Objekte dieses Layers.
- Wurden vor der Wahl des Befehl **PLOTSTIL** schon Objekte gewählt, kann mit dem Dialogfeld der Plotstil der gewählten Objekte geändert werden; der aktuelle Plotstil wird nicht geändert.

Ausführung: Abrollmenü PLOTSTIL im Werkzeugkasten EIGENSCHAFTEN

Im Werkzeugkasten **EIGENSCHAFTEN** ist ein Abrollmenü, aus dem der aktuelle Plotstil gewählt werden kann (→ Abbildung 2.32).

- **Plotstil**
  - Abrollmenü im Werkzeugkasten **EIGENSCHAFTEN**

Abbildung 2.32: Abrollmenü zum Setzen des aktuellen Plotstils

Ausführung: Erstellen und Bearbeiten einer Plotstil-Tabelle

Farbabhängige und benannte Plotstil-Tabellen sind gleich aufgebaut und können mit den gleichen Befehlen bearbeitet werden.

- **Assistent zum Hinzufügen einer Plotstil-Tabelle:**
  - Abrollmenü **DATEI**, **PLOTSTIL-MANAGER**
  - Symbol **ASSISTENT ZUM HINZUFÜGEN EINER PLOTSTIL-TABELLE** doppelt anklicken
  - Mit dem Assistent Plotstil-Tabelle schrittweise erstellen
- **Ändern einer vorhandenen Plotstil-Tabelle:**
  - Abrollmenü **DATEI**, **PLOTSTIL-MANAGER**
  - Symbol der Plotstil-Tabelle doppelt anklicken

  oder:
  - Schaltfläche **EDITOR...** im Dialogfeld des Befehls **PLOTSTIL**

In einem Dialogfeld mit drei Registern haben Sie die Möglichkeit, einen einzelnen Plotstil in der Tabellenansicht (→ Abbildung 2.33) oder mehrere Plotstile gleichzeitig in der Formularansicht (→ Abbildung 2.34) zu bearbeiten.

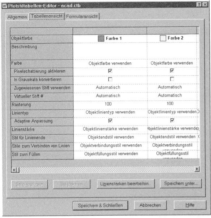

Abbildung 2.33: Plotstil-Tabellen, Register Tabellenansicht

Anmerkungen

- Bei farbabhängigen Plotstilen werden für eine Farbe in der Zeichnung (linke Liste in Abbildung 2.34) die Eigenschaften (rechte Liste in Abbildung 2.34) eingestellt. Wichtig sind hierbei die Farbe und die Strichstärke, mit denen geplottet werden soll. Alle anderen Einstellungen können normalerweise auf den Vorgaben belassen werden. Die Einstellung muß für jede in der Zeichnung verwendete Farbe (maximal 255) vorgenommen werden.
- Bei benannten Plotstilen muß die Einstellung für jeden Plotstil gemacht werden. Die Zuordnung erfolgt hier nicht über die Farbe. Der Plotstil ist in der Zeichnung einem Layer oder den Objekten direkt zugeordnet.

- Eine Reihe von Plotstil-Tabellen ist schon vorhanden: *acad.ctb* und *acad.stb* für die Farbausgabe, *monochrome.ctb* und *monochrome.stb* für Ausgabe in Schwarz sowie *greyscale.ctb* für die Ausgabe in Graustufen. Die Dateierweiterung *.ctb* steht für farbabhängige Plotstil-Tabellen, die Dateierweiterung *.stb* für die benannten Plotstil-Tabellen.

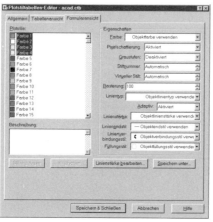

Abbildung 2.34: Plotstil-Tabellen, Register Formularansicht

2.8 Weitere Objekteinstellungen

Dreidimensionale Objekte lassen sich auf einfache Art dadurch erzeugen, dass man zweidimensionale Objekte mit Erhebung und Objekthöhe zeichnet:

- **ERHEBUNG:** Abstand des Ojektes von der aktuellen XY-Ebene
- **OBJEKTHÖHE:** Höhe des Objektes

Ausführung: Befehl ERHEBUNG

Alle neuen Objekte werden mit der aktuellen Erhebung und Objekthöhe gezeichnet. Mit dem Befehl **ERHEBUNG** können die aktuelle Erhebung und die aktuelle Objekthöhe festgelegt werden.

- **Befehl ERHEBUNG auswählen**
    - ◆ auf der Tastatur einzugeben
- **Befehlsanfrage:**

```
Befehl: ERHEBUNG
Neue Standard-Erhebung angeben <0.0000>:
Neue Standard-Objekthöhe angeben <0.0000>:
```

Ausführung: Objekthöhe einstellen

Mit einer weiteren Funktion lässt sich die Objekthöhe einstellen, ohne dass die Erhebung abgefragt wird. Dabei wird die Systemvariable **THICKNESS** verändert.

- **Funktion auswählen**
    - ◆ aus Abrollmenü **FORMAT, OBJEKTHÖHE**
    - ◆ vom Tablett **V3**

```
Befehl: 'THICKNESS
Neuen Wert für THICKNESS eingeben <0.0000>:
```

2.9 Festlegung des Multilinienstils

In AutoCAD kann mit Multilinien gezeichnet werden. Dabei handelt es sich um:
- Spezielle Linienobjekte, die aus bis zu 16 parallelen Linien bestehen. Sie werden:
- mit dem Befehl **MLSTIL** definiert,
- mit dem Befehl **MLINIE** (→ 3.6) gezeichnet und
- mit dem Befehl **MLEDIT** (→ 4.7) bearbeitet.

Die Anzahl der Linien, den Linientyp der einzelnen Linien, die Füllung und der Abschluss wird im Multilinienstil definiert.

Ausführung: Befehl **MLSTIL**

Mit dem Befehl **MLSTIL** können im Dialogfeld (→ Abbildung 2.35) neue Stile erzeugt und bereits vorhandene bearbeitet werden.

■ Befehl **MLSTIL** auswählen
- aus Abrollmenü **FORMAT, MULTILINIENSTIL...**
- vom Tablettfeld **V5**

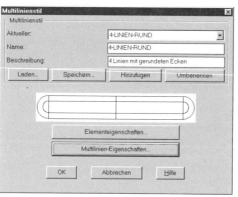

Abbildung 2.35: Dialogfeld Multilinienstil

- **Wechseln des aktuellen Multilinienstils**
  Wählen des gewünschten Multilinienstils im Abrollmenü **Aktueller** des Dialogfelds.
- **Laden von Multilinienstilen**
  Schaltfläche **Laden...** anklicken, ein weiteres Dialogfeld erscheint. Hier sind alle Multilinienstile, die sich in der gewählten Multiliniendatei befinden, aufgelistet. Standardmäßig ist die Datei *ACAD.MLN* gewählt. **.MLN* ist die Dateierweiterung für Multilinienstildateien. *ACAD.MLN* enthält nur den Stil *STANDARD*. Mit der Schaltfläche **Datei...** kann eine andere Multilinienstildatei gewählt werden.
- **Hinzufügen eines neuen Multilinienstils**
  Im Abrollmenü für den aktuellen Stil einen Stil auswählen, der dem neu zu erzeugenden am nächsten kommt. Im Feld **Name** einen neuen Namen eintragen und eventuell im Feld **Beschreibung** einen beschreibenden Text. Auf die Schaltfläche **Hinzufügen** klicken und der aktuelle Multilinienstil wird dupliziert. Der Stil kann dann geändert werden (→ unten). Mit der Schaltfläche **Speichern...** kann der Stil in einer Multilinienstildatei gespeichert werden.
- **Umbenennen eines Multilinienstils**
  Im Abrollmenü für den aktuellen Stil den Stil auswählen, der umbenannt werden soll. Neuen Namen in das Feld **Name** und eventuell in das Feld **Beschreibung** einen neuen Beschreibungstext eintragen. Auf die Schaltfläche **Umbenennen** klicken, und der aktuelle Multilinienstil wird umbenannt.
- **Ändern der Elementeigenschaften eines Multilinienstils**
  Im Abrollmenü für den aktuellen Stil den Stil auswählen, der geändert werden soll. Auf die Schaltfläche **Elementeigenschaften...** klicken, um die Linienelemente zu ändern. In einem weiteren Dialogfeld (→ Abbildung 2.36) ändern Sie die Zusammensetzung der Liniensegmente.

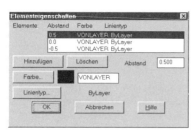

Abbildung 2.36: Dialogfeld für die Zusammensetzung der Multilinie

In der oberen Liste sind alle Linienelemente enthalten, die der Stil enthält. Gespeichert ist der Abstand von der Null-Linie der Multilinie. Die Null-Linie ist die Linie, an der die Multilinie beim Zeichnen platziert wird. Außerdem können jedem Linienelement Linientyp und Farbe zugeordnet werden, die in der Regel auf **VONLAYER** eingestellt sind, aber auch abweichen können.

Mit der Schaltfläche **HINZUFÜGEN** wird ein neues Linienelement hizugefügt und mit der Schaltfläche **LÖSCHEN** das markierte gelöscht. Ein neu hinzugefügtes Linienelement hat immer den Abstand 0, das heißt, es liegt auf der Null-Linie. Markieren und einen neuen Abstand in das Feld **ABSTAND** eintragen, bestätigen mit ⏎ und der eingetragene Abstand wird übernommen. Ebenso können die Farbe und der Linientyp des markierten Elements verändert werden. Dazu auf das Feld FARBE... oder LINIENTYP... klicken und in den weiteren Dialogfeldern die gewünschten Eigenschaften auswählen.

■ **Ändern der Multilinien-Eigenschaften eines Multilinienstils**

Im Abrollmenü für den aktuellen Stil den Stil auswählen, der geändert werden soll. Auf die Schaltfläche **MULTILINIEN-EIGENSCHAFTEN** klicken. In einem weiteren Dialogfeld (→ Abbildung 2.37) das Aussehen der Linie ändern.

Abbildung 2.37: Dialogfeld für das Aussehen der Multilinie

Ist der Schalter **VERBINDUNG ZEIGEN** eingeschaltet, werden an jedem Stützpunkt Trennstellen gezeichnet. Im Feld **ANSCHLUSS-STÜCKE** wird eingestellt, ob die Multilinien mit einer Linie am Start und am Ende abgeschlossen werden sollen. Zusätzlich können die äußeren Linien mit einem Bogen verbunden werden. Hat die Multilinie mehr als drei Linienelemente, lassen sich auch die inneren mit einem Bogen verbinden. Außerdem kann der Winkel des Anfangs- und Endstücks eingestellt werden. Wenn der Schalter **FÜLLUNG** eingeschaltet ist, wird die Multilinie ausgefüllt gezeichnet. Mit der Schaltfläche **FARBE...** kann im Dialogfeld zur Farbauswahl die Füllfarbe bestimmt werden.

2.10 Benutzerkoordinatensysteme

Benutzerkoordinatensysteme (→ 1.12) können beliebig innerhalb des festen Weltkoordinatensystems (WKS) definiert werden.

Ausführung: Befehl BKS

Mit dem Befehl **BKS** lassen sich Benutzerkoordinatensysteme definieren, wechseln und speichern.

Befehl BKS auswählen

- Abrollmenü **WERKZEUGE**, BKS ›, Untermenü für die Optionen des Befehls
- In einem Flyout-Menü der **STANDARD FUNKTIONSLEISTE**
- Symbole im Werkzeugkasten **BKS**

■ Befehlsanfrage:

```
Befehl: BKS
Aktueller BKS-Name: *WELT*
Eine Option eingeben
[Neu/Schieben/orthoGonal/VOrher/HOlen/SPeichern/Löschen/
Anwenden/?/Welt] <Welt>:
```

■ Optionen:

S (SCHIEBEN): Neues BKS durch Ursprungsverschiebung oder Z-Änderung definieren.

G (ORTHOGONAL): Neues BKS an einer der orthogonalen Richtungen ausrichten (Oben/Unten/Vorne/Hinten/Links/Rechts). Der Ursprung bleibt unverändert. Diese Richtungen lassen sich auch direkt aus dem Abrollmenü **WERKZEUGE**, Untermenü **ORTHOGONALES BKS** › wählen.

VO (VORHER): Das zuletzt definierte BKS zurückholen, die 10 letzten sind gespeichert.

HO (HOLEN): Gespeichertes BKS holen. Mit ? wird eine Liste der gespeicherten BKS angezeigt.

SP (SPEICHERN): Speichern des aktuellen BKS unter einem Namen in der Zeichnung.

L (LÖSCHEN): Löschen eines gespeicherten BKS.
A (ANWENDENN): Festlegung, ob ein BKS in allen Ansichtsfenstern oder nur in bestimmten gelten soll (→ 9.1 und 9.2).
?: Anzeige einer Liste der gespeicherten BKS.
W (WELT): Setzt das BKS auf das WKS.
N (NEU): Neues BKS mit eine der folgenden Unteroptionen definieren:

```
Ursprung des neuen BKS angeben oder [ZAchse/3punkt/
OBjekt/Fläche/ANsicht/X/Y/Z] <0,0,0>:
```

U (URSPRUNG): Neues BKS durch Ursprungsverschiebung definieren.
Z (ZACHSE): Neues BKS durch neuen Ursprung und Punkt auf der positiven Z-Achse definieren.
3 (3PUNKT): Neues BKS durch Ursprung, Punkt auf der positiven X-Achse und Punkt in der positiven XY-Ebene definieren.
OB (OBJEKT): Neues BKS an einem Objekt ausrichten.
F (FLÄCHE): Neues BKS an einer Fläche ausrichten.
AN (ANSICHT): Neue XY-Ebene des BKS wird parallel zum Bildschirm ausgerichtet. Der Ursprung wird vom alten übernommen.
X/Y/Z: Neues BKS wird durch Rotation um eine der angegebenen Achsen bestimmt. Der Winkel muss eingegeben werden.

Ausführung: Befehl BKSMAN

Mit dem Befehl **BKSMAN** lassen sich die gespeicherten Benutzerkoordinatensysteme verwalten.

■ **Befehl BKSMAN auswählen**
   ◆ aus Abrollmenü **WERKZEUGE, BENANNTES BKS...**
   ◆ vom Tablett **W8-9**
   ◆ Symbol im Flyout-Menü der **STANDARD FUNKTIONSLEISTE** und in den Werkzeugkästen **BKS** und **BKS II**
   In einem Dialogfeld mit drei Registern lassen sich die Einstellungen vornehmen (→ Abbildung 2.38 bis 2.40).

■ **Register BENANNTE BKS:**
   In der Liste sind die gespeicherten Benutzerkoordinatensysteme, das Weltkoordinatensystem und das vorherige Koordinatensy-

stem aufgelistet. Mit der Schaltfläche AKTUELL wird das markierte Koordinatensystem zum aktuellen. Die Liste kann bearbeitet und so ein BKS umbenannt oder gelöscht werden. Wird ein BKS in der Liste markiert und auf die Schaltfläche DETAILS geklickt, werden in einem weiteren Dialogfeld alle Informationen zum markierten BKS angezeigt.

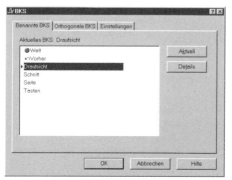

Abbildung 2.38: BKS-Manager, Register Benannte BKS

- **Register ORTHOGONALE BKS:**
  Im zweiten Register kann das BKS auf eine orthogonale Richtung gesetzt werden. Dazu kann ein Eintrag in der Liste mit einem Doppelklick aktiviert werden. Mit der Schaltfläche **AKTUELL** wird der markierte Eintrag aktiviert.

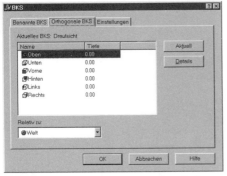

Abbildung 2.39: BKS-Manager, Register Orthogonale BKS

■ **Register EINSTELLUNGEN:**
Im oberen Teil des Registers kann das Koordinatensymbol beeinflusst werden. Mit dem Schalter **EIN** kann es ein- und augeschaltet werden. Ist der Schalter **AN BKS-URSPRUNGSPUNKT ANZEIGEN** eingeschaltet, wird das Symbol am Koordinatenursprung angezeigt, sofern sich dieser im aktuellen Ausschnitt der Zeichnung befindet. Ist dieser Schalter aus, wird es immer links unten im Zeichnungsfenster angezeigt. Der Schalter **AUF ALLE AKTIVEN ANSICHTSFENSTER ANWENDEN** bewirkt, dass Änderungen an der Anzeige des Symbols sich auf alle Ansichtsfenster auswirken.

Ist im unteren Teil des Registers der Schalter **BKS MIT ANSICHTSFENSTER SPEICHERN** ein und es wird ein neues Ansichtsfenster erzeugt, wird es mit dem Fenster gespeichert. Ansonsten gibt es nur ein BKS für die ganze Zeichnung. Ist der Schalter **BEI ÄNDERUNGEN VON BKS IN DRAUFSICHT WECHSELN** ein, wird beim Wechsel des BKS in die Draufsicht gewechselt. Ist er aus, wird die Ansicht nicht geändert, wenn das BKS gewechselt wird.

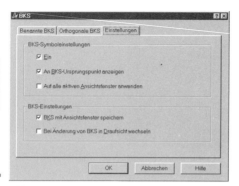

Abbildung 2.40: BKS-Manager, Register Einstellungen

Ausführung: Standard-BKS und gespeicherte BKS wählen

Die gespeicherten Benutzerkoordinatensysteme und die BKS in den orthogonalen Richtungen lassen sich auch aus einem Abrollmenü des Werkzeugkastens Bks II wählen (→ Abbildung 2.41)

Abbildung 2.41: Werkzeugkasten BKS II mit Abrollmenü

3 Zeichenbefehle

Vorbemerkungen

Zeichenbefehle werden immer dann verwendet, wenn neue Elemente gezeichnet werden sollen. Neue Objekte werden mit den aktuellen Einstellungen gezeichnet (Layer, Farbe, Linientyp, Linienstärke und Plotstil).

Gezeichnet wird mit Koordinaten. Sie werden eingegeben:
- als numerische Werte über die Tastatur (→ 1.13)
- mit der Maus oder dem Zeigegerät des Grafik-Tabletts und den verschiedenen Zeichenhilfen (→ 2.1)
- normalerweise nicht nur mit der Maus oder dem Zeigegerät des Grafik-Tabletts ohne Zeichenhilfe.

Anmerkungen

- Alle Punkte können auch mit 3-dimensionalen Koordinaten eingegeben werden. Die meisten 2D-Objekte können nur parallel zum aktuellen BKS erstellt werden. Wird nur der X- und Y-Anteil der Koordinate angegeben, wird für den Z-Anteil die aktuelle Erhebung übernommen (→ 2.8). Ist die Objekthöhe ungleich Null, entsteht ein 3D-Objekt, das um die Objekthöhe hochgezogen ist.

- Alle wichtigen Zeichenbefehle befinden sich im Werkzeugkasten **ZEICHNEN**.  Beim Zeichnen und Konstruieren ist es sinnvoll, diesen einzuschalten. Nach der Installation befindet sich dieser Werkzeugkasten standardmäßig am linken Rand der Zeichenfläche senkrecht angedockt.

3.1 Punkte

In einer Zeichnung lassen sich Punkte setzen, auf die beim Konstruieren mit dem Objektfang **Punkt** zugegriffen werden kann.

Ausführung: Befehl **Punkt**

Der Befehl **Punkt** wird verwendet, um Punkte in der Zeichnung zu setzen.

- **Befehl Punkt auswählen**
  - Abrollmenü **Zeichnen**, **Punkt ›**, **Einzelner Punkt** bzw. **Mehrere Punkte** (im Wiederholmodus)
  - Tablettfeld **09**
  - Symbol im Werkzeugkasten **Zeichnen**

- **Befehlsanfrage::**

```
Befehl: PUNKT
Aktuelle Punktmodi:   PDMODE=0   PDSIZE=0.0000
Einen Punkt angeben:
```

Punkteingabe durch Koordinatenwerte oder Zeigegerät.

Anmerkungen

- Der Objektfang **Punkt** (→ 2.1) lässt sich auf Punkte anwenden.
- Punkte können als Konstruktionshilfen in der Zeichnung verwendet werden. Sie sind aber in der Zeichnung standardmäßig kaum sichtbar. Mit speziellen Markierungssymbolen können Sie besser sichtbar gemacht werden.
- Durch Veränderung zweier Systemvariablen (→ 10.4) lässt sich das Aussehen der Punkte verändern: **PDMODE** bestimmt die Form der verwendeten Punktsymbole (siehe dazu auch das Dialogfenster in Abbildung 3.1).
- Die Systemvariable **PDSIZE** legt die Größe der Punktsymbole fest. Ein positiver Wert gibt die absolute Größe an, ein negativer eine Prozentzahl, die das Verhältnis zur Bildschirmgröße angibt. Die Symbole werden dann immer, unabhängig vom Zoomfaktor, gleich groß dargestellt.

- Größe und Form bereits gezeichneter Symbole werden erst bei der nächsten Regenerierung an die neuen Einstellungen angepasst.

Ausführung: Befehl DDPTYPE

Mit dem Befehl **DDPTYPE** wird ein Dialogfeld aktiviert, in dem Form und Größe des Punktsymbols festgelegt werden können. Damit werden die Systemvariablen **PDMODE** und **PDSIZE** verändert.

- Befehl DDPTYPE auswählen
    - Abrollmenü **FORMAT, PUNKTSTIL...**
    - Tablettfeld **U1**

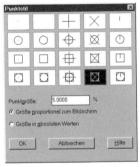

Abbildung 3.1: Dialogfeld zur Auswahl von Art und Größe der Punktsymbole

Anmerkungen

- Das gewünschte Symbol kann im Dialogfeld angeklickt werden.
- Um die Größe einzustellen, kann ein Wert eingegeben werden. Mit den Schaltfeldern wird festgelegt, ob der Wert in Prozent zur Bildschirmhöhe interpretiert wird (Einstellung: **GRÖSSE PROZENTUAL ZUM BILDSCHIRM**) oder als Absolutwert in Zeichnungseinheiten (Einstellung: **GRÖSSE IN ABSOLUTEN WERTEN**).
- Wird das Dialogfeld beendet, wird die Zeichnung automatisch regeneriert und damit werden die Symbole entsprechend den neuen Einstellungen dargestellt.

3.2 Liniensegmente

Liniensegmente lassen sich mit den Befehlen **LINIE**, **KLINIE** und **STRAHL** erzeugen. Der Befehl **BAND** erzeugt breite Liniensegmente. Mit dem Befehl **SKIZZE** können Freihandlinien gezeichnet werden.

Ausführung: Befehl LINIE

Das elementarste Zeichnungselement ist die Linie. Liniensegmente werden durch die Eingabe ihrer Endpunkte gezeichnet. Zum Zeichnen von Linien wird der Befehl **LINIE** verwendet. Damit können zusammenhängende Linienzüge gezeichnet werden (→ Abbildung 3.2, a). Trotzdem ist jedes Segment ein einzelnes Objekt und kann einzeln editiert werden.

- **Befehl LINIE auswählen**
    - ◆ Abrollmenü **ZEICHNEN, LINIE**
    - ◆ Tablettfeld J10
    - ◆ Symbol im Werkzeugkasten **ZEICHNEN**
- **Befehlsanfrage:**

```
Befehl: LINIE
Ersten Punkt angeben:
Nächsten Punkt angeben oder [Zurück]:
Nächsten Punkt angeben oder [Zurück]:
Nächsten Punkt angeben oder [Schließen/Zurück]:
Nächsten Punkt angeben oder [Schließen/Zurück]:
```

- **Optionen:**

    PUNKTEINGABE: Mit jeder Punkteingabe wird ein neues Liniensegment angefügt. Vom jeweils letzten Punkt wird eine Gummibandlinie gezogen (→ Abbildung 3.2, a).

    W (WEITER): Wird bei der ersten Punktabfrage diese Option oder ⏎ eingegeben, wird der Linienzug am zuletzt gezeichneten Punkt angesetzt.

    Z (ZURÜCK): Löscht das zuletzt gezeichnete Liniensegment.

    S (SCHLIESSEN): Schließt die Linienfolge zu einem Polygon.

    ⏎ : Beendet den Linienzug.

Ausführung: Befehl KLINIE

Mit dem Befehl **KLINIE** lassen sich Konstruktionslinien (Hilfslinien) auf verschiedene Arten erzeugen. Dabei handelt es sich um spezielle Zeichenobjekte, die ohne Anfang und Ende über den gesamten Zeichenbereich gehen und als Hilfslinien zur Konstruktion von Zeichnungsobjekten dienen können (→ Abbildung 3.2, b).

■ **Befehl KLINIE auswählen**
   ◆ Abrollmenü ZEICHNEN, KONSTRUKTIONSLINIE
   ◆ Tablettfeld **L10**
   ◆ Symbol im Werkzeugkasten ZEICHNEN

■ **Befehlsanfrage:**

```
Befehl: KLINIE
Einen Punkt angeben oder [HOr/Ver/Win/HAlb/Abstand]:
```

■ **Optionen:**

PUNKTEINGABE: Zeichnet eine Serie von Konstruktionslinien, die alle durch diesen Punkt und weitere Punkte laufen. Diese werden danach abgefragt.

HO (HORIZONTAL): Zeichnet horizontale Konstruktionslinien jeweils durch einen Punkt, der im Wiederholmodus abgefragt wird.

V (VERTIKAL): Zeichnet vertikale Konstruktionslinien jeweils durch einen Punkt, der im Wiederholmodus abgefragt wird.

W (WINKEL): Zeichnet Konstruktionslinien unter einem vorgegebenen Winkel durch wählbare Punkte.

```
Einen Punkt angeben oder [HOr/Ver/Win/HAlb/Abstand]: W
Winkel von KLinie angeben (0) oder [Bezug]:
Durch Punkt angeben:
Durch Punkt angeben:
```

Der Winkel kann numerisch eingegeben werden. Mit der Option **BEZUG** lässt sich ein Liniensegment wählen und ein Winkelwert eingeben. Der Winkel der Konstruktionslinien ist gleich dem Winkel des Liniensegments plus dem eingegebenen Wert. Danach werden Punkte im Wiederholmodus abgefragt. Mit jeder Punkteingabe wird eine Konstruktionslinie im angegebenen Winkel gezeichnet.

HA (Winkelhalbierende): Zeichnet winkelhalbierende Konstruktionslinien. Vorgegeben werden muss ein Punkt für den Winkel-Scheitelpunkt und den Winkel-Startpunkt. Jeder Winkel-Endpunkt erzeugt eine neue Winkelhalbierende.

A (Abstand): Zeichnet Konstruktionslinien in einem bestimmten Abstand:

```
Einen Punkt angeben oder [HOr/Ver/Win/HAlb/Abstand]: A
Abstand angeben oder [Durch punkt] <Durch punkt>: z.B.: 5
Linienobjekt wählen:
Zu versetzende Seite angeben:
Linienobjekt wählen:
Zu versetzende Seite angeben:usw.
```

oder durch einen Punkt:

```
Einen Punkt angeben oder [HOr/Ver/Win/HAlb/Abstand]: A
Abstand angeben oder [Durch punkt] <2.0000>: D
Linienobjekt wählen:
Durch Punkt angeben:
Linienobjekt wählen:
Durch Punkt angeben:usw.
```

Anmerkung

- Nachdem eine Option beim Befehl **Klinie** gewählt wurde, bleibt der Befehl im Wiederholmodus. Jede Eingabe erzeugt eine neue Konstruktionslinie. ⏎ beendet die Eingabe.

Ausführung: Befehl Strahl

Mit dem Befehl **Strahl** lassen sich Hilfslinien zeichnen, die von einem Punkt aus ins Unendliche laufen (→ Abbildung 3.2, c).

- **Befehl Strahl auswählen**
    - Abrollmenü **Zeichnen, Strahl**
    - Tablettfeld **K10**
- **Befehlsanfrage:**

```
Befehl: STRAHL
Startpunkt angeben:
Durch Punkt angeben:
Durch Punkt angeben:usw.
```

Anmerkung

- Zeichnet eine Schar von Strahlen. Sie laufen alle durch den Startpunkt und die im Wiederholmodus eingegebenen Punkte. Jede Eingabe erzeugt einen neuen Strahl. ⏎ beendet die Eingabe.

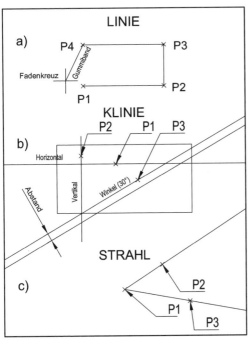

Abbildung 3.2: Beispiele zu den Befehlen Linie, Klinie und Strahl

Ausführung: Befehl SKIZZE

Mit dem Befehl **SKIZZE** lassen sich Freihandlinien zeichnen.

■ **Befehl SKIZZE auswählen**
  ◆ Auf der Tastatur eingeben

■ **Befehlsanfrage:**

```
Befehl: SKIZZE
Skizziergenauigkeit <1.0000>:
Skizze.   Stift eXit Beenden sPeichern Löschen Verbinden .
```

Bei der ersten Anfrage wird die Skizziergenauigkeit in Zeichnungseinheiten abgefragt. Abbildung 3.3 a und b, zeigt Freihandlinien mit unterschiedlicher Skizziergenauigkeit.

■ **Optionen:**

S (STIFT): Der Stift ist das Zeichengerät beim Skizzieren. Er kann mit der Taste [S] oder der Pick-Taste gehoben und gesenkt werden. In gesenktem Zustand kann damit gezeichnet werden. Skizzierte Linien werden erst gespeichert, wenn der Befehl beendet oder Option **P (sPeichern)** gewählt wird.

X (EXIT): Speichern und Beenden des Befehls **SKIZZE**.

B (BEENDEN): Ignorieren aller Linien seit dem letzten Speichern und Beenden des Befehls.

P (SPEICHERN): Speichern der skizzierten Linien. Der Skizziermodus wird aber nicht abgebrochen.

L (LÖSCHEN): Löscht alle nicht gespeicherten Linien bis zum Fadenkreuz.

V (VERBINDEN): Setzt am Endpunkt der skizzierten Linien an.

. (PUNKT): Bei gehobener Feder wird eine Linie vom Endpunkt der Skizze zum Fadenkreuz gezogen (→ Abbildung 3.3, c).

Anmerkungen

■ Bei gesenkter Feder wird jede Bewegung des Fadenkreuzes übernommen. Optionen können nur mit gehobener Feder oder durch Tastatur gewählt werden.

■ Wird die Systemvariable **SKPOLY** auf den Wert 1 gesetzt, werden Polylinien erzeugt. Hat sie den Wert 0, werden Liniensegmente erzeugt. Meist ist es sinnvoll, Skizzen als Polylinien zu erzeugen.

Nur dann besteht die Möglichkeit, Kanten durch Kurvenlinien zu runden. Dann kann die Skizziergenauigkeit heruntergesetzt werden.

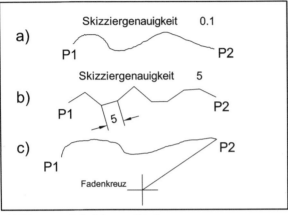

Abbildung 3.3: Beispiele zum Skizzieren

3.3 Beispiele zum Skizzieren: Kreise und Bögen

Für Kreise und Bögen stehen zwei Befehle mit verschiedenen Optionen für vielfältige Konstruktionsmöglichkeiten zur Verfügung.

Ausführung: Befehl KREIS

Zum Zeichnen von Kreisen stehen vier Methoden zur Auswahl. Alle Varianten werden mit dem Befehl **KREIS** aktiviert.

- **Befehl KREIS auswählen**
  - ◆ Abrollmenü **ZEICHNEN, KREIS ›,** Untermenü für die Optionen
  - ◆ Tablettfeld J9
  - ◆ Symbol im Werkzeugkasten **ZEICHNEN**

- **Befehlsanfrage:**

```
Befehl: Kreis
Zentrum für Kreis angeben oder [3P/2P/Ttr (Tangente
Tangente Radius)]:
```

- **Optionen:**

PUNKTEINGABE: Der eingegebene Punkt wird als Mittelpunkt interpretiert. Danach muß der Radius oder der Durchmesser festgelegt werden.

```
Radius für Kreis angeben oder [Durchmesser]:
```

Der Wert für den Radius kann sofort eingegeben werden. Soll mit dem Durchmesser gezeichnet werden, muss zuerst die Option **D (DURCHMESSER)** und dann der Wert dafür angegeben werden (→ Abbildung 3.4, a und b).

```
Radius für Kreis angeben oder [Durchmesser]: D
Durchmesser für Kreis angeben:
```

Radius und Durchmesser können als numerische Werte oder als Koordinaten bzw. Punkte eingegeben werden. Dabei wird der Abstand vom Mittelpunkt bis zur Koordinate als Radius bzw. Durchmesser genommen.

3P (3-Punkte-Kreis): Zur Bestimmung des Kreises werden drei Punkte auf der Peripherie abgefragt (→ Abbildung 3.4, c).

```
Ersten Punkt auf Kreis angeben:
Zweiten Punkt auf Kreis angeben:
Dritten Punkt auf Kreis angeben:
```

2P (2-Punkte-Kreis): Zur Bestimmung des Kreises werden 2 Durchmesserendpunkte abgefragt (→ Abbildung 3.4, d).

```
Ersten Endpunkt für Durchmesser des Kreises angeben:
Zweiten Endpunkt für Durchmesser des Kreises angeben:
```

T (Tangente Tangente Radius): Es werden zwei Linien (und/oder Kreise) und ein Radius abgefragt. Die Linien bilden die Tangenten für den zu konstruierenden Kreis. Bei der Wahl wird der Objektfang **Tan** (→ 2.1) automatisch aktiviert. Der Kreis berührt die Elemente tangential und wird mit dem vorgegebenen Radius gezeichnet (→ Abbildung 3.4, e).

```
Punkt auf Objekt für erste Tangente des Kreises angeben:
Punkt auf Objekt für zweite Tangente des Kreises angeben:
Radius für Kreis angeben <2.50>: 5
```

Anmerkung

- Im Abrollmenü **Zeichnen** sind die Methoden in einem Untermenü direkt anwählbar. Zusätzlich ist dort auch die Methode **Tan, Tan,Tan** zu finden. Das ist eine Variante der Dreipunktmethode. Dabei wird bei jedem Punkt der Objektfang **Tangente** aktiviert. So lassen sich beispielsweise Inkreise leicht konstruieren (→ Abbildung 3.4, f).

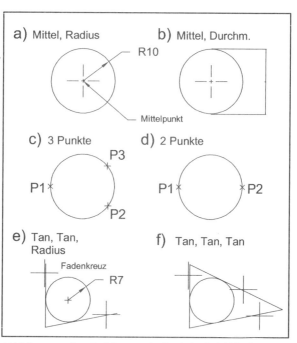

Abbildung 3.4: Konstruktionsmethoden beim Befehl Kreis

Ausführung: Befehl BOGEN

Zur Konstruktion von Bögen (Teilkreise) stehen verschiedene Konstruktionsmethoden zur Verfügung. Alle werden mit dem Befehl **BOGEN** aktiviert.

■ Befehl BOGEN auswählen
- ◆ Abrollmenü **ZEICHNEN, BOGEN >,** Untermenü für die Konstruktionsmethoden
- ◆ Tablettfeld **R10**
- ◆ Symbol im Werkzeugkasten **ZEICHNEN**

Die 3-Punkte-Methode ist die Standard-Methode, die dann aktiviert wird, wenn keine spezielle Methode aus dem Abrollmenü gewählt wird.

■ Befehlsanfrage:

```
Befehl: BOGEN
Startpunkt für Bogen angeben oder [Zentrum]:
Zweiten Punkt für Bogen angeben oder [Zentrum/ENdpunkt]:
Endpunkt für Bogen angeben:
```

■ Konstruktionsmethoden

Für die Standard-Methode sind drei Punkte notwendig, der Startpunkt, ein zweiter Punkt und der Endpunkt des Bogens. Bei den anderen Methoden muss vor der Punkteingabe die entsprechende Option (Kurzzeichen), gefolgt von ⏎ eingegeben werden. Die Option legt die Größe fest, die als nächste eingegeben werden soll.

Aus den Parametern für einen Bogen und deren Eingabereihenfolge lassen sich die verschiedensten Konstruktionsmethoden ableiten. Im Abrollmenü und im Werkzeugkasten für den Befehl **BOGEN** werden 11 verschiedene Methoden angeboten.

3-PUNKTE: Bogen aus Startpunkt, zweitem Punkt und Endpunkt (→ oben und Abbildung 3.5, a).

STARTP, MITTELP, ENDP: Eingabe von Startpunkt, Mittelpunkt und Endpunkt. Beim Endpunkt reicht die Angabe des Endpunktes der Winkellinie, auf der der Endpunkt liegen soll (→ Abbildung 3.5, b).

STARTP, MITTELP, WINKEL: Eingabe von Startpunkt, Mittelpunkt und dem eingeschlossenen Winkel. Positive Winkel erzeugen den Bogen gegen den Uhrzeigersinn, negative im Uhrzeigersinn (→ Abbildung 3.5, c).

STARTP, MITTELP, SEHNENLÄNGE: Eingabe von Start- und Mittelpunkt und der Länge der Sehne des Bogens. Bei positiver Sehnenlänge wird der kleinere Bogen erzeugt, bei negativer der größere (→ Abbildung 3.6, a).

STARTP, ENDP, RADIUS: Eingabe von Startpunkt, Endpunkt und Radius. Bei positivem Radius wird der kleinere Bogen gezeichnet, bei negativem der größere (→ Abbildung 3.6, b).

STARTP, ENDP, WINKEL: Eingabe von Startpunkt, Endpunkt und Winkel. Positive Winkel erzeugen Bögen gegen den Uhrzeigersinn, negative im Uhrzeigersinn (→ Abbildung 3.6, c).

STARTP, ENDP, RICHTUNG: Eingabe von Startpunkt, Endpunkt und Startrichtung des Bogens. Die Richtung gibt die tangentiale Startrichtung vor (→ Abbildung 3.7, a). Sie kann als Koordinate oder Winkeleingabe festgelegt werden.

MITTELP, STARTP, ENDP / MITTELP, STARTP, WINKEL / MITTELP, STARTP, SEHNENLÄNGE: Wie oben, nur in anderer Eingabereihenfolge.

WEITER: Setzt tangential an dem letzten Bogen oder der letzten Linie an. Es muß nur noch der Endpunkt angegeben werden (→ Abbildung 3.7, b).

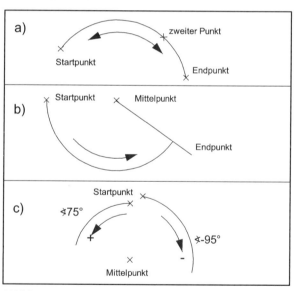

Abbildung 3.5: Bogenkonstruktionen 1

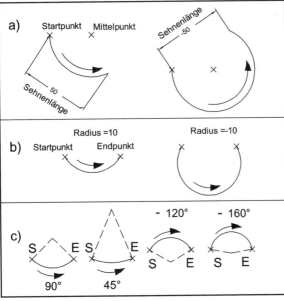

Abbildung 3.6: Bogenkonstruktionen 2

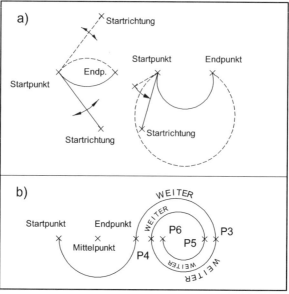

Abbildung 3.7: Bogenkonstruktionen 3

3.4 Splines und Ellipsen

Splines sind geglättete Kurven, die auf den Funktionen der NURBS-Mathematik (Non-Uniform-Rational-B-Spline) beruhen. Damit lassen sich Kurven und Ellipsen zeichnen.

Ausführung: Befehl SPLINE

Mit dem Befehl **SPLINE** können geglättete Kurven mit festgelegten Stützpunkten gezeichnet werden.

- **Befehl SPLINE auswählen**
    - Abrollmenü ZEICHNEN, SPLINE
    - Tablettfeld **L9**
    - Symbol im Werkzeugkasten ZEICHNEN

- **Befehlsanfrage:**

```
Befehl: Spline
Ersten Punkt angeben oder [Objekt]:
Nächsten Punkt angeben:
Nächsten Punkt angeben oder [Schließen/Anpassungstoleranz]
<Starttangente>:
Nächsten Punkt angeben oder [Schließen/Anpassungstoleranz]
<Starttangente>:
```

- **Optionen:**

PUNKTEINGABE: Der Punkt wird als Stützpunkt des Splines verwendet. Weitere Punkte lassen sich eingeben. Die Punkteingabe wird durch Eingabe von ⏎ auf eine Punktanfrage oder mit der Option **SCHLIESSEN** beendet.

O (OBJEKT): Wird bei der ersten Anfrage die Option OBJEKT gewählt, lassen sich angeglichene Polylinien (→ 4.7) in Splines umwandeln.

S (SCHLIESSEN): Beendet die Punktanfrage und erzeugt einen geschlossenen Spline.

A (ANPASSUNGSTOLERANZ): Vorgabe einer Anpassungstoleranz. Diese bestimmt die Genauigkeit, mit der der Spline an die eingegebenen Punkte angeglichen wird. Ist der Wert 0, geht der Spline durch die Punkte.

Nach Abschluß der Punkteingabe mit ⏎ oder der Option **SCHLIESSEN** wird die Richtung der Start- und Endtangente des Splines abgefragt.

```
Starttangente:
Endtangente:
```

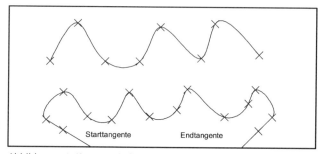

Abbildung 3.8: Kurven mit dem Befehl Spline

Ausführung: Befehl ELLIPSE

Ellipsen können auf verschiedene Arten mit dem Befehl **ELLIPSE** konstruiert werden. Sie werden aus Spline-Kurven erzeugt. Ist die Systemvariable **PELLIPSE** auf den Wert 1 gesetzt, werden Ellipsen aus Polylinienbögen gezeichnet.

■ Befehl ELLIPSE auswählen
- Abrollmenü **ZEICHNEN, ELLIPSE ›,** Untermenü für die Optionen
- Tablettfeld **M9**
- Symbol im Werkzeugkasten **ZEICHNEN**

Die Standardmethode verlangt die Endpunkte der Hauptachse und einen Endpunkt der anderen Achse.

■ Befehlsanfrage:

```
Befehl: ELLIPSE
Achsenendpunkt der Ellipse angeben oder [Bogen/Zentrum]:
Anderen Endpunkt der Achse angeben:
Abstand zur anderen Achse oder [Drehung] angeben:
```

Wird bei der ersten Anfrage ein Punkt eingegeben, wird dieser als Endpunkt der Hauptachse interpretiert. Die Option ZENTRUM bei der ersten Anfrage schaltet auf die andere Konstruktionsmethode um (→ unten). Mit der nächsten Anfrage wird der andere Endpunkt der Hauptachse festgelegt. Die dritte Anfrage ermittelt die halbe Länge der anderen Achse (→ Abbildung 3.9, a).

Wird bei dieser Anfrage die Option **DREHUNG** gewählt, kommt eine weitere Anfrage:

```
Drehung um Hauptachse angeben:
```

Die Hauptachse wird in diesem Fall als Durchmesserlinie eines Kreises interpretiert, der um einen Winkel von 0 bis 89,4 Grad gedreht, auf die Zeichenebene projiziert wird (→ Abbildung 3.9, b). Der Winkelwert für diese Drehung kann eingegeben werden.

- **Zeichnen von Ellipsenbögen:**
  Wird bei der ersten Anfrage die Option **BOGEN** angewählt, arbeitet der Befehl wie oben. Am Schluss werden aber noch Start- und Endwinkel für den Bogen angefragt und daraus ein Ellipsenbogen gezeichnet (→ Abbildung 3.9, d).

```
Startwinkel angeben oder [Parameter]:
Endwinkel angeben oder [Parameter/einGeschlossener winkel]:
```

Statt des Endwinkels kann auch mit der Option der eingeschlossene Winkel angegeben werden. Die Option **PARAMETER** verlangt die gleiche Eingabe wie bei den Winkeln, der elliptische Bogen wird jedoch mit Hilfe der folgenden parametrischen Vektorgleichung erzeugt:

$$p(u) = c + a* \cos(u) + b* \sin(u)$$

Dabei ist c der Mittelpunkt der Ellipse, a und b sind die Haupt- bzw. Nebenachse.

- **Angabe von Mittelpunkt und zwei Achsen:**

  ```
  Achsenendpunkt der Ellipse angeben oder [Bogen/Zentrum]: Z
  Zentrum der Ellipse angeben:
  Achsenendpunkt angeben:
  Abstand zur anderen Achse oder [Drehung] angeben:
  ```

  Wird bei der ersten Anfrage die Option **Zentrum** gewählt, wird die Ellipse durch das Zentrum und die Achsenendpunkte festgelegt (→ Abbildung 3.9, c). Auch hier kann bei der letzten Anfrage die Option **Drehung** gewählt werden (→ oben).

- **Im eingeschalteten isometrischen Fangmodus:**

  Ist der isometrisch Fangmodus eingeschaltet (→ 2.1), kann der Befehl **Ellipse** auch dazu benutzt werden, um in isometrischen Darstellungen Kreise zu zeichnen. Diese werden dann als Ellipsen dargestellt. Die erste Anfrage beim Befehl **Ellipse** ändert sich, die Option **I (Isokreis)** kommt dazu:

  ```
  Befehl: Ellipse
  Achsenendpunkt der Ellipse angeben oder [Bogen/Zentrum/Iso-
  kreis]: I
  Zentrum für Isokreis angeben:
  Radius für Isokreis angeben oder [Durchmesser]:
  ```

  Eingegeben werden die Maße des Kreises, wie er in der Draufsicht erscheinen würde. Der Kreis wird in der Zeichnung als Ellipse auf der momentan aktiven isometrischen Zeichnungsebene gezeichnet (→ 2.1). Abbildung 3.9, e zeigt 3 Kreise auf den verschiedenen isometrischen Ebenen.

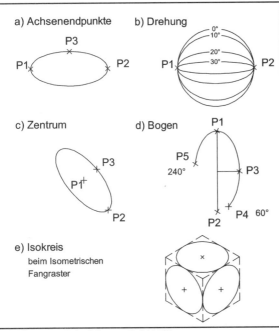

Abbildung 3.9: Beispiele zum Befehl Ellipse

3.5 2D-Polylinien, Ringe, Polygone, Rechteck, Solidflächen

Die Polylinie ist das vielseitigste Zeichnungselement in AutoCAD. Polylinien können
- aus Linien- und Bogensegmenten bestehen,
- in Linienbreite 0 oder mit einer Breite gezeichnet werden,
- ausgefüllt oder nicht ausgefüllt werden (→ Füllmodus unten),
- mit allen Linientypen gezeichnet werden,
- konisch oder parallel gezeichnet werden, Anfangs- und Endbreite jedes Segments ist wählbar,
- geschlossene Elemente bilden,
- insgesamt oder an einzelnen Scheiteln editiert werden,
- durch eine Kurve angenähert werden,
- abgerundet oder facettiert (→ 4.5) werden.
- Jeder Stützpunkt kann nur durch X- und Y-Koordinaten festgelegt werden, sie haben alle dieselbe Erhebung.
- Eine Berechnung von Fläche und Umfang ist möglich.
- Mit den Befehlen **RING**, **POLYGON** und **RECHTECK** werden ebenfalls Polylinien erzeugt.

Ausführung: Befehl FÜLLEN

Mit dem Befehl **FÜLLEN** kann festgelegt werden, ob breite 2D-Polylinien, Ringe und Solid-Flächen (→ unten) ausgefüllt oder nur mit Rand- und Verbindungslinien dargestellt werden sollen.

- **Befehl FÜLLEN auswählen**
  - ◆ Auf der Tastatur eingeben
- **Befehlsanfrage:**

```
Befehl: FÜLLEN
Modus eingeben [EIN/AUS] <Ein>:
```

Anmerkung
- Wird der Modus umgeschaltet, erscheinen bereits gezeichnete Objekte erst nach einer Regenerierung im anderen Modus.

- Schraffuren und Füllflächen (→ 3.9) lassen sich ebenfalls mit dem Befehl ein- und ausschalten.

Ausführung: Befehl PLINIE

Mit dem Befehl **PLINIE** können 2D-Polylinien gezeichnet werden.

- **Befehl PLINIE auswählen**
    - Abrollmenü **ZEICHNEN, POLYLINIE**
    - Tablettfeld **N10**
    - Symbol im Werkzeugkasten **ZEICHNEN**
- **Befehlsanfrage:**

```
Befehl: PLINIE
Aktuelle Linienbreite beträgt 0.0000
Nächsten Punkt angeben oder
[Kreisbogen/Schließen/Halbbreite/sehnenLänge/
Zurück/Breite]:
```

Zuerst wird der Startpunkt der Polylinie festgelegt. Danach steht eine Liste von Optionen zur Auswahl.

- **Optionen:**

PUNKTEINGABE: Ein Liniensegment wird vom letzten Punkt bis zum eingegebenen Punkt mit der aktuellen Start- und Endbreite gezeichnet. Die eingegebenen Punkte liegen bei breiten Segmenten in der Mitte.

K (KREISBOGEN): Schaltet in den Kreisbogenmodus um.

S (SCHLIESSEN): Verbindet den zuletzt eingegebenen Punkt mit dem Startpunkt.

L (SEHNENLÄNGE): Ein Liniensegment mit wählbarer Länge wird im gleichen Winkel an das letzte Segment angehängt. War das letzte Segment ein Kreisbogen, wird tangential angesetzt, und die Längenangabe entspricht der Sehnenlänge.

Z (ZURÜCK): Nimmt das zuletzt eingegebene Element zurück.

B (BREITE): Eine Anfangs- und Endbreite kann für das nachfolgende Segment festgelegt werden. Die Breite 0 entspricht normalen Linien, andere Werte ergeben Bänder. Die Bänder werden ausgefüllt gezeichnet, wenn der Füllmodus eingeschaltet ist (→ oben). Ansonsten werden nur die Randlinien gezeichnet. Werden Anfangs- und Endbreite auf denselben Wert festgesetzt, ergeben sich parallele Bänder (→ Abbildung 3.10, a), bei unterschiedlichen Werten konische (→ Abbildung 3.10, b und c).

H (HALBBREITE): Wie Option B (Breite), nur dass die Halbbreite angegeben werden kann (→ Abbildung 3.10, c).

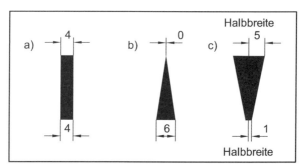

Abbildung 3.10: Beispiele zu breiten Poliniensegmenten

Ausführung: Befehl PLINIE mit Option K (KREISBOGEN)

Wird die Option **K (KREISBOGEN)** gewählt, können der Polylinie Kreisbogensegmente angehängt werden. Die Methoden entsprechen denen beim Befehl **BOGEN**. Sie stehen jedoch nicht per Menü zur Verfügung. Durch Wahl der entsprechenden Optionen kann aber wie beim Befehl **BOGEN** konstruiert werden. Eine Reihe von Unteroptionen steht zur Auswahl:

```
Nächsten Punkt angeben oder
[Kreisbogen/Schließen/Halbbreite/sehnenLänge/
Zurück/Breite]: K
Endpunkt des Bogens angeben oder
[Winkel/ZEntrum/Schließen/RIchtung/Halbbreite/LInie/
RAdius/zweiter Pkt/Zurück/Breite]:
```

■ **Optionen:**

PUNKTEINGABE: Der Punkt wird zum Endpunkt des Bogens. Der Bogen verläuft tangential zum letzten Segment.

W (WINKEL): Vorgabe des Spannwinkels des Bogens, daraufhin wird Mittelpunkt, Radius oder Endpunkt verlangt.

ZE (ZEntrum): Normalerweise wird ein Bogen tangential an das letzte Segment angefügt. Ist dies nicht gewünscht, kann mit dieser Option ein unabhängiges Zentrum sowie der Winkel, die Sehnenlänge oder der Endpunkt eingegeben werden.

S (Schliessen): Schließen der Polylinie mit einem Kreisbogen, der tangential an das letzte Segment anschließt.

RI (RIchtung): Startrichtung und Endpunkt des Bogens können gewählt werden, die Richtung wird als Koordinate oder als Winkel festgelegt.

LI (Linie): Umschaltung in den Linienmodus.

RA (Radius): Vorgabe des Bogenradius. Zusätzlich wird der eingeschlossene Winkel oder der Endpunkt verlangt.

P (zweiter Pkt): Vorgabe eines zweiten und des Endpunktes für einen 3-Punkte-Bogen.

Die Optionen **B (Breite)**, **H (Halbbreite)** und **Z (Zurück)** haben dieselbe Funktion wie im Linienmodus.

Ausführung: Befehl Ring

Mit dem Befehl **Ring** können ausgefüllte und nicht ausgefüllte Ringe mit Innnen- und Außendurchmesser gezeichnet werden.

■ **Befehl Ring auswählen**
- ◆ Abrollmenü **Zeichnen, Ring**
- ◆ Tablettfeld **K9**

■ **Befehlsanfrage:**

```
Befehl: RING
Innendurchmesser des Rings angeben <10.0000>:
Außendurchmesser des Rings angeben <20.0000>:
Ringmittelpunkt angeben oder <beenden>:
Ringmittelpunkt angeben oder <beenden>::
```

Innen- und Außendurchmesser werden angefragt und danach der Ringmittelpunkt (→ Abbildung 3.11).

Anmerkungen

- Der Befehl arbeitet im Wiederholmodus.
- Es werden zwei geschlossene Polylinien-Kreisbogensegmente mit konstanter Breite erzeugt.
- Wird der Innendurchmesser auf 0 gesetzt, wird ein ausgefüllter Kreis gezeichnet.
- Ist der Füllmodus mit dem Befehl **FÜLLEN** (→ oben) eingeschaltet, wird der Ring ausgefüllt gezeichnet. Bei ausgeschaltetem Füllmodus werden die Segmente nicht ausgefüllt gezeichnet.

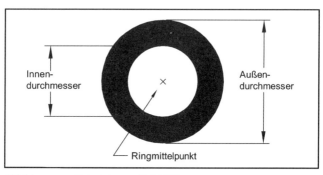

Abbildung 3.11: Beispiele zum Befehl Ring

Ausführung: Befehl POLYGON

Mit dem Befehl **POLYGON** lassen sich regelmäßige Polygone mit 3 bis 1024 Seiten zeichnen.

- **Befehl POLYGON auswählen**
    - Abrollmenü **ZEICHNEN, POLYGON**
    - Tablettfeld **P10**
    - Symbol im Werkzeugkasten **ZEICHNEN**

Befehlsanfrage:

```
Befehl: POLYGON
Anzahl Seiten eingeben <4>:
Polygonmittelpunkt angeben oder [Seite]:
Option eingeben [Umkreis/Inkreis] <U>:
Kreisradius angeben:
```

Bei der ersten Anfrage wird die Zahl der Seiten angegeben. Danach stehen zwei Konstruktionsmethoden zur Auswahl:

Konstruktionsmethoden

POLYGONMITTELPUNKT UND KREISRADIUS: Wird bei der zweiten Anfrage eine Koordinate eingegeben, wird diese als Polygonmittelpunkt interpretiert. Danach legt eine weitere Option die Art der Maßangabe fest:

U (UMKREIS): Das Polygon wird in einen imaginären Kreis gezeichnet. Alle Scheitelpunkte liegen auf der Peripherie des imaginären Kreises (→ Abbildung 3.12, a).

I (INKREIS): Das Polygon wird um einen imaginären Kreis gezeichnet. Alle Seitenmittelpunkte liegen auf der Peripherie des imaginären Kreises (→ Abbildung 3.12, b).

KREISRADIUS: Wird der Kreisradius als numerischer Wert über die Tastatur eingegeben, ist der erste Eckpunkt des Polygons immer bei 0 Grad (→ Abbildung 3.12, a und b). Wird der Kreisradius als Koordinate eingegeben, befindet sich an diesem Punkt ein Eckpunkt (beim Umkreis) bzw. ein Seitenmittelpunkt (beim Inkreis). Das Polygon kann an diesem Punkt gedreht werden.

S (SEITE): Wird bei der zweiten Anfrage die Option **S (SEITE)** gewählt, ändert sich der Dialog:

```
Polygonmittelpunkt angeben oder [Seite]: S
Ersten Endpunkt der Seite angeben:
Zweiten Endpunkt der Seite angeben:
```

Durch Eingabe zweier Punkte wird eine Seite des Polygons festgelegt. Das restliche Polygon wird im Gegenuhrzeigersinn gezeichnet (→ Abbildung 3.12, c).

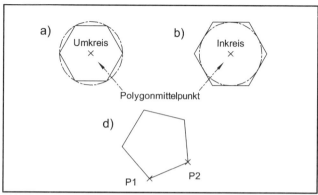

Abbildung 3.12: Beispiele zum Befehl Polygon

Ausführung: Befehl RECHTECK

Mit dem Befehl **RECHTECK** lassen sich Rechtecke durch die Eingabe zweier diagonaler Eckpunkte zeichnen (siehe Abbildung 3.13, a).

- **Befehl RECHTECK auswählen**
  - Abrollmenü **ZEICHNEN, RECHTECK**
  - Tablettfeld **Q10**
  - Symbol im Werkzeugkasten **ZEICHNEN**

- **Befehlsanfrage:**

```
Befehl: RECHTECK
Ersten Eckpunkt angeben oder
[Fasen/Erhebung/Abrunden/Objekthöhe/Breite]:
Anderen Eckpunkt angeben:
```

- **Optionen:**

PUNKTEINGABE: Der Punkt wird zum Eckpunkt des Rechtecks und der gegenüberliegende Eckpunkt wird angefragt (→ Abbildung 3.13, a).

F (FASEN): Abfrage zweier Fasenabstände. Danach wird die erste Anfrage wiederholt. Nach Eingabe der Eckpunkte wird das Rechteck mit gefasten Ecken gezeichnet (→ Abbildung 3.13, b).

E (ERHEBUNG): Vorgabe einer Erhebung. Alle Eckpunkte des Rechtecks erhalten diesen Wert als Z-Koordinate.

A (ABRUNDEN): Abfrage eines Rundungsradius. Danach wird die erste Anfrage wiederholt. Nach Eingabe der Eckpunkte wird das Rechteck mit abgerundeten Ecken gezeichnet (→ Abbildung 3.13, c).

O (OBEJKTHÖHE): Vorgabe einer Objekthöhe. Die Seiten des Rechtecks werden um diesen Wert in die Höhe gezogen.

B (BREITE): Vorgabe einer Breite für das gesamte Rechteck (→ Abbildung 3.13, d).

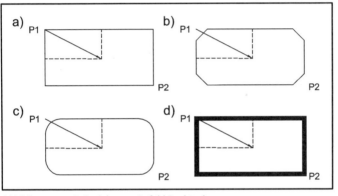

Abbildung 3.13: Beispiele zum Befehl Rechteck

Ausführung: Befehl SOLID

Mit dem Befehl **SOLID** können durch die Eingabe von Drei- oder Vierecken gefüllte Flächensegmente gezeichnet werden.

■ **Befehl SOLID auswählen**
- ◆ Abrollmenü **ZEICHNEN, FLÄCHEN ›, SOLID**
- ◆ Tablettfeld **L8**
- ◆ Symbol im Werkzeugkasten **FLÄCHEN**

Befehlsanfrage:

```
Befehl: SOLID
Ersten Punkt angeben:
Zweiten Punkt angeben:
Dritten Punkt angeben:
Vierten Punkt angeben oder <beenden>:
Dritten Punkt angeben:
Vierten Punkt angeben oder <beenden>:usw.
```

Anmerkungen

- Zuerst werden die Endpunkte der Grundlinie und dann die Endpunkte der gegenüberliegenden Seite eingegeben. Erster und dritter Punkt liegen gegenüber (→ Abbildung 3.14, a), ansonsten wird eine »Fliege« gezeichnet (→ Abbildung 3.14, b).
- Wird statt eines vierten Punktes ⏎ eingegeben, wird erneut nach einem dritten Punkt gefragt. Wird auch diese Anfrage mit ⏎ beantwortet, wird ein Dreieck gezeichnet (→ Abbildung 3.14, c).

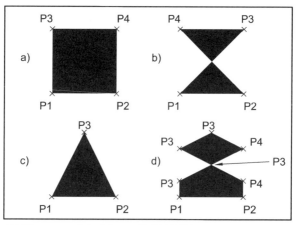

Abbildung 3.14: Beispiele zum Befehl Solid

- Die Flächensegmente können in Folge eingegeben werden. Es werden immer neue dritte und vierte Punkte erfragt, bis eine Anfrage nach einem dritten Punkt mit ⏎ beantwortet wird. Wird kein vierter Punkt eingegeben (stattdessen ⏎), entsteht ein dreieckiges Segment (→ Abbildung 3.14, d).
- Ist der Füllmodus mit dem Befehl **FÜLLEN** (→ oben) eingeschaltet, werden die Elemente ausgefüllt gezeichnet, ansonsten nur die Randlinien.

3.6 Multilinien

Multilinien können aus bis zu 16 parallelen Linien bestehen, die zusammenhängende Einheiten bilden.

- Jedes Element ist um einen Abstand vom Mittelpunkt versetzt.
- Sie bestehen aus ausgezogenen und unterbrochenen Linien.
- Sie können offene, geschlossene und abgerundete Enden haben.
- Multilinienstile können in der Zeichnung definiert, aus Dateien geladen und in Dateien gespeichert werden (→ 2.9).
- Multilinien lassen sich mit speziellen Editierfunktionen bearbeiten (→ 4.7).

Ausführung: Befehl **MLINIE**

Mit dem Befehl **MLINIE** lassen sich Multilinien zeichnen.

- **Befehl MLINIE auswählen**
    - ◆ Abrollmenü **ZEICHNEN, FLÄCHEN >, MULTILINIE**
    - ◆ Tablettfeld **M10**
    - ◆ Symbol im Werkzeugkasten **ZEICHNEN**
- **Befehlsanfrage:**

```
Befehl: MLINIE
Aktuelle Einstellungen: Ausrichtung = Oben, Maßstab = 1.00,
Stil = STANDARD
Startpunkt angeben oder [Ausrichtung/Maßstab/Stil/
<Von Punkt>:
Nächsten Punkt angeben:
Nächsten Punkt angeben oder [Zurück]:
Nächsten Punkt angeben oder [Schließen/Zurück]:
Nächsten Punkt angeben oder [Schließen/Zurück]:
```

Zuerst werden die aktuellen Einstellungen für die Multilinie angezeigt. Dann können die Stützpunkte eingegeben oder eine weitere Option gewählt werden.

- **Optionen:**

PUNKTEINGABE: Die Stützpunkte der Multilinie können nacheinander eingegeben werden. Die Punkte werden mit Elementen im eingestellten Stil und dem eingestellten Maßstab verbunden. ⏎ bei einer Punktanfrage beendet die Multilinie.

A (Ausrichtung): Es kann angegeben werden, ob die eingegebenen Punkte auf der Mitte (null), am oberen oder unteren Ende der Multilinie liegen sollen.

M (Massstab): Multiplikationsfaktor für die Linienbreite. Die Multilinie wird mit der im Stil festgelegten Breite gezeichnet, multipliziert mit dem Maßstab.

S (Stil): Vorgabe eines neuen Stils für die Multilinie. Stile können mit dem Befehl **Mstil** erstellt werden (→ 2.9).

S (Schliessen): Wird auf eine Punktanfrage diese Option eingegeben, wird der zuletzt eingegebene Punkt mit dem Startpunkt der Multilinie verbunden.

Z (Zurück): Wird auf eine Punktanfrage diese Option eingegeben, wird das letzte Segment entfernt. Die Option kann mehrfach verwendet werden.

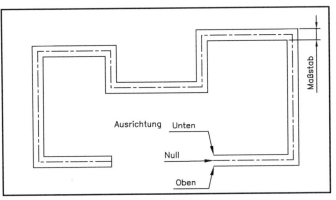

Abbildung 3.15: Beispiele zum Befehl Mlinie

3.7 3D-Polylinien, 3D-Flächen, 3D-Netze und P-Netze

3D-Polylinien sind Linienzüge im Raum. Jeder Stützpunkt kann mit einer 3D-Koordinate festgelegt werden. 3D-Polylinien unterscheiden sich von 2D-Polylinien dadurch, dass sie
- nur aus geraden Stücken bestehen und
- keine Breite haben können.
- Sie können aber mit dem Befehl **PEDIT** (→ 4.7) editiert und durch Kurven angeglichen werden.

Ausführung: Befehl 3DPOLY

Mit dem Befehl **3DPOLY** werden 3D-Polylinien gezeichnet.
- Befehl **3DPOLY** auswählen
  - ◆ Abrollmenü **ZEICHNEN**, **3D-POLYLINIE**
  - ◆ Tablettfeld O10
- Befehlsanfrage:

```
Befehl: 3DPOLY
Startpunkt für Polylinie eingeben:
Endpunkt der Linie angeben oder [Zurück]:
Endpunkt der Linie angeben oder [Zurück]:
Endpunkt der Linie eingeben oder [Schließen/Zurück]:
```

Die erste Anfrage ermittelt den Startpunkt der Polylinie.
- Optionen:

PUNKTEINGABE: Nach dem ersten Punkt können beliebig viele weitere Stützpunkte des Linienzuges eingegeben werden. Mit ⏎ wird der Befehl beendet.
- **S (SCHLIESSEN):** Verbindet den zuletzt eingegebenen Punkt mit dem Startpunkt.
- **Z (ZURÜCK):** Nimmt das zuletzt eingegebene Segment zurück.

Ausführung: Befehl 3DFLÄCHE

3D-Flächen sind Flächen, die beliebig im Raum ausgerichtet werden können. Alle Eckpunkte können mit 3D-Koordinaten bestimmt werden. 3D-Flächen verdecken dahinterliegende Objekte. Mit dem Befehl **3DFLÄCHE** können 3D-Flächensegmente gezeichnet werden.

- **Befehl 3DFLÄCHE auswählen**
  - ◆ Abrollmenü **ZEICHNEN, FLÄCHEN ›, 3DFLÄCHE**
  - ◆ Tablettfeld **M8**
  - ◆ Symbol im Werkzeugkasten **FLÄCHEN**
- **Befehlsanfrage:**

```
Befehl: 3DFLÄCHE
Ersten Punkt angeben oder [Unsichtbar]:
Zweiten Punkt angeben oder [Unsichtbar]:
Dritten Punkt angeben oder [Unsichtbar] <beenden>:
Vierten Punkt angeben oder [Unsichtbar]
<dreiseitige Fläche erstellen>:
Dritten Punkt angeben oder [Unsichtbar] <beenden>:
```

Die Punkte bilden die Eckpunkte der Fläche im Raum.

Anmerkungen

- Zuerst werden die Endpunkte der ersten Seite und dann die Endpunkte der gegenüberliegenden Seite eingegeben. Erster und vierter Punkt liegen gegenüber (→ Abbildung 3.16).
- Wird statt eines vierten Punktes ⏎ eingegeben, wird ein weiterer dritter Punkt angefragt. Wird wieder ⏎ eingegeben, ergibt es ein Dreieck.
- Die Flächensegmente können in Folge eingegeben werden. Es werden immer neue dritte und vierte Punkte erfragt, bis eine Anfrage nach einem dritten Punkt mit ⏎ beantwortet wird.
- Wird kein vierter Punkt eingegeben (stattdessen ⏎), entsteht ein dreieckiges Segment.
- 3D-Flächen können nicht ausgefüllt, sondern nur als Drahtmodell gezeichnet werden.
- Liegt ein Segment vor dem anderen, wird bei entsprechender Wahl des Ansichtspunkts (→ 6.3) und nach Anwendung des Befehls **VERDECKT** das dahinterliegende Segment ganz oder teilweise verdeckt.
- Soll eine Kante bei zusammengesetzten Flächen unsichtbar sein, so muss vor den Koordinaten des ersten Punkts dieser Kante **U (UNSICHTBAR)** eingegeben werden.

- Werden verdeckte Kanten aus der Zeichnung entfernt (→ 6.3), so verschwinden Elemente, die hinter 3D-Flächen liegen.
- Ist die Systemvariable **SPLFRAME** auf einen Wert ungleich Null gesetzt, werden die unsichtbaren Kanten von 3D-Flächen angezeigt.

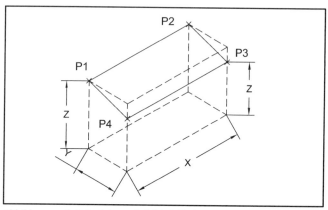

Abbildung 3.16: Beispiel zum Befehl 3DFläche

Ausführung: Befehl 3DNETZ

3D-Netze sind Objekte, die sich aus 3D-Flächen zusammensetzen.
- 3D-Netze können mit dem Befehl **PEDIT** (→ 4.17) editiert werden.
- 3D-Netze lassen sich mit dem Befehl **URSPRUNG** (→ 7.1) in 3D-Flächen zerlegen.
- Mit den Befehlen **KANTOB**, **REGELOB**, **ROTOB** und **TABOB** lassen sich regelmäßige 3D-Netze erzeugen.
- P-Netze dagegen sind Netze von beliebiger Topologie, sogenannte Vielflächennetze.

Allgemeine 3D-Netze werden mit dem Befehl **3DNETZ** erzeugt.

- **Befehl 3DFLÄCHE auswählen**
  - ◆ Abrollmenü **ZEICHNEN, FLÄCHEN ›, 3DNETZ**
  - ◆ Symbol im Werkzeugkasten **FLÄCHEN**

- **Befehlsanfrage:**

```
Befehl: 3DNETZ
Größe des Netzes in Richtung M eingeben:
Größe des Netzes in Richtung N eingeben:
Position des Kontrollpunkts eingeben (0, 0):
Position des Kontrollpunkts eingeben (0, 1):
.
Position des Kontrollpunkts eingeben (1, 0):
Position des Kontrollpunkts eingeben (1, 1):
.
Position des Kontrollpunkts eingeben (M, N):
```

M- und N-Wert legen die Auflösung des Netzes fest. Jeder Scheitelpunkt wird mit einer Koordinate festgelegt (→ Abbildung 3.17).

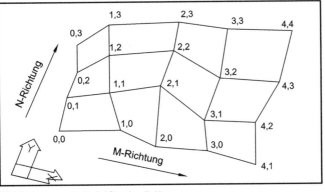

Abbildung 3.17: Beispiel für ein 3D-Netz

Ausführung: Befehl KANTOB

Mit dem Befehl **KANTOB** wird aus vier Kanten (beliebige im Raum liegende Linien oder Kurven) eine Freiformfläche erzeugt.

- **Befehl KANTOB auswählen**
  - ◆ Abrollmenü **ZEICHNEN, FLÄCHEN >, KANTENDEFINIERTE FLÄCHE**
  - ◆ Tablettfeld **R8**
  - ◆ Symbol im Werkzeugkasten **FLÄCHEN**

- **Befehlsanfrage:**

```
Befehl: KANTOB
Aktuelle Drahtmodelldichte:   SURFTAB1=6   SURFTAB2=6
Objekt 1 für Kante wählen:
Objekt 2 für Kante wählen:
Objekt 3 für Kante wählen:
Objekt 4 für Kante wählen:
```

Die Teilung des Netzes wird durch die Systemvariablen **SURFTAB1** (in M-Richtung = erste gewählte Kante) und **SURFTAB2** (in N-Richtung) festgelegt (→ Abbildung 3.18).

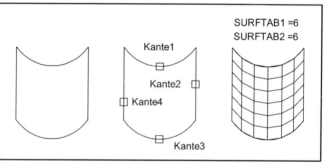

Abbildung 3.18: Konstruktion von Flächen mit Kantob

Ausführung: Befehl REGELOB

Der Befehl **REGELOB** konstruiert ein 3D-Netz zwischen zwei Kurven im Raum. Die Kurven bilden die Kanten des Netzes.

- **Befehl REGELOB auswählen**
    - Abrollmenü **ZEICHNEN, FLÄCHEN > , REGELFLÄCHE**
    - Tablettfeld **Q8**
    - Symbol im Werkzeugkasten **FLÄCHEN**
- **Befehlsanfrage:**

```
Befehl: REGELOB
Aktuelle Drahtmodelldichte:  SURFTAB1=6
Erste Definitionslinie wählen:
Zweite Definitionslinie wählen:
```

Die Teilung des Netzes wird durch die Systemvariablen **SURFTAB1** festgelegt. Die Maschenweite des Netzes wird gleichmäßig auf den Kanten aufgeteilt (→ Abbildung 3.19).

Anmerkungen

- Als Kanten werden Linien, Bögen, 2D- oder 3D-Polylinien gewählt. Auf einer Seite kann auch ein Punkt gewählt werden.
- Werden als Kanten nicht geschlossene Objekte gewählt, ist der Punkt, an dem die Objekte gewählt werden, wichtig. Liegen die Punkte nicht gegenüber, wird ein verschränktes Netz erzeugt.

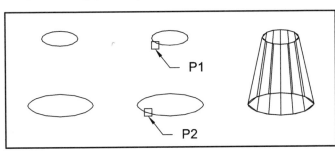

Abbildung 3.19: Beispiel zum Befehl Regelob

Ausführung: Befehl ROTOB

Mit dem Befehl **ROTOB** werden Rotationsoberflächen erzeugt.
- **Befehl ROTOB auswählen**
  - ◆ Abrollmenü **ZEICHNEN, FLÄCHEN > , ROTATIONSFLÄCHE**
  - ◆ Tablettfeld **O8**
  - ◆ Symbol im Werkzeugkasten **FLÄCHEN**
- **Befehlsanfrage:**

```
Befehl: ROTOB
Aktuelle Drahtmodelldichte:  SURFTAB1=6  SURFTAB2=6
Zu rotierendes Objekt wählen:
Objekt wählen, das Rotationsachse definiert:
Startwinkel angeben <0>:
Eingeschlossenen Winkel angeben (+=guz, -=uz) <360>:
```

Anmerkungen

- Als Grundlinie kann eine Linie, ein Bogen, ein Kreis, eine 2D- oder 3D-Polylinie gewählt werden.
- Die Variable **SURFTAB1** legt die Teilung des Netzes über den Rotationswinkel fest, die Variable **SURFTAB2** die Teilung an Bogensegmenten entlang der Grundlinie (→ Abbildung 3.20).

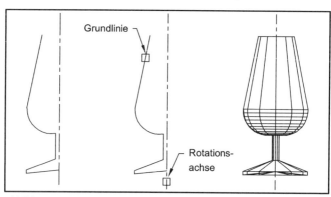

Abbildung 3.20: Beispiel zum Befehl Rotob

Ausführung: Befehl TABOB

Mit dem Befehl **TABOB** wird aus einer Grundlinie und einem Richtungsvektor ein 3D-Netz konstruiert.

- **Befehl TABOB auswählen**
    - Abrollmenü **ZEICHNEN, FLÄCHEN ›, TABELLARISCHE FLÄCHE**
    - Tablettfeld **P8**
    - Symbol im Werkzeugkasten **FLÄCHEN**
- **Befehlsanfrage:**

```
Befehl: TABOB
Objekt für Grundlinie wählen:
Objekt für Richtungsvektor wählen:
```

Anmerkungen

- Als Grundlinie kann eine Linie, ein Bogen, ein Kreis, eine 2D- oder 3D-Polylinie gewählt werden.
- Richtungsvektor kann eine Linie, eine 2D- oder 3D-Polylinie sein.

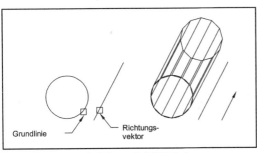

Abbildung 3.21: Beispiel zum Befehl Tabob

- Der Punkt, an dem der Richtungsvektor gewählt wird, entscheidet über den Aufbau des Netzes. Liegt er in der Nähe der Grundlinie, wird das Netz in der Richtung des Vektors erzeugt. Liegt er an der gegenüberliegenden Seite, wird das Netz in Gegenrichtung aufgebaut (→ Abbildung 3.21).
- Die Variable **SURFTAB1** bestimmt die Dichte des Netzes.

Ausführung: Befehle für spezielle 3D-Netze

Neben den oben beschriebenen Befehlen ist eine Reihe von Funktionen zum Zeichnen spezieller 3D-Netze vorhanden. Damit lassen sich geometrische Grundkörper wie Quader, Pyramide und Pyramidenstumpf, Kuppel, Kugel, Keil, Kegel und Kegelstumpf, Schüssel und Torus zeichnen. Außerdem kann man ein Netz aus vier Eckpunkten und der Angabe des M- und N-Wertes der Masche zeichnen. Die Funktionen können aus einem Dialogfenster (→ Abbildung 3.22) oder mit den Symbolen aus dem Werkzeugkasten gewählt werden.

- **Obejkte aus 3D-Netzen**
  - Abrollmenü **Zeichnen**, **Flächen** >, **3D-Flächenkörper**
  - Tablettfeld **N8**
  - Symbole im Werkzeugkasten **Flächen**

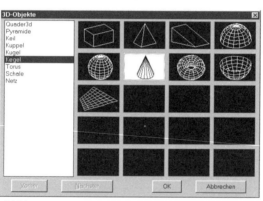

Abbildung 3.22: Dialogfenster zur Auswahl der Oberflächen

Ausführung: Befehl Pnetz

Mit dem Befehl **Pnetz** lässt sich ein dreidimensionales Polygonnetz definieren, indem man erst die Koordinaten aller Kontrollpunkte und dann die Flächen zwischen diesen Punkten festlegt.

■ Befehl P<small>NETZ</small> auswählen
◆ Auf der Tastatur eingeben

■ Befehlsanfrage:

```
Befehl: PNETZ
Position des Kontrollpunkts 1 eingeben :
Position des Kontrollpunkts 2 eingeben
oder <Flächen definieren>:
.
Position des Kontrollpunkts 2 eingeben
oder <Flächen definieren>: ⏎
Fläche 1, Kontrollpunkt 1:
Kontrollpunktnummer eingeben oder [Farbe/Layer]:
.
Fläche 1, Kontrollpunkt M:
Kontrollpunktnummer eingeben oder [Farbe/Layer]: ⏎
.
Fläche 5, Kontrollpunkt 1:
Kontrollpunktnummer eingeben oder [Farbe/Layer]:
.
Fläche 5, Kontrollpunkt M:
Kontrollpunktnummer eingeben oder [Farbe/Layer]: ⏎
Fläche 6, Kontrollpunkt 1:
Kontrollpunktnummer eingeben oder [Farbe/Layer]: ⏎
```

Anmerkungen

- Um die Kanten einer Fläche eines P-Netzes unsichtbar zu machen, wird der Kontrollpunkt vor der Kante mit negativem Vorzeichen eingegeben.
- Vor einer neuen Fläche kann mit der Option **F<small>ARBE</small>** oder **L<small>AYER</small>** eine Farbe oder ein Layer für das folgende Element festgelegt werden.
- Unsichtbare Kanten lassen sich anzeigen, wenn die Variable **S<small>PL-FRAME</small>**=1 ist.
- P-Netze lassen sich mit **U<small>RSPRUNG</small>** in 3D-Flächen zerlegen.
- Der Befehl **P<small>NETZ</small>** ist nicht primär für die Zeichenarbeit gedacht, sondern eher für die Programmierung.

3.8 Volumenkörper

Volumenkörper sind Objekte, die ein dreidimensionales Modell eines realen Gegenstandes darstellen. Sie lassen sich aus Grundkörpern, Extrusions- und Rotationskörpern erstellen. Durch Bool'sche Verknüpfungen lassen sich daraus komplexe Modelle erstellen (→ 4.8). Verschiedene 2D-Befehle wie **Abrunden** und **Fase** lassen sich auch auf Volumenkörper anwenden. Von Volumenkörpern lassen sich Masse, Volumen, Schwerpunkt und Trägheitsmomente berechnen.

Wichtig: Die Systemvariable **Isolines** steuert die Darstellung am Bildschirm. Je höher der Wert dieser Variablen, desto mehr Linien werden an Krümmungen von Volumenkörpern angezeigt. Der Vorgabewert ist 4, er kann zwischen 0 und 2047 liegen.

Ausführung: Grundkörper erstellen

Mit den Befehlen **Quader, Kugel. Zylinder, Keil, Kegel** und **Torus** können elementare Volumenkörper erstellt werden.

- **Befehle auswählen**
    - ◆ Abrollmenü **Zeichnen, Volumenkörper >**, Untermenü für die Objekte
    - ◆ Tablettfeld J-07
    - ◆ Symbole im Werkzeugkasten **Volumenkörper**

Ausführung: Befehl Quader

Erstellung eines Quaders, dessen Grundfläche parallel zur XY-Ebene liegt (→ Abbildung 3.23).

- **Befehlsanfrage:**

```
Befehl: QUADER
Ecke des Quaders angeben oder [MIttelpunkt] <0,0,0>:
Ecke angeben oder [Würfel/Länge]:
Höhe angeben:
```

Der Quader kann auf zwei Arten erzeugt werden:
- Eingabe von zwei Eckpunkten und einer Höhe.
- Eingabe eines Mittelpunktes und einer Ecke oder Länge und Breite sowie einer Höhe.

Ausführung: Befehl KUGEL

Erstellung einer Kugel (→ Abbildung 3.23).

■ **Befehlsanfrage:**

```
Befehl: KUGEL
Aktuelle Dichte des Drahtmodells:   ISOLINES=4
Mittelpunkt der Kugel angeben <0,0,0>:
Radius der Kugel angeben oder [Durchmesser]:
```

Die Kugel kann mit Radius oder Durchmesser gezeichnet werden.

Ausführung: Befehl ZYLINDER

Erstellung eines runden oder elliptischen Zylinders, dessen Grundfläche parallel zur XY-Ebene liegt (→ Abbildung 3.23).

■ **Befehlsanfrage:**

```
Befehl: ZYLINDER
Aktuelle Dichte des Drahtmodells:   ISOLINES=4
Mittelpunkt für Basis des Zylinders angeben
oder [Elliptisch] <0,0,0>:
Radius für Basis des Zylinders angeben oder [Durchmesser]:
Höhe des Zylinders angeben oder
[Mittelpunkt vom anderen Ende]:
```

Die Grundfläche wird wie beim Befehl **KREIS** bzw. **ELLIPSE** konstruiert. Danach wird die Höhe oder der Mittelpunkt vom anderen Ende vorgegeben. So lassen sich auch verschobene Zylinder erstellen.

Ausführung: Befehl KEGEL

Erstellung eines runden oder elliptischen Volumenkörperkegels, dessen Grundfläche parallel zur XY-Ebene liegt (→ Abbildung 3.23).

- **Befehlsanfrage:**

  ```
  Befehl: KEGEL
  Aktuelle Dichte des Drahtmodells:  ISOLINES=4
  Mittelpunkt für Basis des Kegels angeben
  oder [Elliptisch] <0,0,0>:
  Radius für Basis des Kegels angeben oder [Durchmesser]:
  Kegelhöhe angeben oder [Scheitelpunkt]:
  ```

  Konstruktion wie bei Befehl ZYLINDER.

Ausführung: Befehl KEIL

Erstellung eines Volumenkörperkeils, dessen Grundfläche parallel zur XY-Ebene liegt (→ Abbildung 3.23).

- **Befehlsanfrage:**

  ```
  Befehl: KEIL
  Erste Ecke des Keils angeben oder [MIttelpunkt] <0,0,0>:
  Ecke angeben oder [Würfel/Länge]:
  Höhe angeben:
  ```

  Konstruktion wie beim Befehl QUADER.

Ausführung: Befehl TORUS

Erstellung eines Volumenkörpertorus, der parallel zur XY-Ebene liegt (→ Abbildung 3.23).

- **Befehlsanfrage:**

  ```
  Befehl: TORUS
  Aktuelle Dichte des Drahtmodells:  ISOLINES=4
  Mittelpunkt des Torus angeben <0,0,0>:
  Radius des Torus angeben oder [Durchmesser]:
  Radius des Rohrs angeben oder [Durchmesser]:
  ```

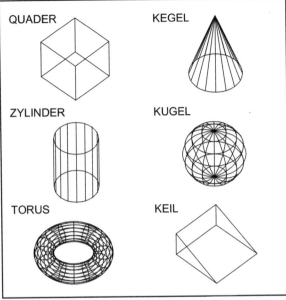

Abbildung 3.23: Volumenkörper

Ausführung: Befehl EXTRUSION

Erstellung eines Volumenkörpers durch Extrusion von geschlossenen Kurven wie Polylinien, Polygone, Rechtecke, Kreise, Ellipsen, Splines und Regionen (→ Abbildung 3.24).

- **Befehl EXTRUSION auswählen**
    - Abrollmenü **ZEICHNEN, VOLUMENKÖRPER ›, EXTRUSION**
    - Tablettfeld **P7**
    - Symbol im Werkzeugkasten **VOLUMENKÖRPER**

Befehlsanfrage:

```
Befehl: EXTRUSION
Aktuelle Dichte des Drahtmodells:   ISOLINES=4
Objekte wählen:
Extrusionshöhe angeben oder [Pfad]:
Verjüngungswinkel für Extrusion angeben <0>:
```

Es kann entweder eine Extrusionshöhe vorgegeben werden oder ein Pfad, an dem entlang extrudiert wird. Bei Vorgabe einer Extrusionshöhe ist auch ein Verjüngungswinkel möglich.

Ausführung: Befehl ROTATION

Erstellung eines Volumenkörpers durch Rotation einer Kontur um eine Rotationsachse (→ Abbildung 3.24).

Befehl ROTATION auswählen

- Abrollmenü ZEICHNEN, VOLUMENKÖRPER >, ROTATION
- Tablettfeld **Q7**
- Symbol im Werkzeugkasten VOLUMENKÖRPER

Befehlsanfrage:

```
Befehl: ROTATION
Aktuelle Dichte des Drahtmodells:   ISOLINES=4
Objekte wählen:
Startpunkt der Rotationsachse angeben oder
Achse durch [Objekt/X (Achse)/Y (Achse)] definieren:
Endpunkt der Achse angeben:
Rotationswinkel angeben <360>:
```

Anmerkungen

- Als Kontur lassen sich geschlossene Kurven wie Polylinien, Polygone, Rechtecke, Kreise, Ellipsen und Regionen verwenden.
- Als Rotationsachse lassen sich zwei Punkte vorgeben; es kann aber auch ein Objekt verwendet werden oder eine Achse, die parallel zur X- oder Y-Achse liegt.

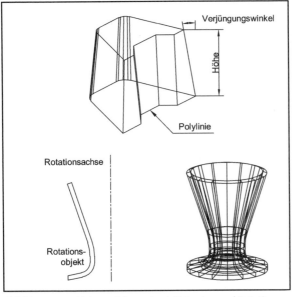

Abbildung 3.24: Volumenkörper durch Extrusion und Rotation erzeugt

3.9 Schraffieren

In technischen Zeichnungen müssen Flächen schraffiert werden. Das kann mit Linien in einem beliebigen Winkel oder mit einem bestimmten Muster erfolgen. Diese Muster sind in sogenannten Schraffurmuster-Bibliotheken zusammengefasst.

Ausführung: Befehl GSCHRAFF

Schraffuren lassen sich mit dem Befehl GSCHRAFF erstellen. Der Befehl hat eine Konturerkennung, die die zu schraffierende Fläche mit einer Hilfskontur einrahmt. Diese Hilfskontur wird normalerweise nach dem Schraffieren wieder gelöscht. Sie kann aber auch beibehalten werden. Die entstandene Schraffur ist assoziativ. Änderungen der Kontur verändern auch die Schraffur. Auch die Parameter der Schraffur können später verändert werden. Alle Funktionen des Befehls werden über Dialogfelder gesteuert.

■ Befehl GSCHRAFF anwählen.
- aus Abrollmenü ZEICHNEN, SCHRAFFUR...
- vom Tablettfeld **P9**
- Symbol im Werkzeugkasten ZEICHNEN

In einem Dialogfeld mit zwei Registerkarten werden alle Parameter der Schraffur eingestellt.

■ Register SCHNELL

Im ersten Register werden alle Parameter für das Schraffurmuster eingestellt (→ Abbildung 3.25).

TYP: Hier kann der Schraffurmustertyp gewählt werden. Möglich sind die Einstellungen **VORDEFINIERT** für ein Muster aus den Schraffurmusterbibliotheken (*Acadiso.pat* beim Arbeiten mit metrischen Einheiten und *Acad.pat* bei britischen Einheiten). Bei der Einstellung **BENUTZERDEFINIERT** kann ein einfaches oder gekreuztes Linienmuster direkt mit Linienabständen und Winkeln definiert werden. Die Einstellung **BENUTZERSPEZ.** arbeitet mit speziellen Schraffurmustern, die in einer Datei mit der Erweiterung **.pat* definiert sind.

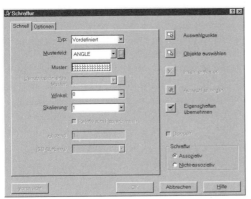

Abbildung 3.25: Dialogfeld zum Schraffieren, Register Schnell

MUSTERFELD: Ist beim Typ **VORDEFINIERT** eingestellt, kann in einem weiteren Abrollmenü das Muster gewählt werden. Ansonsten ist dieses Feld nicht verfügbar. Mit einem Klick auf das Symbol mit den Punkten rechts daneben kommt ein weiteres Dialogfeld, aus dem das Muster ausgesucht werden kann (→ Abbildung 3.26).

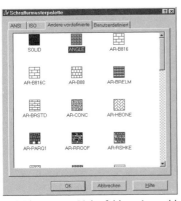

Abbildung 3.26: Dialogfeld zur Auswahl der vordefinierten Muster

Das Dialogfeld hat vier Register für Muster nach ANSI- und ISO-Norm. In dem Register **ANDERE VORDEFINIERTE** findet man verschiedene Bildmuster und im letzten Register **BENUTZERDEFINIERT** alle Muster aus eigenen Schraffurmusterdateien.

BENUTZERDEFINIERTES MUSTER: Wurde beim Schraffurtyp **BENUTZERSPEZ.** gewählt (Achtung: nicht **BENUTZERDEFINIERT**), kann in diesem Abrollmenü das Muster gewählt werden. Auch hier verzweigt das Symbol rechts vom Abrollmenü in das Dialogfeld zur Musterauswahl. Diesmal kommt gleich das Register **BENUTZERDEFINIERT** auf den Bildschirm. Dort wird nur etwas angezeigt, wenn eigene Schraffurmusterdateien erstellt wurden.

WINKEL, SKALIERUNG UND ABSTAND: Ist der Typ **VORDEFINIERT** oder **BENUTZERSPEZ.** gewählt, können der **WINKEL** und die **SKALIERUNG** für das Muster eingestellt werden. Sowohl vordefinierte als auch benutzerspezifische Muster sind in einem bestimmten Maßstab definiert. Im Feld **SKALIERUNG** kann ein Maßstabsfaktor für das Muster eingestellt werden. Die Felder **SKALIERUNG** und **WINKEL** sind als Abrollmenü ausgelegt. Tragen Sie einen Wert ein oder wählen Sie einen Standardwert aus der Liste. Beim Typ **BENUTZERDEFINIERT** wird keine Skalierung benötigt. Hier ist das Feld **ABSTAND** aktiv. Damit wird der Abstand zwischen den Schraffurlinien zueinander in Zeichnungseinheiten angegeben.

DOPPELT: Dieses Feld ist ebenfalls nur beim benutzerdefinierten Muster zugänglich. Ist es eingestellt, wird eine doppelte Schraffur erzeugt. Die Linien des Gitters kreuzen sich unter 90° Grad.

■ **Register OPTIONEN**

Im anderen Register des Dialogfelds werden die Optionen für die Schraffur eingestellt (→ Abbildung 3.27).

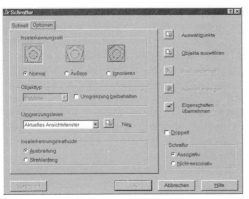

Abbildung 3.27: Dialogfeld zum Schraffieren, Register Optionen

INSELERKENNUNGSSTIL: Hier kann gewählt werden, wie beim Schraffieren Inseln innerhalb der gewählten Schraffurfläche behandelt werden sollen (→ Abbildung 3.28).

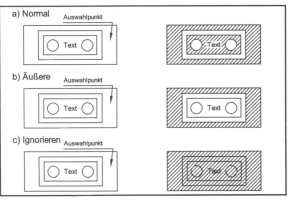

Abbildung 3.28: Schraffur mit verschiedenen Inselerkennungsstilen

Die Einstellung **Normal** spart Inseln aus, in einer Insel liegende Inseln werden aber wieder schraffiert. Liegen darin wieder Inseln, werden sie wieder ausgeschlossen usw. Die Einstellung **Äussere** schraffiert nur die Fläche bis zur ersten Insel und die Einstellung **Ignorieren** schraffiert über alle Inseln hinweg. Text wird immer freigestellt außer beim Stil **Ignorieren**.

Objekttyp: Beim Schraffieren wird eine geschlossene Kontur erzeugt, die nach dem Schraffieren wieder gelöscht wird. In diesem Feld kann gewählt werden, ob diese beibehalten und aus welchem Objekttyp sie erzeugt werden soll.

■ **Auswahl der Schraffurfläche**

Mit den Symbolen in der rechten Spalte des Dialogfelds kann bestimmt werden, wie die Schraffurfläche gewählt werden soll: Auswahlpunkte oder Objekte wählen (→ Abbildung 3.29).

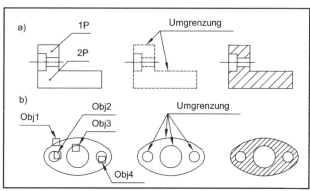

Abbildung 3.29: Möglichkeiten zur Wahl der Schraffurfläche

Auswahlpunkte: Wird das Symbol angeklickt, verschwindet das Dialogfeld und es kann ein Punkt in der zu schraffierenden Fläche angeklickt werden (→ Abbildung 3.29, a).
Die Schraffurgrenze wird automatisch ermittelt. Inseln werden erkannt und von der Schraffur ausgeschlossen (je nach Stil). Wird in eine Insel geklickt, wird diese mitschraffiert. Es lassen sich auch

mehrere nicht zusammenhängende Flächen wählen, die dann mit einem zusammenhängenden Muster schraffiert werden.

OBJEKTE AUSWÄHLEN: Damit können die zu schraffierenden Objekte gewählt werden. Die zu schraffierende Fläche muss umschlossen sein und die umgrenzenden Objekte dürfen sich nicht überschneiden (→ Abbildung 3.29, b). Eine Konturerkennung wird nicht durchgeführt. Inseln müssen mitgewählt werden. Die Methode sollte nur dann verwendet werden, wenn einzelne Objekte schraffiert werden sollen, Kreise oder Rechtecke.

INSELN ENTFERNEN: Damit lassen sich Objekte oder Flächen in der Zeichnung wählen, in denen die Schraffur ausgesetzt wird.

AUSWAHL ANZEIGEN: Gestrichelte Darstellung der Konturen in der Zeichnung zur Kontrolle.

EIGENSCHAFTEN ÜBERNEHMEN: Gibt es in der Zeichnung bereits eine Schraffur, die an anderer Stelle mit den gleichen Parametern noch einmal verwendet werden soll, lassen sich die Parameter in der Zeichnung von dieser Schraffur abgreifen und ins Dialogfeld übernehmen.

SCHRAFFUR: Ist die Schraffur assoziativ, wird sie als zusammenhängender Block generiert. Sie ändert sich dann bei Konturänderungen mit und kann mit dem Befehl **SCHRAFFEDIT** bearbeitet werden. Das ist aber nur dann der Fall, wenn der Schalter **ASSOZIATIV** eingeschaltet ist. Bei der Einstellung **NICHT-ASSOZIATIV** kann die Schraffur von der Kontur gelöst werden.

VORANSICHT: Wird diese Schaltfläche angeklickt, verschwindet das Dialogfeld, und die Schraffur mit den eingestellten Parametern wird in der Zeichnung angezeigt, aber noch nicht ausgeführt. Bei Eingabe von ⏎ kommt das Dialogfeld wieder auf den Bildschirm, und die Parameter lassen sich noch ändern. Mit der Schaltfläche **OK** wird die Schraffur ausgeführt.

Anmerkungen

- Immer dann, wenn in der Zeichnung ein Punkt bestimmt werden soll, die Auswahl angezeigt wird usw., kann mit der rechten Maustaste ein Pop-up-Menü auf den Bildschirm geholt werden (→ Abbildung 3.30). Darin lassen sich die Schraffureinstellungen und Auswahlmethoden ebenfalls ändern.

Abbildung 3.30: Pop-up-Menü für die Schraffureinstellungen

- Wird der Befehl **GSCHRAFF** auf der Tastatur mit einem Bindestrich eingegeben, **-GSCHRAFF**, so können die Eingaben ohne Dialogfenster im Befehlszeilenfenster vorgenommen werden.

```
Befehl: -GSCHRAFF
Aktuelles Schraffurmuster:  ANSI31
Internen Punkt angeben oder
[Eigenschaften/Auswählen/Inseln entfernen/Optionen]:
```

- Schraffuren können mit dem Befehl **URSPRUNG** (→ 7.1) in einzelne Linien zerlegt werden.
- Aus früheren Versionen von AutoCAD ist aus Gründen der Kompatibilität noch der Befehl **SCHRAFF** enthalten. Damit kann ohne Dialogfeld und ohne Konturerkennung schraffiert werden.

Ausführung: Befehl SCHRAFFEDIT

Schraffuren sind assoziativ und können nachträglich bearbeitet werden. Mit dem Befehl **SCHRAFFEDIT** lassen sich die Parameter für eine bestehende Schraffur ändern.

- **Befehl SCHRAFFEDIT auswählen**
    - ◆ Abrollmenü **ÄNDERN, SCHRAFFUR BEARBEITEN...**
    - ◆ Tablettfeld **Y16**
    - ◆ Symbol im Werkzeugkasten **ÄNDERN II**

Anmerkungen

- Nachdem eine Schraffur gewählt wurde, erscheint dasselbe Dialogfenster wie zur Erstellung von Schraffuren (→ oben).
- Die Parameter der gewählten Schraffur werden als Vorgabewerte angezeigt, die sich beliebig ändern lassen.
- Die Schraffurfläche lässt sich nicht ändern.

Ausführung: Befehl UMGRENZUNG

Der Befehl **UMGRENZUNG** verwendet die Konturerkennung des Befehls **GSCHRAFF**. Es wird aber keine Schraffur erzeugt, sondern die gewählte Fläche wird mit einer zusammenhängenden Polylinie oder Region nachgezeichnet.

- **Befehl UMGRENZUNG auswählen**
    - ◆ aus Abrollmenü **ZEICHNEN, UMGRENZUNG...**
    - ◆ vom Tablettfeld **Q9**

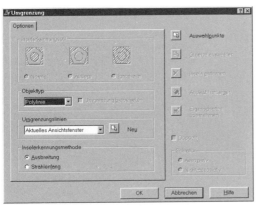

Abbildung 3.31: Dialogfeld für die Umgrenzung

Die Einstellungen werden in einem Dialogfeld vorgenommen (→ Abbildung 3.31). Dabei handelt es sich um das gleiche wie beim Befehl **GSCHRAFF**, Register **OPTIONEN**. Die meisten Bedienelemente sind gedimmt. Es muß lediglich der Objekttyp eingestellt werden, aus dem die Umgrenzung erstellt werden soll. Mit dem Schalter **AUSWAHLPUNKTE** erfolgt die Auswahl der Flächen.

Anmerkung

- Wird der Befehl **UMGRENZUNG** auf der Tastatur mit einem Bindestrich eingegeben, **-UMGRENZUNG**, so können die Eingaben ohne Dialogfenster im Befehlszeilenfenster vorgenommen werden.

    ```
    Befehl: -UMGRENZUNG
    Internen Punkt angeben oder [Optionen]:
    ```

- Unregelmäßige Flächen lassen sich mit dem Befehl leicht von einer Polylinie einrahmen. Mit den Befehlen **LISTE** oder **FLÄCHE** (→ 5.7) lassen sich dann Fläche und Umfang bestimmen.

3.10 Korrekturbefehle

Befehle lassen sich rückgängig machen. AutoCAD 2000 speichert alle durchgeführten Aktionen in temporären Dateien. Schrittweise kann alles bis zum Beginn der Sitzung zurückgenommen werden.

Ausführung: Befehl Z

Der Befehl **Z** macht den letzten Befehl rückgängig. Der Befehl kann beliebig oft angewendet werden, bis der ursprüngliche Zustand zu Beginn der Sitzung erreicht ist.

- **Befehl Z auswählen**
    - Abrollmenü **BEARBEITEN, ZURÜCK**
    - Tablettfeld **T12**
    - Symbol in der **STANDARD FUNKTIONSLEISTE**
    Der Befehl wird ohne weitere Anfragen ausgeführt

Ausführung: Befehl ZLÖSCH

Der Befehl **ZLÖSCH** hebt eine versehentliche Befehlsrücknahme auf (Befehl **Z** oder **ZURÜCK**), wenn er unmittelbar nach dem entsprechenden Befehl eingegeben wird.

- **Befehl ZLÖSCH auswählen**
    - Abrollmenü **BEARBEITEN, ZLÖSCH**
    - Tablettfeld **U12**
    - Symbol in der **STANDARD-FUNKTIONSLEISTE**
    Der Befehl wird ohne weitere Anfragen ausgeführt.

4 Editierbefehle

Vorbemerkungen

Editierbefehle werden immer dann verwendet, wenn bereits existierende Zeichnungselemente geändert, verschoben oder kopiert werden sollen.

Für Editierfunktion sind oft Koordinaten erforderlich. Sie werden eingegeben:

- ◆ als numerische Werte über die Tastatur (→ 1.13)
- ◆ mit der Maus oder dem Zeigegerät des Grafik-Tabletts und den verschiedenen Zeichenhilfen (→ 2.1)
- ◆ normalerweise nicht nur mit der Maus oder dem Zeigegerät des Grafik-Tabletts ohne Zeichenhilfe.

Anmerkungen

■ Die wichtigen Editierbefehle befinden sich im Werkzeugkasten **ÄNDERN**. Beim Zeichnen und Konstruieren ist es sinnvoll, diesen Werkzeugkasten eingeblendet zu lassen. Nach der Installation befindet er sich angedockt am linken Rand der Zeichenfläche.

■ Weitere Editierbefehle sind im Werkzeugkasten **ÄNDERN II** zu finden.

- Alle Editierbefehle beginnen mit der Objektwahl, deshalb ist sie am Anfang dieses Kapitels ausführlich beschrieben (→ 4.1).
- Verschiedene Editierfunktionen lassen sich ohne lange Objektwahl auch mit den Griffen ausführen. Auch dies ist am Anfang dieses Kapitels beschrieben (→ 4.2).

4.1 Die Objektwahl

Alle Editierbefehle erfordern eine Objektwahl. Damit werden die Zeichnungsobjekte ausgewählt, auf die der Befehl angewendet werden soll. Man bezeichnet diese in AutoCAD auch als Auswahlsatz. Bei den meisten Bildschirmen wird der Auswahlsatz hervorgehoben (hell, gepunktet oder gestrichelt) dargestellt.

Ausführung: Objektwahl

Die Objektwahl erfolgt immer nach dem gleichen Ablauf.

■ **Befehlsanfrage:**

```
Objekte wählen:
```

Das Fadenkreuz am Bildschirm verschwindet, die sogenannte **Pickbox** (ein kleines Viereck) erscheint, die ebenfalls mit dem Zeigegerät positioniert werden kann. Die Anfrage wird so lange wiederholt, bis der Auswahlvorgang mit ⏎ beendet wird.

■ **Optionen zur Auswahl aktivieren**
 ◆ Auf der Tastatur eingeben.

■ **Optionen**

PICKEN : Das Objekt, das mit der Pickbox angeklickt wird, kommt in den Auswahlsatz (→ Abbildung 4.1, a). Breite Polylinien und Flächen müssen am Rand gewählt werden. Wird ins Leere gepickt, wird auf die Fenstereingabe umgeschaltet. Ein Fenster lässt sich durch zwei diagonale Eckpunkte festlegen.

F (FENSTER): Wird das Fenster von links nach rechts aufgezogen, entspricht dies der Option F (FENSTER). Alle Elemente, die vollständig im Fenster eingeschlossen sind, kommen in den Auswahlsatz (→ Abbildung 4.1, b).

K (KREUZEN): Wird das Fenster von rechts nach links aufgezogen, entspricht es der Option K (KREUZEN). Alle Elemente, die vollständig oder auch nur teilweise im Fenster eingeschlossen sind, kommen in den Auswahlsatz (→ Abbildung 4.1, c).

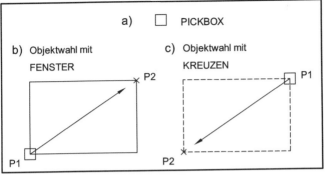

Abbildung 4.1: Objektwahlmethoden 1

WAHL ÜBEREINANDERLIEGENDER OBJEKTE: Liegen Objekte übereinander, lässt sich mit der Pickbox immer nur eines wählen. Wird aber beim Picken die Taste [Strg] gedrückt, wird ein Objekt markiert und angezeigt:

```
Objekte wählen <Zyklus ein>:
```

Weiteres Betätigen der Pick-Taste auf den Objekten markiert die Objekte nacheinander. Mit ⏎ wird das markierte gewählt.

```
<Zyklus aus> 1 gefunden
```

■ Spezielle Auswahlmethoden

Für die meisten aller Fälle reichen die oben beschriebenen Objektwahlmethoden aus. Für spezielle, komplizierte Editieroperationen gibt es aber noch eine ganze Reihe spezieller Methoden:

Z (ZAUN): Alle Objekte, die von einer Zaunlinie geschnitten werden, werden ausgewählt (→ Abbildung 4.2, a). Die Zaunlinie kann wie beim Befehl **LINIE** erstellt werden.

KP (KPOLYGON): Alle Objekte, die sich innerhalb eines Polygons befinden oder von diesem geschnitten werden, werden ausgewählt (→ Abbildung 4.2, b).

FP (FPOLYGON): Alle Objekte, die sich innerhalb eines Polygons befinden, werden ausgewählt (→ Abbildung 4.2, c).

E (ENTFERNEN): Schaltet in den Modus zum Entfernen von Objekten um. Danach können mit allen Optionen bereits gewählte Objekte nochmal ausgewählt werden, um sie wieder aus dem Auswahlsatz zu entfernen.

Objekte entfernen:

H (HINZUFÜGEN): Schaltet vom Modus **ENTFERNEN** wieder in den ursprünglichen Modus zum Hinzufügen von Objekten zurück.

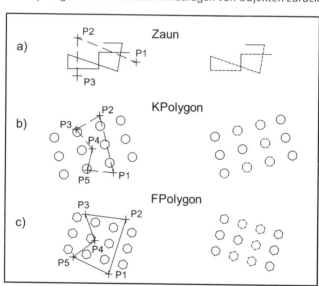

Abbildung 4.2: Objektwahlmethoden 2

ALLE: Auswahl aller Objekte der Zeichnung.
L (LETZTES): Nimmt das zuletzt gezeichnete Element in den Auswahlsatz auf.
EI (EINZEL): Die Objektwahl wird nach einer Eingabe beendet.
G (GRUPPE): Wählt alle Objekte einer Gruppe (→ 7.6):

```
Objekte wählen: G
Gruppenname eingeben:
```

M (MEHRERE): Es können mehrere Objekte gewählt werden, ohne dass sie markiert werden. Dadurch kann die Auswahl bei großen Zeichnungen beschleunigt werden.
V (VORHER): Derselbe Auswahlsatz wie bei der letzten Objektwahl wird wieder gewählt.
ZU (ZURÜCK): Entfernt das zuletzt gewählte Element aus dem Auswahlsatz (mehrfach möglich).
⏎ oder [Leertaste]: Beendet den Auswahlvorgang.

Anmerkung

- Wenn bei der Objektwahl die ⇧-Taste gedrückt wird, können so lange Objekte aus dem Auswahlsatz entfernt werden, wie die Taste gedrückt bleibt. Auch ein Auswahlfenster kann dabei aufgezogen werden. In diesem Fall muß nicht extra die Option **ENTFERNEN** gewählt werden.

Ausführung: Einstellung der Objektwahl, Befehl OPTIONEN

Mit dem Befehl **OPTIONEN** können die Systemvariablen für die Objektwahl und die Größe der Pickbox in einem Register des Dialogfelds eingestellt werden (→ Abbildung 4.3).

- Befehl **OPTIONEN** auswählen
  - Abrollmenü **WERKZEUGE, OPTIONEN...**
  - Tablettfeld **Y10**

Die Einstellungen für die Objektwahl und die Griffe (→ 4.2) werden im Register **AUSWAHL** vorgenommen.

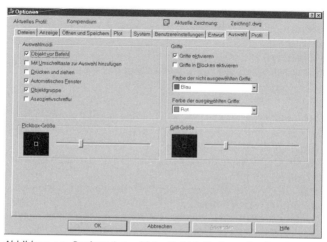

Abbildung 4.3: Register Auswahl des Befehls Optionen für die Objektwahl

FOLGENDE EINSTELLUNGEN SIND MÖGLICH:

OBJEKT VOR BEFEHL: Ist dieser Schalter ein, wird die Systemvariable **PICKFIRST** auf 1 gesetzt. Damit lassen sich die Objekte für die Editierung vor der eigentlichen Befehlswahl anwählen. Beim Aufruf eines Editierbefehls wird der zuvor gewählte Auswahlsatz ohne weitere Anfrage übernommen. Ist nichts gewählt, erscheint die Objektwahlanfrage. Ein Auswahlsatz wird mit zweimaligem Betätigen der Taste `Esc` entfernt.

MIT UMSCHALTTASTE HINZUFÜGEN: Mit diesem Schalter wird die Systemvariable **PICKADD** auf 1 gesetzt. Ist sie auf 0, kann immer nur ein Objekt gewählt werden. Jede weitere Wahl ersetzt das bereits gewählte. Ist die Systemvariable **PICKADD** dagegen auf 1 gesetzt, werden zusätzlich gewählte Objekte zum Auswahlsatz addiert.

DRÜCKEN UND ZIEHEN: Dieser Schalter setzt die Systemvariable **PICKDRAG** auf 1. Die automatische Umschaltung zu den Optionen **FENSTER** bzw. **KREUZEN** wird nur aktiviert, wenn die Maustaste beim Aufziehen des Fensters festgehalten wird. Ist sie auf 0 gesetzt, wird die automatische Auswahl immer verwendet.

AUTOMATISCHES FENSTER: Dieser Schalter setzt die Systemvariable PICKAUTO auf 1. Ist sie auf 1 gesetzt, wird die automatische Umschaltung zu den Optionen **FENSTER** bzw. **KREUZEN** aktiviert. Ist sie dagegen auf 0 gesetzt und man klickt mit der Pickbox ins Leere, wird nicht auf ein Fenster umgeschaltet.

OBJEKTGRUPPE: Ist dieser Schalter auf 1 gesetzt, wird bei der Anwahl eines Objektes einer Gruppe (→ 7.6) die ganze Gruppe gewählt. Ist der Schalter aus, können die einzelnen Objekte gewählt werden. Die Objektwahl **G (GRUPPE)**, bei der eine Gruppe per Namen gewählt werden kann, funktioniert bei beiden Einstellungen.

ASSOZIATIVSCHRAFFUR: Ist dieser Schalter ein, wird bei der Anwahl einer Schraffur die Schraffurgrenze mitgewählt. Ist er aus, kann die Schraffur unabhängig von der Schraffurgrenze gewählt werden.

GRÖSSE DER PICKBOX: Einstellung der Pickboxgröße.

4.2 Objektgriffe

Mit den Objektgriffen lassen sich Objekte der Zeichnung strecken, schieben, kopieren, drehen, skalieren oder spiegeln ohne, wie ansonsten üblich, vorher einen Befehl anzuwählen. Dabei werden automatisch Objektfangfunktionen wie Endpunkt, Mittelpunkt Quadrant und Zentrum (→ 2.1) verwendet. Um mit den Objektgriffen arbeiten zu können, muss die Systemvariable GRIPS den Wert 1 haben.

Ausführung: Editierung mit Objektgriffen

Objektgriffe erscheinen immer dann, wenn beim Befehlsprompt ohne Auswahl eines Befehls ein Objekt angepickt wird. Griffe sind quadratische farbige Markierungen an den Enden bzw. an den Geometriepunkten. Folgende Varianten werden unterschieden:

- **Kalte Griffe:**
  Kalte Griffe befinden sich an Objekten, die angewählt wurden, aber nicht mehr hervorgehoben sind. Das Objekt kann nicht verändert werden, aber die Griffe können bei Editieroperationen als Fangpunkte verwendet werden. Werden Objekte mit warmen Griffen mit gedrückter Umschalttaste angeklickt, werden sie in kalte Griffe umgewandelt (→ Abbildung 4.4, a).

- **Warme Griffe:**
  Warme Griffe befinden sich an Objekten, die angewählt wurden und hervorgehoben sind. Das Objekt kann verändert werden, und die Griffe können bei Editieroperationen als Fangpunkte verwendet werden (→ Abbildung 4.4, a).

- **Heiße Griffe:**
  Wird ein Griff anklickt, wird er zum heißen Griff. Er verändert seine Farbe (→ Abbildung 4.4, b) und die Anfrage erscheint:

  ```
  **STRECKEN**
  Streckpunkt angeben oder [BAsispunkt/Kopieren/Zurück/Exit]:
  ```

  Jetzt kann das Objekt bzw. können die Objekte bearbeitet werden.

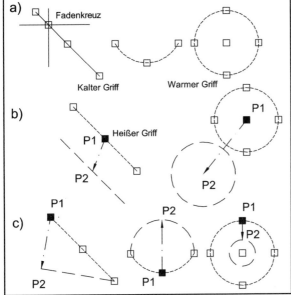

Abbildung 4.4: Objektgriffe

STRECKEN: Wird keine weitere Option gewählt, kann der Griff verschoben bzw. gestreckt werden. Ist der Griff beispielsweise am Endpunkt einer Linie, wird sie gestreckt, ist er am Mittelpunkt eines Bogens, wird der Bogen verändert, ist er am Quadrantenpunkt eines Kreises, wird der Kreisradius verändert, ist er am Mittelpunkt einer Linie oder am Zentrumspunkt eines Kreises, wird das Objekt verschoben (→ Abbildung 4.4, b und c).

BA (BAsispunkt): Wird diese Unteroption gewählt, kann der Verschiebungsvektor mit zwei Punkten (Ausgangpunkt und Zielpunkt) verschoben werden.

K (KOPIEREN): Mit dieser Unteroption werden Kopien im Wiederholmodus erzeugt. Ist der heiße Griff ein Endpunkt, können die Kopien auch gedreht werden.

⏎: Durch Betätigung der ⏎-Taste können die weiteren Editierfunktionen der Reihe nach aktiviert werden.

```
**SCHIEBEN**
Punkt für Verschieben angeben oder
[BAsispunkt/Kopieren/Zurück/Exit]:

**DREHEN**
Drehwinkel angeben oder
[BAsispunkt/Kopieren/Zurück/BEzug/Exit]:

**SKALIEREN**
Skalierfaktor angeben oder
[BAsispunkt/Kopieren/Zurück/BEzug/Exit]:

**SPIEGELN**
Zweiten Punkt angeben oder
[BAsispunkt/Kopieren/Zurück/Exit]:
```

Anmerkungen

- Bei allen Funktionen lassen sich Griffe als Fangpunkte verwenden. Heiße Griffe rasten auf diese Punkte ein.
- Befinden sich mehrere Objekte am gleichen Griff, können diese auch gemeinsam bearbeitet werden.
- Ist ein heißer Griff aktiviert worden, kann mit der rechten Maustaste ein Pop-up-Menü am Fadenkreuz eingeblendet werden (→ Abbildung 4.5). Alle oben beschriebenen Bearbeitungsfunktionen lassen sich auch daraus wählen.

Abbildung 4.5: Pop-up-Menü für die Griff-Funktionen

Ausführung: Einstellung der Griffe, Befehl OPTIONEN

Mit dem Befehl **OPTIONEN** lassen sich auch die Griffe einschalten sowie Farben und Größe der Griffe in einem Register einstellen (→ Abbildung 4.6).

- **Befehl DDGRIPS auswählen**
  - ◆ Abrollmenü **WERKZEUGE, OPTIONEN...**
  - ◆ Tablettfeld **X10**

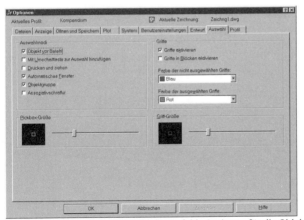

Abbildung 4.6: Register Auswahl des Befehls Optionen für die Objektgriffe

Folgende Einstellmöglichkeiten stehen zur Verfügung:

GRIFFE AKTIVIEREN: Griffe ein- und ausschalten.

GRIFFE IN BLÖCKEN AKTIVIEREN: Zusätzlich kann angegeben werden, ob die einzelnen Objekte innerhalb eines Blocks (→ 7.1) Griffe annehmen (Schalter ein) sollen oder der Block nur einen Griff am Einfügepunkt haben soll.

GRIFF-FARBEN: Einstellung der Farben für Griffe.

GRIFF-GRÖSSE: Einstellung der Griff-Größe.

4.3 Löschen und Kopieren von Objekten

Ausführung: Befehl LÖSCHEN

Der Befehl **LÖSCHEN** entfernt Objekte aus der Zeichnung.

- **Befehl LÖSCHEN auswählen**
  - ◆ Abrollmenü **ÄNDERN, LÖSCHEN**
  - ◆ Abrollmenü **BEARBEITEN, LÖSCHEN**
  - ◆ Tablettfeld **V14**
  - ◆ Symbol im Werkzeugkasten **ÄNDERN**

- **Befehlsanfrage:**

```
Befehl: LÖSCHEN
Objekte wählen:
```

Nachdem die Objektwahl (→ 4.1) mit ⏎ beendet wurde, werden die ausgewählten Objekte entfernt.

Anmerkung

- Objekte, die gelöscht werden sollen, können auch ohne Befehl angeklickt werden. Wenn die Objekte Griffe haben, reicht es aus, die Taste `Entf` zu drücken, und die Objekte werden gelöscht.

Ausführung: Befehl HOPPLA

Der Befehl **HOPPLA** bringt irrtümlich gelöschte Objekte wieder zurück. Damit kann nur die letzte Löschung aufgehoben werden.

- **Befehl HOPPLA auswählen**
  - ◆ Auf der Tastatur eingeben
- **Befehlsanfrage:**

```
Befehl: Hoppla
```

Anmerkung

- Der Befehl kann nur die letzte Löschung aufheben. Er lässt sich nicht mehrmals hintereinander anwenden.

Ausführung: Befehl KOPIEREN

Der Befehl **KOPIEREN** dupliziert Objekte der Zeichnung. Damit lassen sich Objekte in der Zeichnung ein- oder mehrfach kopieren.

- Befehl **KOPIEREN** auswählen
  - ◆ Abrollmenü **ÄNDERN, KOPIEREN**
  - ◆ Tablettfeld **V15**
  - ◆ Symbol im Werkzeugkasten **ÄNDERN**
- **Befehlsanfrage:**

```
Befehl: KOPIEREN
Objekte wählen:
Basispunkt oder Verschiebung angeben oder [Mehrfach]:
Zweiten Punkt der Verschiebung angeben
oder <ersten Punkt der Verschiebung verwenden>:
```

Nach der Objektwahl sind ein Basispunkt und ein zweiter Punkt zu bestimmen. Die ausgewählten Objekte werden um den Abstand und die Richtung dieser beiden Punkte verschoben (→ Abbildung 4.7, a). Die beiden Punkte müssen nicht auf dem zu kopierenden Objekt liegen. Es kann eine beliebige Distanz in der Zeichnung gewählt werden. Wird der zweite Punkt mit ⏎ beantwortet, wird der erste Punkt als absoluter Verschiebungswert interpretiert.

Bei der ersten Anfrage ist eine weitere Option möglich:

M (MEHRFACH): Die Anwahl dieser Option aktiviert den Mehrfachmodus. Der Basispunkt wird erneut angefragt und weitere Punkte im Wiederholmodus. Jede Eingabe erzeugt eine Kopie. ⏎ beendet den Vorgang (→ Abbildung 4.7, b und c).

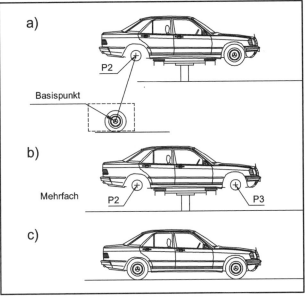

Abbildung 4.7: Beispiele zum Befehl Kopieren

4.4 Ändern der Objektanordnung

Die Anordnung von Objekten in der Zeichnung lässt sich auf unterschiedliche Arten verändern.

Ausführung: Befehl AUSRICHTEN

Mit dem Befehl AUSRICHTEN lassen sich 2D- und 3D-Objekte mit einem, zwei oder drei Ausrichtepunkten zweidimensional oder frei im Raum an anderen Körpern oder Zielpunkten positionieren. Der Befehl kombiniert die Befehle SCHIEBEN, DREHEN und 3DDREHEN.

■ Befehl AUSRICHTEN auswählen
  ◆ Abrollmenü ÄNDERN, 3D OPERATION >, AUSRICHTEN
  ◆ Tablettfeld X14
■ Befehlsanfrage:

```
Befehl: AUSRICHTEN
Objekte wählen:
Ersten Ursprungspunkt angeben:
Ersten Zielpunkt angeben:
Zweiten Ursprungspunkt angeben:
Zweiten Zielpunkt angeben:
Dritten Ursprungspunkt angeben oder <weiter>:
Dritten Zielpunkt angeben:
```

Anmerkungen

■ Wird nur ein Punktepaar eingegeben, wird eine Verschiebung ohne Drehung ausgeführt.
■ Werden zwei Punktepaare eingegeben, wird eine Verschiebung und Drehung im aktuellen BKS ausgeführt (→ Abbildung 4.8, a).
■ Die Anfrage nach dem dritten Ursprungspunkt wird dann mit ⏎ beantwortet. In diesem Fall wird eine weitere Anfrage gestellt.

```
Objekte anhand von Ausrichtepunkten skalieren?
[Ja/Nein] <N>:
```

Das ausgerichtete Objekt kann so skaliert werden, dass es zwischen die Ausrichtepunkte passt (→ Abbildung 4.8, b).
■ Mit drei Punktepaaren wird eine 3D-Bewegung definiert. Der erste Ursprungspunkt wird an den ersten Zielpunkt geschoben, der

zweite Ursprungspunkt an den zweiten Zielpunkt und der dritte an den dritten Zielpunkt (→ Abbildung 4.8, c).

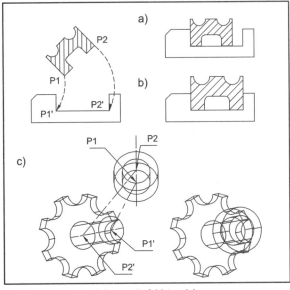

Abbildung 4.8: Beispiele zum Befehl Ausrichten

Ausführung: Befehl DREHEN

Der Befehl **DREHEN** dient dazu, einen Satz von Objekten um einen Basispunkt in der XY-Ebene zu drehen.

- **Befehl DREHEN auswählen**
  - Abrollmenü **ÄNDERN, DREHEN**
  - Tablettfeld **V20**
  - Symbol im Werkzeugkasten **ÄNDERN**

■ Befehlsanfrage:

```
Befehl: DREHEN
Aktueller positiver Winkel in BKS:
ANGDIR=gegen den Uhrzeigersinn   ANGBASE=0
Objekte wählen:
Basispunkt angeben:
Drehwinkel angeben oder [Bezug]:
```

Die erste Meldung gibt die Winkelmessrichtung und die aktuelle 0°-Richtung an. Danach erfolgt die Objektwahl. Dann wird ein Basispunkt (der Drehpunkt) verlangt. Es kann ein Bezugspunkt auf dem Objekt oder ein beliebiger Punkt in der Zeichnung sein. Danach wird der Drehwinkel als Wert eingegeben oder mit dem Fadenkreuz bestimmt (→ Abbildung 4.9, a).

B (BEZUG): Bei der Option **BEZUG** wird ein relativer Winkel festgelegt. Dazu sind weitere Angaben erforderlich.

```
<Drehwinkel>/Bezug: B
Bezugswinkel angeben <0>:
Neuen Winkel angeben:
```

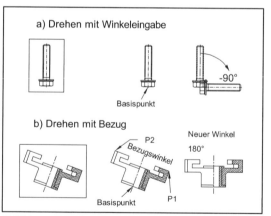

Abbildung 4.9: Beispiele zum Befehl Drehen

Der bisherige Winkel (Bezugswinkel) und ein neuer Winkel werden angefragt. Die Drehung erfolgt um die Differenz der Winkel. Der Bezugswinkel kann mit zwei Punkten in der Zeichnung angegeben werden (→ Abbildung 4.9, b).

Ausführung: Befehl 3DDREHEN

Während der Befehl **DREHEN** nur in der XY-Ebene arbeitet, kann mit dem Befehl **3DDREHEN** um eine beliebige Achse gedreht werden.

■ **Befehl 3DDREHEN auswählen**
- Abrollmenü **ÄNDERN, 3D OPERATION, 3D DREHEN**
- Tablettfeld **W22**

■ **Befehlsanfrage:**
```
Befehl: DREHEN3D
Aktueller positiver Winkel: ANGDIR=Gegen den Uhrzeigersinn
ANGBASE=0
Objekte wählen:
Ersten Punkt auf Achse angeben oder Achse definieren nach
[Objekt/Letztes/Ansicht/X-achse/Y-achse/Z-achse/2Punkte]:
Zweiten Achsenpunkt angeben:
Drehwinkel angeben oder [Bezug]:
```

Zunächst wird wieder der Status angezeigt (→ oben Befehl **DREHEN**) und danach werden die Objekte abgefragt. Bei der Festlegung der Drehachse gibt es verschiedene Optionen.

■ **Optionen:**
O (OBJEKT): Wahl eines Objekts als Drehachse.
L (LETZTES): Verwendung der zuletzt benutzten Drehachse.
A (ANSICHT): Drehachse senkrecht zur Ansichtsrichtung und durch einen gewählten Punkt.
X/Y/Z (X-ACHSE, Y-ACHSE, Z-ACHSE): Drehachse parallel zu einer der Koordinatenachsen und durch einen gewählten Punkt.
⏎ **für 2PUNKTE:** Drehachse durch 2 Punkte definiert.

Anmerkungen

- Nachdem die Achse festliegt, wird der Drehwinkel angefragt.
- Wie beim Befehl **DREHEN** (→ oben) kann auch hier die Option **BEZUG** verwendet werden.

Ausführung: Befehl SCHIEBEN

Der Befehl **SCHIEBEN** dient dazu, einen Satz von Objekten um eine bestimmte Distanz zu verschieben.

- **Befehl SCHIEBEN auswählen**
    - Abrollmenü **ÄNDERN**, **SCHIEBEN**
    - Tablettfeld **V19**
    - Symbol im Werkzeugkasten **ÄNDERN**
- **Befehlsanfrage:**

```
Befehl: SCHIEBEN
Objekte wählen:
Basispunkt oder Verschiebung:
Zweiter Punkt:
```

Nach der Objektwahl gibt es zwei Möglichkeiten, die Verschiebung zu bestimmen:

- Zwei Punkte werden mit Koordinaten (absolut oder relativ), mit einem Abstand oder mit dem Zeigegerät eingegeben. Die gewählten Objekte werden um diese Distanz verschoben.
- Ein Verschiebungswert wird in Koordinaten auf die erste Anfrage eingegeben, die zweite wird mit ⏎ beantwortet.

Beim Beispiel in Abbildung 4.10 sind deshalb beide Eingabearten möglich, zwei Punkte oder Verschiebung.

```
Basispunkt oder Verschiebung: 50,50
Zweiter Punkt: @20,20

Basispunkt oder Verschiebung: 20,20
Zweiter Punkt: ⏎
```

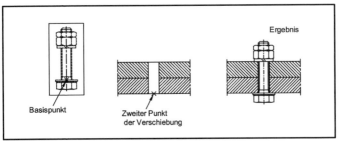

Abbildung 4.10: Beispiel zum Befehl Schieben

Ausführung: Befehl SPIEGELN

Der Befehl **SPIEGELN** dient dazu, einen Satz von Objekten um eine Achse in der XY-Ebene zu spiegeln.

- **Befehl SPIEGELN auswählen**
  - ◆ Abrollmenü **ÄNDERN, SPIEGELN**
  - ◆ Tablettfeld **V16**
  - ◆ Symbol im Werkzeugkasten **ÄNDERN**

- **Befehlsanfrage:**

```
Befehl: SPIEGELN
Objekte wählen:
Ersten Punkt der Spiegelachse angeben:
Zweiten Punkt der Spiegelachse angeben:
Quellobjekte löschen? [Ja/Nein] <N>:
```

Nach der Objektwahl wird eine Spiegelachse durch zwei Punkte abgefragt. Ob nur das Spiegelbild gewünscht wird oder auch das Quellobjekt, wird bei der letzten Anfrage entschieden.

Anmerkungen

- Hat die Systemvariable **MIRRTEXT** den Wert 0, werden Texte (→ 5.8) und Attribute (→ 7.2) nicht mitgespiegelt, hat sie den Wert 1, dann werden sie mitgespiegelt.
- Texte in Blöcken (→ 7.1) werden immer mitgespiegelt.

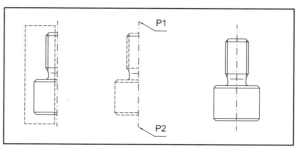

Abbildung 4.11: Beispiele zum Befehl Spiegeln

4.4 Ausführung: Befehl 3DSPIEGELN

Während der Befehl **SPIEGELN** nur in der aktuellen XY-Ebene spiegelt, lassen sich mit dem Befehl **3DSPIEGELN** gewählte Objekte an einer beliebigen Ebene im Raum spiegeln.

■ **Befehl 3DSPIEGELN auswählen**
- Abrollmenü **ÄNDERN**, **3D OPERATION**, **3D SPIEGELN**
- Tablettfeld **W21**

■ **Befehlsanfrage:**

```
Befehl: 3DSPIEGELN
Ersten Punkt auf Spiegelebene (3 Punkte) angeben oder [Objekt/Letztes/Z-achse/Ansicht/XY/YZ/ZX/3Punkte] <3Punkte>:
Zweiten Punkt auf Spiegelebene angeben:
Dritten Punkt auf Spiegelebene angeben:
Quellobjekte löschen? [Ja/Nein] <N>:
```

Bei der Festlegung der Spiegelachse stehen die folgenden Optionen zu Auswahl.

■ **Optionen:**

O (OBJEKT): Wahl eines Kreises, eines Objekts als Spiegelebene.
L (LETZTES): Verwendung der zuletzt benutzten Ebene.
Z (Z-ACHSE): Spiegelebene aus zwei Punkten. Der erste ist ein Punkt in der Ebene, und der zweite gibt die Richtung der Normalen (Z-Achse) dieser Ebene.

A (Ansicht): Spiegelebene senkrecht zur Ansichtsrichtung des Betrachters und durch einen gewählten Punkt.

XY/YZ/XZ: Spiegelebene parallel zu einer der angegebenen Flächen und durch einen gewählten Punkt.

⊟ **für 3Punkte:** Spiegelebene durch drei Punkte definiert.

Wie beim Befehl **Spiegeln** (→ oben) können auch hier die Quellobjekte gelöscht oder beibehalten werden.

Ausführung: Befehl Varia

Der Befehl **Varia** dient dazu, Objekte im Maßstab zu verändern.

■ **Befehl Varia auswählen**
   ◆ Abrollmenü **Ändern, Varia**
   ◆ Tablettfeld **V21**
   ◆ Symbol im Werkzeugkasten **Ändern**

■ **Befehlsanfrage:**

```
Befehl: VARIA
Objekte wählen:
Basispunkt angeben:
Skalierfaktor angeben oder [Bezug]:
```

Nach der Objektwahl ist ein Basispunkt erforderlich. Es kann ein geometrischer Bezugspunkt des Objekts oder ein beliebiger Punkt sein. Danach wird der Skalierfaktor eingegeben.

B (Bezug): In diesem Fall weden eine Bezugslänge und die neue Länge eingegeben, das Berechnen des Faktors entfällt.

```
Skalierfaktor angeben oder [Bezug]: B
Bezugslänge angeben <1>:
Neue Länge angeben:
```

Die Bezugslänge und alle anderen gewählten Objekte werden entsprechend der Bezugslänge verändert. Die Bezugslänge kann durch Eingabe von zwei Punkten in der Zeichnung festgelegt werden.

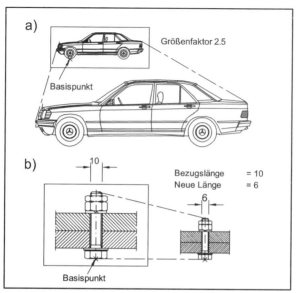

Abbildung 4.12: Beispiele zum Befehl Varia

4.5 Ändern der Objektgeometrie

Eine ganze Reihe von Editierbefehlen dient dazu, die Geometrie bestehender Objekte zu verändern.

Ausführung: Befehl ABRUNDEN

Mit dem Befehl **ABRUNDEN** lassen sich zwei Linien, Kreise, Bögen oder zwei Liniensegmente einer Polylinie mit einem Kreisbogen im vorgegebenen Radius verbinden. Außerdem lassen sich Kanten von Volumenkörpern abrunden (→ 3.8).

- Befehl ABRUNDEN auswählen
    - ◆ Abrollmenü **ÄNDERN, ABRUNDEN**
    - ◆ Tablettfelder **W19**
    - ◆ Symbol im Werkzeugkasten **ÄNDERN**

- Befehlsanfrage:

```
Befehl: ABRUNDEN
Aktuelle Einstellungen: Modus = STUTZEN, Radius = 0.5000
Erstes Objekt wählen oder [Polylinie/Radius/Stutzen]:
Zweites Objekt wählen:
```

Zunächst werden der eingestellte Radius und der Modus für die Abrundung angezeigt.

- Optionen für 2D-Objekte:

ZWEI OBJEKTE WÄHLEN: Zwei Linien, Kreise, Bögen oder Liniensegmente einer Polylinie können mit der Pickbox ausgewählt werden. Die Linien werden bis zum gemeinsamen Schnittpunkt verlängert bzw. am gemeinsamen Schnittpunkt gestutzt und mit einem Bogen mit dem voreingestellten Radius versehen. Ist der Stutzen-Modus ein, werden die ursprünglichen Objekte am Beginn des Radius gestutzt. Ist der Nicht-Stutzen-Modus ein, bleiben die Objekte unverändert (→ Abbildung 4.13, a und b).

P (POLYLINIE): Abrundung einer kompletten Polylinie. Nachdem die Polylinie gewählt wurde, wird jeder Scheitelpunkt, an dem Liniensegmente zusammentreffen, mit dem Radius verrundet.

R (RADIUS): Der eingestellte Rundungsradius wird angezeigt, und ein neuer kann eingestellt werden.

S (STUTZEN): Einstellung des Stutzen-Modus.

- **Optionen für Volumenkörper:**
  Wurde ein **Volumenkörper** angewählt, kann eine Kante oder eine ganze Kette von Kanten abgerundet werden (→ Abb. 4.13, c).

```
Erstes Objekt wählen oder [Polylinie/Radius/Stutzen]: Kante
eines Volumenkörpers
Rundungsradius eingeben <0.5000>:
Kante wählen oder [Kette/Radius]:
```

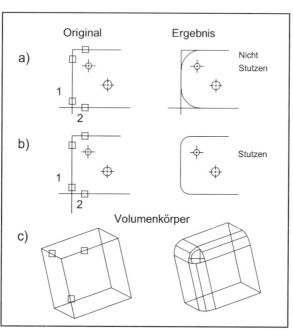

Abbildung 4.13: Beispiele zum Befehl Abrunden

Der Befehl schaltet automatisch auf die Radiuseingabe um. Der eingestellte Radius kann bestätigt oder neu eingegeben werden. Danach stehen weitere Optionen zur Auswahl:

Kante wählen: Kante eines Volumenkörpers abrunden.
R (Radius): Änderung des eingestellten Radius.
KE (Kette): Wahl einer Kante. Alle Kanten des Volumenkörpers, die mit dieser verkettet sind, werden abgerundet. Weitere Kanten oder Ketten können dazu gewählt werden.

Ausführung: Befehl Bruch

Mit dem Befehl **Bruch** lässt sich eine Linie, ein Kreisbogen oder eine 2D-Polylinie trennen oder ein Teilstück daraus löschen.

- **Befehl Bruch auswählen**
    - Abrollmenü **Ändern, Bruch**
    - Tablettfelder **W17**
    - Symbol im Werkzeugkasten **Ändern**

- **Befehlsanfrage:**

```
Befehl: BRUCH
Objekte wählen:
Zweiten Brechpunkt oder [Erster Punkt] angeben:
```

Es wird davon ausgegangen, dass das zu brechende Objekt bei der Objektwahl schon am Bruchpunkt angewählt wird. Danach ist nur noch der zweite Punkt erforderlich. Wurde bei der Objektwahl nicht auf den ersten Bruchpunkt gezeigt, wiederholt die Option **E (Erster Punkt)** die Anfrage des ersten Punktes. Anschließend kommt wieder die Frage nach dem zweiten Punkt.

- Abbildung 4.14, a: Das Objekt wird an P1 gepickt, P2 liegt links vom Linienende. Der Teil links von P1 wird gelöscht.
- Abbildung 4.14, b: Wird für den zweiten Punkt @ eingegeben, liegen die Punkte aufeinander. Das Objekt wird geteilt.
- Abbildung 4.14, c und d: Nach der Objektwahl wird mit der Option E der erste Punkt neu bestimmt.
- Abbildung 4.14, e: Aus einem Kreis wird im Gegenuhrzeigersinn von P1 nach P2 herausgelöscht.
- Abbildung 4.14, f: Bögen können ebenfalls im Uhrzeigersinn aufgebrochen werden.

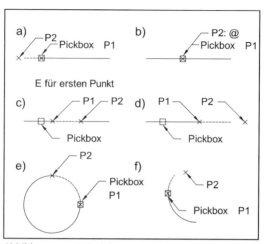

Abbildung 4.14: Beispiele zum Befehl Bruch

Ausführung: Befehl DEHNEN

Mit dem Befehl **DEHNEN** werden Zeichnungsobjekte bis zu einer wählbaren Grenzkante verlängert.

- **Befehl DEHNEN auswählen**
  - ◆ Abrollmenü **ÄNDERN, DEHNEN**
  - ◆ Tablettfelder **W16**
  - ◆ Symbol im Werkzeugkasten **ÄNDERN**

- **Befehlsanfrage:**

```
Befehl: DEHNEN
Aktuelle Einstellungen: Projektion=BKS Kante=Keine
Grenzkanten wählen ...
Objekte wählen:
Objekt wählen, das gedehnt werden soll, oder
[Projektion/Kante/ZUrück]:
```

Die Grenzkante ist die Kante, bis zu der die Objekte verlängert werden sollen. Mehrere Grenzkanten sind möglich. ⏎ beendet die Auswahl. Die Grundeinstellungen werden angezeigt. Danach werden die Objekte an der Seite gewählt, an der sie gedehnt werden sollen. Sie werden bis zur Grenzkante hin verlängert.

■ **Optionen:**

P (PROJEKTION): Es lassen sich auch Objekte dehnen, die sich auf anderen Höhen befinden als die Grenzkante. Mit dem Projektionsmodus wird gewählt, ob das Maß für die Dehnung durch Projektion der Objekte auf das aktuelle BKS oder auf die Ansicht ermittelt werden soll.

K (KANTE): Es kann gewählt werden, ob die Kante bis zu einem Schnittpunkt mit den zu dehnenden Objekten verlängert werden soll oder nicht (→ Abbildung 4.15).

ZU (ZURÜCK): Nimmt die letzte Dehnung zurück.

Anmerkungen

■ Wird keine Grenzkante eingegeben, stattdessen diese Anfrage mit ⏎ beantwortet, werden die zu dehnenden Objekte bis zur nächsten Kante gedehnt, auf die sie in ihrer Richtung treffen.

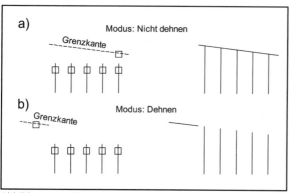

Abbildung 4.15: Beispiele zum Befehl Dehnen

■ Es können mehrere Grenzkanten und zu dehnende Objekte in einem Befehl gewählt werden.
■ Ein Objekt kann Grenzkante und zu dehnendes Objekt sein.

Ausführung: Befehl FASE

Der Befehl **FASE** ist dem Befehl **ABRUNDEN** (→ oben) sehr ähnlich. Bei diesem Befehl werden zwei Linien oder Liniensegmente einer 2D-Polylinie mit einer Fase versehen. Außerdem lassen sich Kanten von Volumenkörpern (→ 3.8) fasen.

- **Befehl FASE auswählen**
    - Abrollmenü **ÄNDERN, FASEN**
    - Tablettfelder **W18**
    - Symbol im Werkzeugkasten **ÄNDERN**

- **Befehlsanfrage:**

```
Befehl: FASE
(STUTZEN-Modus) Gegenwärtiger Fasenabst1 = 0.00,
Abst2 = 0.00
Erste Linie wählen oder [Polylinie/
Abstand/Winkel/Stutzen/Methode]:
Zweite Linie wählen:
```

Zunächst werden die eingestellten Werte und der Modus für die Fase angezeigt.

- **Optionen für 2D-Objekte:**

ZWEI OBJEKTE WÄHLEN: Zwei Linien oder Liniensegmente einer Polylinie können mit der Pickbox ausgewählt werden. Die Linien werden bis zum gemeinsamen Schnittpunkt verlängert bzw. am gemeinsamen Schnittpunkt gestutzt und mit einer Schräge mit den voreingestellten Werten versehen. Abhängig vom Modus (Stutzen oder nicht Stutzen) bleiben die ursprünglichen Objekte erhalten oder sie werden gestutzt (→ Abb. 4.16, a und b).

P (POLYLINIE): Fasen einer kompletten Polylinie. Jeder Scheitelpunkt wird mit den eingestellten Werten gefast.

A (ABSTAND): Eingabe zweier Fasenabstände. Die bisherigen Werte werden angezeigt. Der erste Fasenabstand wird an der ersten gewählten Linie abgetragen (→ Abbildung 4.16, c).

W (WINKEL): Eingabe eines Fasenabstands und eines Winkels. Die bisherigen Werte werden angezeigt. Der Abstand wird an der ersten gewählten Linie abgetragen und die Fase im vorgebenen Winkel gezeichnet (→ Abbildung 4.16, c).

S (Stutzen): Einstellung, ob die Originalobjekte gestutzt werden sollen oder nicht (→ Abbildung 4.16, a und b).

M (Methode): Einstellung der Methode der Wertangabe. Die Eingabe von Abständen oder eines Abstands und eines Winkels ist möglich (→ Abbildung 4.16, c).

■ **Optionen für Volumenkörper:**
Wurde bei der ersten Auswahl die Kante eines Volumenkörpers angewählt, kann eine Kante oder eine Kontur gefast werden (→ Abbildung 4.16, d):

```
Erste Linie wählen oder [Polylinie/
Abstand/Winkel/Stutzen/Methode]: Kante eines Volumenkör-
pers
Basisflächenauswahl...
Option zur Auswahl von Flächen eingeben
[Nächste/OK (aktuelle)] <OK>:
Basisfläche-Fasenabstand eingeben <0.5000>:
andere Oberfläche-Fasenabstand eingeben <0.5000>:
Kante wählen oder [Kontur]:
```

Eine Fläche, an die die gewählte Kante grenzt, wird ausgewählt. Mit **OK** kann die Auswahl bestätigt, mit der Option **Nächste** die andere Fläche gewählt werden. Danach werden die Fasenabstände abgefragt (Abstand und Winkel nicht möglich). Danach wird gewählt:

Kante wählen: Die Kante des Volumenkörpers wird gefast.

KO (Kontur): Wahl einer Kante. Alle Kanten des Volumenkörpers, die mit dieser verbunden sind, werden gefast. Weitere Kanten oder Konturen können dazu gewählt werden.

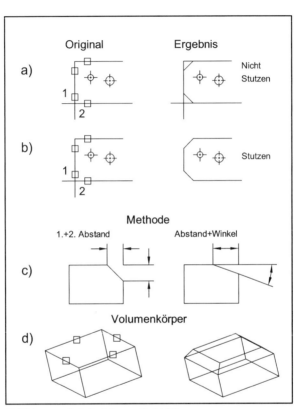

Abbildung 4.16: Beispiele zum Befehl Fase

Ausführung: Befehl LÄNGE

Mit dem Befehl **LÄNGE** kann die Länge von Linien, offenen Polylinien, Bögen, elliptischen Bögen und offenen Splines geändert werden. Außerdem lässt sich der Winkel eines Bogens ändern.

- **Befehl LÄNGE auswählen**
    - Abrollmenü **ÄNDERN, LÄNGE**
    - Tablettfelder **W14**
    - Symbol im Werkzeugkasten **ÄNDERN**
- **Befehlsanfrage:**

```
Befehl: LÄNGE
Objekt wählen oder [DElta/Prozent/Gesamt/DYnamisch]:
```

- **Optionen:**

OBJEKT WÄHLEN: Das Objekt muss an der Seite angewählt werden, an der es geändert werden soll. Bei der Auswahl einer Linie, einer offenen Polylinie, eines elliptischen Bogens oder eines offenen Splines wird die aktuelle Länge angezeigt. Wird dagegen ein Bogen ausgewählt, werden die Länge und der eingeschlossene Winkel angezeigt. Die Optionsliste wird wieder eingeblendet:

DE (DElta): Eingabe einer Längen- oder Winkeldifferenz und danach das zu ändernde Objekt an der Seite anklicken, an der es geändert werden soll.

```
Objekt wählen oder [DElta/Prozent/Gesamt/DYnamisch]: DE
Delta Länge eingeben oder [Winkel] <0.00>: z.B. 6
Zu änderndes Objekt wählen oder [ZUrück]:
```

Wird die Option **WINKEL** bei einem Liniensegment eingegeben, erscheint eine Fehlermeldung.

P (PROZENT): Eingabe einer prozentualen Längen- oder Winkeldifferenz.

G (GESAMT): Eingabe einer neuen Gesamtlänge oder eines neuen Gesamtwinkels.

DY (DYNAMISCH): Dynamische Veränderung der Länge oder des Winkels durch Ziehen mit dem Fadenkreuz.

Ausführung: Befehl MESSEN

Mit dem Befehl **MESSEN** können Markierungspunkte in einem definierten Abstand an einem Objekt angebracht werden.

- **Befehl MESSEN auswählen**
  - ◆ Abrollmenü ZEICHNEN, PUNKT ›, MESSEN
  - ◆ Tablettfelder **V12**
- **Befehlsanfrage:**

```
Befehl: MESSEN
Objekt wählen, das gemessen werden soll:
Segmentlänge angeben oder [Block]:
```

Bei der Objektwahl kann nur ein einzelnes Objekt gewählt werden. Danach wird die Segmentlänge eingegeben.

- **Option:**

  B (BLOCK): Statt eines Markierungspunktes wird an die zu markierenden Stellen ein Block (→ 7.1) eingefügt.

```
Segmentlänge angeben oder [Block]: B
Namen des einzufügenden Blocks eingeben: z.B. Test
Soll der Block mit dem Objekt ausgerichtet werden?
[Ja/Nein] <J>:
Segmentlänge angeben:
```

Der Name des Blocks kann angegeben werden. Bei der Messung eines runden Objekts kann gewählt werden, ob der Block zum Mittelpunkt hin ausgerichtet werden soll oder nicht. Danach erfolgt die Bestimmung der Segmentlänge.

Anmerkungen

- Das Objekt, das gemessen werden soll, wird nicht in Einzelobjekte zerlegt. Es werden lediglich Markierungspunkte in einem definierten Abstand angebracht (→ Abbildung 4.17, a und b).
- Die Punkte lassen sich mit Objektfang **PUNKT** (→ 2.1) fangen.
- Die Segmentlänge ist konstant, am Schluss der Linie bleibt der nicht mehr teilbare Rest übrig.
- Das Symbol, das an der zu markierenden Stelle angebracht wird, ist abhängig von der Einstellung der Punktsymbole (→ 3.1).

- Auch Polylinien lassen sich messen. Begonnen wird am Startpunkt und in der Zeichenrichtung der Polylinie fortgesetzt.

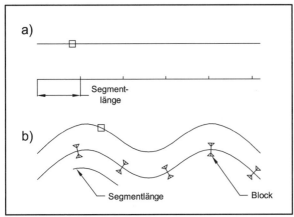

Abbildung 4.17: Beispiele zum Befehl Messen

Ausführung: Befehl STRECKEN

Mit dem Befehl **STRECKEN** kann ein Zeichnungsobjekt verschoben und alle angrenzenden Objekte können mit korrigiert werden.

- **Befehl STRECKEN auswählen**
    - Abrollmenü **ÄNDERN, STRECKEN**
    - Tablettfeld **V22**
    - Symbol im Werkzeugkasten **ÄNDERN**

- **Befehlsanfrage:**

```
Befehl: STRECKEN
Objekte, die gestreckt werden sollen, mit Kreuzen-Fenster
oder Kreuzen-Polygon wählen...
Objekte wählen:
Basispunkt oder Verschiebung angeben:
Zweiten Punkt der Verschiebung angeben:
```

Das Objekt, das verschoben werden soll, und die angrenzenden Objekte werden gewählt. Bei der Objektwahl ist zwar jede Methode möglich. Damit der Befehl aber richtig arbeitet, muss mindestens einmal die Option **K (Kreuzen)** oder **KP (KPolygon)** verwendet werden (Fenster von rechts nach links aufziehen oder Option **K (Kreuzen)** anwählen). Basispunkt und zweiter Punkt legen die Verschiebung fest.

Anmerkungen

- Objekte, die komplett im Kreuzen-Fenster waren, werden ohne Änderung verschoben.
- Objekte, die teilweise vom Fenster erfasst wurden, werden korrigiert. Der Geometriepunkt, der sich im Fenster befindet, wird verschoben, alle anderen an ihrer Position belassen. Die Objekte werden dabei gestreckt bzw. gestaucht (→ Abbildung 4.18).

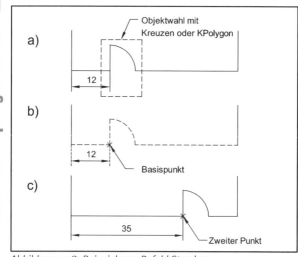

Abbildung 4.18: Beispiel zum Befehl Strecken

Ausführung: Befehl STUTZEN

Der Befehl **STUTZEN** schneidet Zeichnungsobjekte an einer wählbaren Grenzkante ab.

■ Befehl STUTZEN auswählen
  ◆ Abrollmenü **ÄNDERN, STUTZEN**
  ◆ Tablettfelder **W15**
  ◆ Symbol im Werkzeugkasten **ÄNDERN**

■ Befehlsanfrage:

```
Befehl: STUTZEN
Aktuelle Einstellungen: Projektion=BKS Kante=Keine
Schnittkanten wählen ...
Objekte wählen:
Objekt wählen, das gestutzt werden soll, oder
[Projektion/Kante/ZUrück]:
```

Die Schnittkante ist die Kante, an der die Objekte gestutzt werden sollen. Mehrere Schnittkanten sind möglich. ⏎ beendet die Auswahl. Die Einstellungen werden angezeigt. Danach lassen sich die Objekte an der Stelle wählen, an der sie gestutzt werden sollen. Sie werden an der Schnittkante abgetrennt.

■ Optionen:

P (PROJEKTION): Es lassen sich auch Objekte dehnen, die sich auf anderen Höhen befinden als die Grenzkante. Mit dem Projektionsmodus wird gewählt, ob das Maß für die Dehnung durch Projektion der Objekte auf das aktuelle BKS oder auf die aktuelle Ansicht ermittelt werden soll.

K (KANTE): Es kann gewählt werden, ob die Kante bis zu einem Schnittpunkt mit den zu stutzenden Objekten verlängert werden soll oder nicht (→ Abbildung 4.19).

ZU (ZURÜCK): Die Option nimmt das letzte Stutzen zurück.

Anmerkung

■ Wird keine Schnittkante eingegeben, stattdessen diese Anfrage mit ⏎ beantwortet, werden die zu stutzenden Objekte an der nächsten Kante, die sie schneiden, gestutzt.

- Es können mehrere Schnittkanten und zu stutzende Objekte in einem Befehl gewählt werden. Ein Objekt kann Schnittkante und zu stutzendes Objekt sein.

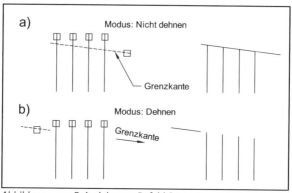

Abbildung 4.19: Beispiele zum Befehl Stutzen

Ausführung: Befehl TEILEN

Mit dem Befehl **TEILEN** kann ein Zeichnungsobjekt mit Markierungspunkten versehen werden. Die Zahl der Teilstücke, die zwischen den Markierungspunkten entstehen, ist wählbar.

- **Befehl TEILEN auswählen**
    - Abrollmenü **ZEICHNEN, PUNKT ›, TEILEN**
    - Tablettfelder **V13**
- **Befehlsanfrage:**

```
Befehl: TEILEN
Objekt wählen, das geteilt werden soll:
Anzahl der Segmente eingeben oder [Block]:
```

Bei der Objektwahl kann nur ein einzelnes Objekt gewählt werden. Die nächste Anfrage legt die Zahl der Segmente fest. Stattdessen kann eine weitere Option gewählt werden.

Option:

B (BLOCK): Statt eines Markierungspunktes wird an den zu markierenden Stellen ein Block (→ 7.1) eingefügt.

```
Anzahl der Segmente eingeben oder [Block]: B
Namen des einzufügenden Blocks eingeben: z.B. Test
Soll der Block mit dem Objekt ausgerichtet werden?
[Ja/Nein] <J>:
Anzahl der Segmente angeben:
```

Der Name des Blocks kann eingetragen werden. Wird die Teilung auf einem Bogen abgetragen, kann gewählt werden, ob der Block zum Mittelpunkt hin ausgerichtet werden soll. Danach ist auch in diesem Fall die Anzahl der Segmente festzulegen.

Anmerkungen

- Das Objekt, das geteilt werden soll, wird nicht in Einzelobjekte zerlegt. Es werden lediglich Markierungspunkte angebracht (→ Abbildung 4.20, a und b).
- Die Punkte lassen sich mit Objektfang **PUNKT** (→ 2.1) fangen.

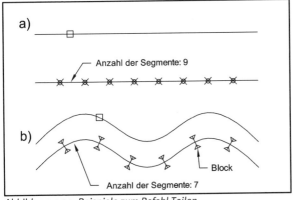

Abbildung 4.20: Beispiele zum Befehl Teilen

- Die Segmente haben die gleiche Länge. Sie ergibt sich aus der Teilung der Gesamtlänge durch die Anzahl der Segmente.
- Das Symbol, das an der zu markierenden Stelle angebracht wird, ist abhängig von der Einstellung der Punktsymbole (→ 3.1).

Ausführung: Befehl VERSETZ

Mit dem Befehl **VERSETZ** lassen sich Parallelen zu einem Objekt erzeugen.

- **Befehl VERSETZ auswählen**
    - Abrollmenü **ÄNDERN, VERSETZEN**
    - Tablettfelder **V 17**
    - Symbol im Werkzeugkasten **ÄNDERN**
- **Befehlsanfrage:**

```
Befehl: VERSETZ
Abstand angeben oder [Durch punkt] <Durch punkt>:
```

Es werden zwei Möglichkeiten angeboten:
- In einem wählbaren Abstand versetzen
- Eine Parallele durch einen Punkt legen

Folgende Eingaben sind möglich:

WERTEINGABE ODER ZEIGEN ZWEIER PUNKTE: Der eingegebene Wert wird als Abstand der zu konstruierenden Parallele gespeichert. Weitere Angaben sind erforderlich:

```
Abstand angeben oder [Durch punkt] <Durch punkt>: z.B. 5
Zu versetzendes Objekt wählen oder <exit>:
Punkt auf Seite angeben, auf die versetzt werden soll:
```

Das Objekt wird mit der Pickbox gewählt. Danach wird angegeben, auf welcher Seite des Originals die Parallele sein soll. Es reicht aus, einen Punkt auf der richtigen Seite zu klicken. Die Position des Punktes ist ohne Bedeutung.

D (Durch punkt): Bei Wahl dieser Option wird angefragt:

```
Abstand angeben oder [Durch punkt] <0.2000>: D
Zu versetzendes Objekt wählen oder <exit>:
Durch Punkt angeben:
```

In diesem Fall wird eine Parallele erzeugt, die durch den eingegebenen Punkt läuft.

- Abbildung 4.21, a: Parallele zu einer Linie durch P1
- Abbildung 4.21, b: Parallele zu einer Polylinie im Abstand 2
- Abbildung 4.21, c: Konzentrischer Kreis im Abstand 4

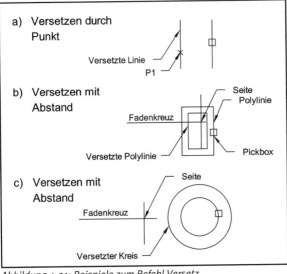

Abbildung 4.21: Beispiele zum Befehl Versetz

4.6 Erzeugung von regelmäßigen Anordnungen

Aus Zeichnungsobjekten kann eine regelmäßige radiale oder matrixförmige Anordnung erzeugt werden.

Ausführung: Befehl REIHE

Der Befehl REIHE dient der Erzeugung regelmäßiger Anordnungen.

■ **Befehl REIHE auswählen**
  ◆ Abrollmenü ÄNDERN, REIHE
  ◆ Tablettfelder V18
  ◆ Symbol im Werkzeugkasten ÄNDERN

■ **Befehlsanfrage:**

```
Befehl: REIHE
Objekte wählen:
Anordnungstyp eingeben (Rechteckig/Polar) <R>:
```

■ **R (RECHTECKIGE ANORDNUNG):**
Erzeugung einer matrixförmigen Anordnung.

```
Anordnungstyp eingeben (Rechteckig/Polar) <R>: R
Zeilenanzahl eingeben (---) <1>:
Spaltenanzahl eingeben (|||) <1>:
Zeilenabstand eingeben oder Zelle angeben (---):
Spaltenabstand angeben  (|||):
```

Die Anzahl der Zeilen und Spalten und die Abstände zwischen den Objekten (→ Abbildung 4.22, a) werden erfragt. In der Anordnung liegt das Ausgangsobjekt an der linken unteren Ecke. Für einen anderen Aufbau können Werte auch negativ sein.

Wird bei der vorletzten Anfrage ein Punkt eingegeben, kann eine Zelle durch zwei diagonale Eckpunkte festgelegt werden. Dieses Rechteck legt die Zeilen- und Spaltenabstände fest.

■ **P (POLARE ANORDNUNG):**
Erzeugung einer kreisförmigen Anordnung.

```
Anordnungstyp eingeben (Rechteckig/Polar) <R>: P
Geben Sie den Mittelpunkt der Anordnung an:
Anzahl Elemente in Anordnung eingeben:
Auszufüllenden Winkel angeben (+=GUZ, -=UZ) <360>:
Angeordnete Objekte drehen? (Ja/Nein) <J>:
```

Mittelpunkt und Anzahl der Elemente (Ausgangsobjekt mitzählen) sind wählbar. Falls die Anordnung nicht über einen Vollkreis verteilt werden soll, kann ein Winkel eingegeben werden. Positive Winkel erzeugen eine Anordnung im Uhrzeigersinn, negative Winkel entgegen dem Uhrzeigersinn. Die letzte Anfrage legt fest, ob die Objekte zum Mittelpunkt ausgerichtet werden sollen oder nicht (→ Abbildung 4.22, b).

Wird keine Anzahl der Elemente (⏎ oder ␣) angegeben, können andere Parameter vorgegeben werden.

```
Anzahl Elemente in Anordnung eingeben: ⏎
Auszufüllenden Winkel angeben (+=GUZ, -=UZ) <360>: z.B. 180
Winkel zwischen den Elementen: z.B. 25
```

In diesem Fall können der auszufüllende Winkel und der Winkel zwischen den einzelnen Elementen eingegeben werden. Die Zahl der Elemente ergibt sich aus diesen Angaben.

Wird jedoch eine Anzahl von Elementen, aber kein auszufüllender Winkel angegeben (Eingabe von 0 nicht ⏎), wird die Anzahl der Elemente im angegebenen Winkelabstand angeordnet.

```
Anzahl Elemente in Anordnung eingeben: z. B. 8
Auszufüllenden Winkel angeben (+=GUZ, -=UZ) <360>: 0
Winkel zwischen den Elementen (+=GUZ, -=UZ): z. B. 30
Angeordnete Objekte drehen? (Ja/Nein) <J>:
```

Der Winkel kann mit positivem und negativem Vorzeichen eingegeben werden.

Ausführung: Befehl 3DReihe

Mit dem Befehl **3DReihe** lassen sich Anordnungen dreidimensional im Raum anordnen.

- **Befehl 3DReihe auswählen**
  - ◆ Abrollmenü **Ändern, 3d operation ›, 3d reihe**
  - ◆ Tablettfelder **W20**
- **Befehlsanfrage:**

```
Befehl: 3DReihe
Objekte wählen:
Anordnungstyp eingeben [Rechteckig/Polar] <R>:
```

- **R (Rechteckige Anordnung):**
  Erzeugung einer dreidimensionalen matrixförmigen Anordnung (→ Abbildung 4.22, c).

```
Anordnungstyp eingeben [Rechteckig/Polar] <R>: R
Zeilenanzahl eingeben (---) <1>:
Spaltenanzahl eingeben (|||) <1>:
Ebenenanzahl eingeben (...) <1>:
Zeilenabstand eingeben (---):
Spaltenabstand eingeben (|||):
Ebenenabstand eingeben (...):
```

Angaben wie beim Befehl **Reihe** nur zusätzlich noch in Ebenen.

- **P (Polare Anordnung):**
  Erzeugung einer kreisförmigen Anordnung mit beliebiger Ausrichtung im Raum.

```
Anordnungstyp eingeben [Rechteckig/Polar] <R>:P
Anzahl der Elemente in der Anordnung angeben:
Auszufüllenden Winkel angeben (+=ccw, -=cw) <360>:
Angeordnete Objekte drehen? [Ja/Nein] <J>:
Mittelpunkt der Anordnung angeben:
Zweiten Punkt auf Drehachse angeben:
```

Es entsteht die gleiche Anordnung wie beim Befehl **Reihe**. Sie kann aber zusätzlich im Raum ausgerichtet werden. Der Mittelpunkt der Anordnung und der zweite Punkt der Drehachse legen die Ausrichtung im Raum fest. Die Varianten zur Elementaufteilung beim Befehl **Reihe** können hier nicht verwendet werden. Die Eingabe kann nur nach dem obigen Schema erfolgen.

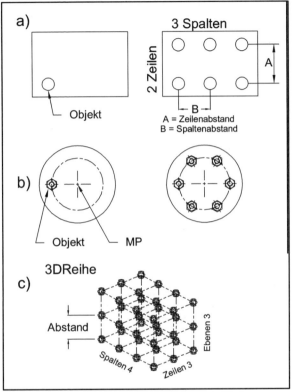

Abbildung 4.22: Beispiele zum Befehl Reihe und 3DReihe

4.7 Editieren von Polylinien, Multilinien und Splines

Für die speziellen Linienobjekte in AutoCAD stehen verschiedene Editierbefehle zur Verfügung.

Ausführung: Befehl PEDIT

Mit dem Befehl **PEDIT** werden 2D- und 3D-Polylinien sowie 3D-Netze editiert.

- Befehl **PEDIT** auswählen
  - ◆ Abrollmenü **ÄNDERN, POLYLINIEN BEARBEITEN**
  - ◆ Tablettfelder **Y17**
  - ◆ Symbol im Werkzeugkasten **ÄNDERN II**
- **Befehlsanfrage:**

```
Befehl: PEDIT
Polylinie wählen:
```

War das gewählte Element keines der obigen Elemente, erscheint die Anfrage:

```
Das gewählte Objekt ist keine Polylinie
Soll es in eine Polylinie verwandelt werden? <J>
```

Durch Eingabe von J oder Ja wird das Objekt in eine 2D-Polylinie umgewandelt. Die möglichen Optionen von **PEDIT** sind je nach Typ des gewählten Objekts verschieden.

Ausführung: Editieren von 2D-Polylinien

Wurde eine 2D-Polylinie (→ 3.5) ausgewählt, stehen folgende Editiermöglichkeiten in der Optionsliste zur Auswahl:

```
Option eingeben [Schließen/Verbinden/BReite/BEarbeiten/
kurve Angleichen/Kurvenlinie/kurve Löschen/
LInientyp/Zurück]:
```

Wurde eine geschlossene Polylinie gewählt, ist in der Optionsliste die Option **SCHLIESSEN** durch die Option **ÖFFNEN** ersetzt.

Optionen:

Ö (ÖFFNEN): Entfernt das Segment zwischen Start- und Endpunkt (→ Abbildung 4.23, a).

S (SCHLIESSEN): Verbindet Start- und Endpunkt mit einem Segment (→ Abbildung 4.23, b).

V (VERBINDEN): Mit einer weiteren Objektwahl können Linien, Bögen oder andere Polylinien gewählt werden, die mit der ursprünglichen Polylinie verbunden sind (→ Abbildung 4.23, c). Daraus wird eine gesamte Polylinie erzeugt.

BR (BREITE): Wahl einer einheitlichen Breite für alle Segmente der Polylinie (→ Abbildung 4.23, d).

BE (BEARBEITEN): Editieren eines Scheitelpunktes (→ unten).

A (KURVE ANGLEICHEN): Ersetzt die Polylinie durch eine Kurve aus Bogensegmenten, die durch alle Scheitelpunkte führt (→ Abbildung 4.24, b). Die Bögen gehen tangential ineinander über.

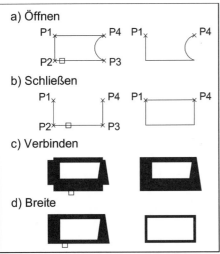

Abbildung 4.23: Editieren einer 2D-Polylinie

K (Kurvenlinie): Ersetzt die Polylinie durch eine Kurve, die durch den Anfangs- und Endpunkt der Polylinie geht und die Scheitelpunkte annähert (→ Abbildung 4.24, c). Die Kurvenannäherung wird durch die Variable **Splinestype** festgelegt:

Splinestype=5   Quadratische B-Spline
Splinestype=6   Kubische B-Spline

Die Variable **Splinesegs** gibt den Glättungsgrad der Kurve an. Die Variable **Splframe** steuert die Anzeige. Bei 0 wird nur die angenäherte Kurve angezeigt, bei 1 wird nach der nächsten Regenerierung auch die ursprüngliche Polylinie angezeigt.

LÖ (kurve Löschen): Wandelt eine durch eine Kurve angenäherte Polylinie wieder in Liniensegmente zurück.

LI (LInientyp): Erzeugt den Linientyp als fortlaufendes Muster durch die Kontrollpunkte der Polylinie. Ist diese Option ausgeschaltet, beginnt und endet jedes Segment an einem Kontrollpunkt mit einem Strich. Die Option **LInientyp** kann nicht für Polylinien mit konischen Segmenten verwendet werden.

Z (Zurück): Nimmt die letzte Editieroperation zurück.

X (eXit): Beendet den Befehl **Pedit**.

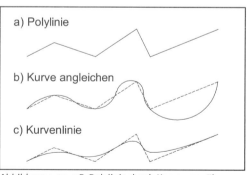

Abbildung 4.24: 2D-Polylinie durch Kurven annähern

Ausführung: Scheitel einer 2D-Polylinie bearbeiten

Die Option **BE (BEarbeiten)** bietet eine weitere Optionsliste an:

```
Bearbeitungsoption für Kontrollpunkt eingeben
[Nächster/Vorher/BRUch/Einfügen/Schieben/Regen/Linie/
Tangente/BREite/eXit] <N>:
```

N (Nächster): Der erste Scheitelpunkt wird mit einem »X« markiert. Mit der Option wird die Marke verschoben.

V (Vorher): Marke zum vorherigen Scheitelpunkt verschieben.

BRU (BRuch): Bricht eine Polylinie in zwei unabhängige Polylinien. Gebrochen werden kann an der Markierung, bzw. es kann eine zweite Stelle markiert und das Segment zwischen den Markierungen gelöscht werden (→ Abbildung 4.25, b). Folgende Unteroptionen stehen zur Verfügung:

```
Option eingeben [Nächster/Vorher/Los/eXit] <N>:
```

Mit den Optionen **N (Nächster)** und **V (Vorher)** wird die zweite Markierung verschoben. **L (Los)** löst den Bruch aus. Die Segmente dazwischen werden entfernt bzw. die Polylinie wird getrennt. Die Option **X (eXit)** beendet den Bruchmodus.

E (Einfügen): Fügt einen neuen Scheitelpunkt nach dem markierten Punkt ein (→ Abbildung 4.25, c).

S (Schieben): Verschieben des markierten Scheitelpunktes (→ Abbildung 4.25, a).

R (Regen): Regenerierung der Polylinie.

L (Linie): Verbindet den markierten Scheitelpunkt mit einer wählbaren zweiten Markierung durch ein Liniensegment (→ Abbildung 4.25, d). Folgende Unteroptionen stehen zur Auswahl:

```
Option eingeben [Nächster/Vorher/Los/eXit] <N>:
```

Mit den Optionen **N (Nächster)** und **V (Vorher)** wird die zweite Markierung verschoben. **L (Los)** verbindet beide Markierungen. Die Option **X (eXit)** beendet den Linienmodus.

T (Tangente): Tangentenrichtung für den Scheitelpunkt vorgegeben. Wird die Polylinie durch eine Kurve angeglichen, verläuft die Kurve mit dieser Tangentenrichtung durch den Scheitel.

B (Breite): Einstellung von Anfangs- und Endbreite des folgenden Elements.

X (eXit): Beendet den Modus **Scheitel editieren und Rückkehr zur Hauptanfrage** des Befehls **Pedit**.

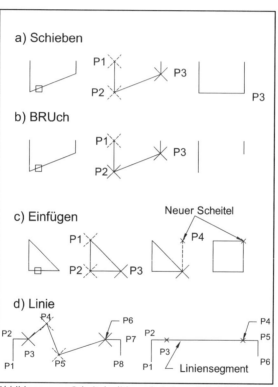

Abbildung 4.25: Scheitel editieren bei einer 2D-Polylinie

Ausführung: Editieren von 3D-Polylinien

Wurde eine 3D-Polylinie (→ 3.7) gewählt, stehen folgende Editiermöglichkeiten zur Auswahl:

```
Option eingeben [Schließen/BEarbeiten/Kurvenlinie/
kurve Löschen/Zurück]:
```

Wurde eine geschlossene Polylinie gewählt, ist in der Optionsliste die Option **SCHLIESSEN** ersetzt durch die Option **ÖFFNEN**.
Die Optionen sind identisch mit denen bei der 2D-Polylinie.

Ausführung: Editieren von 3D-Netzen

Wurde ein 3D-Netz (→ 3.7) ausgewählt, stehen folgende Editiermöglichkeiten zur Auswahl:

```
Option eingeben [BEarbeiten/Oberfläche glätten/
Glättung löschen/Mschließen/Nschließen/Zurück]:
```

MSCHLIESSEN ist durch **MÖFFNEN** ersetzt, wenn das Netz in M-Richtung geschlossen ist. **NSCHLIESSEN** ist durch **NÖFFNEN** ersetzt, wenn das Netz in N-Richtung geschlossen ist.

BE (BEARBEITEN): Ähnlich wie bei 2D- und 3D-Polylinien kann ein einzelner Scheitelpunkt eines 3D-Netzes editiert werden. Dabei werden weitere Unteroptionen angeboten:

```
Aktueller Kontrollpunkt (0,0).
Option eingeben [Nächster/Vorher/Links/REChts/AUf/AB/
Schieben/REGen/eXit] <N>:
```

Die Scheitelpunkte werden in M- und N-Richtung durchnummeriert. Eine Markierung kann mit den Optionen am gewünschten Scheitelpunkt platziert werden (**NÄCHSTER, LINKS, REChts, AUf** und **AB**). Mit der Option **S (SCHIEBEN)** kann ein neuer Standort für den markierten Scheitelpunkt gewählt werden (→ Abbildung 4.26, a und b). Mit der **OPTION REG (REGEN)** wird das Netz neu gezeichnet und mit der Option **X (EXIT)** wird dieser Modus beendet.
O (OBERFLÄCHE GLÄTTEN): Die Oberfläche wird geglättet. Die Glättung wird von der Variablen **SURFTYPE** beeinflusst.

Surftype=5 Quadratische B-Spline-Oberfläche
Surftype=6 Kubische B-Spline-Oberfläche
Surftype=8 Bézier-Oberfläche

Die Variablen **Surfu** (M-Richtung) und **Surfv** (N-Richtung) steuern die Dichte der geglätteten Oberfläche.

Die Variable **Splframe** steuert die Anzeige von geglätteten Oberflächen. Ist sie 0, wird die geglättete Oberfläche angezeigt, bei 1 das ursprüngliche 3D-Netz.

G (Glättung löschen): Löscht eine mit der Option **O (Oberfläche glätten)** erzeugte Glättung.

M (Mschliessen), N (Nschliessen) bzw. **M (Möffnen),
N (Nöffnen):** Öffnet ein geschlossenes bzw. schließt ein offenes Netz in der gewählten Richtung.

Z (Zurück): Nimmt eine Editieroperation zurück.

X (eXit): Beendet den Befehl **Pedit**.

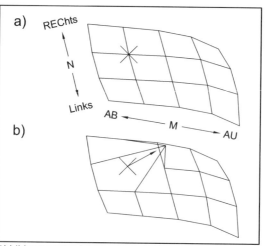

Abbildung 4.26: Editieren eines 3D-Netzes

Ausführung: Befehl EDGE (KANTE)

Kanten von 3D-Flächen sind immer sichtbar, es sei denn, beim Zeichnen wurde die Option **UNSICHTBAR** eingegeben. Nachträglich kann die Anzeige der Kanten bei 3D-Flächen mit dem Befehl **EDGE** bearbeitet werden.

- Befehl **EDGE** auswählen
  - ◆ Abrollmenü **ZEICHNEN, FLÄCHEN >, KANTE**
  - ◆ Symbol im Werkzeugkasten **FLÄCHEN**
- **Befehlsanfrage:**

```
Befehl: EDGE
Kante der 3D-Fläche zum Ein- und Ausschalten der Sichtbar-
keit angeben oder [Anzeigen]:
```

Klickt man eine sichtbare Kante an, wird sie unsichtbar und klickt man eine unsichtbare Kante an, wird sie sichtbar. Das Problem ist nur, dass unsichtbare Kanten nicht angewählt werden können. Mit der Option **ANZEIGEN** können unsichtbare Kanten zur Auswahl sichtbar gemacht werden.

```
Kante der 3D-Fläche zum Ein- und Ausschalten der
Sichtbarkeit angeben oder [Anzeigen]: A
Auswahlmethode für Anzeige verdeckter Kanten eingeben
[AUswählen/ALles] <ALles>:
```

Es kann gewählt werden, ob alle Kanten von Flächen in der Zeichnung sichtbar gemacht werden sollen oder nur ausgewählte. Dazu dienen die Optionen **ALles** oder **AUswählen**.

Ausführung: Befehl MLEDIT

Mit dem Befehl **MLEDIT** lassen sich Multilinien bearbeiten.

- Befehl **MLEDIT** auswählen
  - ◆ Abrollmenü **ÄNDERN, MULTILIEN BEARBEITEN...**
  - ◆ Tablettfelder **Y19**
  - ◆ Symbol im Werkzeugkasten **ÄNDERN II**

Die gewünschte Bearbeitungsfunktion kann in einem Dialogfeld ausgewählt werden (→ Abbildung 4.27).

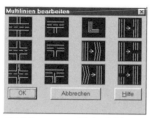

Abbildung 4.27: Dialogfeld zur Bearbeitung von Multilinien

Durch Anklicken des entsprechenden Bildes und **OK** wird die Funktion gestartet. Es werden zwei Multilinien oder Punkte auf einer Multilinie angefragt. Folgende Funktionen sind möglich:

GESCHLOSSENES KREUZ: Kreuzung mit durchgehender Linie.

OFFENES KREUZ: Kreuzung mit offenen Anschlüssen, aber einer durchgehenden Multilinie.

INTEGRIERTES KREUZ: Kreuzung mit offenen Anschlüssen und gekreuzten Mittellinien.

GESCHLOSSENES T: T-Verbindung an eine Multilinie.

Offenes T: T-Verbindung mit offenen Anschlüssen an einer Multilinie.

INTEGRIERTES T: T-Verbindung mit offenen Anschlüssen und angeschlossenen Mittellinien.

ECKVERBINDUNG: Eckverbindung aus zwei Polylinien.

KONTROLLPUNKT HINZUFÜGEN: Kontrollpunkt an einem wählbaren Punkt auf der Multilinie hinzufügen. Die Multilinie wird dadurch nicht verändert. Der Kontrollpunkt kann danach mit dem Befehl **STRECKEN** oder den Griffen bearbeitet werden.

KONTROLLPUNKT LÖSCHEN: Wählbaren Kontrollpunkt auf der Multilinie löschen. Die Multilinie wird an dem Kontrollpunkt angewählt, der entfernt werden soll.

EINFACH SCHNEIDEN: Auftrennung eines Liniensegements auf einer Multilinie. Die Multilinie wird an zwei Punkten gewählt.

ALLES TRENNEN: Auftrennung der gesamten Multilinie. Die Multilinie wird an zwei Punkten gewählt. Auch wenn die Multilinie aufgeschnitten wird, bleibt es eine Multilinie. Die ursprüngliche Form bleibt gespeichert, auch wenn Eckpunkte entfernt wurden.

ALLES VERBINDEN: Verbinden der Segmente einer Multilinie, die zuvor mit der Funktion **SCHNEIDEN** aufgetrennt wurde.

Ausführung: Befehl SPLINEEDIT

Der Befehl **SPLINEEDIT** dient dazu, Splines zu editieren.

■ **Befehl SPLINEEDIT auswählen**
- Abrollmenü **ÄNDERN, SPLINE BEARBEITEN**
- Tablettfeld **Y18**
- Symbol im Werkzeugkasten **ÄNDERN II**

■ **Befehlsanfrage:**

```
Befehl: SPLINEEDIT
Spline wählen:
Option eingeben [Anpassungsdaten/Schließen/scheitelPunkte
verschieben/vErfeinern/Richtung wechseln/Zurück]:
```

Wenn das gewählte Objekt ein Spline ist, erscheint die Optionsliste, ansonsten eine Fehlermeldung.

■ **Optionen:**

A (ANPASSUNGSDATEN): Veränderung der Anpassungsdaten des Splines. In einer weiteren Optionsliste können weitere Funktionen gewählt werden:

```
Option für Datenanpassung eingeben
[Hinzufügen/Schließen/Löschen/Verschieben/Bereinigen/
TAngenten/TOleranz/eXit] <eXit>:
```

- Hinzufügen eines Scheitelpunktes
- Schließen bzw. Öffnen des Splines
- Löschen eines Scheitelpunktes
- Verschieben eines Scheitelpunktes
- Bereinigen von Punkten
- Veränderung von Start- und Endtangente
- Veränderung der Toleranz in den Stützpunkten

S (SCHLIESSEN): Schliessen des Splines (→ Abbildung 4.28, a).

P (SCHEITELPUNKTE VERSCHIEBEN): Verschieben eines wählbaren Scheitelpunktes (→ Abbildung 4.28, b). Mit den Unterfunktionen

Nächster und **Vorher** lassen sich die Punkte auch einzeln anfahren.

E (vErfeinern): Erhöhung der Zahl der Kontrollpunkte durch Vorgabe eines neuen Grades des Splines (→ Abbildung 4.28, c).

R (Richtung wechseln): Wechsel der Richtung. Scheitelpunkte werden in anderer Reihenfolge gespeichert. Die Form des Splines verändert sich nicht.

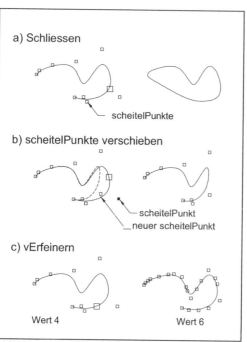

Abbildung 4.28: Editieren eines Splines

4.8 Bearbeiten von Volumenkörpern und Regionen

Volumenkörper lassen sich mit speziellen Befehlen verknüpfen.

■ **Befehle zur Verknüpfung auswählen**
- ◆ Abrollmenü **ÄNDERN, VOLUMENKÖRPER BEARBEITEN >**, Untermenü mit den Befehlen
- ◆ Tablettfelder **X15-17**
- ◆ Symbole im Werkzeugkasten **VOLUMENKÖRPER BEARBEITEN >**

Ausführung: Befehl **VEREINIG**

Vereinigung von Volumenkörpern bzw. Regionen (→ unten) zu einem Gesamtkörper bzw. einer -region (→ Abbildung 4.29, a).

■ **Befehlsanfrage:**

```
Befehl: VEREINIG
Objekte wählen:
```

Ausführung: Befehl **DIFFERENZ**

Bildung der Differenz von Volumenkörpern oder Regionen (→ unten). Es bleibt ein Restkörper oder eine Restregion (→ Abbildung 4.29, b).

■ **Befehlsanfrage:**

```
Befehl: DIFFERENZ
Volumenkörper und Regionen, von denen subtrahiert werden
soll, wählen ..
Objekte wählen:
Volumenkörper und Regionen für Subtraktion wählen ..
Objekte wählen:
```

Zunächst werden die Ausgangsobjekte gewählt und die Auswahl wird mit ⏎ bestätigt. Danach werden die davon zu subtrahierenden Objekte gewählt.

Ausführung: Befehl **SCHNITTMENGE**

Bildung der Schnittmenge von Volumenkörpern oder Regionen zu einem Schnittkörper bzw. einer Schnittregion (→ Abbildung 4.29, c).

■ Befehlsanfrage:

```
Befehl: SCHNITTMENGE
Objekte wählen:
```

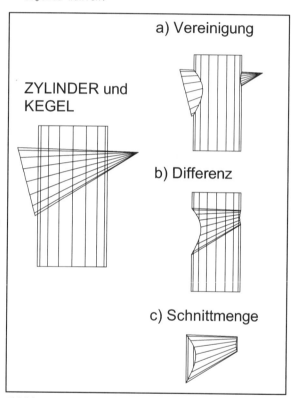

Abbildung 4.29: Verknüpfung von Volumenkörpern

Ausführung: Befehl KAPPEN

Trennt einen Volumenkörper an einer wählbaren Ebene.
- **Befehl KAPPEN auswählen**
    - ◆ Abrollmenü ZEICHNEN, VOLUMENKÖRPER >, KAPPEN
    - ◆ Symbol im Werkzeugkasten VOLUMENKÖRPER
- **Befehlsanfrage:**

```
Befehl: KAPPEN
Objekte wählen:
Ersten Punkt auf Kappebene angeben durch
[Objekt/ZAchse/Ansicht/XY/YZ/ZX/3Punkte] <3Punkte>:
```

Die Kappebene ist die Ebene, an der der Körper getrennt werden soll. Die Optionen zur Wahl der Ebene entsprechen denen bei der Festlegung eines Benutzerkoordinatensystems (→ 2.10). Nach der Wahl der Option können die Punkte der Ebene bestimmt werden. Zuletzt wird angefragt:

```
Punkt auf der gewünschten Seite der Ebene angeben
oder [Beide seiten behalten]:
```

Die Eingabe eines Punktes entfernt den Teil des Volumenkörpers auf der anderen Seite der Kappebene. Die Option BEIDE SEITEN trennt den Körper nur, behält aber beide Teile bei.

Ausführung: Befehl QUERSCHNITT

Zeichnet einen Schnitt durch einen oder mehrere Volumenkörper.
- **Befehl QUERSCHNITT auswählen**
    - ◆ Abrollmenü ZEICHNEN, VOLUMENKÖRPER >, QUERSCHNITT
    - ◆ Symbol im Werkzeugkasten VOLUMENKÖRPER
- **Befehlsanfrage:**

```
Befehl: QUERSCHNITT
Objekte wählen:
Ersten Punkt auf Schnittebene angeben durch
[Objekt/ZAchse/Ansicht/XY/YZ/ZX/3Punkte] <3Punkte>:
```

Die Schnittebene ist die Ebene, an der der Schnitt eingezeichnet wird. Die Optionen zur Wahl der Ebene entsprechen denen bei der Festlegung eines BKS (→ 2.10) bzw. dem Befehl KAPPEN (→ oben). Beim Schnitt werden die Kanten nachgezeichnet, an denen die

Schnittebene den Volumenkörper schneidet. Der Schnitt liegt im Volumenkörper, kann aber verschoben und als 2D-Zeichnung im Papierbereich abgelegt werden.

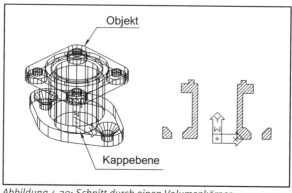

Abbildung 4.30: Schnitt durch einen Volumenkörper

Ausführung: Befehl ÜBERLAG

Prüft, ob sich ein erster Satz und ein zweiter Satz von Volumenkörpern ganz oder teilweise überlagern.

■ Befehl ÜBERLAG auswählen
  ◆ Abrollmenü ZEICHNEN, VOLUMENKÖRPER ›, ÜBERLAGERUNG
  ◆ Symbol im Werkzeugkasten VOLUMENKÖRPER

■ Befehlsanfrage:

```
Befehl: ÜBERLAG
Ersten Satz Volumenkörper wählen:
Objekte wählen:
Zweiten Satz Volumenkörper wählen:
Objekte wählen:
Vergleicht 1 Volumenkörper mit 1 Volumenkörper.
Sich überlagernde Volumenkörper erstellen? [Ja/Nein] <N>:
```

Mit zwei Objektwahldurchgängen werden die zwei Sätze von Volumenkörpern bestimmt. Danach kann gewählt werden, ob die Überlagerung nur in der Zeichnung angezeigt oder ob der Teil, an dem die Körper sich überlagern, als Volumenkörper erzeugt werden soll. Der Volumenkörper wird dann in der Anordnung erzeugt und kann herauskopiert werden.

Ausführung: Befehl VOLKÖRPERBEARB

Mit dem Befehl **VOLKÖRPERBEARB** lassen sich einmal erstellte Volumenkörper bearbeiten.

■ **Befehl VOLKÖRPERBEARB auswählen**
- Abrollmenü **ÄNDERN, VOLUMENKÖRPER BEARBEITEN >**, Untermenü mit den Optionen des Befehls
- Symbole im Werkzeugkasten **VOLUMENKÖRPER BEARBEITEN**

■ **Befehlsanfrage:**
```
Befehl: VOLKÖRPERBEARB
Automatische Überprüfung der Bearbeitung von
Volumenkörpern:  SOLIDCHECK=1
Bearbeitungsoption für Volumenkörper eingeben
[Fläche/Kante/Volumenkörper/Zurück/eXit] <eXit>:
```

Der Befehl arbeitet über mehrere Ebenen. Bei der ersten Anfrage wird gewählt, ob Flächen, Kanten oder Volumen bearbeitet werden sollen. Der Befehl bleibt im Wiederholmodus. Wenn eine Aktion ausgeführt wurde, wird die Optionsliste so lange angezeigt, bis mit der Option **EXIT** beendet wird.

■ **Flächen bearbeiten:**
Mit der Option **FLÄCHE** können einzelne Flächen eines Volumenkörpers bearbeiten werden.

```
Bearbeitungsoption für Volumenkörper eingeben
[Fläche/Kante/Volumenkörper/Zurück/eXit] <eXit>: F
Bearbeitungsoption für Flächen eingeben [Extrusion/
Schieben/Drehen/Versetzen/verJüngung/Löschen/Kopieren/
Farbe/Zurück/eXit] <eXit>:
```

- **Flächenauswahl:**
  Zunächst muss eine Fläche zur Bearbeitung angewählt werden. Dazu wird in die Fläche geklickt und diese markiert. Ist dies nicht eindeutig möglich, weil eine dahinterliegende Fläche markiert wird, kann die Fläche auch mit der Pickbox an der Kante angeklickt werden. Damit werden aber beide Flächen markiert, die von der Kante begrenzt werden.

```
Flächen wählen oder [ZUrück/Entfernen]: Fläche wählen
Flächen wählen oder [ZUrück/Entfernen/ALLE]: weitere Fläche
wählen oder E für Option Entfernen
Flächen entfernen oder [ZUrück/Hinzufügen/ALLE]: Fläche
wählen oder H für Option Hinzufügen
```

Die Option **ENTFERNEN** kann die Fläche wieder aus der Auswahl entfernen, die nicht bearbeitet werden soll. Mit der Option **HINZUFÜGEN** können weitere Flächen zur Bearbeitung gewählt werden. Falsch gewählte Flächen können aber auch mit gedrückter Taste ⓪ noch einmal angeklickt werden. Sie werden dann ohne Optionswahl aus der Auswahl entfernt.

E (EXTRUSION): Extrudieren einer Fläche an einem Volumenkörper (→ Abbildung 4.31, a). Einzugeben ist die Extrusionshöhe oder die Option **PFAD**. Damit kann ein Objekt gewählt werden, das den Pfad für die Extrusion bestimmt. Zuletzt ist der Winkel für die Extrusion gefragt. Positive Winkel bewirken eine Verjüngung, negative eine Ausweitung.

S (SCHIEBEN): Verschieben einer Fläche an einem Volumenkörper (→ Abbildung 4.31, b). Verlangt werden ein Basispunkt und ein zweiter Punkt der Verschiebung. Die Fläche wird in der Richtung verschoben und das Volumen dazwischen aufgefüllt oder abgenommen. Mit dieser Funktion lassen sich beispielsweise auch Bohrungen versetzen.

D (DREHEN): Drehen einer Fläche an einem Volumenkörper (→ Abbildung 4.31, c). Verlangt werden eine Drehachse und ein Drehwinkel. Die Fläche wird gedreht und das Volumen dazwischen aufgefüllt oder abgenommen.

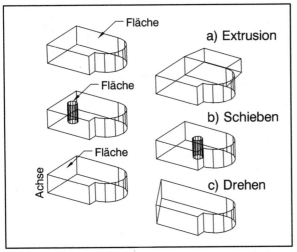

Abbildung 4.31: Extrudieren, Schieben und Drehen von Flächen

V (VERSETZEN): Versetzen einer Fläche an einem Volumenkörper (→ Abbildung 4.32, a). Verlangt wird der Versetzabstand. Die Fläche wird versetzt und das Volumen dazwischen aufgefüllt bzw. abgenommen. Damit lassen sich beispielsweise Durchmesser von Bohrungen ändern.

J (VERJÜNGUNG): Ausformschräge an einer Fläche anbringen (→ Abbildung 4.32, b). Mit zwei Punkten (Basispunkt und zweiter Punkt) und dem Verjüngungswinkel wird dies bestimmt.

L (LÖSCHEN): Löschen einer Fläche aus einem Volumenkörper (→ Abbildung 4.32, c). Wird auf diese Art eine Bohrung, eine Fase, ein Radius usw. gewählt, verschwindet das Objekt. Der Körper wird wieder gefüllt bzw. scharfkantig.

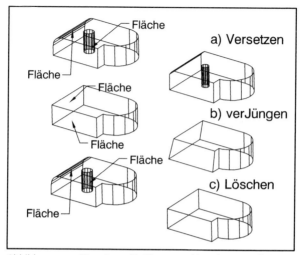

Abbildung 4.32: Versetzen, Verjüngen und Löschen von Flächen

K (KOPIEREN): Kopieren einer Fläche, beispielsweise einer Bohrung, einer Fase oder einer Seitenfläche. Zu bestimmen sind die Fläche, ein Basispunkt und ein zweiter Punkt der Verschiebung.

F (FARBE): Die Kanten der gewählten Fläche erscheinen in der neuen Farbe. Im schattierten Modus haben die Flächen diese Farbe.

Z (ZURÜCK): Nimmt die letzte Aktion in diesem Befehl zurück. Der Befehl wird nicht abgebrochen.

X (EXIT): Beendet diesen Modus des Befehls und verzweigt wieder zur obersten Ebene des Befehls.

■ **Kanten bearbeiten:**

Mit der Option **KANTE** bei der ersten Anfrage des Befehls können einzelne Kanten eines Volumenkörpers bearbeiten werden.

```
Bearbeitungsoption für Volumenkörper eingeben
[Fläche/Kante/Volumenkörper/Zurück/eXit] <eXit>: K
Bearbeitungsoption für Kanten eingeben [Kopieren/Farbe/
Zurück/eXit] <eXit>:
```

K (KOPIEREN): Kopiert die Kante eines Volumenkörpers durch Wahl der Kante, Ausgangs- und Zielpunkt. Es werden dabei Linien, Kreise und Bögen erzeugt. Die entstandenen Objekte (→ Abbildung 4.33) können in eine Polylinie umgewandelt und als Kontur für eine weitere Extrusion verwendet werden.

F (FARBE): Färbt Kanten eines Volumenkörpers um.

Z (ZURÜCK): Nimmt die letzte Aktion dieses Befehls zurück. Der Befehl wird nicht abgebrochen.

X (EXIT): Beendet diesen Modus des Befehls und verzweigt wieder zur obersten Ebene des Befehls.

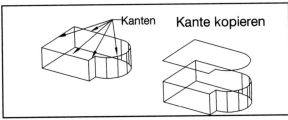

Abbildung 4.33: Kopieren der Kanten von Flächen

■ **Volumenkörper bearbeiten:**

Mit der Option **VOLUMENKÖRPER** bei der ersten Anfrage kann der komplette Volumenkörper bearbeiten werden.

```
Bearbeitungsoption für Volumenkörper eingeben
[Fläche/Kante/Volumenkörper/Zurück/eXit] <eXit>: V
Bearbeitungsoption für Volumenkörper eingeben
[Aufprägen/volumenkörper Trennen/Wandstärke/
Bereinigen/Überprüfen/Zurück/eXit] <eXit>:
```

A (Aufprägen): Damit kann ein 2D-Objekt bzw. ein Volumenkörper, das/der auf einem anderen Volumenkörper liegt, auf diesen aufgeprägt werden. Dadurch wird der »Abdruck« dieser Objekte zu einer Fläche des Volumenkörpers (→ Abbildung 4.34, a und b). Die entstehende Fläche kann für weitere Operationen verwendet werden.

T (Volumenkörper Trennen): Mit dieser Option lassen sich zusammengesetzte Volumenkörper wieder trennen.

W (Wandstärke): Mit dieser Option kann ein Volumenkörper ausgehöhlt werden. Dazu muss die Fläche, die offen sein soll, gewählt und die Wandstärke eingegeben werden. Der Körper wird ausgehöhlt (→ Abbildung 4.34, c).

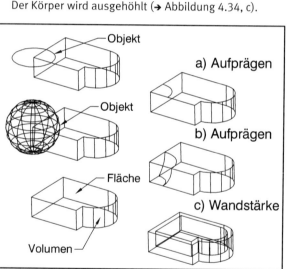

Abbildung 4.34: Aufprägen und Wandstärke an Volumen

B (Bereinigen): Entfernt alle redundanten Kanten und Kontrollpunkte sowie aufgeprägte und nicht genutzte Geometrie.

Ü (ÜBERPRÜFEN): Überprüft, ob der 3D-Volumenkörper ein gültiges ACIS-Objekt ist.

Z (ZURÜCK): Nimmt die letzte Aktion in diesem Befehl zurück. Der Befehl wird nicht abgebrochen.

X (eXit): Beendet diesen Modus des Befehls und verzweigt wieder zur obersten Ebene des Befehls.

Ausführung: Befehl REGION

Mit dem Befehl REGION lassen sich zusammenhängende und geschlossene Konturen in einer Ebene zu einer Region zusammenfassen. Die Kontur kann sich aus verschiedenen Objekten zusammensetzen (Linien, Bögen, Polylinien usw.). Geschlossene Poylinien und Splines sind ebenfalls möglich.

- **Befehl REGION auswählen**
    - Abrollmenü ZEICHNEN, REGION
    - Tablettfeld **R9**
    - Symbol im Werkzeugkasten ZEICHNEN
- **Befehlsanfrage:**

```
Befehl: REGION
Objekte wählen:
```

Anmerkungen

- Regionen lassen sich mit den Befehlen **VEREINIG**, **DIFFERENZ** und **SCHNITTMENGE** bearbeiten.
- Von Regionen lassen sich mit dem Befehl **MASSEIG** Fläche und Umfang berechnen. So lassen sich auch komplexe Flächen berechnen, was mit dem Befehl **FLÄCHE** nicht möglich ist (→ 5.7).
- Regionen können als Konturen für die Befehle **EXTRUSION** und **ROTATION** (→ 3.8) verwendet werden.

5 Bemaßen und Beschriften

5.1 Lineare Maße

In AutoCAD lassen sich Bemaßungen weitgehend automatisch erstellen. Lediglich die Ausgangspunkte der Maßhilfslinien oder ein Objekt sowie der Standort der Maßlinie werden angegeben. Das Maß mit Maßhilfslinien, Maßlinien, Maßpfeilen und Maßtext wird automatisch erstellt. Bemaßungen sind normalerweise assoziativ, es sei denn die Bemaßungsvariable **BEMASSO** wurde auf »Aus« gestellt. Bemaßungen werden so als zusammenhängender Block generiert. Ändert man später die Geometrie, ändert sich das Maß mit.

Ausführung: Befehl BEMLINEAR

Mit dem Befehl **BEMLINEAR** werden je nach Standort der Maßlinie lineare vertikale oder horizontale Maße erstellt.

- **Befehl BEMLINEAR auswählen**
  - ◆ Abrollmenü **BEMASSUNG, LINEAR**
  - ◆ Tablettfelder **W5**
  - ◆ Symbol im Werkzeugkasten **BEMASSUNG**
- **Befehlsanfrage:**

```
Befehl: BEMLINEAR
Anfangspunkt der ersten Hilfslinie angeben
oder <Objekt wählen>:
Anfangspunkt der zweiten Hilfslinie angeben:
```

■ Platzierung des Maßes:

Zwei Methoden für die Platzierung des Maßes stehen zur Auswahl (→ Abbildung 5.1, a):

- ◆ Eingabe der Anfangspunkte der Hilfslinien (→ Dialog oben)
- ◆ ⏎ bei der ersten Anfrage. Ein Objekt kann zur Bemaßung gewählt werden:

```
Zu bemaßendes Objekt wählen:
```

- ◆ Eine Linie, einen Bogen oder einen Kreis mit der Pickbox wählen, und das Maß wird an den äußersten Punkten des Objekts angesetzt.

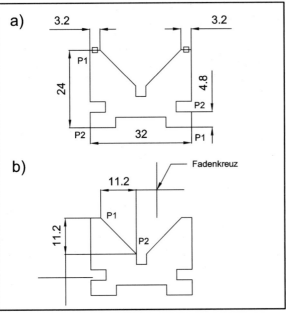

Abbildung 5.1: Lineare Bemaßungen

In beiden Fällen erscheint danach die Anfrage:

```
Position der Bemaßungslinie angeben oder
[Mtext/Text/Winkel/Horizontal/Vertikal/Drehen]:
Maßtext = 20
```

■ **Weitere Optionen:**

POSITION DER BEMASSUNGSLINIE: Wird die Bemaßungslinie horizontal weggezogen, entsteht ein horizontales Maß, wird sie vertikal weggezogen, entsteht ein vertikales (→ Abbildung 5.1, b). Das Maß wird beim Platzieren der Maßlinie dynamisch nachgezogen. Wird ein Punkt eingegeben, wird der Maßtext im Befehlszeilenfenster angezeigt und das Maß endgültig gezeichnet.

H (HORIZONTAL) oder V (VERTIKAL): Wird statt der Position der Maßlinie die Option **V (VERTIKAL)** eingegeben, entsteht ein vertikales Maß, auch dann, wenn aufgrund der Position der Maßlinie ein horizontales gezeichnet würde. Bei der Option **H (HORIZONTAL)** entsteht immer ein horizontales Maß.

T (TEXT): Maßtext kann eingegeben werden. Das gemessene Maß wird überschrieben.

```
Masstext <gemessene Länge>:
```

Das gemessene Maß wird angezeigt. ⏎ übernimmt die Vorgabe. Es kann auch ein vor- oder nachgestellter Text angegeben werden. Der gemessene Wert wird mit dem Platzhalter <> angegeben. Die Eingabe von

```
Masstext <50>: Breite=<>mm
```

würde in die Zeichnung Breite=50mm eintragen.

Soll kein Maß erscheinen, gibt man [Leertaste] und ⏎ ein.

M (MTEXT): Das Dialogfenster des Befehls **MTEXT** (→ 5.8) wird gestartet. Das Maß bzw. ein zusätzlicher Text (→ oben) kann eingetragen und formatiert werden.

W (WINKEL): Der Maßtext wird in einem wählbaren Winkel in das Maß eingetragen.

D (DREHEN): Der Winkel für die Maßlinie kann vorgegeben werden. Ein Maß in diesem Winkel wird erzeugt (→ Abbildung 5.2).

Nach Anwahl einer dieser Optionen wird die Optionsliste erneut angezeigt, die Maßlinie kann neu positioniert oder eine weitere Option angewählt werden.

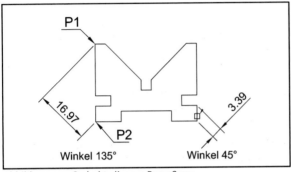

Abbildung 5.2: Gedrehte lineare Bemaßung

Ausführung: Befehl BEMAUSG

Mit dem Befehl BEMAUSGwird ein Maß parallel zu den gewählten Punkten oder parallel zu einem ausgewählten Objekt erzeugt.

- **Befehl BEMAUSG auswählen**
    - Abrollmenü **BEMASSUNG, AUSGERICHTET**
    - Tablettfeld **W4**
    - Symbol im Werkzeugkasten **BEMASSUNG**
- **Befehlsanfrage:**

```
Befehl: BEMAUSG
Anfangspunkt der ersten Hilfslinie angeben oder
<Objekt wählen>:
Anfangspunkt der zweiten Hilfslinie angeben :
```

- **Platzierung des Maßes**
  → oben, Befehl **BEMLINEAR**
- Optionen
  Danach erscheint die Anfrage:

```
Position der Bemaßungslinie angeben oder
[Mtext/Text/Winkel]:
Maßtext = 12
```

POSITION DER MASSLINIE: Das Maß kann platziert werden. Dabei wird die Maßlinie dynamisch mitgezogen. Bei einer Punkteingabe wird der Maßtext angezeigt und das Maß gezeichnet. Sie wird immer parallel zum gewählten Objekt oder parallel zu den gewählten Punkten gezeichnet.

M (MTEXT): (→ oben) Befehl **BEMLINEAR**
T (TEXT): (→ oben) Befehl **BEMLINEAR**
W (WINKEL): (→ oben) Befehl **BEMLINEAR**

Nach Anwahl einer dieser Optionen wird die Optionsliste erneut angezeigt, die Maßlinie kann neu positioniert oder eine weitere Option angewählt werden.

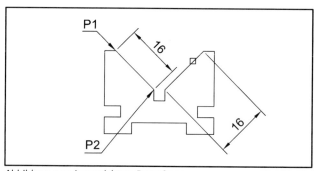

Abbildung 5.3: Ausgerichtete Bemaßung

Ausführung: Ketten- und Bezugsmaße

Nachdem eines der oben beschriebenen Maße gezeichnet wurde, lassen sich weitere Maße daran ansetzen:

- ◆ **BEMBASISL** für Bezugsmaße auf eine gemeinsame Basislinie (→ Abbildung 5.4, a).
- ◆ **BEMWEITER** für Kettenmaße (→ Abbildung 5.4, b).

■ Befehle auswählen
- ◆ Abrollmenü **BEMASSUNG, BASISLINIE** bzw. **WEITER**
- ◆ Symbole im Werkzeugkasten **BEMASSUNG**

■ Befehlsanfrage:

```
Befehl: BEMBASISL bzw. BEMWEITER
Anfangspunkt der zweiten Hilfslinie angeben oder
[Zurück/Wählen] <Wählen>:
Maßtext = 220.00
Anfangspunkt der zweiten Hilfslinie angeben oder
[Zurück/Wählen] <Wählen>:
Maßtext = 250.50
```

Die Richtung der Bemaßung und die erste Hilfslinie sind durch die vorhergehende Bemaßung gegeben (→ Abbildung 5.4, a und b, P1 und P2). Danach müssen nur noch die zweiten Punkte der Folgemaße eingegeben werden (→ Abbildung 5.4, a und b, P3 und P4). Die Maßlinie wird unter dem gleichen Winkel wie die vorhergehenden gezeichnet. Das Maß wird beim Platzieren dynamisch mitgeführt. Der Abstand zum vorherigen in der Kette wird von den Bemaßungseinstellungen (→ 5.6) gesteuert.

W (WÄHLEN): Soll nicht am letzten Maß angesetzt werden, kann auf die Anfrage ⏎ für diese Option eingegeben werden. Wurde in der Sitzung noch keine Bemaßung ausgeführt, wird automatisch zu dieser Option verzweigt. In beiden Fällen kann das Ausgangsmaß neu bestimmt werden.

```
Weiterzuführende Bemaßung wählen:bzw.
Basis-Bemaßung wählen:
```

Mit der Pickbox wird die Maßlinie bestimmt, an der angesetzt werden soll. Dabei ist zu beachten, dass bei dem Befehl **BEMBASISL** die erste Hilfslinie und bei dem Befehl **BEMWEITER** die zweite Hilfslinie des Ausgangsmaßes gewählt werden muß.

Z (ZURÜCK): Das letzte Maß wird entfernt.

Der Befehl bleibt im Wiederholmodus und kann mit [Esc] beendet werden.

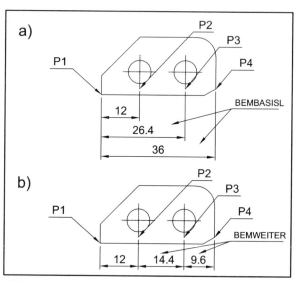

Abbildung 5.4: Basislinien- und weiterführende Bemaßung

Anmerkungen für alle lineare Maße

- Passt der Text bei einer Bemaßung nicht zwischen die Hilfslinien, wird er außerhalb angebracht.
- Der Maßtext wird gegenüber dem Anfangspunkt der ersten Hilfslinie angebracht.
- Wird das zu vermaßende Objekt mit der Pickbox gewählt, wird der Maßtext gegenüber dieser Stelle angebracht.

5.2 Winkelmaße

Ein weiterer Bemaßungsbefehl dient der Bemaßung von Winkeln.

Ausführung: Befehl BEMWINKEL

Mit dem Befehl **BEMWINKEL** werden Winkel bemaßt.

- **Befehl BEMWINKEL auswählen**
  - Abrollmenü **BEMASSUNG, WINKEL**
  - Tablettfeld **X3**
  - Symbol im Werkzeugkasten **BEMASSUNG**

- **Befehlsanfrage:**

```
Befehl: BEMWINKEL
Bogen, Kreis, Linie wählen oder <Scheitelpunkt angeben>:
```

- **Bemaßungsarten:**

LINIE GEWÄHLT: Eine zweite Linie wird angefragt.

```
Zweite Linie:
Position des Massbogens angeben oder (MText/Text/Winkel):
Maßtext <45>:
```

Die Position des Maßbogens ist wichtig für den zu bemaßenden Winkel (→ Abbildung 5.5, a). Es werden nur Winkel bis 180 Grad bemaßt. Das Maß wird dynamisch mitgezogen. Text und Textwinkel lassen sich mit den Optionen **M (MTEXT), T (TEXT)** bzw. **W (WINKEL)** noch ändern (→ 5.1 und 5.2). Wird die Maßlinie ohne Änderung positioniert, wird der Maßtext nur angezeigt. Die Hilfslinien zur Kennzeichnung des Winkels werden automatisch gezeichnet.

⏎: Vorgabe eines beliebigen Winkels durch drei Punkte. Der Winkel kann in diesem Fall bis zu 359,99 Grad betragen.

```
Winkel-Scheitelpunkt angeben:
Ersten Winkelendpunkt angeben:
Zweiten Winkelendpunkt angeben:
Position des Maßbogens angeben oder [Mtext/Text/Winkel]:
Maßtext = 220
```

Bogen gewählt: Der Bogen wird automatisch vermaßt (→ Abbildung 5.5, b).

```
Position des Maßbogens angeben oder [Mtext/Text/Winkel]:
Maßtext =75
```

Kreis gewählt: Der Punkt, an dem der Kreis angepickt wurde, und ein zweiter Punkt werden mit einem Maßbogen vermaßt (→ Abbildung 5.5, c). Der zweite Winkelendpunkt wird angefragt.

```
Zweiten Winkelendpunkt angeben:
Position des Maßbogens angeben oder [Mtext/Text/Winkel]:
Maßtext = 56
```

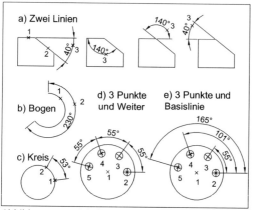

Abbildung 5.5: Winkelbemaßungen

Anmerkung

- Mit den Befehlen **BEMBASISL** und **BEMWEITER** (→ 5.1) lassen sich auch zusammengesetzte Winkelmaße erzeugen (→ Abbildung 5.5, d und e). Wurde zuletzt ein Winkel bemaßt oder wird an einem Winkelmaß angesetzt, wird mit diesen Befehlen automatisch auch mit der Winkelbemaßung fortgefahren.

5.3 Radius- und Durchmessermaße

Weitere Bemaßungsbefehle sind für Radien und Durchmesser.

Ausführung: Radius- und Durchmesserbemaßungen

Für die Bemaßung von Kreisen und Bögen stehen folgende Befehle zur Verfügung:

- ◆ **BEMRADIUS** für Radien (→ Abbildung 5.6, a)
- ◆ **BEMDURCHM** für Durchmesser (→ Abbildung 5.6, b)

■ **Befehle auswählen**
- ◆ Abrollmenü **BEMASSUNG, RADIUS** bzw. **DURCHMESSER**
- ◆ Tablettfeld **X4** und **X5**
- ◆ Symbole im Werkzeugkasten **BEMASSUNG**

■ **Befehlsanfrage:**

```
Befehl: BEMRADIUS oder BEMDURCHM
Bogen oder Kreis wählen:
Maßtext = 12.50
Position der Bemaßungslinie angeben oder
[Mtext/Text/Winkel]:
```

Anmerkung

■ Die Objekte werden mit der Pickbox gewählt. Das Maß kann bei der Wahl der Bemaßungslinie an eine beliebige Stelle gebracht werden. Dabei wird das Maß dynamisch mitgezogen.

Ausführung: Befehl BEMMITTELP

Der Befehl **BEMMITTELP** markiert den Mittelpunkt von Kreisen oder Bögen, ohne dabei ein Maß zu setzen.

■ **Befehl BEMMITTELP auswählen**
- ◆ Abrollmenü **BEMASSUNG, MITTELPUNKT**
- ◆ Tablettfeld **X2**
- ◆ Symbol im Werkzeugkasten **BEMASSUNG**

■ **Befehlsanfrage:**

```
Befehl: BEMMITTELP
Bogen oder Kreis wählen:
```

Anmerkungen

- Die Objekte werden mit der Pickbox gewählt. Das Zentrumskreuz wird automatisch gezeichnet.
- Die Größe der Markierung wird in den Bemaßungseinstellungen festgelegt (→ 5.6).
- Durch entsprechende Werte in den Bemaßungseinstellungen (→ 5.6) kann erreicht werden, dass Mittellinien gezeichnet werden.

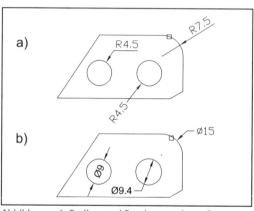

Abbildung 5.6: Radius- und Durchmesserbemaßungen

5.4 Schnellbemaßung und weitere Bemaßungsbefehle

Sehr einfach und schnell kann in komplexeren Zeichnungen mit der Schnellbemaßung gearbeitet werden.

Ausführung: Schnellbemaßung

Mit dem Befehl **SBEM** lassen sich komplette Maßketten in verschiedenen Bemaßungsarten auf einmal erzeugen.

- Befehl **SBEM** auswählen
  - ◆ Abrollmenü **BEMASSUNG, SBEM**
  - ◆ Tablettfeld **W1**
  - ◆ Symbol im Werkzeugkasten **BEMASSUNG**

- Befehlsanfrage:

```
Befehl: SBEM
Geometrie für Bemaßung wählen: Geometrie mit Fenster wählen
Geometrie für Bemaßung wählen: ⏎
Position der Bemaßungslinie angeben oder
[Ausgezogen/Versetzt/Basislinie/Koordinaten/Radius/
Durchmesser/bezugsPunkt/BEarbeiten] <Ausgezogen>:
```

Die Geometrie, die bemaßt werden soll, kann mit einem Fenster gewählt werden. Die Objekte können aber auch einzeln angeklickt werden. Bemaßt werden: Endpunkte von Linien, Zentrumspunkte von Kreisen und Bögen sowie die entsprechenden Punkte bei Polylinien. Zu beachten ist, dass beispielsweise auch Endpunkte von Mittellinien bemaßt werden, wenn sie sich im Fenster befinden.

Sind alle Objekte gewählt, wird die Maßkette dynamisch angezeigt, und die Position der Bemaßungslinie kann bestimmt werden. Je nach Richtung wird vertikal oder horizontal bemaßt. Mit den Optionen kann jetzt auch noch die Bemaßungsart gewechselt werden.

- **Optionen:**

  A (Ausgezogen): Erstellung von Kettenmaßen wie mit dem Befehl **Bemweiter** (→ 5.1 und Abbildung 5.7, a).

  V (Versetzt): Erstellung von Maßen von innen nach außen an rotationssymmetrischen Teilen (→ Abbildung 5.7, d).

  B (Basislinie): Erstellung von Bezugsmaßen wie mit dem Befehl **Bembasisl** (→ 5.1 und Abbildung 5.7, b).

  K (Koordinaten): Erstellung von Koordinatenmaßen wie mit dem Befehl **Bemordinate** (→ unten und Abbildung 5.7, c).

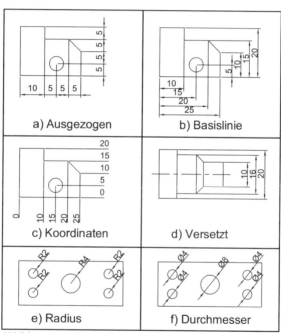

Abbildung 5.7: Verschiedene Bemaßungsarten bei der Schnellbemaßung

R (Radius): Erstellung von Radiusmaßen wie mit dem Befehl **Bemrad** (→ 5.3 und Abbildung 5.7, e).

D (Durchmesser): Erstellung von Durchmessermaßen wie mit dem Befehl **Bedurchm** (→ 5.3 und Abbildung 5.7, f).

In allen diesen Fällen werden Sie nach der Wahl der Option wieder nach der Position der Bemaßungslinie gefragt (→ oben). Wieder wird das Maß dabei dynamisch angezeigt, und die Bemaßungsart kann bei Bedarf auch noch einmal gewechselt werden. Bei Radius- und Durchmessermaßen wird nichts angezeigt. Hier wird die Position der Bemaßungslinie an einem Kreis bzw. Bogen mit der Pickbox bestimmt. Alle Maße werden dann in dieser Richtung gezeichnet.

P (bezugsPunkt): Festlegung des Bezugspunkts bei der Bemaßungsart **Basislinie** bzw. des Nullpunkts bei Koordinatenbemaßung.

BE (BEarbeiten): Anzeige aller Punkte, die zur Bemaßung ausgewählt wurden.

```
Position der Bemaßungslinie angeben oder
[Ausgezogen/Versetzt/Basislinie/Koordinaten/Radius/
Durchmesser/bezugsPunkt/BEarbeiten] <Ausgezogen>: BE
Zu entfernenden Bemaßungspunkt kennzeichnen oder
[Hinzufügen/eXit] <eXit>: markierten Punkt anklicken
Ein Bemaßungspunkt entfernt
Zu entfernenden Bemaßungspunkt kennzeichnen oder [Hinzufü-
gen/eXit] <eXit>:
```

Durch Anklicken wird ein markierter Punkt aus der Bemaßung entfernt.

Anzeige aller Punkte, die zur Bemaßung ausgewählt wurden.

H (Hinzufügen) bzw. **E (Entfernen):** Im Modus zur Bearbeitung der Maßpunkte können mit diesen Optionen Punkte hinzugefügt oder auch wieder entfernt werden.

```
Zu entfernenden Bemaßungspunkt kennzeichnen oder
[Hinzufügen/eXit] <eXit>: H eingeben
Hinzuzufügenden Bemaßungspunkt kennzeichnen oder
```

```
[Entfernen/eXit] <eXit>: Nicht markierten Punkt anklicken
Ein Bemaßungspunkt hinzugefügt.
Hinzuzufügenden Bemaßungspunkt kennzeichnen oder
[Entfernen/eXit] <eXit>: E eingeben
```

Anmerkungen

- Wenn bei einer Schnellbemaßung bereits vorhandene Maße bei der Auswahl der Geometrie für die Bemaßung mitgewählt werden, werden diese gelöscht und durch die neuen Maße ersetzt.
- Meist kann durch die Richtung des Auswahlfensters bestimmt werden, ob vorhandene Maße entfernt werden oder erhalten bleiben.

Ausführung: Befehl BEMORDINATE

Punkte in der Zeichnung lassen sich mit dem Befehl **BEMORDINATE** mit ihrer X- oder Y-Koordinate bemaßen.

- **Befehl BEMORDINATE auswählen**
    - ◆ Abrollmenü **BEMASSUNG, KOORDINATENBEMASSUNG**
    - ◆ Tablettfeld **W3**
    - ◆ Symbol im Werkzeugkasten **BEMASSUNG**
- **Befehlsanfrage:**

```
Befehl: BEMORDINATE
Funktionsposition angeben:
Endpunkt der Führungslinie angeben oder
[Xdaten/Ydaten/Mtext/Text/Winkel]:
Maßtext = 20
```

Anmerkungen

- Wird der Endpunkt der Führungslinie eingegeben, wird die zu bemaßende Koordinate (X oder Y) aus der Richtung automatisch bestimmt. Ist die Differenz zwischen den Y-Koordinaten (Maßpunkt und Endpunkt der Führungslinie) größer, wird die X-Koordinate vermaßt und umgekehrt. Mit den Optionen **X (XDATEN)** und **Y (YDATEN)** wird die Bemaßungsrichtung vorgegeben. Mit dem Ortho-Modus ist gewährleistet, daß die Führungslinie nicht abgewinkelt wird.

- Mit den Optionen **M (Mtext)** und **T (Text)** kann der Maßtext geändert werden und mit der Option **W (Winkel)** die Drehung des Textes.
- Bemaßt wird auf den Nullpunkt des aktuellen Benutzerkoordinatensystems.

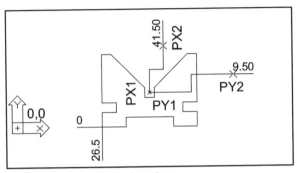

Abbildung 5.8: Koordinatenbemaßung

Ausführung: Befehl SFÜHRUNG

Maßtexte müssen oft aus Platzgründen an anderer Stelle angebracht werden oder an einen Punkt in der Zeichnung soll eine Anmerkung geschrieben werden. Mit dem Befehl **SFÜHRUNG** werden Führungslinien mit Texten, Toleranzen oder Blöcken gezeichnet.

- **Befehl SFÜHRUNG auswählen**
  - Abrollmenü **BEMASSUNG, FÜHRUNG**
  - Tablettfeld **W2**
  - Symbol im Werkzeugkasten **BEMASSUNG**

- **Befehlsanfrage:**

```
Befehl: FÜHRUNG
Ersten Führungspunkt angeben oder
[Einstellungen]<Einstellungen>:
```

Es kann entweder ein Startpunkt für die Führungslinie vorgegeben werden oder es können mit der Option **E (Einstellungen)** die Grundeinstellungen für die Führungslinie definiert werden.

- **E (EINSTELLUNGEN):**
  In einem Dialogfeld mit drei Registerkarten lassen sich die Einstellungen für alle folgenden Führungslinien einstellen (→ Abbildung 5.9 bis 5.11).

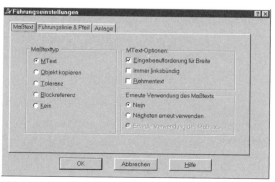

Abbildung 5.9: Einstellungen für den Maßtext

MASSTEXT: Im ersten Register (→ Abbildung 5.9) kann gewählt werden, was ans Ende der Führungslinie gesetzt werden soll. In der linken Spalte **MASSTEXTTYP** des Registers wird eingestellt, ob der Maßtext ein Textabsatz (**MTEXT**), ein Objekt von einer anderen Führungslinie, ein Toleranzsymbol, ein Block oder gar nichts sein soll (→ Abbildung 5.12, a). Bei den **MTEXT-OPTIONEN** wird gewählt, ob die Rahmenbreite jedesmal angefragt werden soll, ob der Text immer linksbündig gesetzt werden soll, auch dann, wenn die Maßlinie zur linken Seite zeigt, oder ob ein Rahmen um den Text gezeichnet werden soll (→ Abbildung 5.12, a). Im Feld darunter, **ERNEUTE VERWENDUNG DES MASSTEXTS**, wird angegeben ob jedesmal ein neuer Maßtext bzw. ein neues Symbol angefragt oder das nächste Symbol für alle weiteren Führungslinien verwendet werden soll.

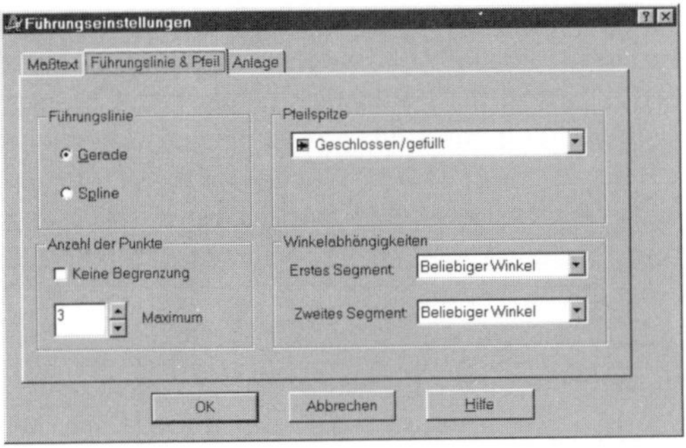

Abbildung 5.10: Einstellungen für Führungslinie und Pfeil

FÜHRUNGSLINIE UND PFEIL: Im zweiten Register (→ Abbildung 5.10) kann gewählt werden, wie die Führungslinie und der Pfeil aussehen sollen (→ Abbildung 5.12, b). Bei der Führungslinie sind Gerade und Spline möglich. Bei den Pfeilen lassen sich die verschiedensten Arten in einem Abrollmenü wählen. Im Feld **ANZAHL DER PUNKTE** kann die Eingabe der Stützpunkte auf eine bestimmte Anzahl begrenzt werden. Im Feld **WINKELABHÄNGIGKEITEN** kann die Richtung des ersten und zweiten Segmentes der Führungslinie auf bestimmte Winkel festgelegt werden.

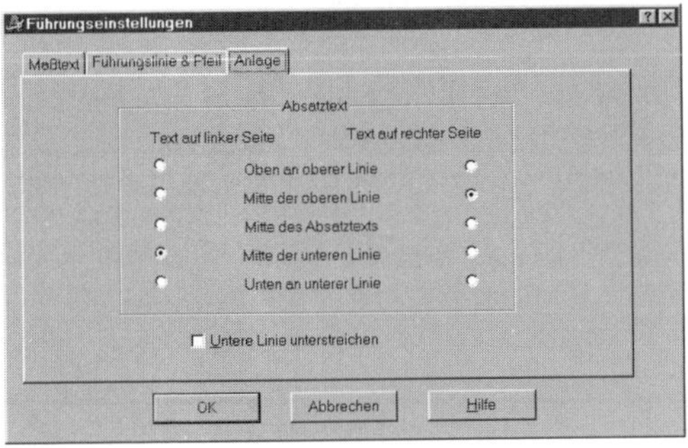

Abbildung 5.11: Einstellungen für den Absatztext

Anlage: Das dritte Register (→ Abbildung 5.11) ist nur aktiv, wenn im ersten Register **Mtext** als Maßtexttyp gewählt wurde. Es kann eingestellt werden, an welchem Punkt der Textabsatz angesetzt werden soll. Die Einstellung kann für Führungslinien nach links und rechts eingestellt werden. Mit dem Schalter **Untere Linie unterstreichen** wird die letzte Textzeile unterstrichen und der Text darüber gesetzt (→ Abbildung 5.12, c). Die anderen Einstellmöglichkeiten sind dann abgeschaltet.

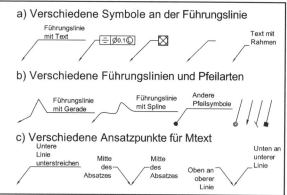

Abbildung 5.12: Verschiedene Arten von Führungslinien

- **Stützpunkte eingeben:**
  Wenn die Einstellungen in den Dialogfeldern vorgenommen wurden, bleiben diese bis zur nächsten Änderung gespeichert. Danach können die Stützpunkte der Führungslinie eingegeben werden.

```
Ersten Führungspunkt angeben oder
[Einstellungen]<Einstellungen>:
Nächsten Punkt angeben:
Nächsten Punkt angeben:
```

⏎ auf eine Punktanfrage beendet die Eingabe bzw. sie wird automatisch beendet, wenn eine begrenzte Anzahl von Stützpunkten eingestellt wurde. Was dann folgt, ist abhängig davon, welcher Maßtexttyp gewählt wurde.

- **Maßtext platzieren:**

MTEXT: Wurde diese Einstellung im ersten Register gewählt, wird angefragt:

```
Nächsten Punkt angeben: ⏎
Textbreite angeben <0>:
Erste Zeile des Anmerkungstextes eingeben <Mtext>: Text
eingeben oder mit ⏎ Texteditor aktivieren
Nächste Zeile des Maßtexts eingeben: Nächste Zeile eingeben
..
Nächste Zeile des Maßtexts eingeben: Mit ⏎ beenden
```

Eine Breite ist einzugeben, wenn der Absatz begrenzt werden soll, 0 steht für eine beliebige Absatzbreite. Bei der ersten Zeile zur Texteingabe kann mit ⏎ der Texteditor geholt werden. Bei der Texteingabe im Befehlszeilenfenster wird mit ⏎ in die nächste Zeile geschaltet. ⏎ am Zeilenbeginn beendet die Texteingabe.

OBJEKT KOPIEREN: Wird eine andere Führungslinie in der Zeichnung angeklickt, wird deren Symbol an die neue Linie gesetzt.

TOLERANZ: Ans Ende der Führungslinie wird ein Toleranzsymbol gesetzt. Die Erstellung des Symbols erfolgt wie beim Befehl Toleranz (➔ unten).

BLOCKREFERENZ: Ans Ende der Führungslinie wird ein Block gesetzt. Einzugeben sind der Blockname, die Skalierfaktoren und ein Drehwinkel wie beim Befehl **EINFÜGE** (➔ 7.1)

Ausführung: Befehl TOLERANZ

Symbole für geometrische Toleranzen werden mit dem Befehl TOLERANZ gezeichnet.

■ **Befehl TOLERANZ auswählen**
   ◆ Abrollmenü BEMASSUNG, TOLERANZ...
   ◆ Tablettfeld **X1**
   ◆ Symbol im Werkzeugkasten BEMASSUNG

Aus dem folgenden Dialogfeld kann das Toleranzzeichen mit Symbolen und Werten zusammengestellt werden (→ Abbildung 5.13).

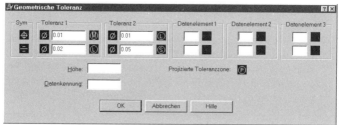

Abbildung 5.13: Dialogfeld für die Symbole und Werte bei Toleranzzeichen

Danach kann das Toleranzzeichen in der Zeichnung platziert werden. Wird der Befehl innerhalb des Befehls FÜHRUNG gewählt (→ oben), wird das Symbol an das Ende der Führungslinie gesetzt.

5.5 Bearbeitung von Bemaßungen

Bemaßungen können mit allen Editierbefehlen bearbeitet werden. Da die Bemaßung normalerweise assoziativ ist (**BEMASSO** ein), ändert sich der Maßtext, zum Beispiel bei den Befehlen **STRECKEN**, **STUTZEN**, **DEHNEN**, **VARIA** oder **DREHEN**. Die Größe der Maßpfeile, die Texthöhe usw. ändern sich nicht (z. B.: Befehl **VARIA**).

Maße lassen sich sehr einfach auch mit den Griffen bearbeiten. Ein Maß bekommt beim Anklicken fünf Griffe.

■ Je ein Griff an den Anfangspunkten der Maßhilfslinien. Damit lassen sich die Hilfslinien verschieben.

■ Je ein Griff an den Endpunkten der Maßlinie. Damit kann die Maßlinie neu platziert werden.

■ Ein Griff am Maßtext, der damit neu positioniert werden kann.

Maße lassen sich aber auch mit speziellen Editierbefehlen bearbeiten.

Ausführung: Befehl BEMEDIT

Mit dem Befehl **BEMEDIT** kann der Maßtext von Maßen verschoben, geändert, gedreht oder das Maß schräggestellt werden.

■ Befehl Bemedit auswählen
  ◆ Abrollmenü **BEMASSUNG**, **SCHRÄG** (für die Option **SCHRÄG** des Befehls)
  ◆ Tablettfeld **Y1**
  ◆ Symbol im Werkzeugkasten **BEMASSUNG**

■ Befehlsanfrage:

```
Befehl: BEMEDIT
Bearbeitungstyp für Bemaßung eingeben
[Ausgangsposition/Neu/Drehen/Schräg]
<Ausgangsposition>:
```

■ Optionen:

⏎ **für die Option AUSGANGSPOSITION:** Maßtext nach einer Verschiebung wieder an die ursprüngliche Position setzen.

N (NEU): Neuen Maßtext eingeben.

```
Maßtext <0>: 20Maßtext durch 20 ersetzen
Maßtext <0>: ⏎Originalmaß eintragen
Maßtext <0>: <>mmmm an Originalmaß anhängen
```

Wird ⏎ statt eines neuen Maßtextes eingegeben, wird das gewählte Maß neu vermessen und der gemessene Wert eingetragen. Wurde das Maß vorher überschrieben, wird das Originalmaß wieder eingesetzt.

D (Drehen): Maßtext drehen, der Winkel wird abgefragt.

S (Schräg): Maßhilfslinien schrägstellen.

Bei allen Optionen lassen sich danach mit der Objektwahl die Maße wählen, für die die neuen Einstellungen gelten sollen.

Ausführung: Befehl BEMTEDIT

Mit dem Befehl **BEMTEDIT** können die Textposition und die Position der Maßlinie eines Maßes dynamisch bearbeitet werden.

■ Befehl **BEMTEDIT** auswählen
- ◆ Abrollmenü **BEMASSUNG, TEXT AUSRICHTEN >**, Untermenü für die Optionen des Befehls
- ◆ Tablettfeld **Y2**
- ◆ Symbol im Werkzeugkasten **BEMASSUNG**

■ Befehlsanfrage:

```
Befehl: BEMTEDIT
Bemaßung wählen:
Neue Position für Maßtext angeben oder
[Links/Rechts/Zentrum/Ausgangsposition/Winkel]:
```

■ Optionen:

PUNKTEINGABE: Maßtext kann verschoben und an einer neuen Position abgesetzt werden. Das Maß wird dynamisch nachgezogen und neu gezeichnet.

L (Links): Maßtext an der linken Hilfslinie platzieren.

R (Rechts): Maßtext an der rechten Hilfslinie platzieren.

A (Ausgangsposition): Maßtext nach einer Verschiebung wieder an die ursprüngliche Position setzen.

W (Winkel): Maßtext drehen, der Winkel wird abgefragt.

Ausführung: Befehl DDEDIT

Mit dem Befehl **DDEDIT** können die Textposition und die Position der Maßlinie eines Maßes dynamisch bearbeitet werden.

- **Befehl BEMTEDIT auswählen**
  - ◆ Abrollmenü **ÄNDERN, TEXT BEARBEITEN**
  - ◆ Symbol im Werkzeugkasten **ÄNDERN II**

Der Maßtext kann im gleichen Dialogfeld bearbeitet werden wie ein Textabsatz (→ 5.8). An der Stelle des gemessenen Werts steht auch hier der Platzhalter <>. Dieser sollte nicht geändert werden, es können aber Texte vor oder hinter den Platzhalter gesetzt werden.

5.6 Bemaßungsvariablen und Bemaßungsstile

Die Form der Bemaßungen (Maßhilfslinie, Maßlinie, Maßtext, Maßpfeile usw.) wird von den Bemaßungsvariablen festgelegt.

Damit nicht bei jeder Änderung der Form der Bemaßung diverse Variablen umgestellt werden müssen, lassen sich die aktuelle Einstellungen der Bemaßungsvariablen in einem sogenannten Bemaßungsstil sichern. Die Bemaßungsstile werden in der Zeichnung gespeichert, in der sie definiert wurden. Es lassen sich beliebig viele Stile in einer Zeichnung definieren. Sollen ein oder mehrere Stile in jeder neuen Zeichnung zur Verfügung stehen, sollten sie in den Vorlagendateien definiert werden. Soll nun in einer anderen Form bemaßt werden, muss nur der Bemaßungsstil gewechselt werden.

Bemaßungsstile können in einem Dialogfenster mit mehreren Unterfenstern erzeugt und verwaltet werden.

Ausführung: Bemaßungsstil-Manager, Befehl BEMSTIL

Die Verwaltung der Bemaßungsstile und die Einstellung der Bemaßungsvariablen läßt sich übersichtlich mit dem Befehl BEMSTIL in Dialogfeldern einstellen.

■ Befehl BEMSTIL auswählen
- Abrollmenü BEMASSUNG, STIL...
- Abrollmenü FORMAT, BEMASSUNGSSTIL...
- Tablettfeld Y5
- Symbol im Werkzeugkasten BEMASSUNG

Zunächst erscheint das Dialogfeld zur Auswahl des Bemaßungsstils, der BEMASSUNGSSTIL-MANAGER (→ Abbildung 5.14).

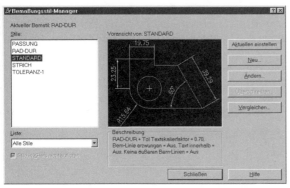

Abbildung 5.14: Dialogfeld des Bemaßungsstil-Managers

- **BEMASSUNGSSTIL-MANAGER:**

  STILE: In diesem Feld sind alle Stile dieser Zeichnung aufgelistet. Wurde eine Zeichnung mit der metrischen Grundeinstellung gestartet, gibt es nur den Stil *ISO-25*. In dem Voransichtsfenster wird der Stil dargestellt, der in der Liste markiert ist. Es lassen sich auch untergeordnete Stile anlegen. Ein untergeordneter Stil gilt immer für eine Bemaßungsart. Er hat alle Einstellungen des Stils, von dem er abgeleitet wurde, bis auf die, die im untergeordneten Stil geändert wurden. In der Liste sind diese Stile in der Liste unter dem übergeordneten Stil eingerückt aufgeführt. Wurden Änderungen an einem Stil vorgenommen und nicht gespeichert, dann steht unter diesem Stil der Eintrag *Stilüberschreibung*.

  LISTE: Im diesem Abrollmenü kann gewählt werden, ob alle Stile in der Liste angezeigt werden sollen oder nur die in der Zeichnung verwendeten.

- **Wechseln des aktuellen Bemaßungsstils:**

  Den gewünschten Stil in der Liste doppelt anklicken oder markieren und auf die Schaltfläche **AKTUELLEN EINSTELLEN** klicken. Im Werkzeugkasten **BEMASSUNG** kann der aktuelle Bemaßungsstil auch in einem Abrollmenü ausgewählt werden.

- **Erzeugung eines neuen Bemaßungsstils:**
  Schaltfläche **Neu...** anklicken und im folgenden Dialogfeld den Namen eintragen, im Abrollmenü **Anfangen mit** wählen, von welchem vorhandenen der neue Stil abgeleitet werden soll, und im Abrollmenü **Verwenden für** wählen, ob der neue Stil für alle Bemaßungen oder nur für bestimmte Bemaßungsarten gelten soll (→ Abbildung 5.15). Danach kann im nächsten Dialogfeld der neue Stil eingestellt werden (→ unten).

Abbildung 5.15: Dialogfeld für einen neuen Bemaßungsstil

- **Ändern eines Bemaßungsstils:**
  Den zu ändernden Stil in der Liste markieren und die Schaltfläche **Ändern...** anklicken. Danach können im nächsten Dialogfeld die Änderungen am Stil vorgenommen werden (→ unten). Nach dem Beenden des Befehls werden alle Maße, die mit diesem Stil erzeugt wurden, entsprechend geändert.

- **Überschreiben eines Bemaßungsstils:**
  Ein Bemaßungsstil kann auch überschrieben werden. Dazu wird der aktuelle Stil in der Liste markiert und auf die Schaltfläche **Überschreiben...** geklickt. Im nächsten Dialogfeld können die Änderungen am Stil vorgenommen werden (→ unten). Die Maße, die mit dem überschriebenen Stil erstellt wurden, ändern sich nicht. Werden neue Maße erstellt, werden diese ohne Stil gespeichert. Wird ein neuer Stil zum aktuellen gemacht, werden die Stilüberschreibungen verworfen. Diese Methode eignet sich dann, wenn einige wenige Maße mit abweichenden Einstellungen erzeugt werden sollen.

■ Vergleichen von Bemaßungsstilen:

Mit der Schaltfläche **VERGLEICHEN...** kommt ein weiteres Dialogfeld auf den Bildschirm. Darin lassen sich zwei Bemaßungsstile in Abrollmenüs wählen. In dem Feld darunter werden die unterschiedlichen Einstellungen aufgelistet (→ Abbildung 5.16).

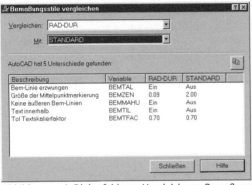

Abbildung 5.16: Dialogfeld zum Vergleich von Bemaßungsstilen

Ausführung: Register LINIEN UND PFEILE

Mit einer der Schaltflächen **NEU...**, **ÄNDERN...** oder **ÜBERSCHREIBEN...** im ersten Dialogfeld (→ Abbildung 5.14) kommt ein Dialogfeld mit sechs Registern auf den Bildschirm. Darin lassen sich alle Bemaßungseinstellungen vornehmen. Im Register **LINIEN UND PFEILE** werden die Einstellungen für Bemaßungslinien, Hilfslinien und Maßpfeile vorgenommen (→ Abbildung 5.17).

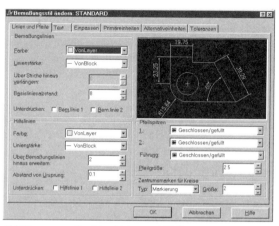

Abbildung 5.17: Register Linien und Pfeile

- **BEMASSUNGSLINIEN**

  FARBE und **LINIENSTÄRKE: EINSTELLUNG VON FARBE UND LINIENSTÄRKE DER BEMASSUNGSLINIEN. NORMALERWEISE IST** *Vonlayer* **ODER** *Vonblock* **EINGESTELLT.**

  ÜBER STRICHE HINAUS VERLÄNGERN: Maß der Verlängerung der Bemaßungslinie über die Hilfslinien. Nur bei Bemaßung mit Querstrichen möglich und einstellbar (→ Abbildung 15.18, a).

  BASISLINIENABSTAND: Abstand der Maßlinien zueinander bei Basislinienbemaßung (→ Abbildung 5.18, b).

  UNTERDRÜCKEN: Einstellung, ob erste oder zweite Seite der Maßlinie unterdrückt werden soll. Einseitige Ausblendung der Hilfslinie ist nur möglich, wenn der Text zwischen die Bemaßungslinie gesetzt ist (→ Abbildung 5.18, c).

- **HILFSLINIEN**

  FARBE und **LINIENSTÄRKE:** (→ oben).

  ÜBER BEMASSUNGSLINIEN HINAUS ERWEITERN: Maß der Verlängerung der Hilfslinie über die Maßlinien (→ Abbildung 5.18, d).

Abstand vom Ursprung: Abstand der Hilfslinien vom zu bemaßenden Punkt (→ Abbildung 5.18, e).
Unterdrücken: Einstellung, ob erste oder zweite Hilfslinie unterdrückt werden soll (→ Abbildung 5.18, f).

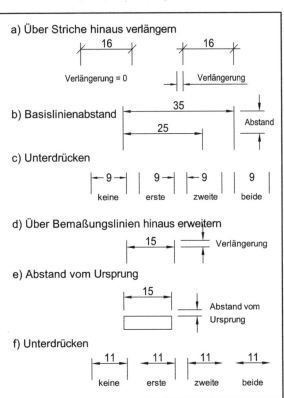

Abbildung 5.18: Beispiele Linien und Pfeile 1

■ Pfeilspitzen

1. und **2.** bzw. **Führung:** Auswahlmenü für das erste und zweite Symbol am Ende der Maßlinie und das Symbol an Führungslinien. Bei der Einstellung **Benutzerspezifischer Pfeil...** kann ein Blockname eingegeben werden. Dieser Block wird an das Ende der Maßlinie gesetzt (→ Abbildung 5.19, a).

Pfeilgröße: Pfeillänge bzw. Größe des Symbols. Wurde ein Block gewählt, gibt der Wert den Skalierfaktor für den Block an (→ Abbildung 5.19, b).

■ Zentrumsmarke für Kreise

Typ: Aus dem Abrollmenü kann gewählt werden, ob Kreise mit einem Kreuz, mit Mittelachsen oder gar nicht markiert werden sollen.

Größe: Größe des Zentrumskreuzes und des Überstandes der Mittellinien über die Kreislinie (→ Abbildung 5.19, c und d).

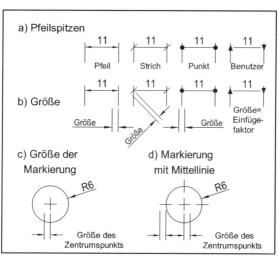

Abbildung 5.19: Beispiele Linien und Pfeile 2

Ausführung: Register TEXT

Im Register **TEXT** werden die Einstellungen zum Format des Maßtextes vorgenommen (→ Abbildung 5.20).

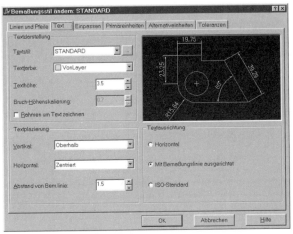

Abbildung 5.20: Register Text

- **TEXTDARSTELLUNG**

  TEXTSTIL: Abrollmenü zur Auswahl des Textstils für den Maßtext. Mit dem Symbol rechts vom Menü kann zum Dialogfeld des Befehls **STIL** (→ 5.9) gewechselt werden.

  TEXTFARBE: Einstellung der Farbe des Maßtextes.

  TEXTHÖHE: Einstellung der Texthöhe für den Maßtext.

  BRUCH-HÖHENSKALIERUNG: Das Feld ist nur dann zugänglich, wenn im Register **TOLERANZEN** eine Toleranzangabe gewählt wurde. Der hier eingestellte Wert gibt den Faktor an, um den die Toleranzangabe kleiner als der Text ist.

  RAHMEN UM TEXT ZEICHNEN: Ist der Schalter ein, wird der Text umrahmt. Im Maschinenbau entspricht dies der Grundtoleranz.

- **TEXTPLATZIERUNG**
  VERTIKAL: In diesem Abrollmenü wird angegeben, ob der Maßtext oberhalb der Maßlinie sitzen oder die Maßlinie unterbrochen werden soll (→ Abbildung 5.21, a).
  HORIZONTAL: Hiermit kann das Maß in die Mitte oder an die Hilfslinien geschoben werden (→ Abbildung 5.21, b).
  ABSTAND VON BEM.LINIE: Einstellung des Textabstands von der Bemaßungslinie, wenn er darüber platziert wurde.

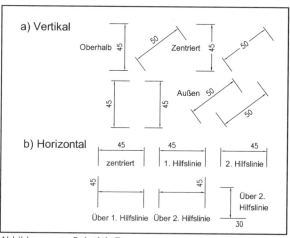

Abbildung 5.21: Beispiele Text 1

- **TEXTAUSRICHTUNG**
  Bei der Einstellung **HORIZONTAL** wird der Maßtext immer horizontal gesetzt. Bei der Einstellung **MIT BEMASSUNGSLINIE AUSGERICHTET,** wird der Text parallel mit der Maßlinie ausgerichtet. Bei **ISO-STANDARD** ist dies ebenso, nur Radiusbemaßungen werden waagrecht ausgerichtet (→ Abbildung 5.22).

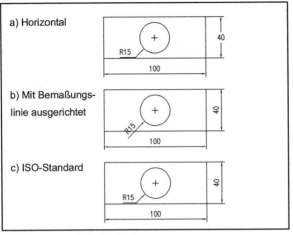

Abbildung 5.22: Beispiele Text 2

Ausführung: Register EINPASSEN

Im Register **EINPASSEN** werden verschiedene Einstellungen für die Texteinpassung und Skalierung vorgenommen (→ Abbildung 5.23).

- **EINPASSUNGSOPTIONEN**
  Wenn Maßtext und/oder Maßpfeile nicht zwischen die Hilfslinien passen, können Sie in diesem Feld wählen, was außerhalb der Hilfslinie angebracht werden soll.

- **TEXTPOSITION**
  Bei dieser Einstellung wird angegeben, was passieren soll, wenn der Maßtext aus der Vorgabeposition verschoben wird.

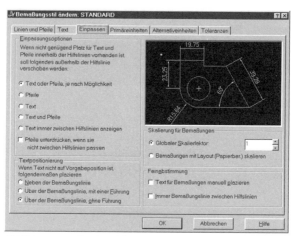

Abbildung 5.23: Register Einpassen

- **SKALIERUNG FÜR BEMASSUNGEN**

  GLOBALER SKALIERFAKTOR: Mit dem globalen Skalierfaktor werden alle Größen in den Bemaßungseinstellungen multipliziert. Das hat den Vorteil, dass beim Plotten im Maßstab nicht alle Werte geändert werden müssen, sondern nur dieser Faktor. Alle anderen Größen (Pfeilgrößen, Abstände, Verlängerungen usw.) werden mit diesem Faktor multipliziert.

  BEMASSUNGEN MIT LAYOUT (PAPIERBER.) SKALIEREN: Ist dieses Feld angekreuzt, werden die Maße in den Ansichtsfenstern des Layouts so skaliert, dass die Maßgrößen (Texthöhe, Pfeillängen, Abstände usw.) auf dem Papier in der eingestellten Größe erscheinen.

- **FEINABSTIMMUNG**

  TEXT FÜR BEMASSUNGEN MANUELL PLATZIEREN: Ist dieser Schalter ein, kann der Maßtext beim Platzieren der Bemaßungslinie auf dieser verschoben werden.

Immer Bemassungslinie zwischen Hilfslinien: Zeichnet auch dann Bemaßungslinien zwischen die Hilfslinien, wenn die Pfeile außerhalb platziert wurden.

Ausführung: Register Primäreinheiten

Im Register **Primäreinheiten** wird das Format der primären Maßeinheiten eingestellt (→ Abbildung 5.24).

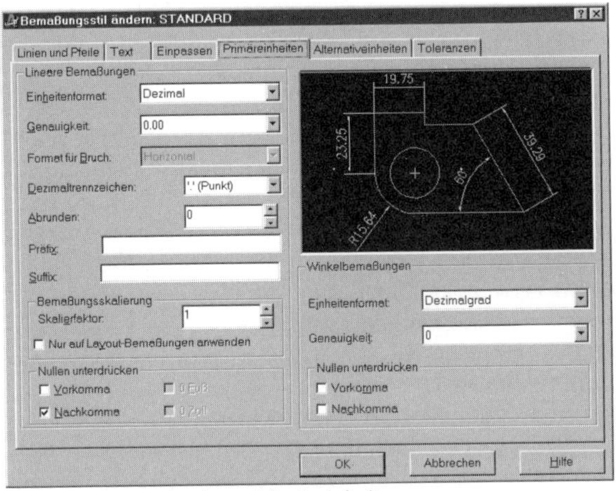

Abbildung 5.24: Register Primäreinheiten

■ **Lineare Bemassungen**

Einheitenformat: Im Abrollmenü können die linearen Einheiten für die Bemaßung eingestellt werden, normalerweise ist **Dezimal** eingeschaltet, zur Auswahl stehen auch die exponentielle Schreibweise (Einstellung: Wissenschaftlich) und verschiedene Formate in Fuß und Zoll. Die Einstellung **Windows-Desktop** bewirkt, dass die Formateinstellungen aus Windows gelten.

Genauigkeit: Abrollmenü für die Genauigkeit der linearen Bemaßungen.

FORMAT FÜR BRUCH: Sind britische Einheiten in Bruchdarstellung gewählt, kann hier gewählt werden, ob der Bruchstrich horizontal oder diagonal gezeichnet werden soll.

DEZIMALTRENNZEICHEN: Auswahl zwischen Komma, Punkt oder Leerzeichen zur dezimalen Trennung.

ABRUNDEN: Mit einem Wert größer 0 ein, wird das Maß auf ein Vielfaches dieses Werts gerundet (→ Abbildung 5.27, d).

PRÄFIX BZW. SUFFIX: Text, der vor (Feld **PRÄFIX**) bzw. nach (Feld **SUFFIX**) jedem Maß gesetzt wird (→ Abbildung 5.27, a).

■ **BEMASSUNGSSKALIERUNG**

SKALIERFAKTOR: Multiplikationsfaktor für das Maß. Das gemessene Maß wird mit diesem Faktor multipliziert. Wurde in der Zeichnung eine vergrößerte Kopie erzeugt, kann diese mit einem Skalierfaktor bemaßt werden (→ Abbildung 5.27, e).

NUR AUF LAYOUT-BEMASSUNGEN ANWENDEN: Ist dieser Schalter ein, wird der eingestellte Skalierfaktor nur für die Bemaßung im Papierbereich verwendet. Damit kann der Maßstab in den Ansichtsfenstern korrigiert werden, und die Bemaßung in Papiereinheiten ergibt korrekte Werte.

■ **NULLEN UNTERDRÜCKEN**

Mit den Schaltern **VORKOMMA** und **NACHKOMMA** kann die Null vor dem Komma oder Nullen nach dem Komma ausgeschaltet werden: 0.5000 ergibt dann 0.5, .5000 oder .5, je nach Schalterstellung (→ Abbildung 5.27, f).

Die Schalter **0 FUSS** und **0 ZOLL** steuern das Format der Bemaßung, wenn in Fuß und Zoll bemaßt wird.

■ **WINKELBEMASSUNG**

Hier können die gleichen Einstellungen für Winkelbemaßungen gemacht werden: Einheitenformat, Genauigkeit und Nullen vor und nach dem Komma.

Ausführung: Register ALTERNATIVEINHEITEN

Soll beispielsweise in mm und Zoll bemaßt werden, kann dies im Register **ALTERNATIVEINHEITEN** eingeschaltet und das Format der Alternativeinheiten kann eingestellt werden (→ Abbildung 5.25).

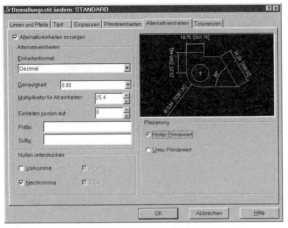

Abbildung 5.25: Register Alternativeinheiten

Sollen Alternativeinheiten verwendet werden, muss der Schalter **ALTERNATIVEINHEITEN ANZEIGEN** ein sein. Dann können das Format (→ oben) und der Umrechnungsfaktor dafür eingestellt werden. Im Feld Platzierung wird angegeben, ob die Alternativeinheiten vor oder unter die Primäreinheiten gesetzt werden sollen (→ Abbildung 5.27, b).

Ausführung: Register TOLERANZEN

Soll mit Toleranzen bemaßt werden, können im **REGISTER TOLERANZEN** das Format und die Werte dafür eingestellt werden (→ Abbildung 5.26).

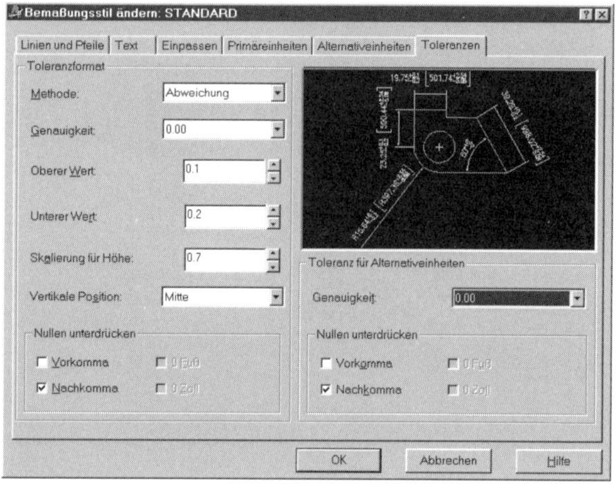

Abbildung 5.26: Register Toleranzen

■ TOLERANZFORMAT

METHODE: Hier kann eingestellt werden, ob keine Toleranzangaben gemacht, symmetrische Toleranzen, Abweichungen in positiver und negativer Richtung, der obere und untere Grenzwert oder die Grundtoleranz (eingerahmter Maßtext) angezeigt werden sollen (siehe Abbildung 5.27, c).

Darunter werden die Genauigkeit und die Werte für die Toleranzen eingestellt. Im Feld **SKALIERUNG FÜR HÖHE** wird vorgegeben, wie hoch der Text für die Toleranzen in Relation zum Maßtext sein soll. Das Feld **VERTIKALE POSITION** gibt an, wo die Toleranzen im Verhältnis zu der Maßzahl stehen sollen. Auch bei den Toleranzen kann die Anzeige der Nullen vor und nach dem Komma beeinflusst werden. Außerdem lassen sich die Toleranzen für die Nachkommastellen beeinflussen.

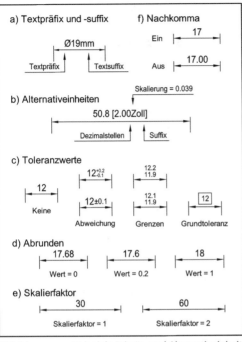

Abbildung 5.27: Beispiele Primär- und Alternativeinheiten sowie Toleranzen

Ausführung: Befehl BEMÜBERSCHR

Mit dem Befehl **BEMÜBERSCHR** können eine oder mehrere Bemaßungsvariablen bei einem oder mehreren Maßen geändert werden.

■ Befehl BEMÜBERSCHR auswählen
- ◆ Abrollmenü **BEMASSUNG, ÜBERSCHREIBEN**
- ◆ Tablettfeld **Y4**

- **Befehlsanfrage:**

```
Befehl: BEMÜBERSCHR
Zu überschreibenden Namen der Bemaßungsvariable
eingeben oder [Überschreibungen deaktivieren]: z.B. Bemtxt
Neuen Wert für Bemaßungsvariable eingeben <2.5000>: 4
Geben Sie die zu überschreibende Bemaßungsvariable ein: ⏎
Objekte wählen:
```

Variablen und deren neue Werte können angegeben werden. Danach werden Maße bestimmt, bei denen diese Werte zu ändern sind. Eine Option kann gewählt werden:

Ü (ÜBERSCHREIBUNG DEAKTIVIEREN): Macht eine vorgenommene Überschreibung rückgängig und bringt das Maß auf seinen ursprünglichen Bemaßungsstil zurück.

Ausführung: Befehl -BEMSTIL, Option ANWENDEN

Der Befehl **BEMSTIL** (→ oben) kann auch ohne Dialogfeld im Befehlsanfragebereich ausgeführt werden, wenn er mit -**BEMSTIL** gestartet wird. Das ist normalerweise nicht sinnvoll. Lediglich eine Option dieser Variante wird in den Menüs verwendet, die Option **ANWENDEN**. Damit können ein oder mehrere Maße den neuen Einstellungen der Bemaßungsvariablen angepasst oder auf den aktuellen Bemaßungsstil gebracht werden.

- **Befehl BEMSTIL, Option ANWENDEN**
  - ◆ Abrollmenü **BEMASSUNG, AKTUALISIEREN**
  - ◆ Symbol im Werkzeugkasten **BEMASSUNG**

- **Befehlsanfrage:**

```
Befehl: -BEMSTIL
Aktueller Bemaßungsstil:  Standard
Option für Bemaßungsstil eingeben
[SIchern/Holen/STatus/Variablen/Anwenden/?] <Holen>: A
Objekte wählen:
```

Die gewählten Bemaßungen werden den neuen Einstellungen der Bemaßungsvariablen angepasst. Ist ein Bemaßungsstil aktiv, werden die Bemaßungen auf diesen Stil gebracht.

5.7 Abfragebefehle

Außer den eigentlichen Bemaßungsbefehlen (→ 5.1 bis 5.4) gibt es Befehle, mit denen gemessen werden kann. Die Ergebnisse werden angezeigt, aber nicht in die Zeichnung eingetragen.

Ausführung: Befehl ID

Mit dem Befehl ID lassen sich die exakten Koordinaten eines Punktes in der Zeichnung bestimmen.

■ **Befehl ID auswählen**
- ◆ Abrollmenü **WERKZEUGE, ABFRAGE >, ID PUNKT**
- ◆ Tablettfeld **U9**
- ◆ Symbol in einem Flyoutmenü der Standard-Funktionsleiste und Werkzeugkasten **ABFRAGE**

■ **Befehlsanfrage:**

```
Befehl: ID
Punkt angeben: X = 10  Y = 10  Z = 10
```

Ausführung: Befehl ABSTAND

Mit dem Befehl **ABSTAND** läßt sich der Abstand zwischen zwei Punkten in der Zeichnung bestimmen.

■ **Befehl ABSTAND auswählen**
- ◆ Abrollmenü **WERKZEUGE, ABFRAGE >, ABSTAND**
- ◆ Tablettfeld **T8**
- ◆ Symbol in einem Flyout-Menü der Standard-Funktionsleiste und Werkzeugkasten **ABFRAGE**

■ **Befehlsanfrage:**

```
Befehl: ABSTAND
Ersten Punkt angeben:
Zweiten Punkt angeben:
Abstand=78, Winkel in XY-Ebene=50, Winkel von XY-Ebene=0
Delta X=50.00, Delta Y=60.00, Delta Z=0
```

Ausführung: Befehl FLÄCHE

Mit dem Befehl **FLÄCHE** lassen sich Flächen und Umfang von Polygonzügen, Kreisen und Polylinien aus der Zeichnung berechnen.

Befehl FLÄCHE auswählen
- Abrollmenü **WERKZEUGE, ABFRAGE ›, FLÄCHE**
- Tablettfeld **T7**
- Symbol in einem Flyout-Menü der Standard-Funktionsleiste und Werkzeugkasten **ABFRAGE**

Befehlsanfrage:

```
Befehl: FLÄCHE
Ersten Eckpunkt angeben oder
[Objekt/Addieren/Subtrahieren]:
```

Optionen:

PUNKTEINGABE: Wird ein Punkt eingegeben, können nacheinander beliebige Punkte eines Polygonzuges eingegeben werden.

```
Nächsten Eckpunkt angeben oder Eingabetaste
für Summe drücken:
Nächsten Eckpunkt angeben oder Eingabetaste
für Summe drücken: ⏎
```

Die Eingabe wird mit ⏎ abgeschlossen. Es wird davon ausgegangen, dass der erste und letzte Punkt verbunden sind. Das Ergebnis wird in folgender Form ausgegeben:

```
Fläche = 150.00, Umfang = 120.00
```

O (OBJEKT): Die Option dient dazu, Fläche und Umfang eines geschlossenen Objekts zu berechnen. Es erscheint die Meldung.

```
Objekte auswählen:
```

Das Ergebnis wird wie oben angezeigt.

A (ADDIEREN): Die Option schaltet in den Additionsmodus um. Alle nachfolgend berechneten Flächen werden zu der Gesamtfläche summiert.

S (SUBTRAHIEREN): Die Option schaltet in den Subtraktionsmodus um. Alle nachfolgend berechneten Flächen werden von der Gesamtfläche subtrahiert.

Anmerkungen

- Die Gesamtfläche wird bei Anwahl des Befehls auf 0 gesetzt.
- Zwischen den Optionen **A (ADDIEREN)** und **S (SUBTRAHIEREN)** kann beliebig oft hin- und hergeschaltet werden.
- Bei der Option **O (OBJEKT)** können Kreise und geschlossene Polylinien gewählt werden.
- Bei breiten Polylinien wird die Mittellinie genommen.

Ausführung: Befehl LISTE

Der Befehl **LISTE** dient der Anzeige der Geometriedaten und Eigenschaften von wählbaren Objekten.

- **Befehl LISTE auswählen**
    - Abrollmenü **WERKZEUGE, ABFRAGE ›, AUFLISTEN**
    - Tablettfeld **U8**
    - Symbol in einem Flyout-Menü der **STANDARD-FUNKTIONSLEISTE** und Werkzeugkasten **ABFRAGE**

- **Befehlsanfrage:**

```
Befehl: LISTE
Objekte wählen:
```

Objekte wählen und deren Daten werden angezeigt.

Ausführung: Befehl MASSEIG

Der Befehl **MASSEIG** berechnet die Volumen, Schwerpunkte, Trägheitsmomente und Masseneigenschaften von Festkörpern. Bei Regionen werden die Flächendaten, Schwerpunkte und Trägheitsmomente berechnet.

- **Befehl MASSEIG auswählen**
    - Abrollmenü **WERKZEUGE, ABFRAGE ›, MASSENEIGENSCHAFTEN**
    - Tablettfeld **U7**
    - Symbol in einem Flyout-Menü der **STANDARD-FUNKTIONSLEISTE** und Werkzeugkasten **ABFRAGE**

- **Befehlsanfrage:**

```
Befehl: MASSEIG
Objekte wählen:
```

Festkörper oder Region wählen und Daten werden angezeigt.

5.8 Textbefehle

Beschriftungen können mit den Befehlen **Text** oder **Dtext** ausgeführt werden. Mit dem Befehl **Text** kann eine Textzeile eingegeben werden, mit dem Befehl **Dtext** dagegen ist mehrzeiliger Text möglich. Außerdem erfolgt beim Befehl **Dtext** die Eingabe unterstützt durch einen Cursor auf der Zeichenfläche, und es ist möglich, den Cursor während der Texteingabe an eine neue Stelle zu setzen.

Ausführung: Befehl Dtext

Der Befehl **Dtext** dient zur Positionierung und Eingabe von Text in eine Zeichnung.

- **Befehl Dtext auswählen**
  - ◆ Abrollmenü **Zeichnen, Text ›, Einzeiliger Text**
  - ◆ Tablettbereich **K8**
- **Befehlsanfrage:**

```
Befehl: DTEXT
Aktueller Textstil: "DIN"  Texthöhe: 3.50
Startpunkt des Texts angeben oder [Position/Stil]:
```

- **Ausrichtungsart des Textes** (→ Abbildung 5.28).

  Punkteingabe für den Startpunkt: Wird keine Option gewählt und nur ein Punkt eingegeben, wird der Text linksbündig an diesem Punkt ausgerichtet.

  ⏎: Der Text wird unter die letzte Zeile gesetzt. Es werden keine weiteren Angaben verlangt. Ausrichtung, Höhe und Winkel werden vom zuletzt eingegebenen Text übernommen.

  S (Stil): Wahl des Textstils (→ 5.9). Nach der Stileingabe wird die obige Anfrage wiederholt. **?** listet die verfügbaren Stile.

  P (Position): Vorgabe der Textausrichtung. Die Ausrichtung kann aus einer weiteren Optionsliste gewählt werden.

```
Option eingeben
[Ausrichten/Einpassen/Zentrieren/Mittel/Rechts/
OL/OZ/OR/ML/MZ/MR/UL/UZ/UR]:
```

A (Ausrichten): Die Textgrundlinie wird zwischen einem Start- und Endpunkt ausgerichtet. Verhältnis von Texthöhe und -breite ist konstant. Der Text wird in der Höhe variiert, bis er zwischen die Punkte passt.

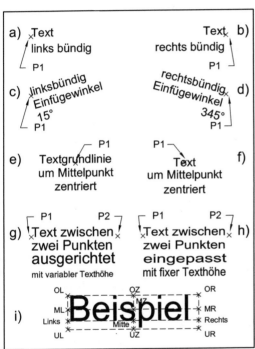

Abbildung 5.28: Textausrichtung

E (Einpassen): Die Textgrundlinie wird zwischen einem Start- und Endpunkt eingepasst. Texthöhe ist konstant. Der Text wird in der Breite variiert, bis er zwischen die Punkte passt.

Z (Zentrieren): Textgrundlinie wird um einen Punkt zentriert.

M (Mitte): Textmittellinie wird um einen Punkt zentriert.

R (RECHTS): Die Textgrundlinie wird rechtsbündig an einem Punkt ausgerichtet.

OL/OZ/OR/ML/MZ/MR/UL/UZ/UR: Text wird an dem angegebenen Punkt ausgerichtet. Der erste Buchstabe gibt die vertikale Position an (oben, Mitte und unten), der zweite die horizontale Position (links, Zentrum und rechts).

Danach werden Texthöhe (außer bei Option **A (AUSRICHTEN)**, da hier die Höhe variiert wird), und Einfügewinkel (außer bei Option **A (AUSRICHTEN)** und **E (EINPASSEN)**) festgelegt und der Text eingegeben.

Anmerkungen

- Es wird ein Cursor angezeigt, der Text erscheint sofort in der Zeichnung und kann mit ⏎ korrigiert werden.
- Wird ⏎ eingegeben, springt der Cursor in die nächste Zeile. Die Texteingabe wird beendet, wenn auf die Textanfrage nur ⏎ eingegeben wird.
- Der Cursor kann bei der Texteingabe mit dem Fadenkreuz auf einen neuen Punkt in der Zeichnung gesetzt werden.
- Der Text wird zuerst immer linksbündig in die Zeichnung eingesetzt. Erst beim Abschluss der Eingabe wird er in der endgültigen Form gezeichnet.
- Der Befehl **TEXT** eignet sich nicht fürs Zeichnen. Er kann aber in Menümakros bzw. Skript-Dateien verwendet oder auf der Tastatur eingegeben werden. Mit ihm kann nur eine Textzeile eingegeben werden.

Ausführung: Sonderzeichen im Text

Sonderzeichen werden bei der Texteingabe mit %% begonnen. Überstreichen und Unterstreichen sind Schaltfunktionen. Sie sind ebenfalls durch Sonderzeichen definiert. Wird das Zeichen einmal eingegeben, wird die Funktion eingeschaltet und bei der nächsten Eingabe wieder ausgeschaltet.

%%%	Prozentzeichen
%%d	Gradzeichen
%%c	Durchmesserzeichen
%%p	Toleranzzeichen
%%123	Zeichen mit dem angegebenen ASCII-Code
%%u	Unterstreichen ein bzw. aus
%%o	Überstreichen ein bzw. aus

Ausführung: Befehl MTEXT

Mit dem Befehl **MTEXT** kann ein Textabsatz in der Zeichnung platziert werden. Zur Texteingabe wird in den Texteditor gewechselt.

■ **Befehl MTEXT auswählen**
  ◆ Abrollmenü **ZEICHNEN, TEXT ›, ABSATZTEXT**
  ◆ Tablettbereich J7
  ◆ Symbol im Werkzeugkasten **ZEICHNEN**

■ **Befehlsanfrage:**

```
Befehl: MTEXT
Aktueller Textstil: "DIN"  Texthöhe: 3.50
Erste Ecke:
```

■ **Textplatzierung:**
PUNKTEINGABE: Einfügepunkt für den Absatztext. Weitere Optionen für die Vorgabe der Größe sind möglich.

```
Gegenüberliegende Ecke oder
[Höhe/Ausrichten/Zeilenabstand/Drehen/Stil/Breite]:
```

Mit einer weiteren Punkteingabe wird ein Rechteck für die Größe des Textfeldes festgelegt.

■ **Optionen:**
Bei der zweiten Anfrage ist auch eine Reihe von Optionen möglich:

H (HÖHE): Vorgabe einer Texthöhe für den Absatztext. Wird die Option nicht gewählt, wird die des letzten Textes verwendet.

A (AUSRICHTEN): Vorgabe des Startpunktes für den Absatztext. Der Punkt wird angefragt:

```
Ausrichtung angeben [OL/OZ/OR/ML/MZ/MR/UL/UZ/UR] <OL>:
```

Wie beim Befehl **DTEXT** kann der Aufhängepunkt für den Absatztext bestimmt werden.

Z (ZEILENABSTAND): Eingabe eines Zeilenabstandes für den Absatztext (→ unten Texteditor).

D (DREHEN): Vorgabe eines Drehwinkels für den Absatztext.

S (STIL): Vorgabe eines neuen Textstils für den Absatztext.

B (BREITE): Breite des Absatztextes eingeben.

Danach wird in den AutoCAD-Texteditor verzweigt (→ Abbildung 5.29). Der Text kann eingegeben werden. Nach Beenden des Texteditors wird der Text in der Zeichnung platziert.

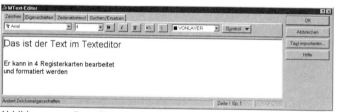

Abbildung 5.29: Texteditor, Registerkarte Zeichen

Im Texteditor stehen vier Registerkarten für die Bearbeitung des eingegebenen Textes zur Verfügung.

Ausführung: Registerkarte ZEICHEN

Der Text kann eingegeben, markiert und danach formatiert werden. Die **SCHRIFTART** und die **SCHRIFTHÖHE** (in Zeichnungseinheiten) können in Abrollmenüs unter der Registerleiste ausgewählt bzw. eingetragen werden.

Rechts davon ist eine Symbolleiste mit drei Symbolen. Dort kann der Schriftschnitt eingestellt werden: **FETT (B)**, **KURSIV (I)** und **UNTERSTRICHEN (U)**.

Das Werkzeugsymbol mit dem Pfeil macht die letzte Aktion im Editor rückgängig.

Wieder rechts davon ist das Symbol um Zeichen übereinanderzusetzen (»stacking«). Werden Zeichen markiert, die mit den Zeichen »/«, »^« oder »#« getrennt sind, können diese mit diesem Symbol untereinander gesetzt werden. Ist der Text mit »/« getrennt, z.B.: A/B, wird A wird über einen Bruchstrich gesetzt und B darunter. Soll kein Bruchstrich verwendet werden, trennt man die Zeichen mit »^«, z.B.: A^B. Soll ein Schrägstrich verwendet werden, nimmt man als Trennzeichen »#«, z.B. A#B. Die Funktion ist auch im Pop-up-Menü mit der rechten Maustaste wählbar. Dort gibt es die Einträge **UNTEREINANDER ANORDNEN** bzw. **NICHT UNTEREINANDER ANORDNEN**, wenn Text mit diesen Zeichen markiert wurde. Mit dem Eintrag **EIGENSCHAFTEN** kommt man zu einem Dialogfeld, in dem die Formatierung für das Stacking eingestellt werden kann (→ Abbildung 5.30).

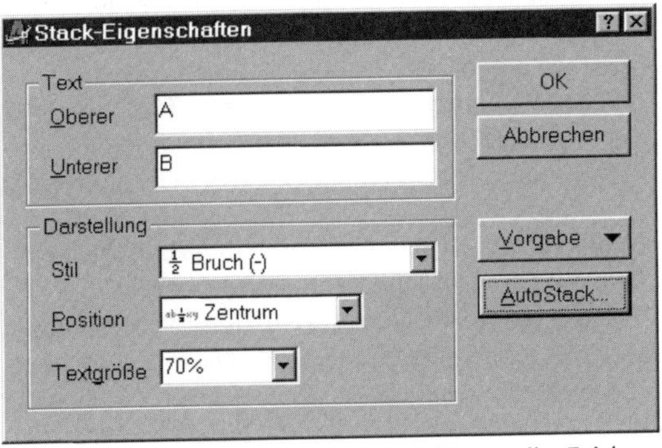

Abbildung 5.30: Format für untereinandergestellte Zeichen

TEXT: Oberen und unteren Text eintragen.
STIL: Wahl des Trennzeichens (Bruchstrich, Schrägstrich oder kein Zeichen).
POSITION: Position des Bruchstrichs.

TEXTGRÖSSE: Größe der übereinandergestellten Texte in Bezug zum normalen Text.

VORGABE: Speicherung der aktuellen Einstellungen als Vorgabewerte.

AUTOSTACK...: In einem weiteren Dialogfeld kann eingestellt werden, dass beim Auftauchen der Trennzeichen die Zeichen davor automatisch gestackt werden.

Zurück zum Texteditor; neben dem Stack-Symbol befindet sich das Abrollmenü zur Wahl der Farbe für den markierten Text.

Im Abrollmenü **SYMBOL** rechts daneben können die Sonderzeichen gewählt werden, die nicht auf der Tastatur sind. Sie werden an der Cursorposition eingesetzt. Durch die Auswahl von **ANDERE...** können alle Sonderzeichen der Schrift in einem Dialogfeld ausgewählt werden. Dazu müssen zuerst die gewünschten Zeichen dort doppelt angeklickt werden und dann die Schaltfläche **KOPIEREN**. Danach werden im Texteditor die Zeichen mit `Strg`+`V` an der Cursorposition eingefügt.

TEXT IMPORTIEREN: Mit dieser Schaltfläche kann Text aus einer Textdatei (reiner ASCII-Text oder im Rich-Text-Format) in den Texteditor eingelesen werden. Zur Dateiauswahl wird der Dateiwähler verwendet.

Durch Drücken der rechten Maustaste bei markiertem Text, wird ein Pop-up-Menü mit weiteren Funktionen eingeblendet.

RÜCKGÄNGIG: Macht die letzte Aktion im Texteditor rückgängig.

AUSSCHNEIDEN: Schneidet den markierten Text aus und übernimmt ihn in die Zwischenablage.

KOPIEREN: Kopiert den markierten Text in die Windows-Zwischenablage.

EINFÜGEN: Fügt Text aus der Windows-Zwischenablage an der Cursorposition ein. Markierter Text wird dabei ersetzt.

ALLES AUSWÄHLEN: Gesamter Text im Texteditor wird markiert.

Ausführung: Registerkarte EIGENSCHAFTEN

Die Eigenschaften des Textabsatzes können in vier Abrollmenüs eingestellt werden (→ Abbildung 5.31).

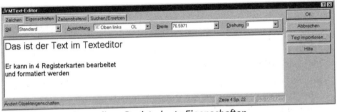

Abbildung 5.31: Texteditor, Registerkarte Eigenschaften

STIL: Auswahl des Textstils, in dem der Text dargestellt werden soll. Abweichende Formatierungen in der ersten Registerkarte werden verworfen.

AUSRICHTUNG: Der Aufhängepunkt und die Ausrichtung des Textabsatzes können damit bestimmt werden (→ oben Befehl DTEXT).

BREITE: Einstellung der Breite des Textblocks. Bei der Einstellung KEIN UMBRUCH wird der komplette Text in einer Zeile dargestellt.

DREHUNG: Drehung des Textblocks um den eingegebenen Winkel.

Ausführung: Registerkarte ZEILENABSTAND

Der Zeilenabstand des Textabsatzes kann in zwei Abrollmenüs eingestellt werden (→ Abbildung 5.32).

Das erste Abrollmenü von links enthält die Einstellungen MINDESTENS und GENAU. Bei der Einstellung MINDESTENS beruht der automatisch eingefügte Abstand zwischen den Zeilen auf der Höhe des größten Zeichens in der Zeile. Mit der Einstellung GENAU wird der Zeilenabstand für alle Textzeilen im Text auf denselben Wert eingestellt.

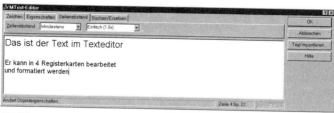

Abbildung 5.32: Texteditor, Registerkarte Zeilenabstand

Im anderen Abrollmenü können Vielfache des Zeilenabstandes gewählt werden: *Einfach*, *1,5 Zeilen* und *Doppelt*. Es lassen sich aber auch beliebige Werte eintragen, z.B.: *4x* für den vierfachen Zeilenabstand oder ein Maß in Zeichnungseinheiten. Das Maß gibt den Abstand von Textgrundlinie zu Textgrundlinie an.

5.8 Ausführung: Registerkarte SUCHEN/ERSETZEN

Im letzten Register kann Text gesucht und ersetzt werden (→ Abbildung 5.33).

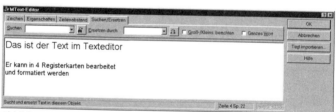

Abbildung 5.33: Texteditor, Registerkarte Suchen/Ersetzen

Zu suchenden Text im Feld **SUCHEN** eintragen, durch Betätigen des Symbols wird der Text gesucht.

Soll ein Text durch einen anderen ersetzt werden, so muß der alte Text im Feld **SUCHEN** und der neue im Feld **ERSETZEN DURCH** eingetragen werden, durch Betätigen des Schalters wird der Text ersetzt.

GROSS-/KLEINS. BEACHTEN: Text wird nur mit gleicher Schreibweise von Groß- und Kleinbuchstaben gesucht.
GANZES WORT: Text wird nur als ganzes Wort gesucht.

Anmerkung

- Wird der Befehl **MTEXT** auf der Tastatur mit einem Bindestrich eingegeben, **-MTEXT**, so kann die Texteingabe ohne Texteditor in der Befehlszeile vorgenommen werden.

Ausführung: Befehl DDEDIT

Mit dem Befehl **DDEDIT** kann eine Textzeile oder ein Absatztext in der Zeichnung geändert werden.

- **Befehl DDEDIT auswählen**
    - Abrollmenü **ÄNDERN, TEXT BEARBEITEN...**
    - Symbol im Werkzeugkasten **ÄNDERN II**

- **Befehlsanfrage:**

```
Befehl: DDEDIT
<Text oder ATTDEF Objekt wählen>/Zurück:
```

Eine Textzeile, ein Textabsatz oder eine Attributsdefinition (→ 7.2) kann mit der Pickbox gewählt werden.

TEXTZEILE GEWÄHLT: Textzeile wird in ein Dialogfenster (→ Abbildung 5.34) übernommen und kann dort geändert werden.

Abbildung 5.34: Textänderung mit dem Befehl Ddedit

TEXTABSATZ GEWÄHLT: Textabsatz wird in den Texteditor (→ Abbildung 5.29) übernommen und kann dort geändert werden. Nach Verlassen des Editors wird die Zeichnung geändert.

Z (ZURÜCK): Nimmt die letzte Änderung zurück.

Ausführung: Befehl RECHTSCHREIBUNG

Mit dem Befehl **RECHTSCHREIBUNG** kann eine Textzeile oder ein Absatztext in der Zeichnung auf korrekte Rechtschreibung geprüft werden.

- **Befehl RECHTSCHREIBUNG auswählen**
    - Abrollmenü **WERKZEUGE, RECHTSCHREIBUNG...**
    - Tablettfeld **T10**

Ein oder mehrere Textzeilen oder Textabsätze lassen sich mit der Pickbox anwählen. Bei Rechtschreibfehlern oder Unklarheiten erscheint ein Dialogfeld zur Fehlerkorrektur (→ Abbildung 5.35). Das fehlerhafte oder unbekannte Wort wird mit einer Liste von Änderungsvorschlägen angezeigt.

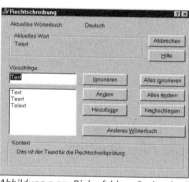

Abbildung 5.35: Dialogfeld zur Rechtschreibprüfung

Verschiedene Anzeigen und Schaltflächen befinden sich im Dialogfeld:

AKTUELLES WÖRTERBUCH: Anzeige des Wörterbuchs, das in den Voreinstellungen gewählt wurde.
AKTUELLES WORT: Fehlerhaftes oder unbekanntes Wort.
VORSCHLÄGE: Änderungsvorschläge aus dem Wörterbuch.
NICHT ÄNDERN: Keine Korrektur vornehmen.
NIE ÄNDERN: Nicht korrigieren und nicht mehr anfragen.

ÄNDERN: Wort durch das in der Liste der Änderungsvorschläge markierte Wort ersetzen.

IMMER ÄNDERN: Wort im ganzen Text durch das in der Liste der Änderungsvorschläge markierte Wort ersetzen.

HINZUFÜGEN: Wenn das Wort richtig geschrieben, aber nicht im Wörterbuch enthalten ist, kann es damit in das Benutzerwörterbuch aufgenommen werden.

NACHSCHAUEN: Wird ein Wort in der Vorschlagsliste markiert, können mit diesem Schaltfeld Wörter in der Vorschlagsliste eingeblendet werden, die diesem Wort ähnlich sind.

ANDERES WÖRTERBUCH: Ein weiteres Dialogfeld zum Wechseln des Wörterbuches (→ Abbildung 5.36) wird eingeblendet.

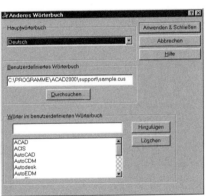

Abbildung 5.36: Dialogfeld zum Wechseln des Benutzerwörterbuchs

In diesem Dialogfeld kann gewählt werden:

HAUPTWÖRTERBUCH: Auswahl des Hauptwörterbuches

BENUTZERWÖRTERBUCH: Anzeige des aktuellen Benutzerwörterbuches. Mit dem Schalter **BLÄTTERN...** kann ein anderes Benutzerwörterbuch gewählt werden.

EINTRÄGE BENUTZERWÖRTERBUCH: Einträge im Benutzerwörterbuch. In der ersten Zeile lassen sich Einträge eintippen und mit der Schaltfläche **HINZUFÜGEN** ins Wörterbuch aufnehmen. Mit der

Schaltfläche **LÖSCHEN** können markierte Einträge aus dem Wörterbuch entfernt werden.

Ausführung: Befehl SUCHEN

Mit dem Befehl **SUCHEN** kann die komplette Zeichnung nach einem Text durchsucht und dieser auch ersetzt werden.

■ **Befehl SUCHEN auswählen**
- Abrollmenü **BEARBEITEN, SUCHEN...**
- Tablettfeld **X10**
- Pop-up-Menü mit der rechten Maustaste, wenn kein Befehl aktiv ist

In ein Dialogfeld (→ Abbildung 5.37) wird eingetragen, was gesucht werden soll.

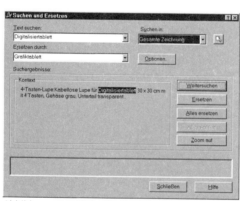

Abbildung 5.37: Dialogfeld zum Suchen von Text

TEXT SUCHEN: Text, der gesucht werden soll, eintragen.

ERSETZEN DURCH: Text eintragen, der dafür eingesetzt werden soll. Dieser Eintrag ist nicht zwingend.

SUCHEN IN: Im Abrollmenü wird gewählt, wo gesucht werden soll: **AKTUELLE AUSWAHL** oder **GESAMTE ZEICHNUNG**. Mit dem Symbol rechts davon kann ein Auswahlsatz gebildet werden.

SUCHEN: Mit dieser Schaltfläche wird der eingetragene Text in der Zeichnung gesucht. Kommt er in der Zeichnung vor, wird er im Feld **KONTEXT** angezeigt und markiert.

ERSETZEN: Klickt man auf diese Schaltfläche, wird der Text ebenfalls gesucht und angezeigt. Ist der Text schon gefunden, wird er mit dieser Schaltfläche durch den neuen Text ersetzt.

WEITERSUCHEN: Zeichnung nach weiterem Vorkommen des Textes durchsuchen.

ALLES ERSETZEN: Alle Vorkommen des Textes werden ohne Rückfrage ersetzt.

ALLES WÄHLEN: Alle Objekte in die Auswahl aufnehmen, in denen der Text vorkommt. Wird die Schaltfläche gewählt, verschwindet das Dialogfeld, und die Texte, in der die Zeichenfolge vorkommt, werden in der Zeichnung markiert.

ZOOM AUF: Mit dieser Schaltfläche kann der gefundene Text in der Zeichnung vergrößert angezeigt werden, um zu sehen, wo der gefundene Text in der Zeichnung steht.

Optionen für die Suche

Mit der Schaltfläche **OPTIONEN...** kommt ein weiteres Dialogfeld auf den Bildschirm, in dem die Bedingungen für die Suche eingestellt werden können (→ Abbildung 5.38).

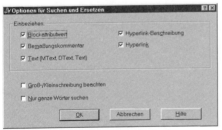

Abbildung 5.38: Optionen für die Suche

Es kann eingestellt werden, welche Textobjekte durchsucht und ob Groß-/Kleinschreibung und ganze Wörter beachtet werden sollen.

5.9 Textstile und Zeichensätze

Im Zeichensatz ist die Geometrie der Schrift festgelegt. Eine ganze Anzahl von Zeichensätzen wird mit AutoCAD geliefert. Dabei handelt es sich um Dateien mit der Dateierweiterung *.SHX* (AutoCAD-Schriften) und *.TTF* (Windows-True-Type-Schriften). Im Textstil wird dagegen festgelegt, wie dieser Zeichensatz mit den Textbefehlen verwendet wird. Beliebig viele Textstile können aus den vorhandenen Zeichensätzen in einer Zeichnung erzeugt werden.

Ein Textstil ist immer der aktuelle. Die Textbefehle **Text**, **Dtext** und **Mtext** (→ 5.8) verwenden den aktuellen Textstil. Mit der Option **Stil** dieser Befehle kann der aktuelle Textstil gewechselt werden.

Ausführung: Befehl Stil

Mit dem Befehl **Stil** kann ein neuer Stil in einem Dialogfeld definiert bzw. ein bestehender bearbeitet werden.

- **Befehl Stil auswählen**
  - ◆ Abrollmenü **Format, Textstil...**
  - ◆ Tablettfeld **U2**

Alle Einstellungen werden in einem Dialogfeld vorgenommen (→ Abbildung 5.39).

Abbildung 5.39: Dialogfenster Befehl Stil

Folgende Funktionen sind im Dialogfeld ausführbar:

Textstil ändern: Textstil im Abrollmenü **STILNAME** auswählen und Einstellungen für den Stil ändern. Schaltfläche **ANWENDEN** wählen.

Neuen Textstil erzeugen: Auf Schaltfläche **NEU** klicken, in einem weiteren Dialogfeld den Namen eintragen, Einstellungen vornehmen und auf **ANWENDEN** klicken.

Textstil umbennen: Textstil im Abrollmenü auswählen und auf die Schaltfläche **UMBENNENEN...** klicken, neuen Textstilnamen in ein weiteres Dialogfeld eintragen. Der markierte Stil wird umbenannt.

Textstil löschen: Textstil in der Liste **STILNAME** auswählen und Schaltfläche **LÖSCHEN** anklicken.

■ **Einstellungen für den Textstil:**

SCHRIFTNAME: Anzeige der Schriftdatei für diesen Textstil. Im Abrollmenü kann eine Schriftdatei ausgesucht werden.

SCHRIFTSTIL: Auswahlmenü für den Schriftstil (Normal, fett, kursiv usw.).

HÖHE: Wird hier eine Höhe eingetragen, kann mit diesem Stil nur in dieser Höhe beschriftet werden. Ist sie dagegen 0, wird die Höhe erst beim Beschriften abgefragt.

EFFEKTE: AUSWAHLMÖGLICHKEITEN FÜR SPEZIELLE EFFEKTE BEI DIESEM STILS, AUF DEM KOPF (für Schriften um 180° gedreht), **RÜCKWÄRTS** (für Spiegelschriften), **SENKRECHT** (nur bei AutoCAD-Schriften), **BREITENFAKTOR** und **SCHRÄGE-WINKEL**.

VORANSICHT: Feld mit einer Schriftprobe. Im Eingabefeld darunter kann ein Probetext eingegeben werden. Mit der Schaltfläche **VORANSICHT** wird dieser Text im Voransichtsfeld angezeigt.

Anmerkungen

■ Wird der Befehl **STIL** auf der Tastatur mit einem Bindestrich eingegeben, **-STIL**, kann der Stil ohne Dialogfenster bearbeitet oder erstellt werden. Alle Eingaben werden dann im Befehlszeilenfenster vorgenommen.

■ Breitenfaktoren über 1 dehnen die Schrift, unter 1 stauchen sie.

■ Nach Definition eines Textstils wird dieser zum aktuellen Stil.

6 Anzeigebefehle

6.1 Zoom und Pan

Die Zeichnung kann in beliebiger Vergrößerung am Bildschirm angezeigt werden. Der Vorgang wird »zoomen« genannt.

Ausführung: Befehl Zoom

Mit dem Befehl **Zoom** kann die Vergrößerung der Zeichnung am Bildschirm eingestellt werden..

- **Befehl Zoom auswählen:**
    - ◆ Abrollmenü **Ansicht, Zoom >**, Untermenü für die Optionen
    - ◆ Tablettbereiche **J2-5**, **K3-6** und **K-M 11**
    - ◆ Symbole in der **Standard-Funktionsleiste**
    - ◆ Flyout-Menü in der **Standard-Funktionsleiste**
    - ◆ Symbole im Werkzeugkasten **Zoom**

- **Befehlsanfrage:**

```
Befehl: ZOOM
Fensterecke angeben, Skalierfaktor eingeben (nX oder nXP)
oder [Alles/Mitte/Dynamisch/Grenzen/Vorher/FAktor/Fenster]
<Echtzeit>:
```

- **Optionen**

    Werteingabe bzw. FA (FAktor): Der eingegebene Zahlenwert dient als Vergrößerungs- (Wert>1) bzw. Verkleinerungsfaktor (Wert<1) für die Zeichnung. Der Faktor gilt
    - ◆ relativ zur Gesamtzeichnung (wie in den Limiten festgelegt),
    - ◆ mit nachgestelltem **X** relativ zum momentanen Ausschnitt,
    - ◆ mit nachgestelltem **XP**; das aktuelle Ansichtsfenster wird im Modellbereich (→ 9.3) relativ zum Papierbereich skaliert.

Der Bildmittelpunkt bleibt in allen Fällen erhalten.

⊞ und ⊟ bzw. **VERGRÖSSERN** und **VERKLEINERN**: Funktionen in den Menüs, mit denen um den Faktor 2 bzw. 0.5 relativ zum aktuellen Ausschnitt vergrößert bzw. verkleinert wird.

PUNKTEINGABE oder F (FENSTER): Wahl des Ausschnitts durch Eingabe zweier diagonaler Eckpunkte eines Fensters. Der Inhalt des Fensters wird formatfüllend dargestellt.

⏎ für **ECHTZEIT**: Echtzeit Zoom- und Pan-Funktionen (→ unten).

A (ALLES): Formatfüllende Darstellung des Teils der Zeichnung, der sich innerhalb der Limiten befindet.

M (MITTE): Bestimmung des Mittelpunkts des Ausschnitts und einer Vergrößerung (→ oben **FAKTOR**) oder mit der Unteroption H (Höhe) einer Ausschnitthöhe in Zeichnungseinheiten.

```
Mittelpunkt angeben:
Vergrößerung oder Höhe eingeben <2>:
```

L (LINKS): Wie **M (MITTE)**, nur dass der linkere untere Punkt des Ausschnitts verlangt wird.

G (GRENZEN): Formatfüllende Darstellung aller Objekte in der Zeichnung.

V (VORHER): Vorheriger Ausschnitt wird zurückgeholt. Die Option kann mehrfach verwendet werden.

D (Dynamisch): Der Auschnitt und die Vergrößerung lassen sich in einem speziellen Bildschirm einstellen (→ Abbildung 6.1):
- Fenster an den Limiten (→ Abbildung 6.1, äußerer Rahmen)
- Ein Fenster, das den letzten Ausschnitt darstellt (→ Abbildung 6.1, kleiner Rahmen rechts oben)
- Fenster mit einem **X** markiert (→ Abbildung 6.1, kleiner Rahmen links unten). Seine Lage kann mit der Maus verschoben werden. Wird die Pick-Taste gedrückt, wird das **X** im Fenster durch -> ersetzt. Die Fenstergröße wird jetzt mit der Maus verändert. Mit der Pick-Taste kann beliebig oft zwischen diesen Modi umgeschaltet werden. Mit ⏎ wird der aktuelle Ausschnitt übernommen.

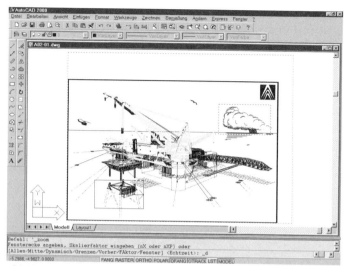

Abbildung 6.1: Befehl Zoom, Option D (Dynamisch)

Ausführung: Befehl PAN

Wird die Zeichnung am Bildschirm vergrößert angezeigt, kann man sich den Bildschirm als Fenster vorstellen, durch das ein Teil der Zeichnung betrachtet wird. Der Befehl PAN verschiebt den Bildschirmausschnitt, ohne die Vergrößerung zu ändern.

■ Befehl PAN auswählen

◆ Abrollmenü ANSICHT, PAN >, Untermenü für die Optionen
Die Echtzeit-Pan-Funktionen sind ausgeführt (→ unten).

Anmerkungen

- Wird der Befehl mit **-PAN** gestartet, wird nicht die Echtzeit-Funktion verwendet. Die Verschiebung auf dem Bildschirm kann durch zwei Punkte oder die Verschiebung bestimmt werden. Wird nur eine relative Verschiebung eingegeben, kann für den zweiten Punkt ⏎ eingegeben werden.

  ```
  Befehl: -PAN
  Basispunkt oder Verschiebung angeben:
  Zweiten Punkt angeben:
  ```

- Verschiebungen um feste Werte können auch aus dem Abrollmenü gewählt werden.
- Die gleichen Funktionen wie mit dem Befehl **PAN** lassen sich auch mit den Bildlaufleisten am unteren und rechten Rand der Zeichenfläche ausführen.

Ausführung: Echtzeit Zoom und Pan

Die flexibelste Methode, den Bildausschnitt zu wählen, hat man mit den Echtzeit-Zoom- und -Pan-Funktionen. Hier kann der Bildausschnitt stufenlos verändert werden. Das Ergebnis wird in Echtzeit am Bildschirm verändert.

- **Funktionen auswählen**
    - Abrollmenü **ANSICHT, ZOOM >, ECHTZEIT**
    - Abrollmenü **ANSICHT, PAN >, ECHTZEIT**
    - Tablettfeld **K-M11 (ZOOM)** und **N-P11 (PAN)**
    - Symbole in der Standard-Funktionsleiste

- **Befehlsanfrage:**

  ```
  Mit ESC oder EINGABETASTE beenden oder rechte Maustaste
  klicken, um das Kontextmenü zu aktivieren.
  ```

- **Vorgehen**

  ZOOM: Ein Lupensymbol erscheint. Wird die Maus (bzw. das Zeigegerät vom Tablett) mit gedrückter linker Taste (Pick-Taste) nach unten gezogen, wird der Bildausschnitt dynamisch verkleinert. Zieht man nach oben, wird der Ausschnitt vergrößert.

Pan: Ein Handsymbol erscheint auf dem Bildschirm. Wird die Maus mit gedrückter linker Taste (Pick-Taste) bewegt, wird der Bildausschnitt dynamisch mitbewegt.

Pop-up-Menü: Während des Einstellens kann mit der rechten Maustaste ein Pop-up-Menü (→ Abbildung 6.2) aktiviert und damit zwischen den Funktionen umgeschaltet werden.

Abbildung 6.2: Pop-up-Menü für die Echtzeitfunktionen

Aus dem Pop-up-Menü kann gewählt werden:

Beenden: Beenden der Echtzeit-Funktionen und Übernahme des momentanen Ausschnitts.

Zoom: Umschaltung zur Echtzeit-Zoom-Funktion

Pan: Umschaltung zur Echtzeit-Pan-Funktion

3D-Orbit: Umschaltung zur Einstellung des 3D-Ansichtspunktes (→ 6.3)

Zoom Fenster: Umschaltung zu einer Fenster-Funktion, bei der ein Rechteck in der gewünschten Ausschnittgröße mit gedrückter linker Maustaste aufgezogen werden kann.

Zoom Vorher: Umschaltung zum letzten Ausschnitt.

Zoom Grenzen: Darstellung der kompletten Zeichnung.

⏎ (nicht rechte Maustaste) oder [Esc]: Beeendet den Vorgang und übernimmt den Bildausschnitt.

Ausführung: Zoom und Pan mit der IntelliMouse

Steht eine Microsoft IntelliMouse oder ein anderes Modell mit Rad und Radtaste zur Verfügung, lassen sich die Zoom- und Pan-Funktionen ohne spezielle Befehlswahl transparent ausführen.

- **Drehen am Rad**
  Dynamisches Vergrößern bzw. Verkleinern des Ausschnitts durch Drehen am Rad. Der Mittelpunkt des neuen Ausschnitts ist dabei die aktuelle Position des Fadenkreuzes.
- **Drücken der Radtaste**
  Dynamisches Verschieben des Ausschnitts.

Anmerkung

- Mit der Systemvariablen **ZOOMFACTOR** kann die Empfindlichkeit des Rads eingestellt werden (3 bis 100). Je höher der Wert ist, desto größer ist die Änderung beim Drehen um eine Stufe.

Ausführung: Befehl ÜFENSTER

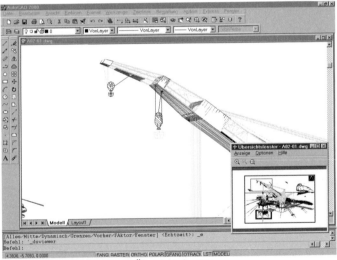

Abbildung 6.3: Zeichnung mit Übersichtsfenster

Die Funktionen der Befehle **Zoom** und **Pan** lassen sich auch im Übersichtsfenster ausführen. Dabei handelt es sich um ein Fenster, das an einer beliebigen Stelle des Bildschirms in variabler Größe abgelegt werden kann. Es zeigt bei jeder Vergrößerung die ganze Zeichnung an und kann zum Zoomen und Panen benutzt werden (→ Abbildung 6.3). Das Fenster wird mit dem Befehl **ÜFENSTER** auf den Bildschirm geholt. Es ist ein separates Windows-Anwendungsfenster und kann auch so vergrößert und verkleinert werden. Über sein Systemmenü kann es auch wieder geschlossen werden.

Das Übersichtsfenster wird mit dem Befehl **ÜFENSTER** aktiviert.

- **Befehl ÜFENSTER auswählen**
    - Abrollmenü **ANSICHT, ÜBERSICHTSFENSTER**
    - Tablettfeld **K2**

Wird der Befehl erneut angewählt, wird das Übersichtsfenster abgeschaltet.

- **Funktionen im Übersichtsfenster:**

    ZOOM UND PAN: Diese Funktionen sind aktiv, wenn in das Zeichnungsfenster des Übersichtsfensters geklickt wird. Wie bei der Option **D (DYNAMISCH)** des Befehls **ZOOM** können die Vergrößerung und der Ausschnitt eingestellt werden (→ 6.2).

    Anzeige im Übersichtsfenster ändern: Mit den Symbolen in der Funktionsleiste kann die Anzeige im Übersichtsfenster verändert werden. Das ⊞-Symbol vergrößert die Anzeige, das ⊟-Symbol verkleinert sie. Mit dem Symbol ganz rechts wird die Zeichnung im Übersichtsfenster formatfüllend dargestellt.

- **Funktionen in den Abrollmenüs:**

    Abrollmenü ANZEIGE, VERGRÖSSERN, VERKLEINERN und GLOBAL: Funktionen zur Steuerung der Zeichnung im Übersichtsfenster (→ oben)

    Abrollmenü OPTIONEN, AUTO-AFENSTER: Ist die Funktion aktiviert, wird der Inhalt des Übersichtsfensters automatisch mit dem Ansichtsfenster gewechselt (→ 9.1 und 9.2)

Abrollmenü OPTIONEN, DYNAMSICH AKTUALISIEREN›: Ist die Funktion aktiv, werden Änderungen in der Zeichnung sofort im Übersichtsfenster ausgeführt, ansonsten erst dann, wenn wieder ins Übersichtsfenster geklickt wird.

Abrollmenü OPTIONEN, ECHTZEIT-ZOOM: Ist die Funktion aktiv, werden die Einstellungen im Übersichtsfenster dynamisch auf der Zeichenfläche mitgeführt.

6.2 Ausschnitte

Beim Zeichnen werden oft immer wieder die gleichen Ausschnitte der Zeichnung benötigt. Um diese nicht immer wieder mit den Zoom- und Pan-Funktionen (→ 6.1) einstellen zu müssen, können die Grenzen oft benötigter Ausschnitte unter einem Namen gespeichert werden. Bei Bedarf können diese gespeicherten Ausschnitte sehr schnell wieder auf den Bildschirm gebracht werden. Mindestens genauso sinnvoll ist es bei der Erstellung von 3D-Modellen. Hier werden bei der Bearbeitung immer wieder bestimmte Ansichtspunkte benötigt. Auch diese werden mit den Ausschnitten gespeichert.

Ausführung: Befehl AUSSCHNT

Mit dem Befehl AUSSCHNT lassen sich Ausschnitte in einem Dialogfeld speichern und wiederherstellen (→ Abbildung 6.4 bis 6.7).

■ Befehl AUSSCHNT auswählen
 ◆ Abrollmenü ANSICHT, BENANNTE AUSSCHNITTE...
 ◆ Symbol im Werkzeugkasten ANSICHTSPUNKT
 ◆ Symbol in einem Flyout-Menü der STANDARD-FUNKTIONSLEISTE

In einem Dialogfeld mit zwei Registerkarten (→ Abbildung 6.4 und 6.7) können Ausschnitte erstellt und gespeichert sowie gespeicherte Ausschnitte aktiviert werden.

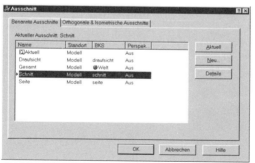

Abbildung 6.4: Dialogfeld Befehl Ausschnt, Register Benannte Ausschnitte

■ Register BENANNTE AUSSCHNITTE

Ausschnittliste: Im Dialogfeld erscheint die Liste der Ausschnitte, die in der Zeichnung gespeichert wurden. Mit einem Doppelklick in der Liste wird der Ausschnitt zum aktuellen Ausschnitt, und er erscheint auf dem Bildschirm. Es kann auch ein Ausschnitt markiert und die Schaltfläche **AKTUELL** angeklickt werden. In der Liste lassen sich die Namen ändern. So kann ein gespeicherter Ausschnitt umbenannt werden. In der Liste wird ebenfalls angezeigt, ob der Ausschnitt im Modell- oder Papierbereich definiert (→ 9.1 und 9.2), welches Benutzerkoordinatensystem (→ 2.10) dem Ausschnitt zugeordnet und ob für den Ausschnitt eine perspektivische Ansicht eingestellt ist (→ 6.4). Mit einem Rechtsklick in der Liste kann in einem Pop-up-Menü der markierte Ausschnitt gelöscht werden. Es kann auch die Taste [Entf] verwendet werden.

DETAILS: Mit dieser Schaltfläche kommt ein weiteres Dialogfeld auf den Bildschirm. Darin werden Informationen zum markierten Ausschnitt angezeigt (→ Abbildung 6.5). Im Abrollmenü **RELATIV ZU** kann gewählt werden, in welchem Benutzerkoordinatensystem die Informationen angezeigt werden sollen.

Abbildung 6.5: Informationen zu einem Ausschnitt

NEU: Mit dieser Schaltfläche kommt ein weiteres Dialogfeld, in dem Ausschnitte gespeichert werden können (→ Abbildung 6.6). Ein Name kann im Feld **ANSICHTSNAME** eingegeben und darunter gewählt werden, wie gespeichert werden soll: **AKTUELLE ANZEIGE** oder **FENSTER DEFINIEREN**. Mit dem ersten Schalter wird der momentane Ausschnitt unter dem eingegebenen Namen gespeichert. Beim zweiten kann mit dem Symbol rechts daneben der Ausschnitt in der Zeichnung bestimmt werden.

BKS MIT ANSICHT SPEICHERN: Ist dieser Schalter ein, kann dem Ausschnitt ein Benutzerkoordinatensystem zugeordnet werden. Wird der Ausschnitt gewechselt, wird das Benutzerkoordinatensystem ebenfalls umgeschaltet. In dem Abrollmenü **BKS-NAME:** kann das BKS für den Ausschnitt gewählt werden. Das BKS muß aber vorher erzeugt worden sein.

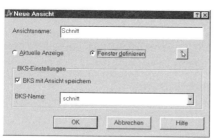

Abbildung 6.6: Neuen Ausschnitt speichern

- **Register ORTHOGONALE UND ISOMETRISCHE AUSSCHNITTE**
  Ausschnittliste: Im Dialogfeld ist eine Liste mit den möglichen orthogonalen und isometrischen Ansichten von 3D-Modellen aufgeführt. Wird ein Eintrag doppelt angeklickt, wird diese Ansicht zum aktuellen Ausschnitt. Mit der Schaltfläche **AKTUELL** wird die markierte Ansicht zum aktuellen Ausschnitt. Der Ausschnitt wird aber nicht automatisch gespeichert, das muss bei Bedarf im anderen Register gemacht werden.

RELATIV ZU: In diesem Abrollmenü kann gewählt werden, ob sich die Angaben **VORNE, RECHTS** usw. auf das Weltkoordinatensystem oder auf ein BKS beziehen sollen.

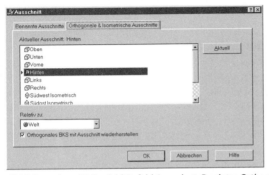

Abbildung 6.7: Dialogfeld Befehl Ausschnt, Register Orthogonale und Isometrische Ausschnitte

ORTHOGONALES BKS
SCHALTER MIT AUSSCHNITTEN WIEDERHERSTELLEN: Ist dieser Schalter ein, wird beim Wechsel zu einer orthogonalen Ansicht das BKS immer auf die aktuelle Ansicht gelegt. Bei einer isometrischen Ansicht ändert sich das BKS nicht.

Anmerkung
- Wird der Befehl -**AUSSCHNT** eingegeben, lassen sich die gleichen Funktionen ohne Dialogfeld im Befehlszeilenfenster ausführen.

6.3 3D-Ansichtspunkt

Für dreidimensionale Modelle lässt sich ein Punkt im Raum definieren, der sogenannte Ansichtspunkt. Die Objekte erscheinen auf dem Bildschirm in einer Parallelperspektive so, als ob sie von diesem Punkt aus betrachtet würden.

Ausführung: Befehl APUNKT

Mit dem Befehl **APUNKT** wird der Ansichtspunkt eingestellt.

■ **Befehl APUNKT auswählen**
- Abrollmenü **ANSICHT, 3D-ANSICHTEN >**, Untermenü mit festen Ansichtspunkten für alle Seiten und Isometrien, **APUNKT** für die Einstellung mit Achsendreibein
- Tablettfelder **O-Q 3-5** und **R4** für Standardansichten, **N4** für Grundbefehl
- Symbole in einem Flyout-Menü in der **STANDARD-FUNKTIONSLEISTE**
- Symbole im Werkzeugkasten **ANSICHT** mit Standardansichten

■ **Befehlsanfrage:**

```
Befehl: APUNKT
Aktuelle Ansichtsrichtung:  VIEWDIR=0.0000,0.0000,1.0000
Ansichtspunkt angeben oder [Drehen]
<Kompass und Achsen anzeigen>:
```

■ **Wahl des Ansichtspunktes:**

KOORDINATEN EINGEBEN: Die 3D-Koordinate des Betrachters kann eingegeben werden. Das Modell wird von diesem Punkt aus formatfüllend angezeigt.

⏎: Globussymbol und Achsendreibein (→ Abbildung 6.8) werden zur Einstellung auf den Bildschirm gebracht. Auf dem Globussymbol wird ein Kreuz positioniert, das der Lage des Ansichtspunkts entspricht. Die Positionen:
- Mittelpunkt: Nordpol, Ansichtspunkt 0,0,1
- Innerer Kreis: Äquator, Ansichtspunkt n,m,0
- Äußerer Kreis: Südpol, Ansichtspunkt 0,0,1

Die Zeichnungsobjekte werden auf dem Bildschirm so dargestellt, als ob sie sich im Zentrum des Globus befänden und von dem gewählten Ansichtspunkt auf der Globusoberfläche aus betrachtet würden. Die Darstellung erfolgt formatfüllend. Das Achsendreibein gibt Aufschluss über die Lage der drei Achsen.

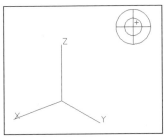

Abbildung 6.8: Globussymbol und Achsendreibein

D (DREHEN): Wahl des Ansichtspunkts mit zwei Winkeln, der Winkel in der XY-Ebene und der zur XY-Ebene.

```
Winkel in XY-Ebene von der X-Achse aus eingeben <270>:
Winkel von der XY-Ebene eingeben <90>:
```

Anmerkungen

- Koordinaten- und Winkelangaben beim Befehl **APUNKT** beziehen sich auf das Weltkoordinatensystem, unabhängig vom aktuellen Benutzerkoordinatensystem.
- Soll die Ansicht im aktuellen BKS festgelegt werden, ist die Systemvariable **WORLDVIEW** auf den Wert 0 zu setzen.
- Abbildung 6.10 zeigt ein 3D-Modell von den verschiedenen Ansichtspunkten.

Ausführung: Befehl DDVPOINT

Mit dem Befehl **DDVPOINT** lässt sich der Ansichtspunkt in einem Dialogfenster (→ Abbildung 6.9) mit Winkeln wie bei der Option **Drehen** einstellen.

- **Befehl DDVPOINT auswählen**
  - ◆ Abrollmenü **ANSICHT, 3D-ANSICHTEN ›, ANSICHTSPUNKT-VORGABEN...**
  - ◆ vom Tablettfeld **N5**
- **Einstellmöglichkeiten im Dialogfenster**

  ABSOLUT ZUM WKS bzw. RELATIV ZUM BKS: Winkel im Weltkoordinatensystem oder im aktuellen BKS einstellen.

  VON X-ACHSE: Winkel des Ansichtspunkts in der XY-Ebene von der X-Achse aus.

  XY-EBENE: Winkel des Ansichtspunkts zur XY-Ebene.

  IN DRAUFSICHT WECHSELN: Umschaltung in die Draufsicht.

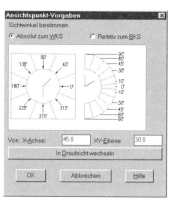

Abbildung 6.9: Dialogfenster zur Einstellung des Ansichtpunktes

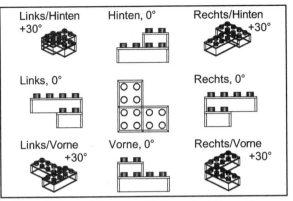

Abbildung 6.10: Modell von verschiedenen Ansichtspunkten

Ausführung: Befehl KAMERA

Mit dem Befehl **KAMERA** können die Koordinaten von Kamerastandort und Zielpunkt der Kamera eingegeben werden. Der Ansichtspunkt und der Bildmittelpunkt ergeben sich daraus.

■ **Befehl KAMERA auswählen**
- ◆ Symbole in einem Flyout-Menü in der **STANDARD-FUNKTIONSLEISTE**
- ◆ Symbole im Werkzeugkasten **ANSICHTSPUNKT**

■ **Befehlsanfrage:**

```
Befehl: KAMERA
Neue Kameraposition angeben <263.4040,148.5000,719.9534>:
Neues Kameraziel angeben <263.4040,148.5000,0.0000>:
```

Die 3D-Koordinaten der Punkte können eingegeben werden.

Ausführung: Befehl DRSICHT

Der Befehl **DRSICHT** wechselt in die Draufsicht. Der Befehl hebt eine perspektivische oder Schnittdarstellung auf (→ 6.4).

■ **Befehl DRSICHT auswählen**
- ◆ Abrollmenü **ANSICHT, 3D-ANSICHTEN ›, DRAUFSICHT ›**, Untermenü für die Optionen
- ◆ Tablettfeld **N3**

■ **Befehlsanfrage:**

```
Befehl: DRSICHT
Option eingeben [Aktuelles bks/Bks/Welt] <Aktuelle>:
```

■ **Optionen:**

BKS: Draufsicht auf ein gespeichertes BKS.
A (AKTUELLES BKS) oder ⏎: Draufsicht auf das aktuelle BKS.
W (WELT): Draufsicht auf das Weltkoordinatensystem.

Anmerkung

■ Ist die Systemvariable **UCSFOLLOW** auf den Wert 1 gesetzt, wird beim Wechsel des BKS automatisch eine Draufsicht generiert.

Ausführung: Befehl VERDECKT

Dreidimensionale Modelle erscheinen auf dem Bildschirm zunächst als Drahtmodell. Der Befehl **VERDECKT** entfernt die verdeckten Kanten (→ Abbildung 6.11).

■ **Befehl VERDECKT auswählen**
- ◆ Abrollmenü **ANSICHT, VERDECKEN**
- ◆ Tablettfeld **M2**
- ◆ Symbol im Werkzeugkasten **RENDER**

Anmerkungen

■ Ist die Systemvariable **DISPSILH** auf 1 eingestellt, werden von Volumenkörpern und Flächenmodellen nur die Außenkonturen angezeigt. Ist die Variable auf 0, werden auch die Linien an Rundungen angezeigt.

- Die Kanten werden nach dem Regenerieren wieder angezeigt.

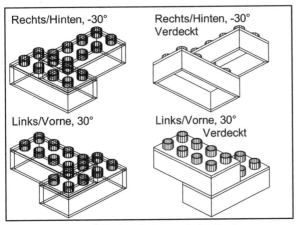

Abbildung 6.11: Modell mit und ohne verdeckte Kanten

Ausführung: Befehl SHADEMODE

◆ Mit dem Befehl **SHADEMODE** lassen sich verdeckte und schattierte Darstellungen erzeugen. Im Unterschied zum Befehl **SHADE** in AutoCAD 14 lassen sich Modelle in der schattierten Darstellung bearbeiten.

- **Befehl SHADEMODE auswählen**
  ◆ Abrollmenü **ANSICHT, SCHATTIEREN >**, Untermenü für die Schattierungsarten
  ◆ Symbol im Werkzeugkasten **SCHATTIEREN**

- **Befehlsanfrage:**

```
Befehl: SHADEMODE
Option eingeben [2D-Drahtkörper/3D-Drahtkörper/Verdeckt/
Flach/Gouraud/fLach+Kanten/gOuraud+Kanten] <aktuell>:
```

- **Optionen:**
Die Optionen entsprechen den Schattierungsarten.

Anmerkungen

- Die Darstellung ist so lange aktiv, bis eine neue gewählt wird.
- Die Einstellung **2D-DRAHTKÖRPER** bzw. **3D-DRAHTKÖRPER** schaltet zur normalen Drahtkörperdarstellung um. Beim **3D-DRAHTKÖRPER** wird ein schattiertes 3D-Koordinatensymbol verwendet. Außerdem werden die Anzeigehilfen, die im 3D-Orbit gewählt wurden, mitverwendet (→ 6.4).

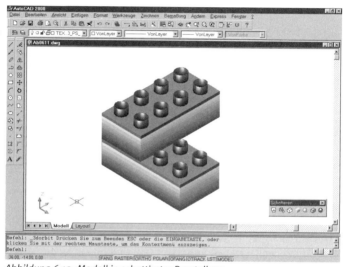

Abbildung 6.12: Modell in schattierter Darstellung

6.4 Der 3D-Orbit

- Der 3D-Orbit ist ein universelles Werkzeug zur Darstellung von 3D-Modellen, das mit dem Befehl **3DORBIT** gestartet wird. Es vereinigt die Funktionen der Befehle **ZOOM**, **PAN**, **APUNKT** und **SHADEMODE** in einem. Zudem ermöglicht es eine Darstellung in der Fluchtpunktperspektive sowie die Erzeugung von Schnitten.

Ausführung: Befehl 3DORBIT

- Zunächst wird der Grundbefehl **3DORBIT** gestartet. Aus dem Popup-Menü des 3D-Orbits lassen sich alle weiteren Befehle starten: **3DENTFERNUNG**, **3DORBITFORTL**, **3DPAN**, **3DSCHNITT**, **3DSCHWENKEN** und **3DZOOM**.
- Befehl **3DORBIT** auswählen:
- Abrollmenü **ANSICHT**, **3D-ORBIT**
    - Tablettfeld **R5**
    - Symbol in der **STANDARD-FUNKTIONSLEISTE**
    - Symbol im Werkzeugkasten **3D-ORBIT**

    Wurde vor der Wahl des Befehls ein Objekt angewählt, wird nur dieses im 3D-Orbit dargestellt. Ist kein Objekt gewählt, wird das gesamte Modell dargestellt. Die Bildschirmanzeige ändert sich (→ Abbildung 6.13).

- Möglichkeiten im 3D-Orbit

    DREHEN UND SCHWENKEN: Um das 3D-Modell wird ein grüner Ring angezeigt (→ Abbildung 6.13) und das Koordinatensymbol wird schattiert dargestellt. Wird ein Punkt innerhalb des Rings angeklickt, kann das Modell mit gedrückter Maustaste in jeder Richtung frei im Raum gedreht werden. Klickt man auf die Markierung am linken oder rechten Quadrantenpunkt, kann das Modell mit gedrückter Maustaste um die vertikale Achse gedreht werden. Mit dem oberen oder unteren Quadrantenpunkt kann um die horizontale Achse gedreht werden. Klickt man außerhalb des Ringes, kann das Modell um die Bildschirmmitte geschwenkt werden.

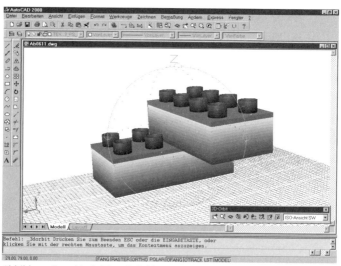

Abbildung 6.13: Modell im 3D-Orbit

Weitere Funktionen oder Beenden: Mit der rechten Maus-

taste kommt ein Pop-up-Menü mit den weiteren Funktionen auf den Bildschirm. Die meisten der unten beschriebenen Funktionen lassen sich auch aus dem Werkzeugkasten **3D-ORBIT** wählen. Mit der Taste ⏎ oder Esc oder mit dem Eintrag **ABBRECHEN** im Pop-up-Menü wird der Befehl beendet (→ Abbildung 6.14).

SCHATTIERUNGSMODI: Im Untermenü Schattierungsmodi können die Schattierungsfunktionen wie beim Befehl **SHADEMODE** gewählt werden (→ 6.3).

Abbildung 6.14: Pop-up-Menü des 3D-Orbits

ZOOM, PAN oder ORBIT: Im Pop-up-Menü des 3D-Orbits kann mit diesen Funktionen auf die Echtzeit-Zoom- und Echtzeit-Pan-Funktionen umgeschaltet werden. Dort kann man mit dem Pop-up-Menü mit der Funktion **ORBIT** wieder zum 3D-Orbit zurückkehren. Die Funktion **BEENDEN** beendet den Orbit.

ANSICHT ZURÜCKSETZEN: Mit der Funktion kommt die Ansicht auf den Bildschirm, die beim Start des 3D-Orbits aktiv war.

VOREINGESTELLTE ANSICHTEN: In einem Untermenü sind die Standardansichten wählbar wie beim Befehl **APUNKT** (→ 6.3).

ANZEIGEHILFEN: In einem weiteren Untermenü können verschiedene Anzeigehilfen zugeschaltet werden. Die Funktion **KOMPASS** blendet einen Skalenring in der XY-Ebene und in der XZ-Ebene ein. Mit der Funktion **RASTER** wird zur besseren Orientierung ein Raster in der XY-Ebene zugeschaltet. Der Rasterabstand entspricht dem, der beim Befehl **ZEICHEINST** eingestellt wurde (→ 2.1). Die Funktion **BKS-SYMBOL** schaltet das 3D-Koordinatensymbol ein und aus (→ Abbildung 6.13).

WEITERE OPTIONEN: In einem weiteren Untermenü kann mit der Option **ABSTAND ANPASSEN** der Abstand zwischen Betrachter und Modell wie bei der Zoom-Funktion verändert werden. Bei der Option **KAMERA SCHWENKEN** kann mit gedrückter linkes Maustaste die Kamera geschwenkt werden. Bei einem Schwenk nach links wandert das Modell in der Darstellung nach rechts. Außerdem gibt es die Funktionen **ZOOM FENSTER** und **ZOOM GRENZEN** in dem Untermenü. Ein wirkungsvoller Effekt für Präsentationen ist die

Funktion **FORTLAUFENDER ORBIT**. Wie im normalen Orbit lässt sich das Modell drehen. Wird jedoch die Maustaste losgelassen, dreht sich das Modell in der Richtung und Geschwindigkeit weiter, mit der es angestoßen wurde, bis diese Funktion wieder beendet wird.

■ **Fluchtpunktperspektive**

PROJEKTION: 3D-Modelle werden normalerweise in der Parallelperspektive dargestellt. Entfernte Gegenstände sind dabei genau so groß wie nahe. Realistische Darstellungen sind nur mit der Fluchtpunktperspektive möglich. Gegenstände verjüngen sich dabei in der Tiefe. Mit dem 3D-Orbit kann im Untermenü **PROJEKTION** zwischen **PARALLEL** und **PERSPEKTIVISCH** (Fluchtpunktperspektive) umgeschaltet werden (➔ Abbildung 6.15).

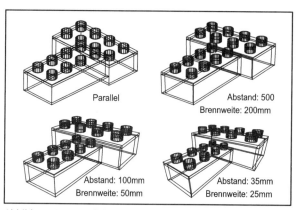

Abbildung 6.15: Modell mit verschiedenen Brennweiten und Abständen

Bei der Fluchtpunktperspektive kann mit der Funktion **ZOOM** im 3D-Orbit wie bei einer Kamera die Objektivbrennweite verändert werden. Damit lassen sich Effekte wie in der Fotografie mit unterschiedlichen Objektiven erzeugen. Wenn die Fluchtpunktperspektive aktiv ist, können die Befehle **ZOOM** und **PAN** nicht mehr verwendet werden, nur die im 3D-Orbit sind noch möglich.

■ Schnittdarstellungen

WEITERE OPTIONEN: Im 3D-Orbit lassen sich zwei Schnittflächen definieren und das 3D-Modell an diesen Flächen abtrennen. Dazu kann im Pop-up-Menü (Untermenü **WEITERE OPTIONEN, SCHNITTFLÄCHEN ANPASSEN**) ein spezielles Fenster aktiviert werden (→ Abbildung 6.16).

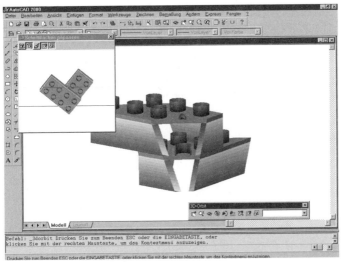

Abbildung 6.16: Schnittflächen anpassen

Das Fenster hat eine Symbolleiste mit fünf Symbolen.

SCHNITT ANPASSEN: Es gibt zwei Schnittflächen am Modell, eine hintere und eine vordere. Beide laufen parallel zur Bildschirmebene und können verschoben werden. Alles, was vor der vorderen Schnittfläche, und alles, was hinter der hinteren ist, kann ausgeblendet werden. Mit den beiden linken Symbolen können die Schnittflächen im Einstellfenster verschoben werden. Das Ergebnis wird im Zeichnungsfenster dargestellt. Die Schnittflächen können im Einstellfenster mit der Maustaste an die gewünschte Stelle gezogen werden.

KAPPEN: Mit dieser Funktion können beide Schnittflächen gleichzeitig durchs Modell verschoben werden.

SCHNITT AKTIVIEREN: Mit diesen Symbolen können die Schnittflächen zu- oder abgeschaltet werden. Ist eine Schnittfläche aktiv, werden die entsprechenden Teile des Modells ausgeblendet (→ Abbildung 6.16). Die Funktionen sind auch im Pop-up-Menü des 3D-Orbits wählbar: Untermenü **WEITERE OPTIONEN**, Funktionen **VORDERES ZUSCHNEIDEN AKTIVIERT** und **HINTERES ZUSCHNEIDEN AKTIVIERT**.

Anmerkungen

- Die Schnittdarstellung hat eine feste Position im Raum, nicht am Modell. Wenn das Modell gedreht wird, wird es an einer anderen Stelle geschnitten.
- Die Schnittdarstellung bleibt an, wenn der 3D-Orbit beendet wird. Nur im 3D-Orbit kann er wieder ausgeschaltet werden.

6.5 Steuerung der Anzeige

Sind in der Zeichnung gefüllte Flächen, Schraffuren, True-Type-Schriften, breite Polylinien usw. vorhanden, die komplett oder teilweise übereinanderliegen, kann die Anzeigereihenfolge der Objekte in der Zeichnung verändert werden.

Ausführung: Befehl ZEICHREIHENF

Mit dem Befehl **ZEICHREIHENF** können Objekte der Zeichnung über- und untereinander angeordnet werden.

- **Befehl ZEICHREIHENF auswählen**
    - Abrollmenü **WERKZEUGE, ANZEIGEREIHENFOLGE >**, Untermenü für die Optionen
    - Tablettfeld **T9**
    - Symbol im Werkzeugkasten **ÄNDERN II**

- **Befehlsanfrage:**

```
Befehl: ZEICHREIHENF
Objekte wählen:
Option für Objektreihenfolge eingeben [üBer objekt/
uNter objekt/Oben/Unten] <Unten>:
```

Mit den Optionen **OBEN** bzw. **UNTEN** wird das Objekt über allen anderen bzw. unter allen anderen platziert. Die Optionen **ÜBER OBJEKT** bzw. **UNTER OBJEKT** ordnen das gewählte Objekt über bzw. unter einem Referenzobjekt an. Mit einer weiteren Anfrage wird das Referenzobjekt gewählt.

Anmerkung

- Wenn eine Zeichnung geladen wird, bei der die Zeichenreihenfolge verändert wurde, sollte zuerst der Befehl **REGEN** verwendet werden, um die Objekte zu sortieren.

Ausführung: Befehl REGEN

Wird der Bildausschnitt verändert, ist es in bestimmten Fällen erforderlich, alle Zeichnungsobjekte neu auf die Bildschirmkoordinaten umzurechnen. Dieser Vorgang nennt sich Regenerierung und nimmt bei großen Zeichnungen einige Zeit in Anspruch. Verschiedene Befehle lösen die Regenerierung in bestimmten Fällen automatisch aus. Sie kann aber auch mit dem Befehl REGEN manuell ausgelöst werden.

- Befehl REGEN auswählen
  - ◆ Abrollmenü ANSICHT, REGENERIEREN

Ausführung: Befehl REGENALL

Mit dem Befehl REGENALL werden alle Ansichtsfenster regeneriert.
- Befehl REGENALL auswählen
  - ◆ Abrollmenü ANSICHT, ALLES REGENERIEREN

Anmerkung

- Die Änderung verschiedener Einstellungen in der Zeichnung wird erst nach der nächsten Regenerierung am Bildschirm sichtbar. In diesen Fällen kann der Befehl gewählt werden.

Ausführung: Befehl NEUZEICH

Beim Neuzeichnen wird der Bildschirm neu gezeichnet, nicht neu berechnet. Anzeigefehler werden korrigiert und eventuelle Konstruktionspunkte verschwinden. Mit dem Befehl NEUZEICH wird das aktuelle Fenster neu gezeichnet.
- Befehl NEUZEICH auswählen
  - ◆ Auf der Tastatur eingeben

Ausführung: Befehl NEUZALL

Mit dem Befehl NEUZALL werden alle Fenster neu gezeichnet.
- Befehl NEUZALL auswählen
  - ◆ Abrollmenü ANSICHT, NEUZEICHNEN
  - ◆ Tablettfelder Q-R11
  - ◆ Symbol in der STANDARD-FUNKTIONSLEISTE

Ausführung: Befehl AUFLÖS

Die Auflösung von Kreis- und Bogengenerierung auf dem Bildschirm kann mit dem Befehl **AUFLÖS** beeinflusst werden.

- **Befehl AUFLÖS auswählen**
    - ◆ Auf der Tastatur eingeben
- **Befehlsanfrage:**

```
Befehl: AUFLÖS
Wollen Sie Schnellzoom? [Ja/Nein] <J>:
Kreiszoomkomponente eingeben (1-20000) <100>:
```

Anmerkungen

- Wird die erste Anfrage mit **NEIN** beantwortet, so bewirkt jeder Befehl **ZOOM**, **PAN** usw. eine Regenerierung.
- Die Option **KREISZOOMKOMPONENTE** legt fest, mit welcher Genauigkeit Kreise und Bogensegmente beim Schnellzoom gezeichnet werden. Diese werden am Bildschirm durch Liniensegmente angenähert.
- Ist der Wert von **KREISZOOMKOMPONENTE** auf 100 eingestellt, so wird ein Kreis optimal dargestellt. Wird aber gezoomt, sind Liniensegmente sichtbar.
- Ist der Wert von **KREISZOOMPROZENT** auf 500 eingestellt, so wird der Kreis fünfmal mehr Segmente generieren, als für eine optimale Darstellung erforderlich wären. Man kann also ohne Qualitätsverlust der Anzeige fünffach zoomen.
- Beim Schnellzoommodus kann mit dem Befehl **REGEN** jederzeit eine optimale Anzeige erreicht werden.

6.6 Renderfunktionen

In AutoCAD 2000 ist ein Modul zur Visualisierung von 3D-Modellen enthalten. Detaillierter als mit dem Befehl **SHADEMODE**, mit Lichtern und Schatteneffekten sowie mit Materialien aus einer Materialbibliothek lässt sich das Modell auf dem Bildschirm anzeigen. Außerdem kann das Bild auch so ausgedruckt oder in eine Rasterdatei geschrieben werden.

Alle Befehle für diese Funktionen können im Werkzeugkasten **RENDER** gewählt werden.

Ausführung: Befehl LICHT

Schattierte Darstellungen lassen sich mit dem standardmäßig vorhandenen Umgebungslicht erzeugen. Für eine effektvollere Darstellung können aber gezielt Lichtquellen gesetzt werden. Dazu wechselt man am besten in die Draufsicht. Platzierte Lichter werden durch Symbole in der Zeichnung gekennzeichnet.

- **Befehl LICHT auswählen**
    - ◆ Abrollmenü **ANSICHT, RENDER ›, LICHTQUELLEN...**
    - ◆ Tablettfeld **O1**
    - ◆ Symbol im Werkzeugkasten **RENDER**

In einem Dialogfeld werden Lichtquellen erstellt und bestehende geändert (→ Abbildung 6.17).

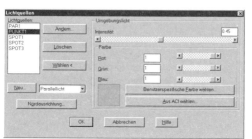

Abbildung 6.17: Dialogfenster zur Vergabe der Lichter

■ **Einstellmöglichkeiten im Dialogfeld**
  LICHTQUELLEN: In der Liste werden alle bereits vorhandenen Lichtquellen aufgelistet.
  ÄNDERN...: Ändern der in der Liste markierten, bereits platzierten Lichtquelle. Ein weiteres Dialogfeld je nach gewähltem Lichttyp erscheint (→ unten)
  LÖSCHEN: Löschen der markierten Lichtquelle.
  WÄHLEN ‹ : Wahl einer Lichtquelle in der Zeichnung.
  NEU...: Positionierung einer neuen Lichtquelle. Je nach gewähltem Lichttyp erscheint ein weiteres Dialogfeld (→ unten).
  ABROLLMENÜ FÜR DEN LICHTTYP: Drei Lichtarten sind möglich: **PUNKTLICHT, PARALLELLICHT** und **SPOTLICHT**. Wählt man hier einen Typ aus, wird mit der Schaltfläche **NEU...** das entsprechende Dialogfenster gestartet (→ unten).
  UMGEBUNGSLICHT: Ein diffuses Umgebungslicht ist immer vorhanden, das alle Flächen gleichmäßig beleuchtet und so für eine Grundhelligkeit sorgt. Mit einem Schieberegler kann die Intensität eingestellt werden und mit drei weiteren die Farbe.
  BENUTZERSPEZIFISCHE FARBE WÄHLEN...: Lichtfarbe im Windows-Dialogfenster zur Farbauswahl einstellen.
  AUS ACI WÄHLEN...: Lichtfarbe aus dem AutoCAD-Farbfenster wählen.

■ **Dialogfenster für Punktlicht**
  Das Punktlicht ist ein Lichttyp, das in alle Richtungen gleichmäßig abstrahlt, definiert durch seinen Standort. Das Licht kann in einem Dialogfeld eingestellt werden (→ Abbildung 6.18).
  LICHTNAME: Eingabe des Lichtnamens für ein neues Licht oder Anzeige des gewählten Lichtes bei Änderung.
  INTENSITÄT: Einstellung der Lichtintensität

STANDORT: Ein neues Licht wird zunächst an eine beliebige Stelle in der Zeichnung mit einem Symbol platziert. Mit der Schaltfläche **ÄNDERN <** kann es in der Zeichnung an eine definierte Position gesetzt werden. Dazu wird das Dialogfeld ausgeblendet. Mit der Schaltfläche **ANZEIGEN...** wird der momentane Standort in einem Fenster angezeigt.

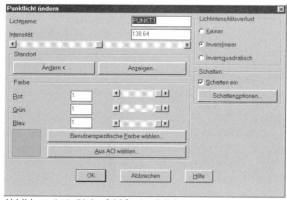

Abbildung 6.18: Dialogfeld für Punktlicht

FARBE: Einstellung der Lichtfarbe (→ oben, Umgebungslicht).

LICHTINTENSITÄTSVERLUST: Hier wird festgelegt, wie das Licht mit der Entfernung abnimmt (keine Abnahme, inverslinear oder inversquadratisch).

SCHATTEN: Ist der Schalter eingeschaltet, erzeugt dieses Licht einen Schatten. Weitere Optionen zur Schattengenerierung können mit der Schaltfläche **SCHATTENOPTIONEN...** in einem weiteren Dialogfeld eingestellt werden.

■ **Dialogfenster für Parallellicht**

Parallellicht ist ein Lichttyp, der mit parallelen Strahlen aus einer Richtung einfällt, z. B.: Sonnenlicht. Das Licht kann in einem Dialogfeld eingestellt werden (→ Abbildung 6.19).

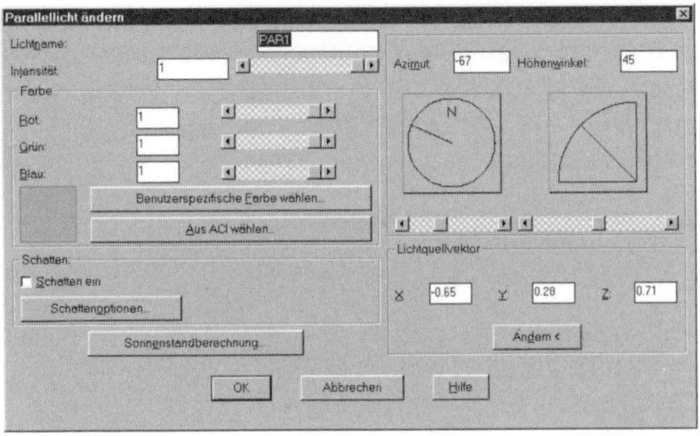

Abbildung 6.19: Dialogfeld für Parallellicht

Lichtname, Intensität, Farbe und Schatten werden wie beim Punktlicht eingestellt (→ oben).

POSITION: Die Position wird mit zwei Winkeln eingestellt (**AZIMUT** und **HÖHENWINKEL**) oder mit einem **LICHTQUELLVEKTOR** in X-, Y- und Z-Koordinaten bestimmt.

SONNENSTANDSBERECHNUNG: Soll die Sonne als Parallellicht verwendet werden, kann mit dieser Schaltfläche der Sonnenstand aus einem weiteren Dialogfeld übernommen werden (→ Abbildung 6.20).

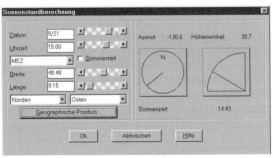

Abbildung 6.20: Dialogfeld für den Sonnenstand

Datum, Uhrzeit und geographische Position können eingegeben werden. Die resultierenden Winkel werden angezeigt.

GEOGRAPHISCHE POSITION: Ist die geographische Position nicht bekannt, kann sie mit dieser Schaltfläche in einem weiteren Dialogfeld ermittelt werden (→ Abbildung 6.21).

Abbildung 6.21: Dialogfeld für die Geographische Position

Der Kontinent kann eingestellt und die nächste größere Stadt aus der Liste gewählt werden. Die resultierende geographische Position wird übernommen.

- **Dialogfeld für Spotlicht:**

Spotlicht ist ein Licht mit konischem Lichtkegel wie ein Scheinwerfer. In einem Dialogfeld kann dieses Licht eingestellt werden (→ Abbildung 6.22).

Lichtname, Intensität, Standort, Farbe, Lichtintensitätsverlust und Schatten werden wie beim Punktlicht eingestellt (→ oben).

MAX. LICHTHELLIGKEITSBEREICH: Winkel, in dem der Scheinwerfer die maximale Helligkeit hat.

MIN. LICHTHELLIGKEITSBEREICH: Winkel, bei dem der Scheinwerfer die Helligkeit 0 hat.

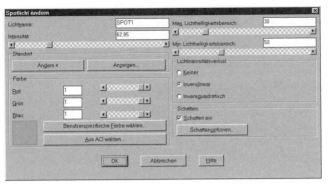

Abbildung 6.22: Dialogfeld für Spotlicht

Ausführung: Befehl MAT

Ein Material beschreibt das Reflexionsverhalten, die Rauigkeit und das Muster einer Oberfläche. Materialien lassen sich definieren oder aus einer Materialbibliothek laden und den Objekten zuordnen. Mit dem Befehl **MAT** erhält man ein Dialogfeld zur Auswahl von Materialien (→ Abbildung 6.23).

- Befehl **MAT** auswählen
    - Abrollmenü **ANSICHT, RENDER >, MATERIALIEN...**
    - Tablettfeld **P1**
    - Symbol im Werkzeugkasten **RENDER**

MATERIALIEN: Die bereits definierten oder geladenen Materialien sind in der Liste aufgeführt.

VORANSICHT: Anzeige des markierten Materials. Im Abrollmenü darunter kann gewählt werden, ob die Voransicht auf einer Kugel oder einem Würfel angezeigt werden soll.

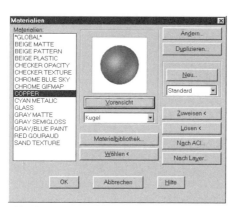

Abbildung 6.23: Dialogfenster zur Vergabe von Materialien

MATERIALBIBLIOTHEK...: Laden eines Materials aus einer Materialbibliothek (➔ unten, Befehl **MATBIBL**).

WÄHLEN <: Auswahl eines Materials in der Zeichnung.

ÄNDERN...: Änderung des markierten Materials (➔ unten).

DUPLIZIEREN...: Erstellung eines neuen Materials durch Änderung eines vorhandenen (➔ unten).

NEU...: Definition eines neuen Materials (➔ unten).

ZUWEISEN <: Zuweisen von Material zu Objekten.

LÖSEN <: Lösen eines vergebenen Materials von Objekten.

NACH ACI...: Zuordnung eines Materials zu einer Farbe. Alle Objekte mit dieser Farbe erhalten dieses Material.

NACH LAYER...: Zuordnung eines Materials zu einem Layer. Alle Objekte auf diesem Layer erhalten dieses Material.

■ **Neues Material anlegen bzw. bestehendes ändern**

Bei Anwahl der Schaltfläche **ÄNDERN..., DUPLIZIEREN...** oder **NEU...** erscheinen jeweils verschiedene Dialogfelder zur Definition oder Änderung von Materialien. Im Abrollmenü unter der Schaltfläche **NEU...** kann der Materialtyp gewählt werden: **STANDARD, GRANIT, MARMOR** oder **HOLZ**. Abbildung 6.24 zeigt das Dialogfenster für das Standardmaterial.

- **Material STANDARD**

    MATERIALNAME: Name des gerade bearbeiteten Materials.

    FARBE/MUSTER: Einstellung der Farbe und des Musters der Oberfläche. Mit dem Schieberegler **WERT** wird die Helligkeit der Farbe eingestellt, im Feld **FARBE** der Farbton (Farbeinstellungen → oben, Befehl **LICHT**). Außer der Farbe kann auch ein Muster für das Material bestimmt werden. Das Muster kann aus einer Bilddatei kommen. Mit der Schaltfläche **DATEI SUCHEN...** kann die Bilddatei gewählt werden. Mit dem Schalter **ANPASSEN...** kommt ein weiteres Dialogfenster auf den Bildschirm, mit dem die Bilddatei angepasst werden kann. Mit dem Regler **ÜBERBLENDUNG** wird eingestellt, wie stark das Muster durchscheinen soll.

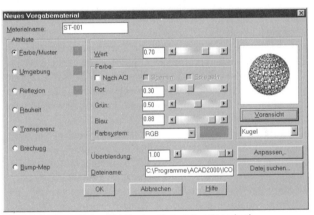

Abbildung 6.24: Dialogfeld für den Materialtyp Standard

UMGEBUNG: Dieses Attribut bestimmt den Farbton und die Intensität des vom Material reflektierten Umgebungslichtes. Mit dem Schieberegler **WERT** wird eingestellt, wie stark das Material das Umgebungslicht reflektiert. Die Farbe des reflektierten Lichts kann ebenfalls eingestellt werden (Farbeinstellungen → oben, Befehl **Licht**). Das Schaltfeld **Sperren** verhindert die Einstellung. Die Farbe des reflektierten Lichts ist dann gleich der Objektfarbe.

Reflexion: Dieses Attribut legt den Farbton und die Intensität von Glanzlichtern auf glänzenden Oberflächen fest. Je weiter der Schieberegler **Wert** zurückgestellt ist, desto schwächer sind die Glanzlichter. Die Farbe der Glanzlichter kann wie oben eingestellt werden. Zusätzlich gibt es den Schalter **Spiegeln**. Ist er eingeschaltet, spiegeln sich andere Objekte auf dieser Oberfläche. Hier kann eine weitere Bilddatei verwendet werden, die den Glanzlichtern eine Struktur gibt.

Rauheit: Dieses Attribut legt die Rauheit der Oberfläche fest. Bei einer rauen Oberfläche sind die reflektierten Glanzpunkte größer. Je glatter das Material ist, desto kleiner sind die Glanzpunkte. Hierzu ist nur der Schieberegler **Wert** erforderlich, alle anderen Einstellmöglichkeiten sind ausgeblendet.

Transparenz: Dieses Attribut legt die Transparenz des Objekts fest. Je weiter der Schieberegler **Wert** geöffnet ist, desto transparenter wird das Material. Das Ergebnis sollte hier besser an einem Würfel kontrolliert werden, die durchscheinenden Kanten sind dann sichtbar. Die Transparenz kann mit einer weiteren Bilddatei verändert werden.

Brechung: Geht ein Lichtstrahl durch ein transparentes Material, wird er je nach Material unterschiedlich gebrochen. An gewölbten Oberflächen ergeben sich dadurch Verzerrungen. Mit diesem Attribut wird der Wert für die Lichtbrechung eingestellt.

Bump Map: Mit diesem Attribut wird eine Bilddatei gewählt, die die Oberflächenstruktur bestimmt. Helle Bereiche der Bilddatei erscheinen auf der Oberfläche erhaben, dunkle vertieft.

■ **Material Granit**

Für das Granitmuster können bis zu vier Farben eingestellt werden. Je höher der Wert der Farbe ist, desto höher ist ihr Anteil an dem Muster. Wird der Regler auf 0 gestellt, verschwindet die Farbe aus dem Muster. Mit dem Attribut **Schärfe** werden die Übergänge zwischen den Farben bestimmt und mit der **Skalierung** die Mustergröße (REFLEXION, RAUHEIT und BUMP-MAP → oben, Standardmaterial).

- **Material MARMOR**
Für Marmor wird Stein- und Aderfarbe festgelegt. Je höher die TURBULENZ eingestellt ist, desto unruhiger wird der Stein. Werte um 110 werden empfohlen. Mit der SCHÄRFE können die Übergänge zwischen Stein und Ader härter oder weicher gestaltet werden. Die SKALIERUNG bestimmt die Größe der Maserung. Höhere Werte ergeben mehr Adern (REFLEXION, RAUHEIT und BUMP-MAP → oben, Standardmaterial).

- **Material HOLZ**
Zwei Farbwerte bestimmen den Ton des Holzes. Die Einstellung HELL/DUNKEL steuert das Verhältnis von hellen und dunklen Maserungsringen, 0 ergibt nur dunkle, 1 nur helle und in Mittelstellung ist die Verteilung etwa gleich. Darüber hinaus kann die Dichte, die Breite und die Form der Maserungsringe eingestellt werden (REFLEXION, RAUHEIT und BUMP-MAP → oben, Standardmaterial).

Ausführung: Befehl MATBIBL

Mit dem Befehl MATBIBL können Materialien aus Materialbibliotheken in die Zeichnung geladen oder Materialien aus der Zeichnung in einer Bibliothek gespeichert werden.

- **Befehl MATBIBL auswählen**
  - ◆ Abrollmenü ANSICHT, RENDER >, MATERIALBIBLIOTHEK...
  - ◆ Tablettfeld Q1
  - ◆ Symbol im Werkzeugkasten RENDER

Alle Einstellungen werden in einem Dialogfeld vorgenommen (→ Abbildung 6.25)

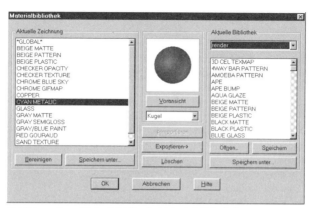

Abbildung 6.25: Dialogfeld für die Materialbibliothek

AKTUELLE ZEICHNUNG: Liste der Materialien in der Zeichnung. Mit der Schaltfläche **SPEICHERN...** werden die Materialien aus der Zeichnung in einer Materialbibliothek gespeichert. Die Schaltfläche **BEREINIGEN** entfernt nicht verwendete Materialien aus der Zeichnung.

AKTUELLE BIBLIOTHEK: Liste der Materialien in der Bibliothek. Die Bibliothek kann im Abrollmenü gewählt werden. Mit den Schaltflächen **ÖFFNEN...** und **SPEICHERN...** können Materialbibliotheken geöffnet und gespeichert werden.

IMPORTIEREN: Markierte Materialien aus der Bibliothek in die Zeichnung einlesen.

EXPORTIEREN: Markierte Materialien aus der Zeichnung in die Bibliothek übernehmen.

LÖSCHEN: Markiertes Material löschen.

Ausführung: Befehl MAPPING

Mit dem Befehl **MAPPING** wird festgelegt, wie ein Material mit einem Muster auf ein Objekt projiziert werden soll. Für jedes Objekt mit einem Muster muss ein eigenes Mapping durchgeführt werden.

■ Befehl MAPPING auswählen
- ◆ Abrollmenü **ANSICHT, RENDER >, MAPPING...**
- ◆ Tablettfeld **R1**
- ◆ Symbol im Werzeugkasten **RENDER**

Nachdem die Objekte gewählt wurden, werden alle Einstellungen in einem Dialogfeld vorgenommen (→ Abbildung 6.26).

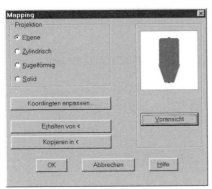

Abbildung 6.26: Dialogfeld für das Mapping

PROJEKTION: In diesem Feld kann gewählt werden, mit welcher Projektionsart das Material aufgetragen werden soll. Mit der Schaltfläche **KOORDINATEN ANPASSEN...** erscheint je nach gewählter Projektionsart ein weiteres Dialogfenster, in dem das Muster skaliert und positioniert werden kann.

ERHALTEN VON <: Objekt wählen, von dem das Mapping übernommen werden soll.

KOPIEREN IN <: Objekt wählen, auf das das aktuelle Mapping kopiert werden soll.

Ausführung: Befehl HINTERGRUND

Soll ein freistehendes 3D-Modell gerendert werden, kann mit dem Befehl **HINTERGRUND** ein Bildhintergrund definiert werden.

■ **Befehl HINTERGRUND auswählen**
- Abrollmenü **ANSICHT, RENDER ›, HINTERGRUND ...**
- Tablettfeld **Q2**
- Symbol im Werkzeugkasten **RENDER**

Die Einstellungen werden in einem Dialogfeld vorgenommen (→ Abbildung 6.27).

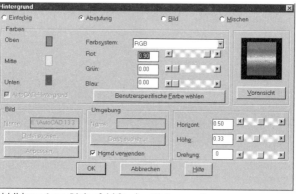

Abbildung 6.27: Dialogfeld für den Hintergrund

EINFARBIG: Einfarbiger Hintergrund; die Farbe kann eingestellt oder der AutoCAD Hintergrund verwendet werden.

ABSTUFUNG: Hintergrund mit drei ineinander übergehenden Farben. Die Farben und die Übergangsstellen können definiert werden.

BILD: Bilddatei als Hintergrund verwenden. Mit der Schaltfläche **ANPASSEN...** kommt ein weiteres Dialogfenster auf den Bildschirm, in dem das Bild positioniert und skaliert werden kann.

MISCHEN: Das gerenderte Bild wird über ein bereits auf dem Bildschirm angezeigtes Bild gelegt.

Ausführung: Befehl NEBEL

Bei der Standardeinstellung ist ideale Sicht. Es lassen sich aber mit dem Befehl NEBEL Umgebungsbedingungen wie Nebel und Sichtweite einstellen.

Befehl NEBEL auswählen
- Abrollmenü **ANSICHT, RENDER >, NEBEL...**
- Tablettfeld **P2**
- Symbol im Werkzeugkasten **RENDER**

Die Einstellungen werden in einem Dialogfeld vorgenommen (→ Abbildung 6.28).

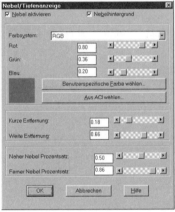

Abbildung 6.28: Dialogfeld zur Einstellung des Nebels

NEBEL AKTIVIEREN: Nebeleffekt ein- und ausschalten
NEBELHINTERGRUND: Wenn der Schalter aus ist, wird der Nebeleffekt nur für die Geometrie verwendet. Ist er ein, wirkt er sich auch auf das Hintergrundbild aus.
FARBE: Farbeinstellung wie oben, Befehl **LICHT**.
KURZE ENTFERNUNG: Entfernung, bei welcher der Nebel beginnt.
WEITE ENTFERNUNG: Entfernung, bei welcher der Nebel endet.

NAHER NEBEL PROZENTSATZ: Nebelstärke in der Nähe (Prozentwert).

FERNER NEBEL PROZENTSATZ: Nebelstärke in weiterer Entfernung (Prozentwert).

Ausführung: Befehl LSNEU

AutoCAD verfügt über eine Bibliothek mit Landschaftsobjekten. Das sind Bilddateien, die auf Flächen aufgetragen sind. Mit dem Befehl **LSNEU** kann ein Bild aus der Landschaftsbibliothek im 3D-Modell platziert werden.

■ Befehl LSNEU auswählen
- ◆ Abrollmenü **ANSICHT, RENDER ›, LANDSCHAFT NEU...**
- ◆ Symbol im Werkzeugkasten **RENDER**

Die Auswahl der Objekte erfolgt in einem Dialogfeld (→ Abbildung 6.29).

Abbildung 6.29: Dialogfeld zur Auswahl der Landschaftsobjekte

Darin wird die aktive Landschaftsbibliothek angezeigt. In der linken Liste befinden sich alle Objekte dieser Bibliothek, die im Feld **VORANSICHT** angezeigt werden können.

GEOMETRIE: Ein Einzelflächenobjekt mit festgelegter Ausrichtung wird als Rechteck dargestellt, das mit Hilfe der Griffe gedreht werden kann. Ein Mehrflächenobjekt wird durch zwei Dreiecke dargestellt, die sich an ihrem rechten Winkel überschneiden. Ist der Schalter **AUSGERICHTETE ANSICHT** ein, wird das Objekt immer zur Kamera hin ausgerichtet. Pflanzen können immer so ausgerichtet werden, dagegen sollten Verkehrsschilder mit fester Ausrichtung platziert werden.

HÖHE: Mit diesem Eingabefeld und dem darunterliegenden Schieberegler wird die Skalierung des Objekts eingestellt.

STANDORT <: Mit diesem Feld wird in die Zeichnung gewechselt, in der das Objekt platziert werden kann.

Ausführung: Befehl LSBEARB

Mit dem Befehl **LSBEARB** kann ein Objekt in der Zeichnung nachträglich bearbeitet werden. Das erfolgt mit dem gleichen Dialogfenster wie beim Befehl **LSNEU** (→ Abbildung 6.29).

■ Befehl **LSBEARB** auswählen
   ◆ Abrollmenü **ANSICHT, RENDER >, LANDSCHAFT BEARBEITEN...**
   ◆ Symbol im Werkzeugkasten **RENDER**

Ausführung: Befehl LSBIBL

Landschaftsbibliotheken können mit dem Befehl **LSBIBL** verwaltet, erweitert und geändert werden.

■ Befehl **LSBIBL** auswählen
   ◆ Abrollmenü **ANSICHT, RENDER >, LANDSCHAFTSBIBLIOTHEK...**
   ◆ Symbol im Werkzeugkasten **RENDER**

Die Einstellungen können in einem Dialogfeld vorgenommen werden (→ Abbildung 6.30).

In der obersten Zeile steht der Name der aktuellen Bibliothek. Darunter ist die Liste der Objekte dieser Bibliothek.

ÄNDERN...: Ändern des markierten Objekts in einem weiteren Dialogfeld.

NEU: Neudefinition eines Bibliothekselements.

Abbildung 6.30: Dialogfeld für Landschaftsbibliotheken

LÖSCHEN: Löschen eines Symbols aus der Bibliothek.
ÖFFNEN: Öffnen einer Landschaftsbibliothek (**.LLI*).
SPEICHERN: Speichern der Landschaftsbibliothek (**.LLI*).

Ausführung: Befehl SZENE

Eine Szene legt fest, mit welchem gesicherten Ausschnitt (→ 6.2) und welchen Lichtern ein Bild gerendert werden soll. Mit dem Befehl SZENE kann eine Szene in einem Dialogfeld (→ Abbildung 6.31) für das Rendern ausgewählt werden.

■ Befehl SZENE auswählen
  ◆ Abrollmenü ANSICHT, RENDER >, SZENEN...
  ◆ Tablettfeld N1
  ◆ Symbol im Werkzeugkasten RENDER

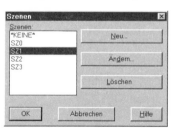

Abbildung 6.31: Dialogfeld zur Auswahl einer Szene

Die gewünschte Szene kann markiert werden. Mit der Schaltfläche **LÖSCHEN** wird sie entfernt. Mit den Schaltflächen **NEU...** oder **ÄNDERN...** kommt ein weiteres Dialogfeld auf den Bildschirm (→ Abbildung 6.32).

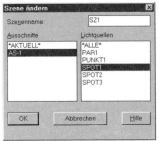

Abbildung 6.32: Dialogfeld zur Festlegung einer Szene

Ausschnitt und Lichter bilden die Szene, die mit einem Namen versehen gespeichert wird.

Ausführung: Befehl RENDER

Der eigentliche Rendervorgang wird mit dem Befehl **RENDER** gestartet. In einem Dialogfenster (→ Abbildung 6.33) werden die Einstellungen vorgenommen.

- Befehl RENDER auswählen
  - Abrollmenü **ANSICHT**, **RENDER ›**, **RENDER...**
  - Tablettfeld **M1**
  - Symbol im Werkzeugkasten **RENDER**

RENDERTYP: Hier kann in einem Abrollmenü zwischen drei Einstellungen gewählt werden. **RENDER** arbeitet ohne Schattenwurf, Bitmap-Materialoberflächen, Spiegelung und Lichtbrechung. Die Einstellung **PHOTO REAL** verwendet schon Bitmap-Oberflächen und berücksichtigt Schattenwurf. Erst mit der Einstellung **PHOTO RAYTRACE** können Effekte durch Lichtbrechung und Spiegelung erzeugt werden.

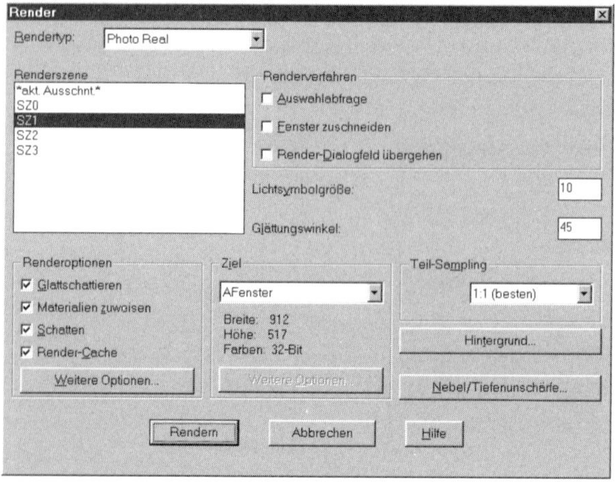

Abbildung 6.33: Dialogfeld »Render«

RENDERSZENE: In der Auswahlliste kann markiert werden, was gerendert werden soll, der aktuelle Ausschnitt oder eine Szene.

RENDER-VERFAHREN: Ist **AUSWAHLANFRAGE** ein, wird nicht das komplette Modell, sondern es werden nur wählbare Objekte gerendert. Wenn der Schalter **FENSTER ZUSCHNEIDEN** eingeschaltet ist, wird nur ein wählbares Fenster gerendert. Der **SCHALTER RENDER-DIALOGFELD ÜBERGEHEN** unterdrückt das Dialogfeld. Der Render-Vorgang wird dann ohne Abfrage durchgeführt. Der Schalter kann mit dem Befehl **REINST** (→ unten) wieder ausgeschaltet werden.

LICHTSYMBOLGRÖSSE: Wenn Sie in Ihrer Zeichnung Lichter platzieren, werden dort Symbole angezeigt. Mit dieser Einstellung können Sie einen Größenfaktor für die Symbole eingeben.

GLÄTTUNGSWINKEL: Einstellung des Winkels, ab dem beim Rendern eine Kante gesetzt wird. Kleinere Winkel werden geglättet.

RENDEROPTIONEN: Mit dem Schalter **GLATTSCHATTIEREN** wird eingestellt, dass der Renderer auf einer vielflächigen Oberfläche die

Farbverläufe über mehrere Flächen hinweg angleicht. Damit erhält man kontinuierliche Farbverläufe. **MATERIALIEN ZUWEISEN** bewirkt, dass Materialien beim Rendern verwendet werden. Mit dem Schalter **SCHATTEN** wird die Schattengenerierung eingeschaltet. Ist der Schalter **RENDER-CACHE** aktiviert, wird beim ersten Rendern eine Pufferdatei angelegt. Nachfolgende Rendervorgänge werden dann schneller ausgeführt.

ZIEL: Auswahl des Renderziels im Abrollmenü. Möglich sind **AFENSTER**, **RENDERFENSTER** und **DATEI**. Wird **DATEI** gewählt, lassen sich mit der Schaltfläche **WEITERE OPTIONEN...** der Dateityp, die Farbtiefe und die Auflösung einstellen. Beim Rendern in das Renderfenster wird das Bild in ein separates Fenster übertragen, aus dem dann auch das Bild gedruckt werden kann.

TEIL-SAMPLING: Verringerung der Auflösung für Probe-Renderings.

HINTERGRUND: Aufruf des Befehls **HINTERGRUND**.

NEBEL/TIEFENUNSCHÄRFE: Aufruf des Befehls **NEBEL**.

Ausführung: Befehl REINST

Mit dem Befehl **REINST** werden die Voreinstellungen des Befehls **RENDER** im gleichen Dialogfenster (→ Abbildung 6.33) vorgenommen wie bei diesem Befehl.

■ **Befehl REINST auswählen**
- ◆ Abrollmenü **ANSICHT, RENDER >, VOREINSTELLUNGEN...**
- ◆ Tablettfeld **R2**
- ◆ Symbol im Werkzeugkasten **RENDER**

Ausführung: Befehl Stat

Der Befehl **STAT** zeigt Informationen zum gerenderten Bild an.

■ **Befehl STAT auswählen**
- ◆ Abrollmenü **ANSICHT, RENDER >, STATISTIK...**
- ◆ Symbol im Werkzeugkasten **RENDER**

7 Blöcke, externe Referenzen, Bilddateien und Gruppen

7.1 Blöcke

In AutoCAD lassen sich Objekte in der Zeichnung zu einer Einheit, einem sogenannten Block zusammenfassen. Der Block wird unter einem Namen mit der Zeichnung (interner Block) oder als eigenständige Zeichnungsdatei (externer Block) auf der Festplatte gespeichert.

Eigenschaften von Blöcken

- Blöcke erhalten einen Blocknamen, der bis zu 255 Zeichen lang sein darf.
- In die Zeichnung eingefügte Blöcke sind Einheiten. Editierbefehle wirken auf den Block insgesamt.
- Blöcke können aus Objekten einer bestehenden Zeichnung definiert, oder es kann eine ganze Zeichnung als Block in eine andere Zeichnung eingefügt werden.
- Blöcke können mit verschiedenen Maßstäben und Drehwinkeln eingefügt werden.
- Elemente der Blöcke werden bei der Einfügung auf ihrem Ursprungslayer gezeichnet, unabhängig davon, welcher Layer aktuell ist.
- Die Blockeinfügung wird jedoch auf dem aktuellen Layer gespeichert, das heißt, wird ein Layer mit Objekten des Blocks ausgeschaltet, verschwinden diese Objekte. Wird der Layer ausgeschaltet, der bei der Blockeinfügung aktiv war, verschwindet der ganze Block.

- Existieren die benannten Elemente (Layer, Textstile usw.) einer Datei, die als Block eingefügt wird, in der Zeichnung nicht, werden sie angelegt.
- Bei Namensgleichheit benannter Elemente (Layer, Textstile usw.) von Block und Zeichnung sind die Elemente der Zeichnung dominant. Das heißt, existiert beispielsweise im Block und in der Zeichnung ein Layer *Kontur*, ist diesem in der Zeichnung die Farbe Rot und im Block die Farbe Gelb zugeordnet. Die Elemente des eingefügten Blocks vom Layer *Kontur* werden in der Zeichnung deshalb auch rot dargestellt.
- Wenn die ursprünglichen Objekte auf dem Layer 0 gezeichnet wurden, werden sie bei der Einfügung auf dem aktuellen Layer gezeichnet und bekommen dessen Farbe und Linientyp.
- Wenn Objekte mit Farbe und/oder Linientyp **VONBLOCK** gezeichnet wurden, erhalten sie die bei der Einfügung aktuelle Farbe und/oder den Linientyp. Ist keine Farbe oder kein Linientyp eingestellt (Einstellung **VONLAYER**), werden die Einstellungen vom aktuellen Layer übernommen.
- Blöcke können verschachtelt sein, das heißt, Blöcke können weitere Blöcke enthalten.
- Blöcke können mit dem Befehl **URSPRUNG** wieder in ihre Bestandteile (→ unten) zerlegt werden.
- Blöcke, die mit unterschiedlichen Faktoren eingefügt wurden, können jetzt auch mit dem Befehl **URSPRUNG** (→ unten) zerlegt werden.
- Blöcke können auch als Einzelobjekte in die Zeichnung eingefügt werden.

Ausführung: Befehl BLOCK

Der Befehl **BLOCK** fasst Objekte einer Zeichnung zu einem Block zusammen.

- Befehl BLOCK auswählen
    - Abrollmenü **ZEICHNEN, BLOCK ›, ERSTELLEN...**
    - Tablettfeld **N9**

◆ Symbol im Werkzeugkasten **ZEICHNEN**
Die Einstellungen für den Block werden in einem Dialogfeld
(→ Abbildung 7.1) vorgenommen.

Abbildung 7.1: Dialogfeld zur Erstellung eines Blocks

NAME: Gewünschten Blocknamen in das Feld eintragen. Bereits vorhandene Blöcke lassen sich im Abrollmenü wählen. Wird ein solcher gewählt, wird der Block überschrieben. Wenn das Dialogfeld mit **OK** beendet wird, erscheint eine Warnmeldung. Erst wenn diese bestätigt wird, erfolgt die Überschreibung. An allen Stellen, an denen der Block verwendet wurde, wird er durch den neuen ersetzt.

BASISPUNKT: Danach wird der Basispunkt bestimmt. Das ist der Punkt, an dem der Block später in der Zeichnung platziert wird. Die Koordinate kann eingetragen oder mit dem Symbol **AUSWAHLPUNKT** in der Zeichnung bestimmt werden. Sobald er bestimmt wurde, kommt das Dialogfeld wieder, und die Koordinaten werden in den Feldern angezeigt.

OBJEKTE: Danach werden die Objekte gewählt, die in den Block aufgenommen werden sollen. Dazu das Symbol **OBJEKTE WÄHLEN** anklicken, und das Dialogfeld verschwindet. Die Objektwahl wird aktiviert. Nach Abschluss kommt das Dialogfeld wieder auf den Bildschirm, und die Zahl der gewählten Objekte wird weiter unten angezeigt. Wenn noch keine Objekte gewählt wurden, steht dort eine Warnmeldung.

SCHNELLAUSWAHL: Die Objekte können auch mit der Schnellauswahl (→ 8.3) aus der Zeichnung gefiltert werden. Dazu muss auf das Symbol rechts daneben geklickt werden.

Danach muss entschieden werden, was mit den gewählten Objekten nach der Erzeugung des Blocks geschehen soll:

BEIBEHALTEN: Die Objekte bleiben unverändert an der gleichen Stelle in der Zeichnung.

IN BLOCK KONVERTIEREN: Die Objekte werden durch den neuen Block ersetzt. An der Stelle befindet sich danach der neu gebildete Block.

LÖSCHEN: Die Objekte werden aus der Zeichnung gelöscht.

SYMBOL: In diesem Feld kann eingestellt werden, ob für den Block ein Voransichtssymbol erstellt werden soll. Dies wird im Design Center (→ 8.4) für die Voransicht des Blocks verwendet. Ist der Schalter **SYMBOL ANHAND VON BLOCKGEOMETRIE ERSTELLEN** ein, wird es erstellt und rechts daneben angezeigt.

BLOCKEINHEITEN: Im Abrollmenü können die Einheiten für den Block gewählt werden. AutoCAD arbeitet zwar dimensionslos, aber im Design Center (→ 8.4) können Blöcke automatisch entsprechend Ihrer Einheiten skaliert eingefügt werden.

BESCHREIBUNG: Auch ein hier eingetragener Text wird nur im Design Center (→ 8.4) zur Information verwendet.

Anmerkung

- Die Funktionen lassen sich ohne Dialogfeld ausführen, wenn der Befehl mit vorangestelltem »-« eingegeben wird: **-BLOCK**.

Ausführung: Befehl WBLOCK

Mit dem Befehl **WBLOCK** lassen sich Blöcke, Teile der Zeichnung oder die komplette Zeichnung in einer Datei speichern.

■ **Befehl WBLOCK auswählen**
 ◆ auf der Tastatur eingeben

Abbildung 7.2: Dialogfeld Block schreiben

Die Einstellungen werden in einem Dialogfeld vorgenommen (→ Abbildung 7.2). Folgende Aktionen sind möglich:

■ **Block in einer Zeichnungsdatei speichern**

Ist ein Block in der Zeichnung, der auch in anderen benötigt wird, kann dieser in einer Datei gespeichert werden. Dazu wird im Feld **QUELLE** der Schalter **BLOCK** aktiviert und im Abrollmenü der Blockname gewählt, der gespeichert werden soll (→ Abbildung 7.2). Der mittlere Teil des Dialogfelds ist nicht aktiv.

Im Feld **ZIEL** wird der Dateiname eingetragen, unter dem der Block gespeichert werden soll. Standardmäßig steht hier der Blockname, der jedoch geändert werden kann.

Darunter wird der Pfad eingetragen. Bereits verwendete Pfade stehen im Abrollmenü **PFAD** zur Auswahl. Mit dem Symbol rechts daneben lassen sich weitere Pfade ins Abrollmenü aufnehmen. Im Abrollmenü **Einheiten einfügen** lassen sich die Einheiten wählen. Die Einheiten sind für die Verwendung der Zeichnung im Design Center (→ 8.4).

- **Gesamte Zeichnung speichern**

  Auch die gesamte Zeichnung, die bearbeitet wird, kann komplett als Block in einem Dateinamen gespeichert werden. Im Unterschied zum Befehl **Ksich** bzw. **Sichals** (→ 1.11) werden bei dieser Methode alle nicht verwendeten benannten Objekte aus der Zeichnung entfernt (Blöcke, Layer, Linientypen usw.). Die Zeichnung wird »bereinigt« gespeichert. Dazu muß der Schalter **Gesamte Zeichnung** angeklickt werden.

  Auch hier ist der mittlere Bereich des Dialogfelds nicht aktiv. Die Eingaben im Feld **Ziel** entsprechen denen oben.

- **Objekte speichern**

  Sollen Objekte aus der Zeichnung in einer Datei gespeichert werden, die noch nicht zu einem Block zusammengefasst wurden, kann dies auch im Dialogfeld gemacht werden. Im Feld **Quelle** muss dazu der Schalter **Objekte** an sein, und der mittlere Teil des Dialogfelds wird aktiv. Dieser entspricht dem des Dialogfelds des Befehls **Block**, Basispunkt und Objekte können gewählt werden. Im unteren Teil wird auch hier das Ziel der Datei angegeben.

Anmerkungen

- Die Funktionen lassen sich ohne Dialogfeld ausführen, wenn der Befehl mit vorangestelltem »-« eingegeben wird: **-Wblock**.
- Dies entspricht dann dem Befehl **Export**, wenn dort als Dateityp **Block (*.dwg)** gewählt wird.

Ausführung: Befehl Einfüge

Mit dem Befehl **Einfüge** lassen sich mit einem Dialogfeld (→ Abbildung 7.3) Blöcke einfügen oder ganze Zeichnungen in die aktuelle Zeichnung als Block einfügen.

- **Befehl Einfüge auswählen**
    - Abrollmenü **Einfügen, Block...**
    - Tablettmenü **T5**

- Symbol in einem Flyout-Menü des Werkzeugkastens **ZEICHNEN**
- Symbol im Werkzeugkasten **EINFÜGEN**

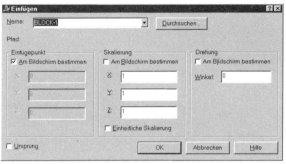

Abbildung 7.3: Blöcke einfügen mit Dialogfeld

Zwei Möglichkeiten stehen zur Verfügung:

- **Block einfügen:**
  Die Blöcke, die in dieser Zeichnung erstellt oder schon einmal in der Zeichnung als Datei eingefügt wurden, können im Abrollmenü **NAME** gewählt werden. Ist der Name bekannt, kann er auch in das Feld eintragen werden.

- **Datei einfügen:**
  Soll eine Datei als Block in die aktuelle Zeichnung eingefügt werden, wird die Schaltfläche **DURCHSUCHEN...** verwendet. Mit dem gleichen Dialogfeld wie beim Befehl **ÖFFNEN** kann die Datei gewählt werden. Wird eine Datei in die Zeichnung eingefügt, wird daraus in der Zeichnung ein Block. Für den Blocknamen wird der Dateiname übernommen. Er erscheint nach der Auswahl der Datei im Feld **NAME**. Dieser Eintrag kann geändert werden, wenn der Block in der Zeichnung einen anderen Namen haben soll, weil der ursprüngliche bereits vorhanden ist. Sonst würde der neue Block den bereits vorhandenen mit allen Einfügungen ersetzen. Es kann aber auch für einen neu einzufügenden Block ein bereits vorhandener Name eingegeben werden, um diesen in der Zeichnung

durch die neue Datei zu ersetzen. In jedem Fall erscheint beim Anklicken von **OK** eine Warnmeldung (→ Abbildung 7.4).

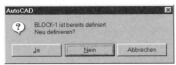

Abbildung 7.4: Warnfenster beim Überschreiben eines Blocks

- **Einfügeparameter bestimmen:**
  Um den Block in der Zeichnung richtig zu platzieren, sind drei Angaben notwendig: der **EINFÜGEPUNKT**, die **SKALIERUNG** und der **DREHWINKEL**. Diese Größen können im Dialogfeld eingetragen werden. Ist der Schalter **AM BILDSCHIRM BESTIMMEN** ein, kann der jeweilige Wert im Dialog in der Zeichnung eingegeben werden. Meist ist es sinnvoll, den Einfügepunkt und eventuell noch den Drehwinkel am Bildschirm zu bestimmen und den Skalierfaktor fest einzugeben. Werden die Blöcke immer mit dem Drehwinkel 0 Grad eingefügt, kann dieser Wert auch fest eingetragen werden (→ Abbildung 7.3).
  EINHEITLICHE SKALIERUNG: Ist dieser Schalter ein, wird der Block in allen Richtungen gleich skaliert. Ansonsten sind auch unterschiedliche Faktoren möglich.
  URSPRUNG: Ist dieses Feld angekreuzt, wird der Block beim Einfügen gleich in seine Bestandteile zerlegt.

- **Befehlsanfrage:**
  Soll alles am Bildschirm bestimmt werden, erscheint folgender Dialog in der Befehlszeile, wenn mit **OK** beendet wird:

```
Befehl: EINFÜGE
Einfügepunkt angeben oder [Faktor/X/Y/Z/Drehen/VFaktor/
VX/VY/VZ/VDrehen]:
X-Skalierfaktor eingeben, entgegengesetzte Ecke angeben
oder [Ecke/XYZ] <1>:
Y-Skalierfaktor eingeben <X-Skalierfaktor verwenden>:
Drehwinkel angeben <0>:
```

Die Angaben, die im Dialogfeld fest eingestellt waren, werden nicht angefragt. Wenn Sie alles am Bildschirm bestimmen, wählen Sie zunächst den Einfügepunkt in der Zeichnung. An dieser Stelle stehen weitere Optionen zur Verfügung:

Faktor: Eingabe eines Einfügefaktors für alle Achsrichtungen.

X/Y/Z: Mit diesen Optionen wird nur der Skalierfaktor angegeben, der vom Skalierfaktor 1 abweichen soll.

Drehen: Soll der Drehwinkel vorab bestimmt werden, kann diese Option gewählt werden. Danach werden Einfügepunkt und Skalierfaktoren angefragt. Der Vorteil ist, dass der Block schon in der Voransicht gedreht platziert werden kann.

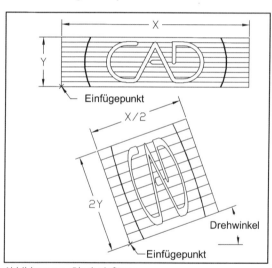

Abbildung 7.5: Block einfügen

VFaktor/VX/VY/VZ/VDrehen: Sollen nicht schon im Voraus ein Faktor, verschiedene Faktoren oder ein Drehwinkel gewählt, das Voransichtsbild aber korrigiert werden, wählt man eine dieser Optionen. Der Zusatz V steht hier für die Voransicht, nicht den endgültigen Faktor. Dieser kann beim Platzieren noch geändert werden.

Anmerkungen

- Die Funktionen lassen sich ohne Dialogfeld ausführen, wenn der Befehl mit vorangestelltem »-« eingegeben wird: **-Einfüge**.
- Bei einem negativen Skalierfaktor wird die Blockeinfügung in dieser Achsrichtung gespiegelt.

Ausführung: Befehl Basis

Soll eine Zeichnung als Block komplett in eine andere Zeichnung eingefügt werden, kann der Basispunkt für eine spätere Einfügung bestimmt werden.

- **Befehl Basis eingeben**
  - Abrollmenü **Zeichnen, Block >, Basis**
- **Befehlsanfrage:**

```
Befehl: BASIS
Basispunkt eingeben <0.0000,0.0000,0.0000>:
```

Wird kein spezieller Basispunkt für eine Zeichnung mit diesem Befehl festgelegt, so ist der Punkt 0,0,0 der Basispunkt.

Ausführung: Befehl Ursprung

Eingefügte Blöcke, aber auch Bemaßungen, 2D- und 3D-Polylinien (auch Polygone und Ringe) sowie 3D-Netze oder P-Netze werden als zusammenhängende Elemente behandelt. Mit dem Befehl **Ursprung** können sie in elementare Elemente (Linien, Bögen, Kreise) zerlegt und dann auch einzeln editiert werden.

- **Befehl URSPRUNG auswählen**
    - Abrollmenü **ÄNDERN, URSPRUNG**
    - Tablettfeld **Y22**
    - Symbol im Werkzeugkasten **ÄNDERN**

    Mit der Objektwahl können ein oder mehrere Objekte gewählt werden, die dann zerlegt werden.

Anmerkungen

- Wird ein Block zerlegt, kann er anschließend editiert werden. Attributswerte gehen verloren.
- Wird eine 2D-Polylinie zerlegt, haben die resultierenden Linien- und Bogensegmente die Breite 0.
- Der Befehl wirkt nur auf die letzte Verschachtelungsebene. Enthält ein Block wieder Blöcke oder Polylinien usw., so werden diese nicht zerlegt. Der Befehl kann aber mehrfach hintereinander angewendet werden.

7.2 Attribute

- Attribute sind Textinformationen, die mit einem Block gespeichert werden.
- Sie finden Verwendung, um in einer Zeichnung Beschriftungen in einer ganz bestimmten vordefinierten Form zu erzeugen, zum Beispiel zum Ausfüllen eines Zeichnungskopfes oder zum Anbringen von Referenznummern und Bezeichnungen an Bauteilen in einem Schemaplan.
- Sie können aber auch verwendet werden, um Informationen über eingefügte Teile mit der Zeichnung zu speichern. Dabei kann es sich um konstante Informationen handeln, z. B.: die DIN-Nummer eines Teils, oder um variable Informationen, die bei der Blockeinfügung vergeben werden, z. B.: die Bestellnummer eines Teils. Diese Informationen lassen sich dann in einer Stückliste ausgeben.

Arbeiten mit Attributen

- Attribute werden mit dem Befehl **ATTDEF** definiert.
- Diese Attributsdefinitionen werden als Text in der Zeichnung in Großbuchstaben angezeigt.
- Attributsdefinitionen lassen sich mit dem Befehl **DDEDIT** ändern.
- Attribute müssen bei der Blockdefinition mit dem Befehl **BLOCK** in den Block aufgenommen werden.
- Bei der Blockeinfügung werden die Werte für variable Attribute abgefragt.
- Hat die Systemvariable **ATTDIA** einen Wert ungleich 0, wird ein Dialogfenster zur Attributsanfrage verwendet.
- Variable Attribute können nach der Einfügung mit den Befehlen **ATTEDIT** editiert werden.
- Attribute werden je nach Attributmodus in der Zeichnung angezeigt oder nicht angezeigt.
- Die globale Anzeige steuert der Befehl **ATTZEIG**.
- Attribute können mit dem Befehl **ATTEXT** in einer Textdatei ausgegeben werden.

- Dazu muss zuvor eine Dateischablone erstellt werden, die das Format der Ausgabe festlegt.
- Aus diesen Informationen kann von einem nachgeschalteten Programm z. B. eine Stückliste erzeugt werden.

Ausführung: Befehl ATTDEF

Mit dem Befehl **ATTDEF** lassen sich Attribute definieren.

- **Befehl ATTDEF auswählen**
    - ◆ Abrollmenü **ZEICHNEN**, **BLOCK** ›, **ATTRIBUTE**...

    Die Eingaben erfolgen in einem Dialogfeld (→ Abbildung 7.6).

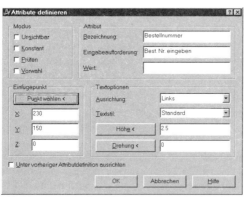

Abbildung 7.6: Attribute definieren im Dialogfeld

- **MODUS:**

    Links oben kann der Modus für das Attribut eingestellt werden. Vier verschiedene Modi sind vorhanden:

    UNSICHTBAR: Ist dieser Modus gewählt, ist das Attribut nach der Blockeinfügung nicht sichtbar.

    KONSTANT: Ist dieser Modus gewählt, erhält das Attribut einen festen Wert und wird bei der Blockeinfügung nicht angefragt. Er kann auch später nicht editiert werden.

PRÜFEN: Ist dieser Modus gewählt, wird der Wert nach der Eingabe im Dialogbereich zur Überprüfung noch mal gelistet. Bei Eingabe im Dialogfeld ist dieser Modus ohne Bedeutung.

VORWAHL: Ist dieser Modus gewählt, wird das Attribut auf einen vorgewählten Wert gesetzt und bei der Blockeinfügung nicht angefragt. Er kann aber später editiert werden.

■ **ATTRIBUT:**
Für das Attribut ist eine **BEZEICHNUNG** erforderlich. Zusätzlich kann eine **EINGABEAUFFORDERUNG** vorgegeben werden. Bei der Abfrage erscheint dann dieser Text. Im Feld **WERT** kann ein Vorgabewert für das Attribut eintragen werden.

■ **EINFÜGEPUNKT:**
Der Einfügepunkt kann eingetragen werden, oder man klickt auf die Schaltfläche **PUNKT WÄHLEN ‹** und wählt den Punkt in der Zeichnung. Befindet sich schon ein Attribut in der Zeichnung, lässt sich das nächste direkt unter dem vorherigen platzieren, wenn der Schalter **UNTER VORHERIGEM ATTRIBUT AUSRICHTEN** ein ist.

■ **TEXTOPTIONEN:**
Attribute werden wie Text in der Zeichnung plaziert. Im Feld **TEXTOPTIONEN** werden die Parameter für die Schrift des Attributs eingestellt. Das sind dieselben Parameter wie beim Befehl **DTEXT**.

Anmerkung

■ Die Funktionen lassen sich ohne Dialogfeld ausführen, wenn der Befehl mit vorangestelltem »-« eingegeben wird: **-ATTDEF**.

Ausführung: Änderung von Attributsdefinitionen

Mit dem Befehl **DDEDIT** lassen sich außer Textzeilen auch Attributsdefinitionen bearbeiten (➔ auch 5.8).

■ Befehl **DDEDIT** auswählen
  ◆ Abrollmenü **ÄNDERN, TEXT BEARBEITEN...**
  ◆ Tablett **Y21**
  ◆ Symbol im Werkzeugkasten **ÄNDERN II**

■ **Befehlsanfrage:**

```
Befehl: DDEDIT
Anmerkungsobjekt wählen oder [Zurück]:
```

Eine Attributsdefinition kann mit der Pickbox gewählt werden. Es erscheint ein Dialogfeld (→ Abbildung 7.7), in dem Bezeichnung, Anfrage und Vorgabewert geändert werden können.

Z (ZURÜCK): Nimmt die letzte Änderung zurück.

Abbildung 7.7: Änderung von Attributsdefinitionen im Dialogfeld

Ausführung: Blöcke mit Attributen einfügen

Beim Einfügen von Blöcken mit Attributen in die Zeichnung werden die variablen Attributwerte angefragt

Anmerkungen

■ Hat die Systemvariable **ATTREQ** den Wert 0, werden die Attributswerte nicht abgefragt. Eine nachträgliche Editierung ist aber möglich.

■ Hat die Systemvaribale **ATTDIA** einen Wert ungleich 0, können die Attributswerte in ein Dialogfenster eingegeben werden, (→ Abbildung 7.8). Ansonsten werden sie umständlich im Befehlszeilenfenster angefragt.

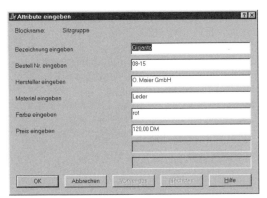

Abbildung 7.8: Dialogfeld zur Eingabe der Attributswerte

Ausführung: Blöcke mit Attributen neu definieren

Soll zu einem Block ein Attribut hinzugefügt oder ein vorhandenes gelöscht werden, muss der Block zuerst mit dem Befehl **URSPRUNG** zerlegt, in der neuen Form mit dem Befehl **BLOCK** wieder erzeugt, alte Blockeinfügungen müssen gelöscht und an allen Stellen wieder neu eingefügt werden. Das ist sehr aufwendig, wenn der Block schon mehrfach eingefügt wurde. Mit dem Befehl **ATTREDEF** wird dieser Vorgang vereinfacht.

■ **Befehl ATTREDEF auswählen**
   ◆ Auf der Tastatur eingeben

■ **Befehlsanfrage:**

```
Befehl: ATTREDEF
Blocknamen zum Neudefinieren eingeben:
Objekte für neuen Block wählen...
..
Basispunkt der Einfügung für neuen Block angeben:
```

Anmerkungen

- Die Vorgehensweise ist wie folgt: Eine Blockeinfügung mit dem Befehl **Ursprung** zerlegen.
- Neue Attributsdefinition erstellen oder vorhandene löschen.
- Mit der Funktion **Attredef** Block mit neuen Attributen erstellen.
- Alle eingefügten Blöcke dieses Namens werden korrigiert, alte Attributswerte bleiben erhalten, hinzugefügte Attribute werden auf ihre Vorgabewerte gesetzt.
- Attribute können mit dem Blockeditor geändert werden (→ 7.4)

Ausführung: Befehl Attedit

Der Befehl **Attedit** ermöglicht die Editierung von Attributen im selben Dialogfeld, in das sie eingegeben wurden.

- **Befehl Attedit auswählen**
    - ◆ Abrollmenü **Ändern, Attribute ›, Bearbeiten**
    - ◆ Tablettfeld **X20**
    - ◆ Symbol im Werkzeugkasten **Ändern II**
- **Befehlsanfrage:**

```
Befehl: ATTEDIT
Blockreferenz wählen:
```

Die Attribute des gewählten Blocks erscheinen im Dialogfeld (→ Abbildung 7.8) und sind änderbar.

Ausführung: Befehl -Attedit

Wird dem Befehl **Attedit** ein »-« vorangestellt, kann der Befehl im Befehlszeilenfenster ausgeführt werden. Mit dieser Variante lassen sich auch mehrere Blöcke global in der Zeichnung bearbeiten.

- **Befehl Attedit auswählen**
    - ◆ Abrollmenü **Ändern, Attribut ›, Global bearbeiten**
- **Befehlsanfrage:**

```
Befehl: -ATTEDIT
Attribute einzeln editieren? [Ja/Nein] <J>:
```

Zwei Editiermöglichkeiten stehen zur Verfügung:

- **Einzeleditierung:**
  Blöcke bzw. Attribute werden mit der Objektwahl bestimmt. Die Auswahl kann mit drei Abfragen auf bestimmte Attribute begrenzt werden:

  ```
  Blocknamenspezifikation eingeben <*>:
  Spezifikation für Attributbezeichnung eingeben <*>:
  Spezifikation für Attributwert eingeben <*>:
  Attribute wählen:
  ..
  4 Attribut(e) gewählt.
  Option eingeben [Wert/Position/Höhe/WInkel/Stil/Layer/Farbe/Nächstes] <N>:
  ```

  Die Größen können bei den gewählten Attributen durch Wahl der entsprechenden Option einzeln geändert werden: Attributswert, Schrift (Position, Höhe, Stil, Winkel), Layer und Farbe.

- **Globale Editierung:**
  Globale Editierung aller Attribute in einer Zeichnung. Eine Beschränkung auf sichtbare Attribute ist möglich. Wie bei der Einzeleditierung kann die Auswahl eingeschränkt werden. Danach lassen sich die Werte der Attribute gemeinsam ändern.

Ausführung: Befehl ATTZEIG

Mit dem Befehl **ATTZEIG** wird die Anzeige von Attributswerten in der Zeichnung gesteuert.

- **Befehl ATTZEIG auswählen**
  - Abrollmenü **ANSICHT, ANZEIGE ›, ATTRIBUTANZEIGE ›**, Optionen des Befehls
- **Befehlsanfrage:**

  ```
  Befehl: ATTZEIG
  Einstellung für Sichtbarkeit von Objekten eingeben
  [Normal/EIN/AUS] <Normal>:
  ```

■ **Optionen:**
N (NORMAL): Nur sichtbare Attribute anzeigen.
E (EIN): Alle Attribute (auch unsichtbare) werden angezeigt.
A (AUS): Keine Attribute anzeigen.

Ausführung: Befehl ATTEXT

Mit dem Befehl **ATTEXT** lassen sich Attribute ausgeben.

■ **Befehl ATTEXT auswählen**
  ◆ Auf der Tastatur eingeben

Alle Einstellungen können in einem Dialogfeld vorgenommen werden (→ Abbildung 7.9).

Abbildung 7.9: Attribute mit Dialogfeld ausgeben

■ **DATEIFORMAT:**
CDF-DATEI: Ausgabedatei im Comma-Delimited-Format, das heißt, die einzelnen Felder haben keine feste Länge, sondern werden durch Komma getrennt. Texte werden zusätzlich in Apostroph-Zeichen eingeschlossen.

SDF-DATEI: Ausgabedatei im Standard-Delimited-Format. Die Felder haben eine feste Länge und keine Trennzeichen.

DXF-DATEI: Variante des Formats der AutoCAD-DXF-Zeichnungsaustauschdateien, bei dem nur Blöcke und deren Attribute abgespeichert werden.

- **OBJEKTE WÄHLEN:**
  Feld **OBJEKTE WÄHLEN ‹** anklicken und die Blöcke, deren Attribute ausgegeben werden sollen, in der Zeichnung auswählen.
- **VORLAGENDATEI...:**
  Vorlagendatei (→ unten) mit dem Dateiwähler aussuchen.
- **AUSGABEDATEI...:**
  Ausgabedatei (→ unten) mit dem Dateiwähler festlegen.

Anmerkungen

- Die Funktionen lassen sich ohne Dialogfeld ausführen, wenn der Befehl mit vorangestelltem »-« eingegeben wird: **-ATTEXT**.
- Eine sogenannte Vorlagendatei legt das Ausgabeformat fest. Es ist eine Textdatei, die die Felder der Ausgabedatei definiert. Sie wird bei der Attributsausgabe als Formatvorgabe festgelegt. Bei der Ausgabe von Attributen für Möbel könnte die Vorlagendatei wie folgt aussehen:

```
BL:NAME   C015000  (AutoCAD-Blockname, max 15 Zeichen)
BL:X      N008002  (X-Einfuegepunkt, Zahlenwert)
BL:Y      N008002  (Y-Einfuegepunkt, Zahlenwert Format)
BEZEICHN  C020000  (Attribut: Bezeichnung, max 20 Zeichen)
HERSTELL  C015000  (Attribut: Hersteller, max 15 Zeichen)
MODELL    C010000  (Attribut: Modell, max 10 Zeichen)
PREIS     N008002  (Attribut: Preis, Zahlenwert Format)
```

- An erster Stelle steht der Ausgabewert. Das ist in der Regel die Attributsbezeichnung. Es kann aber auch ein Wert des eingefügten Blocks sein. Folgende Angaben können in die Ausgabedatei übernommen werden und werden in der Vorlagendatei wie folgt angegeben:

```
BL:LEVEL      Ebene der Blockverschachtelung
BL:NAME       Blockname
BL:X          X-Einfügepunkt
BL:Y          Y-Einfügepunkt
BL:Z          Z-Einfügepunkt
BL:NUMBER     Blockzähler
BL:HANDLE     Blockreferenz
BL:LAYER      Layer der Blockeinfügung
BL:ORIENT     Drehwinkel der Einfügung
BL:XSCALE     X-Faktor der Einfügung
BL:YSCALE     Y-Faktor der Einfügung
BL:ZSCALE     Z-Faktor der Einfügung
BL:XEXTRUDE   X-Komponente der Hochzugsrichtung
```

```
BL:YEXTRUDE      Y-Komponente der Hochzugsrichtung
BL:ZEXTRUDE      Z-Komponente der Hochzugsrichtung
Attribut         Attributsbezeichnung
```

- In der Vorlagendatei können auch Angaben stehen, die festlegen, welche Feldtrennzeichen und Textmarkierungen bei der CDF-Ausgabe verwendet werden sollen (normalerweise »,« als Trennzeichen und »'« als Textmarkierung):

```
C:DELIM C        Feldtrennzeichen
C:QUOTE C        Textmarkierung
```

- Die Formatangabe lässt zwei Datentypen zu:

```
Nxxxyyy          Numerische Werte mit xxx=Stellenzahl
                 und yyy=Nachkommastellen
Cxxx000          Texte mit xxx=Zahl der Zeichen
```

- Die Angaben xxx und yyy müssen dreistellig sein, z. B.: N010002 oder C020000.

- Die Ausgabedatei könnte bei Verwendung der obigen Schablonendatei und dem CDF-Format wie folgt aussehen:

```
'SOFA2', 240.00, 224.00,'Zweiersofa','Fa. Polster','LED160', 2250.00
'SESSEL', 233.00, 171.00,'Sessel','Fa. Polster','LED80', 975.00
'TISCH', 287.00, 151.00,'Tisch','Fa. Tischler','FL120', 850.00
'SOFA3', 305.00, 129.00,'Dreiersofa','Fa. Polster','LED240', 3450.00
'SCHRANKW', 339.00, 37.00,'Schrankw','Fa. Giganto','MASSIG', 4750.00
'ESSGRUPPE', 103.00, 39.00,'Essgr','Fa. Sitzgut','ESS2000', 1950.00
'BUCHREGAL', 53.00, 59.00,'Buchreg','Fa. Buchwurm','BCH100', 1200.00
```

- Bei Ausgabe im SDF-Format würde dagegen die folgende Datei erzeugt werden:

```
SOFA2     240.00  224.00  Zweiersofa Fa. Polster   LED160   2250.00
SESSEL    233.00  171.00  Sessel     Fa. Polster   LED80     975.00
TISCH     287.00  151.00  Tisch      Fa. Tischler  FL120     850.00
SOFA3     305.00  129.00  Dreiersofa Fa. Polster   LED240   3450.00
SCHRANKW  339.00   37.00  Schrankw   Fa. Giganto   MASSIG   4750.00
ESSGRUPPE 103.00   39.00  Essgr      Fa. Sitzgut   ESS2000  1950.00
BUCHREGAL  53.00   59.00  Buchreg    Fa. Buchwurm  BCH100   1200.00
```

- Um Attribute im DXF-Format auszugeben, kann auch der Befehl **Export** verwendet werden, der im Abrollmenü **Datei** zu finden ist (Funktion **Exportieren**).

7.3 Externe Referenzen

Mit der Möglichkeit der externen Referenz lassen sich andere Zeichnungen in eine Zeichnung einfügen, ohne sie fest zu integrieren. Es existiert nur ein Verweis zur eingebundenen Zeichnung.

Eigenschaften von externen Referenzen

- Wenn eine Zeichnung mit externen Referenzen auf den Bildschirm geholt wird, werden die referenzierten Zeichnungen mitgeladen. Dadurch wird immer der aktuelle Stand gezeigt.
- Eine Zeichnung kann beliebig viele Einzelteilzeichnungen in Form von externen Referenzen enthalten.
- Externe Referenzen können verschachtelt werden, die referenzierte Zeichnung kann wieder externe Referenzen enthalten.
- Eingefügte externe Referenzen können nur insgesamt verschoben, kopiert, gedreht und skaliert werden.
- Die Farbe, der Linientyp und die Sichtbarkeit der Layer von eingefügten externen Referenzen kann geändert werden. Ein Layer davon kann aber nicht zum aktuellen Layer gemacht werden.
- Änderungen an der Sichtbarkeit der abhängigen Layer gelten nur für die Arbeitssitzung. Hat die Systemvariable **VISRETAIN** den Wert 1, werden die Einstellungen gespeichert. Änderungen an Farbe und Linientyp gelten immer nur für eine Arbeitssitzung.
- Layer von eingefügten externen Referenzen werden in die Zeichnung übernommen. Der Layername wird dem Zeichnungsnamen der referenzierten Zeichnung vorangestellt. Zum Beispiel: Die Zeichnung *HAUS* wurde als externe Referenz eingefügt. Sie hat die Layer *WAND*, *MOEBEL* und *MASSE*. In der Zeichnung, in der die Zeichnung *HAUS* übernommen wurde, existieren dann die Layer *HAUS|WAND*, *HAUS|MOEBEL* und *HAUS|MASSE*.
- Dasselbe erfolgt mit anderen benannten Elementen wie Textstilen, Bemaßungsstilen usw.

Ausführung: Befehl XZUORDNEN

Mit dem Befehl **XZUORDNEN** können externe Referenzen in eine Zeichnung übernommen werden.

■ **Befehl XZUORDNEN auswählen**
- Abrollmenü **EINFÜGEN, XREF...**
- Tablettfeld **T4**
- Symbole im Werkzeugkasten **REFERENZ**

Die Zeichnung, die als externe Referenz übernommen werden soll, kann im Dateiwähler mit Voransicht gewählt werden. Danach werden die Parameter für die Einfügung mit einem ähnlichen Dialogfeld wie beim Befehl **EINFÜGE** bestimmt (→ 7.1 und Abbildung 7.10).

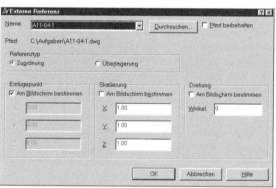

Abbildung 7.10: Dialogfeld zur Einfügung von externen Referenzen

NAME: In diesem Feld wurde der Dateiname der Zeichnung übernommen. Mit dem Schalter **DURCHSUCHEN...** kann jetzt noch eine andere Zeichnungsdatei gewählt werden. Das Feld **NAME** ist als Abrollmenü ausgelegt. Dort sind alle externen Referenzen, die in der Zeichnung schon zugeordnet wurden. Es kann hier auch eine externe Referenz erneut eingefügt werden.

PFAD BEIBEHALTEN: Mit dem Schalter wird angegeben, ob der Pfad der externen Referenz in der Zeichnung gespeichert werden soll.

Wird danach eine Datei verschoben, kommt es zu Fehlermeldungen beim Öffnen der Zeichnung. Ist der Schalter aus und die Dateien der externen Referenzen sind verschoben, werden sie im Ordner der aktuellen Zeichnung gesucht, danach in den Ordnern für die Supportdateien (→ Befehl **OPTIONEN** 10.5). In den Optionen kann auch ein Projektordner angegeben werden, in dem Zeichnungen gesucht werden. Der Originalpfad der externen Referenz wird in der Zeile darunter angezeigt.

REFERENZTYP: Ist der Typ **ZUORDNUNG** gewählt, wird die externe Referenz fest in die Zeichnung übernommen. Mit dem Typ **ÜBERLAGERUNG** wird die Zeichnung ebenso als externe Referenz übernommen. Wenn diese Zeichnung wieder in einer anderen Zeichnung als externe Referenz einfügt wird, erscheint die erste nicht mehr.

Einfügepunkt, Skalierfaktor und Drehwinkel werden wie beim Befehl **EINFÜGE** (→ 7.1) bestimmt. Auch der Dialog in der Befehlszeile ist identisch mit dem bei diesem Befehl.

Ausführung: Befehl XREF

Alle Aktionen mit externen Referenzen können mit dem Befehl **XREF** ausgeführt werden.

■ **Befehl XREF auswählen**
- ◆ Abrollmenü **EINFÜGEN, XREF-MANAGER...**
- ◆ Tablettfeld **T4**
- ◆ Symbole in den Werkzeugkasten **EINFÜGEN** und **REFERENZ**
- ◆ Symbol in einem Flyout-Menü des Werkzeugkastens **ZEICHNEN**

Alle Einstellungen werden in einem Dialogfeld vorgenommen (→ Abbildung 7.11).

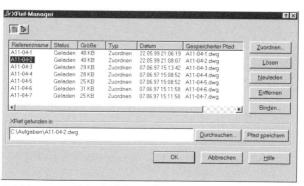

Abbildung 7.11: Dialogfeld des Xref-Managers

REFERENZLISTE: In der Liste sind alle Zeichnungen aufgeführt, die in dieser Zeichnung als externe Referenz zugeordnet sind. In der Liste wird in der ersten Spalte der Name der externen Referenzen angezeigt. Wird der Name zweimal angeklickt (kein Doppelklick, Pause dazwischen), kann er überschrieben werden. Mit einem weiteren Klick wird der Cursor im Namensfeld gesetzt. Die externe Refernz bekommt so in der Zeichnung einen anderen Namen als den Dateinamen, einen sogenannten Aliasnamen. In den nächsten Spalten werden Status (→ unten), Größe und Typ angezeigt. Ein Doppelklick auf den Typ schaltet ihn um. Dahinter werden Datum und Pfad angezeigt.

Mit den Schaltern links oberhalb der Liste kann die Anzeige umgeschaltet werden. Wählbar ist die Anzeige in Form der Liste (→ Abbildung 7.11) oder der Baumanzeige. Dort wird sichtbar, wie die Referenzen verschachtelt sind (→ Abbildung 7.12).

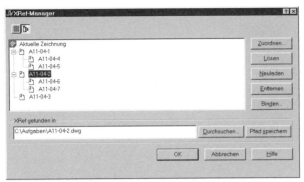

Abbildung 7.12: Dialogfeld des Xref-Managers, Baumanzeige

Im Feld **XREF GEFUNDEN IN** werden der Dateiname und der Pfad der Referenz angezeigt, die in der Liste markiert ist. Wird ein neuer Pfad oder Dateiname eingetragen, wird dieser Referenz eine neue Datei zugeordnet. Die ursprüngliche Zeichnung wird durch die neue ersetzt. Statt einen Zeichnungsnamen einzutragen, kann mit der Schaltfläche **DURCHSUCHEN...** im Dateiwähler eine Zeichnung ausgesucht werden. Mit einem Klick auf die **PFAD SPEICHERN** wird der Pfad der externen Referenz gespeichert.

Links von der Liste befindet sich eine Reihe von Schaltflächen:

ZUORDNEN...: Mit der obersten Schaltfläche kommt man zum Befehl **XZUORDNEN** (→ oben). Es kann eine weitere Referenz in die Zeichnung einfügt werden.

LÖSEN: Die in der Liste markierten Referenzen werden ausgeblendet. Sie verschwinden aus der Liste und aus der Zeichnung.

ENTFERNEN: Die in der Liste markierten Referenzen werden gelöscht. Sie werden zwar nicht mehr angezeigt, die Verbindung bleibt aber in der Zeichnung gespeichert.

NEULADEN: Entfernte Referenzen können wieder eingeblendet werden, wenn die ausgeblendeten markiert und auf die Schaltfläche **NEULADEN** geklickt wird. Der Bildaufbau lässt sich beschleunigen, wenn die vorübergehend nicht benötigten Referenzen aus der Zeichnung ausgeblendet werden.

BINDEN...: Markierte externe Referenzen werden an die Zeichnung gebunden. In einem weiteren Dialogfenster kann die Art der Bindung gewählt werden (→ Abbildung 7.13)

Abbildung 7.13: Externe Referenzen binden

Ist **BINDEN** angekreuzt, werden die externen Referenzen als Blöcke in die Zeichnung übernommen, die bei Bedarf auch mit dem Befehl **URSPRUNG** in ihre Bestandteile zerlegt werden können.

Die Layernamen und alle weiteren benannten Objekte lassen weiterhin die Herkunft erkennen. Die Layer, die mit der externen Referenz importiert wurden, haben den Namen der externen Referenz vorangestellt. Danach folgen *0* und der ursprüngliche Layername, zum Beispiel: *A12-01-1$0$KONTUR*.

Ist der Schalter **EINFÜGEN** ein, werden externe Referenzen auch hier in Blöcke umgewandelt. Alle benannten Objekte verlieren aber die Herkunft im Namen. Aus dem Layer *A12-01-1|KONTUR* wird *KONTUR*.

Anmerkung

- Die Funktionen lassen sich ohne Dialogfeld ausführen, wenn der Befehl mit vorangestelltem »-« eingegeben wird: **-XREF**.

Ausführung: Befehl XBINDEN

Mit dem Befehl **XBINDEN** lassen sich benannte Elemente von eingefügten externen Referenzen in die Zeichnung übernehmen, ohne die externe Referenz selber zu binden.

- **Befehl XBINDEN auswählen**
  - ◆ Abrollmenü **ÄNDERN, OBJEKT › , XREF › , BINDEN...**
  - ◆ Tablettfeld **X19**
  - ◆ Symbole im Werkzeugkasten **REFERENZ**

Die Objekte können in einem Dialogfeld (→ Abbildung 7.14) gewählt werden.

Abbildung 7.14: Binden benannter Objekte

Im linken Fenster sind alle externen Referenzen aufgelistet. Mit einem Doppelklick auf den Namen oder einem einfachen Klick auf das »+« davor verzweigt man in der Hierarchie weiter nach unten. Es werden alle Objekttypen angezeigt. Klickt man noch eine Stufe weiter, werden die benannten Objekte angezeigt. Sind die gewünschten Objekte markiert, wird die Schaltfläche **HINZUFÜGEN ->** angeklickt. Sie werden in die rechte Liste übernommen und damit gebunden. Sind Objekte falsch gewählt worden, können sie in der rechten Liste markiert werden und mit **<- ENTFERNEN** wieder entfernt werden.

Gebundene Objekte werden wie bei der Funktion **BINDEN...** des Befehls **XREF** benannt: *A12-01-1$0$KONTUR, A12-01-1$0$MASSE* usw.

Ausführung: Blöcke und externe Referenzen zuschneiden

Blöcke (→ 7.1) und externe Referenzen, die Sie in eine Zeichnung eingefügt haben, sind zunächst immer ganz sichtbar. Soll aber nur ein Teil angezeigt werden, können sie zugeschnitten werden.

- **Befehl XZUSCHNEIDEN auswählen**
  - ◆ Abrollmenü **ÄNDERN**, **ZUSCHNEIDEN >**, **XREF**
  - ◆ Tablettfeld **X18**
  - ◆ Symbol im Werkzeugkasten **REFERENZ**
- **Befehlsanfrage**

```
Befehl: XZUSCHNEIDEN
Objekte wählen:
Ein/Aus/Schnittiefe/Löschen/Polylinie generieren/Neue umgrenzung] <Neue>:
```

- **Optionen:**

⏎ **bzw. N (NEUE UMGRENZUNG):** Vorgabeoption zur Erstellung einer neuen Umgrenzung. Objekte, die außerhalb dieser Umgrenzung liegen, werden ausgeblendet. Existiert bei den gewählten Blöcken schon eine Umgrenzung, erscheint eine Rückfrage, ob diese gelöscht werden soll:

```
Alte Umgrenzung(en) löschen? [Ja/Nein] <Ja>:
```

Bei der Auswahl von **NEIN**, bricht der Befehl ab. Ansonsten wird angefragt, wie die Umgrenzung gebildet werden soll.

```
Auswahl:
[Polylinie wählen/polyGonal/Rechteckig] <Rechteckig>:
```

Jetzt kann eine schon bestehende Polylinie als Umgrenzung gewählt, ein Rechteck oder Polygon zur Umgrenzung aufgezogen werden

A (AUS): Umgrenzung aus und ganzen Block sichtbar machen.

E (EIN): Umgrenzung ein und Block nur teilweise anzeigen.

P (POLYLINIE GENERIEREN): Eine bereits vorhandene Umgrenzung wird mit einer Polylinie nachgezeichnet.

L (LÖSCHEN): Umgrenzung wieder löschen. Wurde eine Polylinie mit der Umgrenzung generiert, bleibt die Polylinie erhalten.

S (Schnittiefe): Wenn schon vorher eine Umgrenzung erzeugt wurde, kann mit dieser Option eine vordere und hintere Ebene gewählt werden. Diese liegen parallel zur Ansicht und beschneiden ein 3D-Modell so, dass nur der Teil dazwischen sichtbar ist.

```
Geben Sie vorderen Schnittpunkt an oder
[Abstand/Entfernen]:
Geben Sie hinteren Schnittpunkt an oder
[Abstand/Entfernen]:
```

Ein Punkt auf der vorderen und hinteren Ebene kann eingegeben werden. Mit der Option **Entfernen** bei den Eingaben der Punkte kann die entsprechende Ebene entfernt werden. Mit der Option **Abstand** wird der Abstand der Schnittebenen vom Betrachterstandort eingegeben.

Ausführung: Umgrenzung ein- und ausschalten

Die Umgrenzungen aller in der Zeichnung zugeschnittenen Blöcke bzw. aller externen Referenzen können mit der Systemvariablen **Xclipframe** schnell ein- und ausgeschaltet werden.

■ **Systemvariable Xclipframe umschalten**
- Abrollmenü **Ändern**, **Objekt ›**, **Xref ›**, **Rahmen**
- Symbol im Werkzeugkasten **Referenz**

7.4 Blöcke und externe Referenzen editieren

Blöcke und externe Referenzen können nicht mehr bearbeitet werden, wenn Sie in eine Zeichnung eingefügt wurden. Nur mit dem Blockeditor können Blöcke und externe Referenzen vorübergehend geöffnet, bearbeitet und anschließend wieder geschlossen werden. Alle Blöcke und externen Referenzen mit gleichen Namen in der Zeichnung werden dann automatisch angepasst. Bei externen Referenzen wird die Originalzeichnung mit geändert.

Ausführung: Blöcke und externe Referenzen bearbeiten

Mit dem Befehl REFEDIT können Blöcke oder externe Referenzen für die Bearbeitung geöffnet werden, und zwar in der Zeichnung, in die Sie eingefügt wurden.

- Befehl REFEDIT auswählen
  - ◆ Abrollmenü ÄNDERN, XREF UND BLOCK IN ZEICHNUNG BEARBEITEN ›, REFERENZ BEARBEITEN
  - ◆ Symbol im Werkzeugkasten REFBEARB

Zunächst wird ein Objekt zur Bearbeitung gewählt (Block oder externe Referenz). Danach kommt ein Dialogfeld auf den Bildschirm (→ Abbildung 7.15). In der Liste REFERENZNAME wird der Name des Objekts anzeigt. Wurde ein verschachtelter Block bzw. eine Referenz gewählt, wird im Fenster die Hierarchie der Verschachtelung angezeigt (→ Abbildung 7.15).

Wird ein Objekt in der Liste markiert, wird rechts die Voransicht angezeigt. Mit der Schaltfläche NÄCHSTE kann durch die Hierarchie geblättert werden. Bei externen Referenzen wird zusätzlich der Pfad der Zeichnungsdatei angezeigt (→ Abbildung 7.15).

Abbildung 7.15: Dialogfeld mit verschachteltem Element

EINDEUTIGE LAYER- UND SYMBOLNAMEN AKTIVIEREN: Ist diese Option ein, werden den Layer- und Symbolnamen von geöffneten externen Referenzen bei der Bearbeitung Präfixe vorangestellt: 0, 1 usw. Damit werden Namensgleichheiten vermieden. Ist die Option deaktiviert, gelten die Vorgaben der Zeichnung.

ATTRIBUTDEFINITIONEN ZUM BEARBEITEN ANZEIGEN: Ist diese Option aktiv, können auch die Attributsdefinitionen des Blocks bearbeitet werden.

Nachdem das Dialogfeld mit **OK** bestätigt wurde, kommt man wieder zur Zeichnung und zur Anfrage:

```
Verschachtelte Objekte wählen:
```

Jetzt können die Objekte des Blocks oder der externen Referenz gewählt werden, die zur Bearbeitung frei gegeben werden sollen. Alle anderen Objekte sind nicht mehr bearbeitbar und werden gedimmt dargestellt.

Im Werkzeugkasten **REFBEARB** wird der Name des Blocks bzw. der externen Referenz angezeigt, die gerade bearbeitet wird, und zwar so lange, bis sie wieder geschlossen sind.

Anmerkungen

- Wie stark die nicht bearbeitbaren Objekte gedimmt werden, wird von der Systemvariablen **XFADECTL** (0 bis 90) gesteuert.
- Ist ein Block oder eine externe Referenz zur Bearbeitung geöffnet, werden alle Objekte, die ab diesem Moment gezeichnet werden, in den Block bzw. in die Referenz aufgenommen.
- Werden Objekte des Blocks bzw. der Referenz gelöscht, werden sie aus der Blockdefinition bzw. der Originalzeichnung entfernt.
- Es können alle Befehle verwendet werden: Zeichen- und Editierbefehle sowie Änderungsfunktionen.

Ausführung: Befehl REFSET

Mit dem Befehl **REFSET** können Objekte aus der Zeichnung in den Block bzw. in die externe Referenz aufgenommen oder daraus entfernt werden.

- **Befehl REFSET zum Hinzufügen von Objekten auswählen**
    - Abrollmenü ÄNDERN, XREF UND BLOCK IN ZEICHNUNG BEARBEITEN ›, ZU BEARBEITUNGSSATZ HINZUFÜGEN
    - Symbol im Werkzeugkasten REFBEARB
- **Befehl REFSET zum Entfernen von Objekten auswählen**
    - Abrollmenü ÄNDERN, XREF UND BLOCK IN ZEICHNUNG BEARBEITEN ›, AUS BEARBEITUNGSSATZ ENTFERNEN
    - Symbol im Werkzeugkasten REFBEARB

- **Befehlsanfrage**

```
Befehl: Refset
Objekte zwischen Referenz und Zeichnung übertragen...
Option [Hinzufügen/Entfernen] <Hinzufügen>: H oder E
Objekte wählen:
```

Objekte wählen, die hinzugefügt oder entfernt werden sollen.

Ausführung: Befehl REFCLOSE

Mit dem Befehl **REFCLOSE** können Blöcke oder externe Referenzen nach der Bearbeitung wieder geschlossen werden.

- **Befehl REFCLOSE auswählen**
  - ◆ Abrollmenü **ÄNDERN, XREF UND BLOCK IN ZEICHNUNG BEARBEITEN >, ÄNDERUNGEN AN REFERENZEN VERWERFEN**
  - ◆ Symbol im Werkzeugkasten **REFBEARB**
  zum Verwerfen der Änderungen bzw.
  - ◆ Abrollmenü **ÄNDERN, XREF UND BLOCK IN ZEICHNUNG BEARBEITEN >, ÄNDERUNGEN AN REFERENZEN SPEICHERN**
  - ◆ Symbol im Werkzeugkasten **REFBEARB**
  zum Speichern der Änderungen.

7.5 Bilddateien

In AutoCAD können Bilddateien in die Zeichnung übernommen und dort platziert werden. Damit lassen sich

- Firmenlogos, Markenzeichen, spezielle Schriftzüge usw. im Zeichnungskopf oder in der Zeichnung platzieren,
- Zeichnungen scannen und als Hintergrund zum Nachzeichnen in eine neue Zeichnung legen,
- Produktfotos in eine technische Zeichnung, eine Präsentationsfolie oder eine Druckvorlage übernehmen,
- Bilder oder Fotos als Zeichnungshintergrund verwenden,
- Ansichten von 3D-Modellen mit gerenderten Bildern in einer Zeichnung anordnen.

Welche Bilddateien übernommen werden können, ist in Tabelle 7.1 zusammengestellt.

```
Format    Beschreibung und Dateierweiterung

BMP       Windows oder OS2 Bitmap, *.bmp,
          *.dib, *.rle, *.rst
CALS-1    Mil R-Raster I, *.cal, *.cg4,
          *.gp4, .mil
FLIC      Animationsdateien. *.flc, *.fli
GIF       CompuServe Graphic Format, *.gif
JPEG      JPEG Bildformat, *.jpg
PICT      MACIntosh Bildformat, *.pct
PCX       PC Paintbrush Bildformat, *.pcx
PNG       Portable Network Graphics, *.png
TARGA     Truevision Bildformat, *.tga
TIFF      Tagged Image File Format, *.tif
```

Tabelle 7.1: Mögliche Bildformate

Ausführung: Befehl BILDZUORDNEN

Bilddateien lassen sich mit dem Befehl **BILDZUORDNEN** laden und in der Zeichnung platzieren.

■ Befehl **BILDZUORDNEN** auswählen

- Abrollmenü **EINFÜGEN**, **PIXELBILD...**
- Symbol im Werkzeugkasten **REFERENZ**

Die Bilddatei, die übernommen werden soll, kann im Dateiwähler mit Voransicht gewählt werden. Danach werden die

Parameter für die Einfügung mit einem ähnlichen Dialogfeld wie beim Befehl **EINFÜGE** bzw. **XZUORDNEN** bestimmt (→ 7.1, 7.3 und Abbildung 7.16).

Abbildung 7.16: Dialogfeld zur Einfügung von Bilddateien

NAME: In dieses Feld wurde der gerade gewählte Dateiname übernommen. Mit der Schaltfläche **DURCHSUCHEN...** kommt man wieder zum vorherigen Dialogfeld, und es kann eine andere Datei gewählt werden. Das Feld **NAME** ist als Abrollmenü ausgelegt. Hier kann auch eine Bilddatei gewählt werden, die schon einmal eingefügt wurde.

PFAD BEIBEHALTEN: Mit dem Schalter wird angegeben, ob der Pfad der Bilddatei in der Zeichnung gespeichert werden soll. Wird danach eine Datei verschoben, kommt es zu Fehlermeldungen beim Öffnen der Zeichnung. Ist der Schalter aus und die Bilddateien sind verschoben, werden sie im Ordner der aktuellen Zeichnung gesucht, danach in den Ordnern für die Supportdateien (→ Befehl **OPTIONEN** 10.5). In den Optionen kann auch ein Projektordner angeben werden, in dem Bilddateien gesucht werden. Der Originalpfad der Bilddatei wird in der Zeile darunter angezeigt.

DETAILS >> bzw. **DETAILS <<:** Mit einem Klick auf diese Schaltfläche, wird das Dialogfeld vergrößert und weitere Informationen zur Bilddatei werden angezeigt (→ Abbildung 7.17). Mit einem erneuten Klick auf die Schaltfläche wird das Dialogfeld wieder verkleinert.

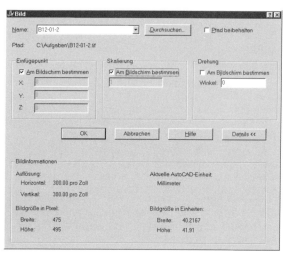

Abbildung 7.17: Dialogfeld mit Detailanzeige

Einfügepunkt, Skalierfaktor und Drehwinkel werden wie beim Befehl **EINFÜGE** (→ 7.1) entweder im Dialogfeld eingetragen oder am Bildschirm bestimmt.

■ **Befehlsanfrage**

```
Einfügepunkt angeben <0,0>:
Basisbildgröße: Breite:  40.216667, Höhe: 41.910000,
Millimeter
Skalierfaktor angeben oder [Einheit] <1>:
Legen Sie den Drehwinkel fest <0>:
```

EINHEIT: Mit der Option kann die Einheit gewechselt werden und die Bildgröße wird in der neuen Einheit erneut angezeigt.

```
Basisbildgröße: Breite:  40.216667, Höhe: 41.910000,
Millimeter
Skalierfaktor angeben oder [Einheit] <1>: E
```

```
[MM/ZEntimeter/METer/Kilometer/ZOll/Fuß/Yard/MEIle/keine
Einheit] <Millimeter>: z. B. ze
Basisbildgröße: Breite: 4.021667, Höhe: 4.191000, Zentime-
ter
Skalierfaktor angeben oder [Einheit] <1>:
```

Ausführung: Befehl BILD

Bilddateien in der Zeichnung können mit dem Befehl **BILD** verwaltet werden.

- **Befehl BILD auswählen**
  - Abrollmenü **EINFÜGEN, BILD-MANAGER...**
  - Tablettfeld **T3**
  - Symbol im Werkzeugkasten **REFERENZ** und **EINFÜGEN**
  - Symbol in einem Flyout-Menü des Werkzeugkastens **ZEICHNEN**

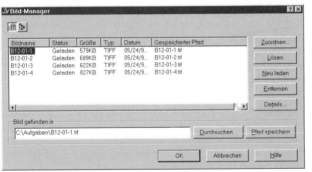

Abbildung 7.18: Dialogfeld des Bild-Managers

Die Funktionen im Bild-Manager sind identisch mit denen im Xref-Manager (→ 7.3).

Liste der eingefügten Bilder: Im Dialogfeld (→ Abbildung 7.18) wird die Liste aller eingefügten Bilder angezeigt. Wie bei den externen Referenzen kann auch einem eingefügten Bild ein Aliasname gegeben werden, der nicht mehr dem Namen der ursprünglichen Rasterdatei entspricht. Dazu muss nur der Name in der Liste geändert werden. Weitere Informationen, die der Liste entnommen werden können, sind der Status des Bildes (→ unten), die Größe und das Format der Rasterdatei, das Datum, an dem die Bilddatei erstellt wurde, sowie Pfad und Dateiname der Rasterdatei, sofern diese Angaben in der Zeichnung gespeichert wurden (→oben).

Eine weitere Gemeinsamkeit mit dem Befehl XREF sind die beiden Schalter links über der Liste. Damit kann zu einer Baumanzeige umgeschaltet werden, die aber bei Bilddateien keinen Sinn ergibt.

Neue Bilddatei zuordnen: Unter der Liste befindet sich das Feld BILD GEFUNDEN IN. Ist ein Bild in der Liste markiert, wird hier der Pfad der Datei angezeigt. Wird ein anderer Pfad oder ein anderer Dateiname eingetragen, wird diesem Bildnamen in der Zeichnung eine neue Datei zugeordnet. Es kann aber auch eine andere Datei mit dem Schalter DURCHSUCHEN... mit dem Dateiwähler bestimmt werden. Mit einem Klick auf die Schaltfläche PFAD SPEICHERN wird der Pfad der Bilddatei gespeichert.

Links neben der Liste ist eine Spalte mit verschiedenen Schaltflächen angeordnet

ZUORDNEN...: Mit dieser Schaltfläche wird der Befehl BILDZUORDNEN (→oben) aktiviert.

LÖSEN: Die Verbindung zur markierten Bilddatei wird gelöst, das Bild verschwindet aus der Zeichnung.

ENTFERNEN: Die markierte Bilddatei wird ausgeblendet, ein Rahmen bleibt in der Zeichnung und die Verbindung zur Bilddatei bleibt erhalten.

NEULADEN: Das markierte Bild wird wieder eingeblendet.

DETAILS...: Weitere Informationen zum Bild werden in einem weiteren Dialogfenster angezeigt (→ Abbildung 7.19).

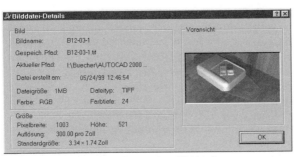

Abbildung 7.19: Detailanzeige zu einer Bilddatei

Ausführung: Befehl BILDANPASSEN

Bilder können mit dem Befehl **BILDANPASSEN** geändert werden.

■ **Befehl BILDANPASSEN auswählen**
- ◆ Abrollmenü **ÄNDERN, OBJEKT ›, BILD ›, ANPASSEN...**
- ◆ Tablettfeld **X20**
- ◆ Symbol im Werkzeugkasten **REFERENZ**

In einem Dialogfeld können die Änderungen ausgeführt werden (→ Abbildung 7.20).

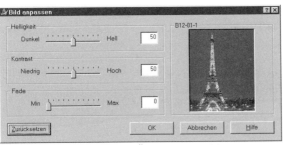

Abbildung 7.20: Dialogfeld zur Änderung von Bildern

Helligkeit, Kontrast und Dichte (**FADE**) des Bildes können an Schiebereglern eingestellt und im Voransichtsbild überprüft werden.

Ausführung: Befehl BILDQUALITÄT

Mit dem Befehl **BILDQUALITÄT** kann die Anzeigequalität von Bildern geändert werden.

■ **Befehl BILDQUALITÄT auswählen**
  ◆ Abrollmenü **ÄNDERN, OBJEKT ›, BILD ›, QUALITÄT**
  ◆ Symbol im Werkzeugkasten **REFERENZ**

■ **Befehlsanfrage**

```
Befehl: BILDQUALITÄT
Einstellung für Bildqualität [Hoch/Entwurf] <Hoch>:
```

Die Einstellungen betreffen nur die Qualität der Anzeige. Der Bildaufbau beschleunigt sich bei der Entwurfsqualität. Beim Drucken oder Plotten wird immer die hohe Qualität verwendet.

Ausführung: Befehl TRANSPARENZ

Manche Bildformate verwenden transparente Pixel. Solche Bilder lassen sich mit dem Befehl **TRANSPARENZ** transparent schalten.

■ **Befehl BILDQUALITÄT auswählen**
  ◆ Abrollmenü **ÄNDERN, OBJEKT ›, BILD ›, TRANSPARENZ**
  ◆ Tablettfeld **X21**
  ◆ Symbol im Werkzeugkasten **REFERENZ**

■ **Befehlsanfrage**

```
Befehl: TRANSPARENZ
Bild wählen:
Transparenzmodus eingeben [Ein/Aus] <Aus>:
```

Ausführung: Befehl BILDRAHMEN

Ausgeblendete Bilder werden durch einen Rahmen in der Zeichnung markiert. Mit dem Befehl **BILDRAHMEN** kann der Rahmen aus- und eingeblendet werden.

■ **Befehl BILDRAHMEN auswählen**
  ◆ Abrollmenü **ÄNDERN, OBJEKT ›, BILD ›, RAHMEN**
  ◆ Symbol im Werkzeugkasten **REFERENZ**

■ **Befehlsanfrage**

```
Befehl: BILDRAHMEN
Einstellung für Bildrahmen eingeben [Ein/Aus] <Ein>:
```

Anmerkungen
■ Überlappen sich Bilder in der Zeichnung, können sie mit dem Befehl ZEICHREIHENF (→ 6.5) übereinander angeordnet werden.
■ Eingefügte Bilder können an den Griffen bearbeitet werden. Beim Anklicken am Bildrand bekommt das Bild an den Eckpunkten Griffe. Damit kann das Bild größer oder kleiner gezogen werden. Das Seitenverhältnis bleibt erhalten und das Bild wird skaliert.

Ausführung: Befehl BILDZUSCHNEIDEN

Mit dem Befehl BILZUSCHNEIDEN lassen sich Ausschnitte von Bildern in der Zeichnung anzeigen.

■ **Befehl BILDZUSCHNEIDEN auswählen**
   ◆ Abrollmenü ÄNDERN, ZUSCHNEIDEN ›, BILD
   ◆ Tablettfeld X22
   ◆ Symbol im Werkzeugkasten REFERENZ

■ **Befehlsanfrage**

```
Befehl: BILDZUSCHNEIDEN
Zuzuschneidendes Bild:
Option zum Zuschneiden des Bildes eingeben
[Ein/Aus/Löschen/Neue Umgrenzung] <Neue>:
```

■ **Optionen**

⏎ bzw. N (NEUE UMGRENZUNG): Vorgabeoption zur Erstellung einer neuen Umgrenzung. Bildteile, die außerhalb der Umgrenzung liegen, werden ausgeblendet. Existiert schon eine Umgrenzung, wird angefragt, ob diese gelöscht werden soll.

```
Alte Umgrenzung löschen? [Nein/Ja] <Ja>:
```

Wird die alte Umgrenzung nicht gelöscht, bricht der Befehl ab. Sonst wird angefragt, wie die Umgrenzung aussehen soll.

```
Schnittflächentyp eingeben [Polygonal/Rechteckig]
<Rechteckig>:
```

Die Umgrenzung kann mit einem Rechteck oder einem Polygon aufgezogen werden.

A (Aus): Umgrenzung aus und ganzes Bild sichtbar machen.
E (Ein): Umgrenzung ein und Bild zuschneiden.
L (Löschen): Löschen einer bereits vorhandenen Umgrenzung.

7.6 Gruppen

Objekte lassen sich in der Zeichnung zu Gruppen zusammenfassen, und trotzdem können deren Bestandteile einzeln editiert werden. Bei den Objekten wird lediglich die Zugehörigkeit zu einer Gruppe gespeichert.

Eigenschaften von Gruppen

- Eine Anzahl von Objekten kann zu einer Gruppe verbunden werden. Die Gruppe kann insgesamt oder die Objekte können einzeln bearbeitet werden.
- Eine Gruppe kann bei der Objektwahl mit ihrem Namen angesprochen werden.
- Einer Gruppe lassen sich jederzeit Objekte hinzufügen und wieder daraus entfernen.

Ausführung: Befehl GRUPPE

Mit dem Befehl **GRUPPE** lassen sich Gruppen bilden und bearbeiten. Dazu wird ein Dialogfeld (→ Abbildung 7.21) verwendet.

- **Befehl GRUPPE auswählen**
  - Tablettfeld **X8**

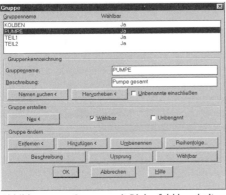

Abbildung 7.21: Gruppen mit Dialogfeld bearbeiten

- **Gruppe bilden:**
  - ◆ Im Feld **GRUPPENNAME** einen Gruppennamen eintragen (bis 255 Zeichen). Zusätzlich kann in das Feld **BESCHREIBUNG** ein Beschreibungstext mit maximal 64 Zeichen eingegeben werden.
  - ◆ Feld **WÄHLBAR** ankreuzen, wenn die Gruppe insgesamt anwählbar sein soll. Ist das Feld nicht angekreuzt, müssen die Objekte einzeln angewählt werden. Feld **UNBENANNT** möglichst nicht ankreuzen, da die Gruppe dann nicht über ihren Namen angesprochen werden kann.
  - ◆ Feld **NEU <** anklicken, das Dialogfenster verschwindet und die Objekte, die zur Gruppe gehören sollen, können mit der Objektwahl ausgewählt werden. Objektwahl bestätigen und das Dialogfenster erscheint wieder. Mit **OK** beenden.

- **Gruppe ändern:**
  - ◆ Gruppenname in der Liste im oberen Teil des Dialogfensters markieren. Feld **ENTFERNEN <** oder **HINZUFÜGEN <** anwählen. Das Dialogfenster verschwindet und die Objekte, die entfernt oder hinzugefügt werden sollen, können ausgewählt werden.
  - ◆ Soll der Gruppenname geändert werden, muss er markiert werden. Im Feld **GRUPPENNAME** den Namen ändern und Feld **UMBENENNEN** anwählen; die Gruppe erhält einen neuen Namen.
  - ◆ Die Beschreibung der Gruppe kann ebenfalls geändert werden. Dazu wird die Gruppe markiert. Die Beschreibung im Eingabefeld **BESCHREIBUNG** ändern und durch Anwahl des Feldes **BESCHREIBUNG** Änderung übernehmen.
  - ◆ Mit dem Feld **URSPRUNG** wird die markierte Gruppe wieder aufgelöst und aus der Liste entfernt. Das Feld **WÄHLBAR** schaltet bei der markierten Gruppe die Wählbarkeit um.

- **Gruppe suchen:**
    - ◆ Wenn eine Gruppe in der Zeichnung gesucht wird, kann der Gruppenname markiert und das Feld **HERVORHEBEN <** angewählt werden. Die Gruppe wird in der Zeichnung angezeigt.
    - ◆ Soll der Gruppenname von Objekten in der Zeichnung angezeigt werden, muss der Gruppenname markiert und das Feld **NAMEN SUCHEN <** angewählt werden. Wird ein Objekt der Gruppe in der Zeichnung gewählt, wird der Gruppenname angezeigt.

Anmerkungen

- Ist die Gruppe wählbar, kann bei der Objektwahl auch der Gruppenname vorgegeben werden:

```
Befehl: SCHIEBEN
Objekte wählen: G oder Gruppe
Gruppenname eingeben: BAUTEIL1
```

- Ist bei den Auswahlmodi im Befehl **OPTIONEN** (→ 10.5) die Funktion **OBJEKTGRUPPE** eingeschaltet, reicht es, wenn nur ein Objekt der Gruppe bei der Objektwahl angeklickt wird. Ist dies nicht der Fall, können wählbare Gruppen trotzdem per Namen angesprochen werden.
- Der Befehl **GRUPPE** kann auch ohne Dialogfeld im Befehlszeilenfenster ausgeführt werden. Dazu muß er mit einem vorangestellten »-« gestartet werden: **-GRUPPE**.

8 Änderungsfunktionen und das Design-Center

8.1 Der Objekt-Eigenschaften-Manager

Neu in AutoCAD 2000 ist der Objekt-Eigenschaften-Manager. Alle wichtigen Grundeinstellungen in der Zeichnung und Änderungen an den Zeichnungsobjekten lassen sich mit ihm ausführen. Er ist damit das Universal-Werkzeug für alle Arten von Änderungen.

Ausführung: Befehle EIGENSCHAFTEN und EIGSCHLIESS

Mit dem Befehl **EIGENSCHAFTEN** wird der Objekt-Eigenschaften-Manager gestartet.

- Befehl EIGENSCHAFTEN bzw. EIGSCHLIESS auswählen
  - ◆ Abrollmenü **WERKZEUGE, EIGENSCHAFTEN...**
  - ◆ Tastenkombination [Strg]+[1]
  - ◆ Tablettfeld **Y12-13**
  - ◆ Symbol in der **STANDARD-FUNKTIONSLEISTE**

  Das Fenster des Objekt-Eigenschaften-Managers wird eingeblendet. Es bleibt unabhängig von einem Befehl, so lange auf dem Bildschirm, bis es wieder geschlossen wird. Der Befehl **EIGSCHLIESS** beendet den Objekt-Eigenschaften-Manager. Der Befehl wird auf die gleiche Art gewählt wie der Befehl **EIGENSCHAFTEN**.

Anmerkungen

- Das Fenster kann über der Zeichenfläche liegen oder am linken oder rechten Rand der Zeichenfläche verankert sein (→ Abbildung 8.1 und 8.2). Es kann wie ein Werkzeugkasten verändert, verankert und gelöst werden (→ 1.7).

- Ist der Objekt-Eigenschaften-Manager verankert, kann er am Rand mit der Maus schmäler oder breiter gezogen werden.
- Mit dem Symbol an der rechten oberen Ecke kann das Fenster ausgeschaltet werden.
- Das Fenster hat am rechten Rand einen Schiebebalken, wenn nicht alle Zeilen im Fenster dargestellt werden können. Damit kann die Anzeige verschoben werden.

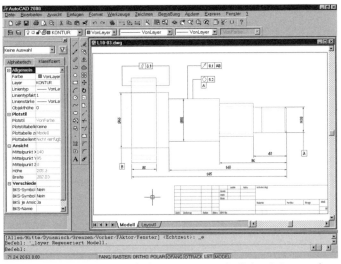

Abbildung 8.1: Objekt-Eigenschaften-Manager an der linken Seite verankert

- Das Fenster hat zwei Registerkarten. Mit der Registerkarte **KLASSIFIZIERT** werden die Einträge nach Klassen sortiert angezeigt. Die Klassen sind in der Liste mit ⊕ oder ⊖ markiert. Klickt man auf ⊕, wird die Klasse aufgeblättert und alle Elemente werden angezeigt. Klickt man auf ⊖, wird eine geöffnete Klasse wieder geschlossen und nur noch der Titel angezeigt.
- Mit dem Register **ALPHABETISCH** werden die Einträge in der Liste alphabetisch sortiert angezeigt.

- Felder mit schwarzen Inhalten lassen sich ändern, Felder mit grauen Inhalten sind nur Anzeigefelder und lassen sich nicht ändern.
- In den änderbaren Feldern lassen sich
  - Werte ändern, z. B.: bei Koordinaten und Zahlenfeldern, oder
  - Texte ändern oder neue Texte eingeben,
  - Werte aus einer Abrollliste wählen, z. B.: eine Farbe aus den möglichen Farben (→ Abbildung 8.2), ein Layer aus der Liste der vorhandenen Layer, Ja/Nein-Auswahl usw. (Pfeilsymbol am rechten Rand des Felds),
  - Punkte aus der Zeichnung anklicken (Zeigersymbol am rechten Rand des Feldes).

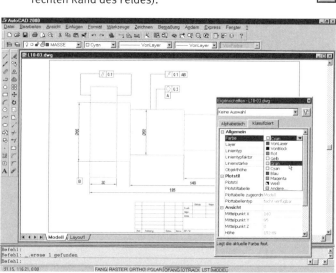

Abbildung 8.2: Objekt-Eigenschaften-Manager auf der Zeichenfläche

- Mit einem Rechtsklick im Objekt-Eigenschaften-Manager kommt ein Pop-up-Menü auf den Bildschirm mit folgenden Einträgen:
  - **FIXIERUNG ZULASSEN:** Objekt-Eigenschaften-Manager kann am Rand der Zeichenfläche verankert werden.

- ◆ **Ausblenden:** Fenster ausblenden.
- ◆ **Beschreibung:** Beschreibung des jeweils bearbeiteten Feldes am unteren Rand des Objekt-Eigenschaften-Managers anzeigen.
- ◆ **Zurück:** Rückname der letzten Änderung im Fenster.

Ausführung: Aktuelle Einstellungen ändern

Sind in der Zeichnung keine Objekte markiert, erkennbar an der gepunkteten Darstellung und an den Objektgriffen, können im Objekt-Eigenschaften-Manager die aktuellen Einstellungen geändert werden. Im Abrollmenü am oberen Rand des Fensters steht die Meldung **Keine Auswahl**. In der Liste sind die Werte schwarz, die geändert werden können und grau die Werte, die nur angezeigt werden. Ändern lassen sich:

- **Die allgemeinen Zeichnungseinstellungen:** Farbe, Layer, Linientyp, Linientypfaktor, Linienstärke und Objekthöhe.
- **Die Einstellungen zum Plotstil:** Plotstil, Plotstiltabelle, Plotstiltabellenzuordnung und Plotstiltabellentyp.
- **Die Einstellungen zur Ansicht:** Mittelpunktskoordinaten, Höhe und Breite.
- **Verschiedene Einstellungen:** BKS-Symbol, BKS-Name und diverse Einstellungen.

Ausführung: Eigenschaften von Objekten ändern

Wurden in der Zeichnung ein oder mehrere Objekte angeklickt, ohne dass davor ein Befehl gewählt wurde, bekommen die Objekte Griffe. Gleichzeitig ändern sich aber auch Inhalt und Funktion des Objekt-Eigenschaften-Managers.

- **Ein Objekt gewählt:**
  Ist nur ein Objekt gewählt, wird in der obersten Zeile des Fensters der Objekttyp angezeigt. Alle Daten des Objekts werden in der Liste darunter angezeigt. Das sind sowohl die Eigenschaften des Objekts als auch die geometrischen Daten des Objekts (→ Abbildung 8.3, Kreis gewählt).

Abbildung 8.3: Objekt-Eigenschaften-Manager bei gewähltem Kreis

Änderungen im Objekt-Eigenschaften-Fenster werden sofort auf der Zeichenfläche nachgeführt.

- **Mehrere gleichartige Objekte gewählt**

Sind mehrere gleichartige Objekte gewählt, wird in der oberen Zeile des Objekt-Eigenschaften-Managers hinter dem Objekttyp die Anzahl der gewählten Objekte angezeigt. In der Liste darunter werden wieder Eigenschaften und Geometriedaten aufgelistet. Die Werte, die bei allen gewählten Objekten gleich sind, befinden sich in der Liste. Haben die Objekte unterschiedliche Werte, wird nichts angezeigt (→ Abbildung 8.4, mehrere Kreise gewählt). Wird ein Wert in ein Feld eingetragen, gilt er für alle gewählten Objekte.

Abbildung 8.4: Objekt-Eigenschaften-Manager bei mehreren gewählten Kreisen

■ Unterschiedliche Objekte gewählt

Sind unterschiedliche Objekte gewählt, wird als Objekttyp **ALLE** angezeigt und in Klammern die Zahl der gewählten Objekte (→ Abbildung 8.5).

Abbildung 8.5: Objekt-Eigenschaften-Manager bei unterschiedlichen Objekten

In der Liste sind dann nur noch die wichtigsten Objekteigenschaften, die in allen Objekten gespeichert sind, änderbar.

Im Abrollmenü in der oberen Zeile können jetzt gleichartige Objekte zur Änderung ausgewählt werden (→ Abbildung 8.6). Wählt man **LINIE**, können alle Linien im Auswahlsatz geändert werden. Im Abrollmenü sind alle Objekttypen des momentanen Auswahlsatzes mit ihrer Anzahl aufgeführt.

Abbildung 8.6: Wahl der Objekttypen im Abrollmenü

Ausführung: Auswahl aufheben

Nachdem alle Änderungen ausgeführt sind, kann die Auswahl aufgehoben werden.

- **Auswahl aufheben**
  - zweimal die Taste [Esc] drücken
  - Rechtsklick auf der Zeichenfläche und Auswahl der Funktion **AUSWAHL AUFHEBEN** aus dem Pop-up-Menü

Die Griffe verschwinden von den Objekten und die Auswahl kann neu gebildet werden.

Ausführung: Pop-up-Menü ohne Befehl

Außer dem Objekt-Eigenschaften-Manager gibt es noch weitere Möglichkeiten, Änderungen und Editierbefehle auszuführen. Diese lassen sich aus verschiedenen Pop-up-Menüs auswählen, die mit der rechten Maustaste aktiviert werden. Sind ein oder mehrere Objekte in der Zeichnung markiert und wird die rechte Maustaste auf der Zeichenfläche gedrückt, kommt ein Pop-up-Menü auf den Bildschirm (→ Abbildung 8.7).

Abbildung 8.7: Pop-up-Menü ohne Befehlswahl

■ **Funktionen im Pop-up-Menü**
  WIEDERHOLEN BEFEHLSNAME: Wiederholen des letzten Befehls.
  AUSSCHNEIDEN, KOPIEREN USW.: Funktionen der Windows-Zwischenablage (→ 10.2).
  LÖSCHEN, VERSCHIEBEN USW.: Die gleichnamigen Editierbefehle werden mit der aktuellen Auswahl ausgeführt.
  AUSWAHL AUFHEBEN: Die ausgewählten Objekte werden wieder freigegeben und die Griffe an den Objekten verschwinden.
  SCHNELLAUSWAHL: Schnellauswahl durchführen (→ 8.3).
  SUCHEN: Befehl zum Suchen und Ersetzen von Text (→ 5.8).
  EIGENSCHAFTEN: Aktivierung des Objekt-Eigenschaften-Managers, die gewählten Objekte werden in das Fenster zur Bearbeitung übernommen.

Ausführung: Pop-up-Menü bei speziellen Objekten

Sind ein oder mehrere spezielle Objekte in der Zeichnung markiert, wie Maße, Schraffuren, Texte, usw., werden im Pop-up-Menü spezielle Änderungsfunktionen direkt angeboten (→ Abbildung 8.8).

Abbildung 8.8: Spezielle Änderungsfunktionen im Pop-up-Menü

8.2 Eigenschaften übertragen

Häufig ist beim Ändern gar nicht klar, auf welchen Layer ein Objekt kommen soll, welchen Bemaßungsstil ein Maß erhalten soll, welches Schraffurmuster verwendet werden soll usw. Hier ist es sehr praktisch, daß die Objekteigenschaften von einem Objekt auf das andere übertragen werden können.

Ausführung: Befehl EIGÜBERTRAG

Mit diesem Befehl lassen sich alle oder nur ausgewählte Objekteigenschaften von einem Objekt auf ein oder mehrere andere Objekte übertragen.

- Befehl EIGÜBERTRAG auswählen
  - Abrollmenü **ÄNDERN, EIGENSCHAFTEN ANPASSEN**
  - Tablettfeld **Y14-15**
  - Symbol in der **STANDARD-FUNKTIONSLEISTE**

- Befehlsanfrage:

Quellobjekt wählen:

Quellobjekt ist das Objekt, dessen Eigenschaften auf ein oder mehrere Zielobjekte übertragen werden sollen. Nachdem ein Quellobjekt gewählt wurde, wird angezeigt, welche Eigenschaften übertragen werden:

Aktuelle aktive Einstellungen: Farbe Layer Ltyp LTFaktor
Linienstärke Objekthöhe Plotstil TEXT BEM SCHRAFF
Zielobjekt(e) oder [eiNstellungen] wählen:

Danach können Zielobjekte gewählt werden, auf die die Eigenschaften übertragen werden. Zudem gibt es an dieser Stelle noch die Option zur Einstellung der Übertragung

N (eiNstellungen): Mit dieser Option kommt ein Dialogfeld auf den Bildschirm, in dem gewählt werden kann, welche Einstellungen übertragen werden sollen (→ Abbildung 8.9).

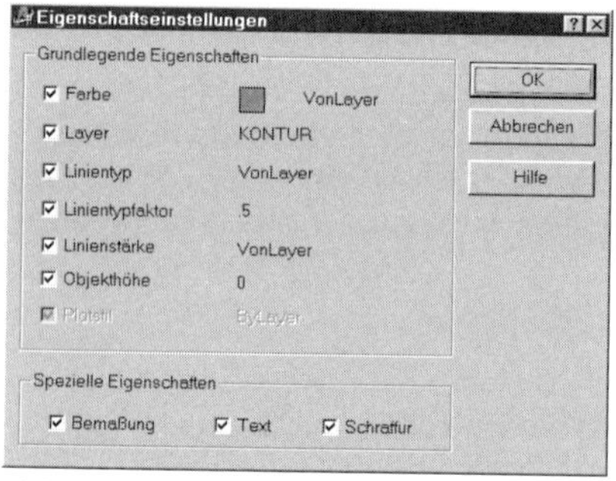

Abbildung 8.9: Dialogfeld zur Übertragung von Eigenschaften

In der linken Spalte des Fensters lassen sich die Objekteigenschaften anwählen, die übertragen werden sollen. In der rechten Spalte sind die aktuellen Werte des Quellobjekts aufgelistet. Mit den unteren Schaltern kann eingestellt werden, ob die Bemaßungs-, Text- und Schraffurparameter übertragen werden sollen.

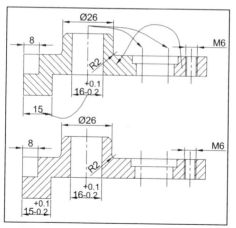

Abbildung 8.10: Beispiele für die Übertragung von Objekteigenschaften

8.3 Die Schnellauswahl

Die Schnellauswahl ist eine flexible Möglichkeit, Objekte nach verschiedenen Kriterien in der Zeichnung zu suchen und in einen Auswahlsatz aufzunehmen. Alle Kreise, deren Radius kleiner 5 ist, alle Linien auf dem Layer *Kontur*, alle Blöcke mit dem Namen *Symbol* usw. lassen sich so sehr schnell aus der Zeichnung filtern.

Ausführung: Befehl SAUSWAHL

Mit dem Befehl SAUSWAHL können Objekte nach den verschiedensten Suchkriterien aus der Zeichnung gefiltert in einen Auswahlsatz aufgenommen werden.

- Befehl SAUSWAHL auswählen
    - ◆ Abrollmenü WERKZEUGE, SCHNELLAUSWAHL...
    - ◆ Pop-up-Menü mit der rechten Maustaste ohne aktiven Befehl, SCHNELLAUSWAHL...
    - ◆ Tablettfeld X9
    - ◆ Symbol im OBJEKT-EIGENSCHAFTEN-MANAGER

Nach der Auswahl des Befehls können alle Funktionen in einem Dialogfeld ausgeführt werden. (→ Abbildung 8.11). Folgende Elemente befinden sich in dem Dialogfeld:

ANWENDEN AUF: In dem Abrollmenü kann gewählt werden, ob die ganze Zeichnung oder die aktuelle Auswahl gefiltert werden soll. Ist in der Zeichnung noch nichts markiert, kann nur die ganze Zeichnung durchsucht werden.

OBJEKTE AUSWÄHLEN: Soll nur ein bestimmter Bereich der Zeichnung nach bestimmten Kriterien durchsucht werden, kann dieses Symbol verwendet werden. Das Dialogfenster verschwindet, und die Objekte lassen sich in der Zeichnung wählen, zum Beispiel mit einem Fenster. Wenn die Objektwahl beendet wird, kommt man wieder zum Dialogfeld zurück. Im Abrollmenü **ANWENDEN AUF** findet man jetzt den Eintrag **AKTUELLE AUSWAHL**.

Abbildung 8.11: Dialogfeld des Befehls Sauswahl

OBJEKTTYP: Im diesem Abrollmenü kann man die Suche auf bestimmte Objekttypen beschränken. Es werden nur die Objekttypen angeboten, die sich in der aktuellen Auswahl bzw. in der ganzen Zeichnung befinden (abhängig von der Einstellung im Feld **ANWENDEN AUF**).

EIGENSCHAFTEN: Hier wählen Sie die Eigenschaft, auf die die Suche eingegrenzt werden soll, z. B.: alle Kreise mit einem bestimmten Radius, alle Linien auf einem bestimmten Layer usw.

OPERATOR: Vergleichsoperator bei der Suche.

WERT: Wert, mit dem verglichen wird, z. B.: Radius < 5, Layer gleich Kontur, Objekthöhe = 5 usw.

ANWENDUNG: Im diesem Feld kann gewählt werden, was mit den gefundenen Objekten geschehen soll. Ist der Schalter **IN NEUEN AUSWAHLSATZ EINFÜGEN** ein, wird aus den gefundenen Objekten ein neuer Auswahlsatz gebildet. Ist dagegen der Schalter **AUS NEUEM AUSWAHLSATZ AUSSCHLIESSEN** ein, werden die Objekte der aktuellen Auswahl bzw. der ganzen Zeichnung (abhängig von der

Einstellung im Feld **ANWENDEN AUF**) gewählt, außer die Objekte, auf die die Bedingung zutrifft.

AN AKTUELLEN AUSWAHLSATZ ANHÄNGEN: Ist dieser Schalter ein, wird die neue Auswahl zu einem bereits vorhandenen Auswahlsatz hinzugefügt, ist er aus, wird der neue Auswahlsatz nur aus den gefundenen Objekten gebildet.

Klicken Sie auf **OK**, werden die aktuelle Auswahl oder die ganze Zeichnung nach den angegebenen Kriterien durchsucht. Die gefundenen Objekte werden in der Zeichnung markiert. Danach können Sie einen Editierbefehl mit dieser Auswahl ausführen oder die Objekte im Objekt-Eigenschaften-Manager ändern.

Abbildung 8.12: Beispiel für eine Auswahl, alle Kreise mit Radius kleiner 1

8.4 Das Design-Center

Mit dem AutoCAD-Design-Center können Inhalte aus anderen Zeichnungen in die aktuelle Zeichnung übernommen werden, ohne diese öffnen zu müssen. So lassen sich Bemaßungsstile, Blöcke, Layer, Layouts, Linientypen, Textstile und Xrefs aus anderen Zeichnungen wählen. Zudem können auch komplette Zeichnungen oder Bilddateien aus anderen Ordnern in die aktuelle Zeichnung eingefügt werden.

Ausführung: Befehle ADCENTER und ADCSCHLIESSEN

Mit dem Befehl EIGENSCHAFTEN wird der Objekt-Eigenschaften-Manager gestartet.

- Befehl ADCENTER bzw. ADCSCHLIESSEN auswählen
  - Abrollmenü WERKZEUGE, AUTOCAD DESIGN CENTER
  - Tastenkombination [Strg]+[2]
  - Tablettfeld X12-13
  - Symbol in der STANDARD-FUNKTIONSLEISTE

Das Fenster des Design-Centers wird eingeblendet. Es bleibt unabhängig von einem Befehl so lange auf dem Bildschirm, bis es wieder geschlossen wird. Der Befehl ADCSCHLIESSEN beendet das Design-Center. Der Befehl wird auf die gleiche Art gewählt wie der Befehl ADCENTER.

Anmerkungen

- Das Fenster kann über der Zeichenfläche liegen oder am linken oder rechten Rand der Zeichenfläche verankert sein (→ Abbildung 8.13 und 8.14). Es kann wie ein Werkzeugkasten verändert, verankert und gelöst werden (→ 1.7).
- Ist das Design-Center verankert, kann es am Rand mit der Maus schmäler oder breiter gezogen werden.
- Mit dem Symbol an der rechten oberen Ecke kann das Fenster ausgeschaltet werden.
- Das Fenster hat am rechten Rand einen Schiebebalken, mit dem die Anzeige durchgeblättert werden kann.

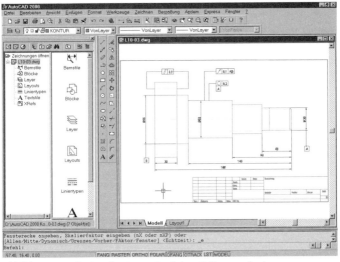

Abbildung 8.13: Design-Center an der linken Seite verankert

Ausführung: Darstellung im Design-Center ändern

In der Symbolleiste am oberen Rand des Design-Centers kann die Anzeige umgeschaltet werden.

■ Zeichnungen öffnen

Mit dem Symbol **ZEICHNUNGEN ÖFFNEN** werden alle momentan geöffneten Zeichnungen angezeigt. Der linke Teil des Design-Centers zeigt die Strukturansicht an, der rechte die Inhaltsansicht. In der Strukturansicht befindet sich das Symbol für die geöffneten Zeichnungen und darunter ein Symbol für jede Zeichnung, die im Moment bearbeitet wird.

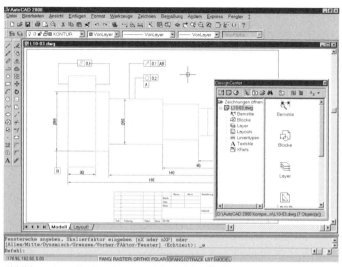

Abbildung 8.14: Design-Center auf der Zeichenfläche

Ist in der Strukturansicht das Symbol **ZEICHNUNGEN ÖFFNEN** markiert, wird auf der rechten Seite ein Symbol für jede geöffnete Zeichnung angezeigt. Klickt man in der Strukturansicht auf ein Zeichnungssymbol, wechselt die Anzeige in der Inhaltsansicht auf der rechten Seite. Die Inhalte der markierten Zeichnung, je ein Symbol für jede Kategorie, werden angezeigt: Bemaßungsstile, Blökke, Layer, Layouts, Linientypen, Textstile und Xrefs. Mit einem Klick auf das Symbol ⊞ vor dem Zeichnungssymbol in der Strukturansicht werden die Kategorien darunter angezeigt. Jetzt steht das Symbol ⊟ davor. Mit einem Klick darauf werden die Kategorien ausgeblendet (→ Abbildung 8.15).

Abbildung 8.15: Anzeige der geöffneten Zeichnungen

Wird eine Kategorie in der Strukturansicht markiert, werden alle Objekte in dieser Kategorie mit einem Symbol angezeigt, z.B.: alle Blöcke, alle Layer oder alle Linientypen in der Zeichnung (→ Abbildung 8.16).

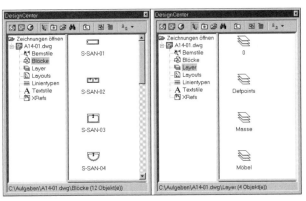

Abbildung 8.16: Benannte Objekte in der Inhaltsansicht

■ Symbolgröße ändern

Mit dem Abrollmenü am rechten Ende der Symbolleiste kann die Darstellung in der Inhaltsansicht geändert werden. Wie im Windows-Explorer kann gewählt werden: **Grosse Symbole, Kleine Symbole, Liste** und **Details**. Nur bei der Auswahl **Grosse Symbole** werden Voransichten anzeigt (→ unten).

■ Voransichten und Beschreibung

Sind Blöcke in der Inhaltsansicht, kann zusätzlich ein Voransichtsfenster, ein Beschreibungsfenster oder beides zugeschaltet werden. Auch das kann mit Symbolen in der Symbolleiste eingestellt werden. Der Beschreibungstext ist der Text, der bei der Bildung des Blocks eingegeben werden kann (→ 7.1).

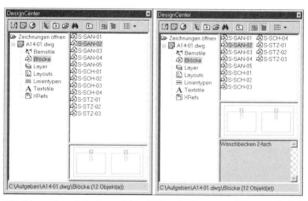

Abbildung 8.17: Inhaltsansicht mit Beschreibung und Voransicht bei Blöcken

Das Symbol verzweigt eine Stufe in der Hierarchie nach oben, egal ob ein Eintrag in der Strukturansicht oder der Inhaltsansicht markiert ist; die Änderung erfolgt in diesem Fenster.

Mit diesem Symbol kann die Strukturansicht ein- und ausgeschaltet werden. Die Inhaltsansicht nimmt dann das ganze Fenster ein.

Ausführung: Inhalt im Design-Center ändern

Außer den geöffneten Zeichnungen kann im Design-Center der Inhalt eines jeden Ordners und im Ordner wieder der Inhalt jeder Zeichnung angezeigt werden.

■ Ordnerinhalt einblenden

Mit diesem Symbol kommt der Dateiwähler auf den Bildschirm. Eine Zeichnung aus einem beliebigen Ordner kann ausgesucht werden. Danach wird in der Strukturansicht der Ordner angezeigt, in dem sich die Zeichnung befindet, und in der Inhaltsansicht die benannten Objekte dieser Zeichnung. Alle Zeichnungen lassen sich so durchblättern.

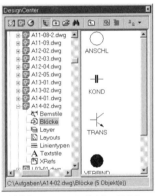

Abbildung 8.18: Beliebige Zeichnung im Design-Center

■ Ansicht umschalten

In der Strukturansicht gibt es jetzt eine Explorer-Darstellung, mit der Sie den ganzen Arbeitsplatz durchblättern können. Zwischen der Explorer-Darstellung und der Anzeige der geöffneten Zeichnungen (→ oben) kann mit diesen beiden Symbolen umgeschaltet werden.

Ist in der Explorer-Darstellung links ein Ordner markiert, werden in der Inhaltsansicht alle Zeichnungen mit einem Voransichtsbild angezeigt. Ist im Ordner eine Zeichnung markiert, werden die benannten Objekte in der Zeichnung angezeigt (→ oben, geöffnete Zeichnungen).

Im Ordner **\Programme\Acad2000\Sample\DesignCenter** befindet sich eine ganze Reihe von Zeichnungsdateien, in denen nur Symbole enthalten sind: Elektronik-Symbole, Elektrotechnik-Symbole, mechanische Befestigungselemente, Architektur- und Haustechnik-Symbole, Hydraulik- und Pneumatik-Symbole, Küchenausstattungen, Landschaftsplanung, Symbole für Rohrleitungen und Anlagenbau sowie Schweißsymbole.

■ **Protokolldarstellung**

Mit einem weiteren Symbol kann zur Protokolldarstellung umgeschaltet werden. Es wird ein Fenster mit dem Protokoll der zuletzt verwendeten Zeichnungen angezeigt (→ Abbildung 8.19). Ein Doppelklick auf die Zeichnung bringt diese ins Fenster.

Abbildung 8.19: Protokollansicht im Design-Center

Ausführung: Funktionen im Design-Center

Eine ganze Reihe von Funktionen lässt sich mit den Inhalten der Fenster im Design-Center ausführen.

- **Benannte Objekte aus einer Zeichnung in die aktuelle Zeichnung ziehen**

  Ist eine Zeichnung im Strukturfenster des Design-Centers markiert, werden in der Strukturübersicht die benannten Objekte angezeigt. Wird eine Kategorie geöffnet, werden rechts die Objekte angezeigt, z. B.: alle Layer in der Zeichnung. Jetzt kann beispielsweise ein Layer in die aktuelle Zeichnung kopiert werden, indem man ihn

  - in der rechten Liste doppelt anklickt,
  - in der rechten Liste markiert und mit gedrückter Maustaste ins Zeichnungsfenster zieht,
  - in der rechten Liste markiert, die rechte Maustaste drückt und aus dem Pop-up-Menü die Funktion **LAYER HINZUFÜGEN** wählt,
  - in der rechten Liste markiert, die rechte Maustaste drückt und aus dem Pop-up-Menü die Funktion **KOPIEREN** und in AutoCAD im Abrollmenü **BEARBEITEN** die Funktion **EINFÜGEN** wählt,
  - in der rechten Liste markiert und mit gedrückter rechter Maustaste ins Zeichnungsfenster zieht und aus dem Pop-up-Menü die Funktion **LAYER HINZUFÜGEN** oder **LAYER HINZUFÜGEN UND BEARBEITEN...** wählt. Im zweiten Fall wird gleich danach der Befehl **LAYER** gestartet.

  Wie am Beispiel eines Layers beschrieben, kann auch mit Bemaßungsstilen, Layouts, Linientypen oder Textstilen verfahren werden.

- **Blöcke aus einer Zeichnung in die aktuelle Zeichnung ziehen**

  Wird die Kategorie *Block* markiert, wird ein Block aus der Zeichnung in die aktuelle Zeichnung eingefügt, indem man ihn

  - in der rechten Liste doppelt anklickt und damit das Dialogfeld des Befehls **EINFÜGE** aktiviert,
  - in der rechten Liste markiert und mit gedrückter Maustaste ins Zeichnungsfenster zieht; der Block wird dann mit den Einfüge-

faktoren 1 (eventuell korrigiert bei Differenzen in den Einheiten, → unten) und dem Drehwinkel 0 eingefügt,
- in der rechten Liste markiert, die rechte Maustaste drückt und aus dem Pop-up-Menü die Funktion **BLOCK EINFÜGEN** wählt und damit den Befehl **EINFÜGE** aktiviert,
- in der rechten Liste markiert, die rechte Maustaste drückt und aus dem Pop-up-Menü die Funktion **KOPIEREN** und in AutoCAD im Abrollmenü **BEARBEITEN** die Funktion **EINFÜGEN** wählt,
- in der rechten Liste markiert und mit gedrückter rechter Maustaste ins Zeichnungsfenster zieht und aus dem Pop-up-Menü die Funktion **BLOCK EINFÜGEN** wählt und damit den Befehl **EINFÜGE** startet.

■ Zeichnung in die aktuelle Zeichnung ziehen

Soll eine komplette Zeichnung in die aktuelle Zeichnung als Block oder externe Referenz eingefügt werden, muss in der Strukturansicht ein Ordner markiert sein. Eine Zeichnung aus dem Ordner wird eingefügt, indem man sie

- in der rechten Liste markiert und mit gedrückter linker Maustaste ins Zeichnungsfenster zieht. Die Zeichnung wird als Block eingefügt.
- in der rechten Liste markiert und mit gedrückter rechter Maustaste ins Zeichnungsfenster zieht. Aus dem Pop-up-Menü kann gewählt werden, ob die Zeichnung als Block oder als externe Referenz eingefügt werden soll.
- in der rechten Liste markiert, die rechte Maustaste drückt und aus dem Pop-up-Menü die Funktion **ALS BLOCK EINFÜGEN...** oder **ALS XREF ZUORDNEN...** wählt (→ Abbildung 8.20). Das Dialogfeld des Befehls **EINFÜGE** bzw. **XZUORDNEN** wird aktiviert.

Abbildung 8.20: Pop-up-Menü in der Inhaltsansicht

Anmerkungen

- Blöcke können mit dem Befehl **BLOCK** bzw. **WBLOCK** mit der Angabe von Einheiten gespeichert werden (→ 7.1).
- Aber auch bei einer Zeichnung kann beim Befehl **EINHEIT** (→ 2.2) angegeben werden, welchen Einheiten die Zeichnungseinheiten entsprechen sollen.
- Haben die Zeichnung und ein aus dem Design-Center eingefügter Block unterschiedliche Einheiten, werden Sie beim Einfügen automatisch skaliert eingefügt.
- Hat beispielsweise die Zeichnung, in die eingefügt werden soll, die Einheit Meter und der Block die Einheit Millimeter, wird er mit 0.001 skaliert eingefügt.
- Befinden sich in einem Ordner Bilddateien in den Formaten, die mit dem Befehl **BILD** verarbeitet werden können, werden diese zwar in der Strukturansicht nicht angezeigt, in der Inhaltsansicht tauchen Sie aber auf und lassen sich wie Blöcke oder externe Referenzen (→ oben) in die Zeichnung einfügen.

- Ist ein Ordner in der Strukturansicht gewählt und bei der Inhaltsansicht auf einer Zeichnung das Pop-up-Menü aktiviert, dann ist dort auch der Eintrag **IN FENSTER ÖFFNEN** (→ Abbildung 8.20). Wird dieser gewählt, wird die Zeichnung in einem eigenen Zeichnungsfenster geöffnet. Diese Methode unterscheidet sich nicht vom Befehl **ÖFFNEN**.

Ausführung: Suchen im Design-Center

Damit man auch in einer großen Anzahl von Zeichnungen den Überblick behält, gibt es im Design-Center eine Suchfunktion.

- **Dateien oder Objekte suchen**

  Mit dem Symbol **SUCHEN** in der Symbolleiste des Design-Managers wird die Suchfunktion aktiviert. Es kann aber auch in der Strukturansicht mit einem Rechtsklick auf ein Objekt das Pop-up-Menü geholt und daraus die Funktion **SUCHEN...** gewählt werden. In beiden Fällen kommt ein Dialogfeld auf den Bildschirm, in das die Kriterien für die Suche eingegeben werden können (→ Abbildung 8.21 bis 8.22).

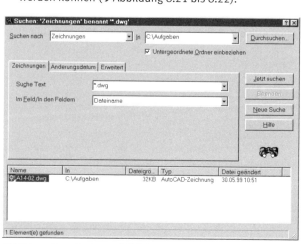

Abbildung 8.21: Suche nach Zeichnungen

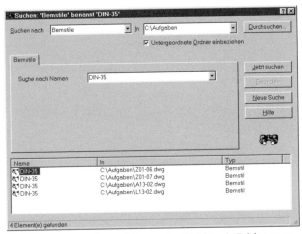

Abbildung 8.22: Suche nach benannten Objekten in Zeichnungen

Ausführung: Befehl UMBENENN

Mit dem Befehl **UMBENENN** können Blöcke, Layer, Linientypen, Textstile, Bemaßungsstile, Ausschnitte, Benutzerkoordinatensysteme und Ansichtsfenster in einem Dialogfenster umbenannt werden. Der Befehl **UMBENENN** führt dieselben Funktionen ohne Dialogfenster aus.

■ **Befehl UMBENENN auswählen**
   ◆ Abrollmenü **FORMAT, UMBENENNEN...**
   ◆ Tablettfeld **V1**

Die Objekte lassen sich in einem Dialogfeld umbenennen (→ Abbildung 8.23).

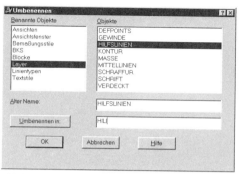

Abbildung 8.23: Dialogfeld zum Umbenennen von benannten Objekten

Dazu wird der Objekttyp in der linken Liste markiert. In der rechten Liste werden dann alle Objekte aufgelistet. Jetzt kann ein Objekt in der rechten Liste markiert werden. Danach wird ein neuer Name eingetragen, und mit der Schaltfläche **UMBENENNEN IN** bekommt das Objekt einen neuen Namen.

9 Layout und Ausgabe

9.1 Ansichtsfenster im Modellbereich

Bei großen Zeichnungen oder 3D-Modellen kann die Arbeit erleichtert werden, wenn der Bildschirm in Ansichtsfenster aufgeteilt wird. Im Layout lassen sich mit den Ansichtsfenstern verschiedene Ausschnitte in unterschiedlichen Maßstäben und bei 3D-Modellen auch mit unterschiedlichen Ansichten aufs Papier bringen.

Modellbereich: In AutoCAD wird zwischen verschiedenen Bereichen unterschieden. Die meiste Zeit wird zur Erstellung der Zeichnung oder des 3D-Modells benötigt. Dies wird im Modellbereich gemacht. Dieser Bereich ist dreidimensional und in ihm stehen alle Befehle zur Verfügung.

Layout bzw. Papierbereich: Wenn das Ergebnis aufs Papier gebracht werden soll, lassen sich Ausschnitte oder Ansichten der Zeichnung oder des 3D-Modells in Ansichtsfenstern auf dem Papierblatt anordnen. Dieser Bereich wird als Layout oder Papierbereich bezeichnet. Er ist nur zweidimensional und nicht alle Befehl können dort verwendet werden.

Ausführung: Befehl AFENSTER im Modellbereich

Mit dem Befehl **AFENSTER** lassen sich Ansichtsfenster erzeugen, speichern und wiederherstellen.

- Befehl AFENSTER auswählen
    - Abrollmenü ANSICHT, ANSICHTSFENSTER ›, BENANNTE ANSICHTSFENSTER... oder NEUE ANSICHTSFENSTER...
    - Tablettfeld M3-4

- ◆ Symbol in der **STANDARD-FUNKTIONSLEISTE** und in den Werkzeugkästen **LAYOUTS** und **ANSICHTSFENSTER**

Alle Einstellungen können in einem Dialogfeld mit zwei Registerkarten vorgenommen werden (→ Abbildung 9.1 und 9.3).

- **Register NEUE ANSICHTSFENSTER**

In diesem Register kann der Bildschirm in Ansichtsfenster aufgeteilt werden.

NEUER NAME: Wird hier ein Name eingetragen, wird die erstellte Anordnung unter diesem Namen in der Zeichnung gespeichert, und sie kann später bei Bedarf wieder aktiviert werden.

STANDARD-ANSICHTSFENSTER: Im Feld sind die möglichen Aufteilungen aufgelistet. Der gewünschte Eintrag kann in der Liste markiert werden und die entsprechende Aufteilung wird im Fenster **VORANSICHT** angezeigt. *Aktive Modellkonfiguration* steht für die momentane Fensteraufteilung.

ANWENDEN AUF: Im Abrollmenü kann gewählt werden, was aufgeteilt werden soll. Mit der Einstellung **ANZEIGE** wird der komplette Bildschirm aufgeteilt. Eine schon vorhandene Aufteilung wird verworfen. Ist der Bildschirm schon in Fenster aufgeteilt, kann mit der Einstellung **AKTUELLES ANSICHTSFENSTER** das aktuelle Fenster weiter unterteilt werden.

EINRICHTEN: Hier kann zwischen 2D und 3D gewählt werden.

ANSICHT WECHSELN ZU: Sind in der Zeichnung Ausschnitte gespeichert (→ 6.2), kann in diesem Abrollmenü für jedes Fenster der Ausschnitt gewählt werden. Dazu muss nur das Fenster vorher durch einen Klick in der Voransicht aktiviert worden sein (→ Abbildung 9.1). Bei einem 3D-Modell (Bei **EINRICHTEN** 3D gewählt) kann in diesem Abrollmenü für das markierte Fenster zusätzlich auch noch der Ansichtspunkt gewählt werden (→ Abbildung 9.2). Wird für ein Fenster nichts gewählt, bleibt der Eintrag *Aktuell* stehen, und in diesem Fenster bleibt die vorherige Ansicht des Bildschirms bzw. das Ansichtsfenster.

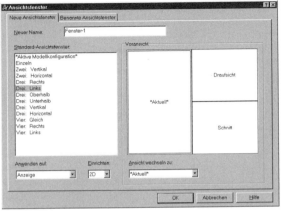

Abbildung 9.1: Dialogfeld Afenster, Register Neue Ansichtsfenster in 2D

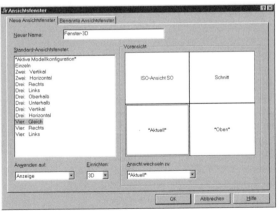

Abbildung 9.2: Dialogfeld Afenster, Register Neue Ansichtsfenster in 3D

- **Register BENANNTE ANSICHTSFENSTER**
  Wurde im vorherigen Register ein Name eingetragen, wurde die Aufteilung unter diesem Namen gespeichert. In diesem Register kann eine gespeicherte Aufteilung abgerufen werden (→ Abbildung 9.3). Die Aufteilung muß dazu in der Liste **BENANNTE ANSICHTSFENSTER** markiert werden. Die Voransicht wird im Fenster **VORANSICHT** angezeigt. Mit **OK** wird die markierte Aufteilung aktiviert.

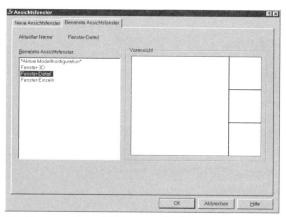

Abbildung 9.3: Dialogfeld Afenster, Register Benannte Ansichtsfenster

Anmerkungen

- Die Zeichnung lässt sich im Modellbereich so nicht plotten, lediglich der Bildschirmplatz kann eventuell effektiver werden.
- Es gibt ein aktuelles Ansichtsfenster. Dieses ist durch einen verstärkten Rand hervorgehoben. Darin wird gezeichnet.

- Das Ansichtsfenster kann während des Zeichnens gewechselt werden. Dazu muss nur in ein anderes Fenster geklickt werden.
- Wird der Befehl mit einem vorangestellten »-« gestartet, kann er im Befehlszeilenfenster ohne Dialogfeld ausgeführt werden. Im Abrollmenü **ANSICHT**, Untermenü **ANSICHTSFENSTER >** sind die Optionen des Befehls ohne Dialogfeld auch wählbar.

9.2 Layouts, Seiteneinrichtung und Ansichtsfenster

Ein Layout ist eine Anordnung von Ansichtsfenstern auf einem bestimmten Papierblatt. In AutoCAD 2000 können mehrere Layouts erstellt werden. So lassen sich von einer 2D-Konstruktion oder von einem 3D-Modell beliebig viele Zeichnungen ableiten: Gesamtdarstellung mit Details, verschiedene Ansichten und Schnitte usw.

Mit der Möglichkeit, dass im Layout Layer in einzelnen Ansichtsfenstern gefroren werden können, kann beispielsweise ein Fenster ohne Maße dargestellt und ein Fenster mit Details versehen werden, die in den anderen Fenstern ausgeschaltet sind usw.

In den Bereich mit den Layouts (Papierbereich) kommt man, wenn die Systemvariable **TILEMODE** auf 0 gesetzt wird. Zwischen dem Modellbereich und den einzelnen Layouts kann auch mit den Registern am unteren Rand des Zeichnungsfensters umgeschaltet werden (→ Abbildung 9.4). Der Modellbereich und jedes Layout haben ein Register. Die weiteren Elemente in der Layout-Darstellung sind ebenfalls in Abbildung 9.4 dargestellt.

Anmerkungen

- Wird das erste Mal in einer Zeichnung in den Layoutbereich gewechselt, wird der Befehl **SEITENEINR** gestartet (→ unten). Wird der Befehl **SEITENEINR** beendet, wird automatisch ein Ansichtsfenster erzeugt.
- Dieses Verhalten kann im Befehl **OPTIONEN** (→ 10.5), Register **ANZEIGE**, Feld **LAYOUT-ELEMENTE**, Schalter **DIALOGFELD SEITE EINRICHTEN FÜR NEUE LAYOUTS ANZEIGEN** und **ANSICHTSFENSTER IN NEUEN LAYOUTS ERSTELLEN** gesteuert werden. Sinnvoll ist es, den ersten Schalter einzustellen und den zweiten aus. In der Standardeinstellung sind beide ein.

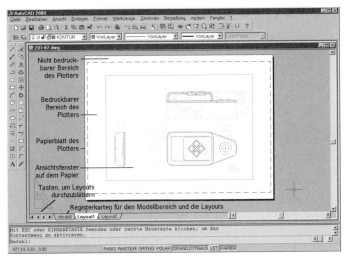

Abbildung 9.4: Zeichnung im Papierbereich mit Layouts

Ausführung: Befehl LAYOUT

Mit dem Befehl **LAYOUT** kann ein neues Layout eingefügt, ein bestehendes umbenannt, Layouts geladen und gespeichert, kopiert und gelöscht werden. Der Befehl ist in den Menüs schon mit verschiedenen Optionen wählbar.

■ **Vorhandenes Layout aktivieren**
  ◆ Klick auf die Registerkarte des Layouts

■ **Neues Layout erstellen**
  ◆ Abrollmenü **EINFÜGEN**, **LAYOUT >**, **NEUES LAYOUT**
  ◆ Rechtsklick auf eine Layout-Registerkarte und Wahl der Funktion **NEUES LAYOUT** aus dem Pop-up-Menü
  ◆ Symbol im Werkzeugkasten **LAYOUTS**

Der Layout-Name kann eingegeben werden. Wurde die Funktion aus dem Pop-up-Menü gewählt, werden die Layouts nummeriert: *Layout1*, *Layout2* usw. Das neue Layout ist zunächst noch leer, ohne Ansichtsfenster.

- **Layout löschen**
  - Rechtsklick auf eine Layout-Registerkarte und Wahl der Funktion **LÖSCHEN** aus dem Pop-up-Menü
- **Layout umbenennen**
  - Rechtsklick auf eine Layout-Registerkarte und Wahl der Funktion **UMBENENNEN** aus dem Pop-up-Menü

In einem Dialogfeld kann ein neuer Name für das Layout eingetragen werden (→ Abbildung 9.5).

Abbildung 9.5: Layout umbenennen

- **Layout aus einer Vorlage laden**
  Befindet sich in einer Vorlage (**.dwt*) ein verwendbares Layout, kann es in die aktuelle Zeichnung eingefügt werden.
  - Abrollmenü **EINFÜGEN, LAYOUT >, LAYOUT VON VORLAGE**
  - Rechtsklick auf eine Layout-Registerkarte und Wahl der Funktion **VON VORLAGE...** aus dem Pop-up-Menü
  - Symbol im Werkzeugkasten **LAYOUTS**

  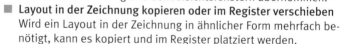

  Im Dateiwähler kann die Vorlage ausgewählt werden und in der Liste des folgenden Dialogfeld das Layout, das in die aktuelle Zeichnung übernommen werden soll. Es wird mit der Seiteneinrichtung und den Ansichtsfenstern übernommen.

- **Layout in der Zeichnung kopieren oder im Register verschieben**
  Wird ein Layout in der Zeichnung in ähnlicher Form mehrfach benötigt, kann es kopiert und im Register platziert werden.
  - Funktion **VERSCHIEBEN ODER KOPIEREN...** aus dem Pop-up-Menü

Das Layout, das kopiert bzw. verschoben werden soll, muss aktiv sein. Nach Wahl der Funktion erscheint ein Dialogfeld (→ Abbildung 9.6). Dort kann ein anderes Layout markiert werden, und mit **OK** wird das aktive Layout vor das in der Liste markierte geschoben. Ist dabei der Schalter **KOPIE ERSTELLEN** ein, wird eine Kopie des aktiven Layouts an der markierten Stelle erstellt.

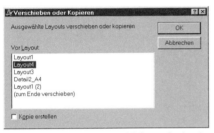

Abbildung 9.6: Layout verschieben oder kopieren

Ausführung: Befehl SEITENEINR

Mit diesem Befehl werden Papiergröße und Ploteinstellungen für das Layout definiert. Der Befehl muss in jedem Layout einmal ausgeführt werden. Deshalb sind die Grundeinstellungen so, dass der Befehl automatisch ausgeführt wird, wenn ein neues Layout erstellt bzw. ein vorhandenes das erste Mal aktiviert wird.

■ Befehl SEITENEINR auswählen
- ◆ Abrollmenü **DATEI, SEITE EINRICHTEN...**
- ◆ Rechtsklick auf eine Layout-Registerkarte und Auswahl der Funktion **SEITE EINRICHTEN...** aus dem Pop-up-Menü
- ◆ Tablettfeld **V25**
- ◆ Symbol im Werkzeugkasten **LAYOUTS**

In einem Dialogfeld mit zwei Registerkarten (→ Abbildungen 9.7 und 9.9) werden die Angaben zum Plotter und zu den Layout-Einstellungen gemacht.

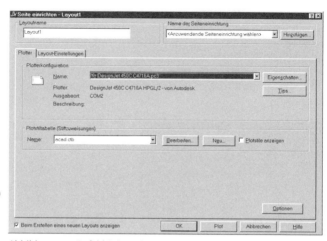

Abbildung 9.7: Befehl Seiteneinr, Register Plotter

- **Register PLOTTER**

   PLOTTERKONFIGURATION: Aus einem Abrollmenü wird der Plotter gewählt, mit dem dieses Layout ausgegeben werden soll. Im Menü sind alle Windows-Systemdrucker und die in AutoCAD konfigurierten Plotter (→ 9.4) enthalten.

   EIGENSCHAFTEN: Mit der Schaltfläche lassen sich die gerätespezifischen Einstellungen des Plotters vornehmen, z. B.: Papierzufuhr, Datenträgertyp, Plotqualität usw. (→ Abbildung 9.8).

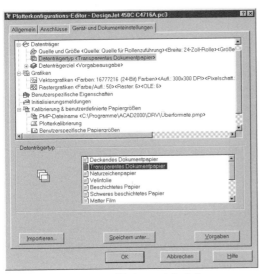

Abbildung 9.8: Geräte- und Dokumenteinstellungen

TIPS: Anzeige der Hilfe zum Plotten.

PLOTSTILTABELLE: Im Abrollmenü kann die Plotstiltabelle gewählt werden, mit der die Zeichnung geplottet werden soll. Mit der Schaltfläche **BEARBEITEN...** kommt man zum Plotstiltabellen-Editor, in dem die Plotstile bearbeitet werden können (➔ 2.7). Mit der Schaltfläche **NEU...** kommt man zum **ASSISTENT ZUM HINZUFÜGEN EINER PLOTSTILTABELLE**, um eine neue Plotstiltabelle zu erzeugen. Ist der Schalter **PLOTSTILE ANZEIGEN** aus, werden die Objekte im Layout mit ihren Zeichnungsfarben angezeigt, ist er an, werden sie mit den Plotfarben angezeigt.

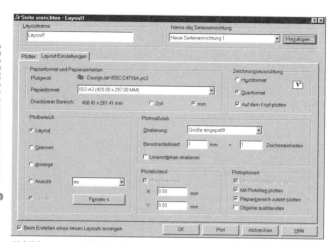

Abbildung 9.9: Befehl Seiteneinr, Register Layout-Einstellungen

- **Register LAYOUT-EINSTELLUNGEN**

    PAPIERFORMAT UND PAPIEREINHEITEN: Hier kann aus dem Abrollmenü das Papierformat gewählt werden. Wurde beim Ausgabegerät ein großformatiger Plotter gewählt, sind die kleineren Formate zweimal vorhanden, in Hoch- und Querausrichtung. Diese Papierorientierung entspricht der Blattausrichtung des Papiers im Plotter. Unter diesem Abrollmenü wird der bedruckbare Bereich angezeigt, und es kann gewählt werden, ob die Maße in mm oder Zoll angezeigt werden sollen.

    ZEICHNUNGSAUSRICHTUNG: Im Feld daneben wird gewählt, ob die Zeichnung im Hoch- oder Querformat auf das Blatt soll. Zudem kann mit dem Schalter **AUF DEM KOPF PLOTTEN** der Plot um 180° Grad gedreht werden.

PLOTBEREICH: Im linken unteren Teil des Dialogfelds wird gewählt, welcher Bereich geplottet werden soll:

- **LAYOUT:** Das komplette Layout, der Normalfall beim Plotten der kompletten Zeichnung.
- **GRENZEN:** Alle Objekte des Layouts in maximaler Größe auf dem Papier.
- **ANZEIGE:** Der momentan angezeigte Ausschnitt des Layouts.
- **ANSICHT:** Ein gespeicherter Ausschnitt, im Abrollmenü rechts daneben kann dieser gewählt werden.
- **FENSTER:** Plotten eines Ausschnitts, der in der Zeichnung mit zwei Eckpunkten bestimmt werden kann. Dazu auf die Schaltfläche **FENSTER <** klicken und die Eckpunkte in der Zeichnung bestimmen.

PLOTMASSSTAB: Im Abrollmenü **SKALIERUNG** einen Standard-Maßstab wählen. Es kann aber auch jeder beliebige Maßstab im Feld **BENUTZERDEFINIERT** eingetragen werden. Es wird angegeben, wieviel geplottete mm einer Zeicheneinheit entsprechen sollen. Normalerweise wird im Layout immer 1:1 geplottet und die Zeichnung in den Ansichtsfenstern entsprechend skaliert (→ 9.3). Deshalb wird bei der Wahl von **LAYOUT** im Plotbereich der Maßstab automatisch auf 1:1 gesetzt. Wenn im Abrollmenü **SKALIERUNG** die Einstellung **GRÖSSE ANGEPASST** gewählt wurde, wird der Plotbereich formatfüllend auf dem gewählten Papierformat ausgegeben. Der Maßstab ergibt sich dann und wird in den Feldern **BENUTZERDEFINIERT** angezeigt. Ist der Schalter **LINIENSTÄRKEN SKALIEREN** ein, werden bei Maßstäben ungleich 1:1 die Linienstärken mit skaliert.

PLOTABSTAND: Füllt der Plot nicht das ganze Blatt, kann er mit Eingaben in diesem Feld in X- und Y-Richtung auf dem Papier verschoben werden. Ist der Schalter **PLOT ZENTRIEREN** ein, wird die Zeichnung auf der Papiermitte ausgedruckt. Wird das komplette Layout geplottet, kann hier nichts eingestellt werden.

PLOTOPTIONEN: Die Einstellung **MIT LINIENSTÄRKEN PLOTTEN** bewirkt, dass die Zeichnung mit den Linienstärken geplottet wird, die den einzelnen Layern zugeordnet sind. Alternativ kann die Einstellung **Mit Plotstilen plotten** verwendet werden. In diesem Fall kommt die Linienstärke aus der gewählten Plotstiltabelle. Der Schalter **Papierbereich zuletzt Plotten** bewirkt, dass als erstes die Geometrie des Modellbereichs geplottet wird. Mit dem Schalter **Objekte ausblenden** werden verdeckte Linien aus 3D-Modellen entfernt. Das gilt allerdings nur, wenn der Modellbereich geplottet wird. In den einzelnen Ansichtsfenstern des Layouts muss gewählt werden, ob dort die verdeckten Kanten entfernt werden sollen (→ 9.3).

Layoutname: Über den Registern wird links der Layoutname angezeigt. Dieser kann geändert werden, und das Layout bekommt den neuen Namen.

Name der Seiteneinrichtung: Ist eine Seiteneinrichtung einmal eingestellt, lassen sich die Einstellungen mit der Schaltfläche **Hinzufügen...** in der Zeichnung speichern. Diese Seiteneinrichtung kann in einem anderen Layout wieder verwendet werden. Dazu erscheint ein weiteres Dialogfeld, in dessen obere Zeile der Name eingetragen wird. Danach steht diese Seiteneinrichtung in dem Abrollmenü zur Verfügung.

Beim erstellen eines neuen Layouts anzeigen: Mit diesem Schalter wird gewählt, ob der Befehl **Seiteneinr** bei der Aktivierung eines neuen Layouts automatisch aktiv werden soll. Dasselbe kann auch im Befehl **Optionen** eingestellt werden (→ 10.5).

Anmerkung

- Wird der Befehl **Seiteneinr** im Modellbereich verwendet, ist im Feld **Plotbereich** (Register **Layout-Einstellungen**) die Auswahl **Layout** durch **Limiten** ersetzt. Dies ist die Einstellung für den normalen Plot der kompletten Zeichnung. Der Plot-Maßstab wird dann in diesem Register eingestellt.

Ausführung: Befehl **AFENSTER** im Layout (Papierbereich)

Wenn ein Layout angelegt und die Seite eingerichtet ist, können Ansichtsfenster auf der Seite angelegt werden. Auch hierzu wird der Befehl **AFENSTER** verwendet.

■ **Befehl AFENSTER auswählen**
- Abrollmenü **ANSICHT**, **ANSICHTSFENSTER ›**, **BENANNTE ANSICHTSFENSTER** oder **NEUE ANSICHTSFENSTER...**
- Tablettfeld **M3-4**
- Symbol in der **STANDARD-FUNKTIONSLEISTE** und in den Werkzeugkästen **LAYOUTS** und **ANSICHTSFENSTER**

Das Dialogfeld mit den Registern und seinen Funktionen sind fast identisch mit denen im Modellbereich (→ 9.1 und Abbildungen 9.1 bis 9.3). Lediglich im Register **NEUE ANSICHTSFENSTER** gibt es eine Änderung. Im Feld **ANSICHTSFENSTERABSTAND** kann ein Abstand zwischen den Fenstern vorgegeben werden (→ Abbildung 9.10). Das Abrollmenü **ANWENDEN AUF** wird im Layout nicht benötigt, da die Fenster immer im Layout erzeugt werden. Bei der Einstellung **3D** werden auch hier die Standardansichten für die einzelnen Fenster zur Auswahl angeboten. Die Fensteraufteilungen lassen sich im Layout nicht speichern, da sie ja auf dem aktiven Layout angelegt werden, deshalb fehlt das Namensfeld. Im Register **BENANNTE ANSICHTSFENSTER** lassen sich gespeicherte Fensteraufteilungen aus dem Modellbereich auf ein Layout übernehmen.

Wenn das Dialogfeld beendet wird, kann noch gewählt werden, wie groß diese Fensteranordnung erzeugt werden soll.

    Erste Ecke angeben oder [Zbereich]:

Werden zwei diagonale Eckpunkte eingegeben, wird die Fensteranordnung in dieser Größe erzeugt. Mit der Option **ZBEREIC**h bekommt sie die Größe des bedruckbaren Bereich des Layouts.

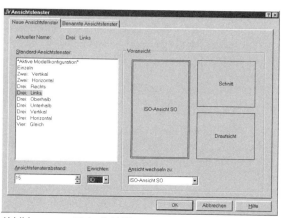

Abbildung 9.10: Dialogfeld Afenster, Register Neue Ansichtsfenster im Layout

Ausführung: Weitere Optionen des Befehls AFENSTER

Nicht immer ist es sinnvoll, die Ansichtsfenster im Layout so regelmäßig zu platzieren, wie das mit der oben beschriebenen Methode nur möglich ist. Der Befehl **AFENSTER** mit vorangestelltem »-« eingegeben, bietet noch eine Reihe weiterer Optionen, die teilweise aus den Menüs und Werkzeugkästen direkt wählbar sind.

Befehlsanfrage:

```
Befehl: -AFENSTER
Ecke des Ansichtsfensters angeben oder
[Ein/Aus/Zbereich/Verdplot/Sperren/Objekt/Polygonal/
Holen/2/3/4]: <Zbereich>:
```

Optionen:

◆ Symbol im Werkzeugkasten **ANSICHTSFENSTER**
Punkteingabe: Erstellung eines Ansichtsfensters mit zwei gegenüberliegenden Eckpunkten. Der aktuelle Ausschnitt des Modellbereichs erscheint im Ansichtsfenster.

Ein/Aus: Inhalt eines oder mehrerer Ansichtsfenster ein- bzw. ausblenden. Der Bildaufbau wird beschleunigt, wenn vorübergehend nicht benötigte Ansichtsfenster ausgeblendet werden.

ZBereich: Erstellt ein Ansichtsfenster, das den ganzen bedruckbaren Bereich des Layouts einnimmt.

Verdplot: Verdeckte Kanten der gewählten Ansichtsfenster werden beim Plotten entfernt. Die Anzeige bleibt unverändert.

Holen: Übernahme einer Fensteraufteilung aus dem Modellbereich auf das aktuelle Layout.

Sperren: Wenn im Layout der Modellbereich (→ unten) aktiv ist, wird beim Zoomen der Maßstab im Fenster geändert. Mit dieser Option wird das Zoomen im Fenster gesperrt, wenn der Maßstab einmal richtig eingestellt ist. Zoomt man dann im Modellbereich, wird das gesamte Layout gezoomt.

2 / 3 / 4: Erstellung von zwei, drei oder vier Ansichtsfenstern auf einem Bereich des Layouts oder dem ganzen Bereich.

◆ Symbol im Werkzeugkasten **Ansichtsfenster**

Objekt: Damit können Sie ein Objekt, das Sie im Layout gezeichnet haben, in ein Ansichtsfenster umwandeln. Folgende Objekte lassen sich umwandeln: geschlossene Polylinien, Ellipsen, geschlossene Splines, Regionen oder Kreise.

◆ Symbol im Werkzeugkasten **Ansichtsfenster**

Polygonal: Damit kann wie mit dem Befehl **Plinie** eine Kontur gezeichnet werden, die dann in ein Ansichtsfenster umgewandelt wird.

Anmerkung

■ Wird ein Ansichtsfenster im Layout angewählt, kann es im Objekt-Eigenschaften-Manager bearbeitet werden. Vor allem die Optionen **Verdplot** und **Sperren** sowie der Maßstab (→ unten) lassen sich dort einstellen.

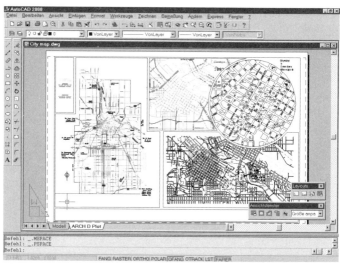

Abbildung 9.11: Layout mit nicht rechteckigen Ansichtsfenstern

Ausführung: Befehl AFZUSCHNEIDEN

Wurden schon rechteckige Ansichtsfenster erzeugt, lassen sich diese nachträglich zuschneiden, um beliebige Formen zu erhalten.

- Befehl AFZUSCHNEIDEN auswählen
  - ◆ Abrollmenü **ÄNDERN, ZUSCHNEIDEN ›, ANSICHTSFENSTER**
  - ◆ Symbol im Werkzeugkasten **ANSICHTSFENSTER**
- Befehlsanfrage:

```
Befehl: AFZUSCHNEIDEN
Zuzuschneidendes Ansichtsfenster wählen:
Objekt zum Zuschneiden wählen oder [Polygonal] <Polygonal>:
```

Gewählt wird ein Ansichtsfenster und dann ein Objekt, das über ein Fenster gezeichnet wurde (geschlossene Polylinien, Ellipsen, geschlossene Splines, Regionen oder Kreise). Das Ansichtsfenster wird an dem gewählten Objekt zugeschnitten. Mit der Option

POLYGONAL kann eine Polylinie über das Ansichtsfenster gezeichnet werden, das an dieser Polylinie zugeschnitten wird.

Ausführung: Assistent zum Erstellen von Layouts

Ein großer Teil der Einstellungen, die in diesem Abschnitt beschrieben wurden, kann für Standard-Layouts auch mit einem Assistenten vorgenommen werden.

■ Layout-Assistenten auswählen
- ◆ Abrollmenü EINFÜGEN, LAYOUT >, LAYOUT-ASSISTENT
- ◆ Symbol im Werkzeugkasten ANSICHTSFENSTER

In verschiedenen Schritten werden alle Werte für das neue Layout und die Ansichtsfenster in Dialogfeldern abgefragt:

LAYOUT ERSTELLEN – START: Eingabe des Namens für das Layout.

LAYOUT ERSTELLEN – DRUCKER: Auswahl des Druckers.

LAYOUT ERSTELLEN – PAPIERFORMAT: Auswahl des Papierformats und der Zeichnungseinheiten (mm oder Zoll).

LAYOUT ERSTELLEN – AUSRICHTUNG: Auswahl zwischen Hoch- oder Querformat.

LAYOUT ERSTELLEN – SCHRIFTFELD: Auswahl eines Schriftfelds; in einem Abrollmenü sind alle Schriftfelder aus dem Ordner *Programme\Acad2000\Template* enthalten.

LAYOUT ERSTELLEN – ANSICHTSFENSTER DEFINIEREN: Auswahl einer Fensteraufteilung und des Maßstabs für die Fenster. Es kann auch eine Matrix von Fenstern gewählt werden.

LAYOUT ERSTELLEN – POSITION WÄHLEN: Auf die Schaltfläche POSITION WÄHLEN < klicken und auf dem Layout zwei diagonale Eckpunkte anklicken. Das gewählte Rechteck bestimmt die Größe des Ansichtsfensters bzw. der Fensteraufteilung.

LAYOUT ERSTELLEN – FERTIGSTELLEN: Schaltfläche FERTIGSTELLEN anklicken, und das Layout wird erstellt.

9.3 Papier- und Modellbereich im Layout

Im Papierbereich bzw. Layout lassen sich Ansichtsfenster verschieben, kopieren, vergrößern bzw. verkleinern, drehen und löschen. Bei der Objektwahl müssen sie am Rand angeklickt werden. Im Papierbereich wird das Fadenkreuz auf dem ganzen Bildschirm angezeigt.

Ausführung: Befehle MBEREICH und PBEREICH

Mit den Befehlen **MBEREICH** und **PBEREICH** kann zwischen Modellbereich und Papierbereich auf dem Layout umgeschaltet werden. Im Modellbereich kann im Fenster, am Modell gearbeitet werden. Ein Fenster ist dann das aktive Fenster und dort erscheint das Fadenkreuz, auf dem restlichen Bildschirm nur ein Pfeil. Das aktive Ansichtsfenster ist durch einen verstärkten Rahmen erkennbar.

- **Befehl PBEREICH bzw. MBEREICH auswählen**
    - Klick auf das Feld **PAPIER** bzw. **MODELL** in der Statuszeile, und zwischen den Bereichen wird umgeschaltet
    - Doppelklick in ein Ansichtsfenster für den Modellbereich und Doppelklick auf die Papierfläche für den Papierbereich
    - Tablettfeld **L4** bzw. **L5**
    - Im Modellbereich durch einen Klick in ein anderes Fenster das aktive Fenster wechseln

Anmerkungen

- Das aktive Fenster kann auch innerhalb von Befehlen per Klick gewechselt werden, nicht aber innerhalb der Befehle **ZOOM** und **PAN**.
- Das aktive Fenster kann auch mit der Tastenkombination [Strg]+[R] umgeschaltet werden. Das ist wichtig, wenn ein kleines Ansichtsfenster über einem größeren liegt. Mit einem Klick in das kleine Fenster wird immer das große darunter aktiv.

Ausführung: Ansicht und Maßstab im Fenster einstellen

Die wichtigste Aufgabe im Modellbereich ist, die gewünschte Ansicht in den Fenstern einzustellen. Die maßstäbliche Darstellung in den Fenstern, die für eine exakte Zeichnung notwendig ist, bekommt man mit dem Befehl ZOOM. Dazu muss im Modellbereich das Fenster aktiv sein. Dann kann der Befehl gewählt werden.

```
Befehl: ZOOM
Fensterecke angeben, Skalierfaktor eingeben
(nX oder nXP) oder [Alles/Mitte/Dynamisch/Grenzen/
Vorher/FAktor/Fenster] <Echtzeit>: 1XP
```

Ein Faktor gefolgt von XP bestimmt den Maßstab:
- 1XP stellt die Zeichnung im Maßstab 1:1 im Fenster dar,
- 2XP vergrößert die Zeichnung im Maßstab 2:1 und
- 0.5XP verkleinert auf den Maßstab 1:2 usw.

Danach kann der Ausschnitt mit dem Befehl PAN endgültig zurechtgerückt werden.

Ausführung: Maßstab im Werkzeugkasten einstellen

Einfacher kann der Maßstab im Werkzeugkasten ANSICHTSFENSTER eingestellt werden:
- Das Fenster muss im Modellbereich des Layouts zum aktuellen Fenster gemacht werden.
- Im Abrollmenü des Werkzeugkastens ANSICHTSFENSTER einen der Standard-Maßstäbe für die Darstellung im Fenster wählen (→ Abbildung 9.12).
- Ist der gewünschte Faktor nicht vorhanden, Vergrößerungsfaktor eintragen, z.B. 0.3333 für den Faktor 1:3. Mit der Einstellung GRÖSSE ANGEPASST erscheint die maximale Vergrößerung im Fenster.

Abbildung 9.12: Maßstab im Werkzeugkasten Ansichtsfenster

Ausführung: Ansichtsfenster im Objekt-Eigenschaften-Manager einstellen

Alle Einstellungen für das Ansichtsfenster können auch im Objekt-Eigenschaften-Manager vorgenommen werden. Dazu wird das Fenster angeklickt und der Objekt-Eigenschaften-Manager aktiviert.

Abbildung 9.13: Einstellungen im Objekt-Eigenschaften-Manager

Die Einstellungen im Einzelnen:

EIN: Anzeige im Fenster ein- und ausschalten

ZUGESCHNITTEN: Ist das Fenster zugeschnitten, kann die Zuschneidung aufgehoben und wieder eingeschaltet werden.

ANZEIGE GESPERRT: Fenster gegen versehentliches Zoomen sperren.

VORGABEFAKTOR: Auswahl eines Standardfaktors.

BENUTZERSPEZIFISCH: Einstellung eines benutzerspezifischen Faktors.

BKS PRO ANSICHTSFENSTER: Hier kann gewählt werden, ob bei 3D-Ansichten in jedem Ansichtsfenster ein eigenes BKS erzeugt werden soll.

PLOT AUSBLENDEN: Einstellung, ob beim Plotten verdeckte Kanten von 3D-Modellen im Fenster ausgeblendet werden sollen.

Anmerkungen

■ Die Befehle **NEUZEICH** und **REGEN** können auch auf alle Ansichtsfenster angewendet werden. Dann kann **NEUZALL** und **REGENALL** gewählt werden.

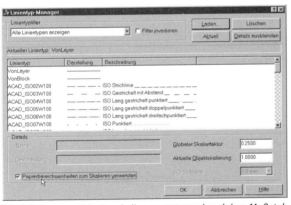

Abbildung 9.14: Linientypskalierung entsprechend dem Maßstab

■ Ist die Variable **PLTSCALE** auf 1 gesetzt, wird die Skalierung der Linientypen den Maßstäben in den Ansichtsfenstern angepasst. Die Variable kann auch mit einem Schalter im Dialogfeld des Befehls **LINIENTYP** ein- und ausgeschaltet werden, Schalter **PAPIER-**

BEREICHSEINHEITEN ZUM SKALIEREN VERWENDEN (→ Abbildung 9.14).

■ Wenn die einzelnen Ansichtsfenster bemaßt werden, können die Maße entsprechend dem Maßstab in den Ansichtsfenstern skaliert werden. Sie erscheinen in dem Ansichtsfenster in der richtigen Größe, in der Sie erstellt wurden. Dazu muss beim Bemaßungsstil im Register **EINPASSEN** der Schalter **BEMASSUNGEN MIT LAYOUT (PAPIERBER) SKALIEREN** eingeschaltet werden (→ Abbildung 9.15).

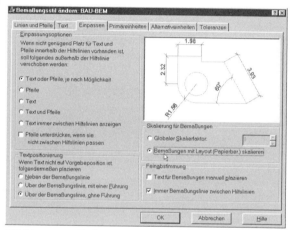

Abbildung 9.15: Skalierfaktor für Bemaßungen in den Ansichtsfenstern

■ Es muss aber dann gewährleistet sein, dass die Bemaßungen nur in dem Fenster erscheinen, in dem Sie erstellt wurden. Für jedes Fenster muss ein eigener Bemaßungslayer angelegt werden, der in den anderen Fenstern nicht sichtbar ist (→ unten).

Ausführung: Sichtbarkeit von Layern in den Ansichtsfenstern

Wird in einem Ansichtsfenster zum Beispiel eine Detailansicht in einem anderen Maßstab dargestellt, sollen dort Details eingezeichnet werden, die in den anderen Fenstern nicht sichtbar sind.

In einem anderen Beispiel wird ein 3D-Modell in der Draufsicht bemaßt. In einem anderen Fenster ist eine Isometrie dargestellt. Dort sollen die Maße aus der Draufsicht nicht sichtbar sein.

Das ist dadurch möglich, dass sich Layer nicht nur global in allen Fenstern frieren oder tauen lassen, sondern auch in jedem Ansichtsfenster separat.

Wie alle Layerfunktionen können auch diese Einstellungen im Dialogfeld des Befehls **Layer** vorgenommen werden. Dazu ist wie folgt vorzugehen:

- Umschalten in das Layout, in den Modellbereich wechseln und das entsprechende Ansichtsfenster aktivieren.
- Befehl **Layer** anwählen und das Symbol in der Spalte **Frieren in aktiven Ansichtsfenstern** der Layerliste bei dem Layer anklicken (→ Abbildung 9.16), der in diesem Ansichtsfenster nicht sichtbar sein soll. Die Sonne mit dem Fenster verschwindet, und es erscheint ein Eiskristall als Symbol.
- Genauso kann ein Layer auch wieder in einem Ansichtsfenster getaut werden.
- Mit dem Symbol in der Spalte **Frieren in neuen Ansichtsfenstern** (→ Abbildung 9.16) kann eingestellt werden, dass der entsprechende Layer in einem neu erzeugten Ansichtsfenster gefroren werden soll. Das ist für die Layer sinnvoll, die nur in einem Ansichtsfenster sichtbar sein sollen. Sie sind dann in jedem neuen Fenster gleich aus und müssen nicht erst extra ausgeschaltet werden.

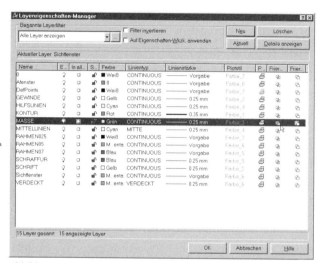

Abbildung 9.16: Sichtbarkeit von Layern in Ansichtsfenstern

- Die Spalten in der Layerliste beim Befehl **LAYER** erscheinen nur dann, wenn der Befehl im Layout gewählt wurde.
- Über das Abrollmenü für die Layer im Werkzeugkasten **EIGENSCHAFTEN** können diese Funktionen nicht gewählt werden.

Ausführung: Befehl SOLPROFIL

Mit dem Befehl **SOLPROFIL** lassen sich Profildarstellungen von Volumenkörpern erzeugen. Nur die Kanten und die Silhouette erscheinen im Ansichtsfenster. Der Befehl funktioniert nur, wenn Tilemode=0 ist und schon ein Ansichtsfenster erzeugt wurde. Skalierung, Ausrichtung und der Ansichtspunkt sollten für das Fenster eingestellt sein.

■ Befehl SOLPROFIL auswählen
- Abrollmenü **ZEICHNEN**, **VOLUMENKÖRPER** >, **EINRICHTEN** >, **PROFIL**
- Symbol im Werkzeugkasten **VOLUMENKÖRPER**

Befehlsanfrage:

```
Befehl: SOLPROFIL
Objekte wählen: ⏎
Verdeckte Profilkanten auf separatem Layer anzeigen [Ja/
Nein] <J>:
Profilkanten auf eine Ebene projizieren? [J/N] <J>:
Tangentiale Kanten löschen? [Ja/Nein] <J>:
```

Anmerkungen

- Wenn die verdeckten Profilkanten nicht auf einen separaten Layer gelegt werden, wird für die sichtbaren Profillinien jedes Volumenkörpers ein Block generiert.
- Werden die Profilkanten auf separate Layer gelegt, werden für alle Volumenkörper zwei Blöcke erzeugt, einer für die sichtbaren und einer für die unsichtbaren Profilkanten. Die Blöcke kommen auf unterschiedliche Layer, *PV-XXX* für die sichtbaren Kanten und *PH-XXX* für die unsichtbaren Kanten.
- Bei der nächsten Anfrage wird festgelegt, ob das Profil auf einer Ebene liegen oder ob es dreidimensional werden soll.
- Zuletzt wird angefragt, ob tangentiale Übergänge von geraden zu gewölbten Flächen mit Kanten dargestellt werden sollen oder nicht. Normalerweise sollten diese Kanten als Lichtlinien erscheinen und deshalb nicht gelöscht werden.
- Sollen im Ansichtsfenster nur die sichtbaren Kanten erscheinen, sind in diesem Ansichtsfenster die Layer mit den Originalobjekten und die Layer, die *PH-XXX* zu frieren. Es können aber auch gestrichelte Linientypen für diese Layer gewählt werden.

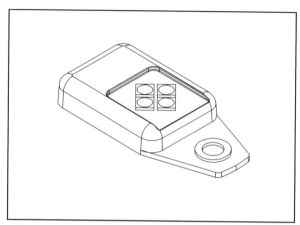

Abbildung 9.17: Pofilansicht eines 3D-Modells

Ausführung: Befehl SOLANS

Mit dem Befehl **SOLANS** lassen sich Ansichtsfenster mit Volumenkörpern automatisch erzeugen.

- **Befehl SOLANS auswählen**
  - ◆ Abrollmenü **ZEICHNEN, VOLUMENKÖRPER ›, EINRICHTEN ›, ANSICHT**
  - ◆ Symbol im Werkzeugkasten **VOLUMENKÖRPER**
- **Befehlsanfrage:**

```
Befehl: SOLANS
Objekte wählen:
Option eingeben [Bks/Ortho/Hilfsansicht/Schnitt
```

Der Befehl schaltet automatisch in den Papierbereich. Wenn dort kein Ansichtsfenster vorhanden ist, kann nur die Option **BKS** verwendet werden, um die erste Ansicht zu erzeugen.

- **Optionen:**
  BKS: Es kann ein Koordinatensystem gewählt werden. Die XY-Ebene dieses BKS wird die Draufsicht der Zeichnung. Das Ansichtsfenster kann plaziert, die Größe vorgegeben und skaliert werden. Außerdem muß für jedes Fenster ein Name eingegeben werden.
  ORTHO: Erstellung einer Ansicht, die rechtwinklig zu einer vorhandenen Ansicht ist. Auch hier kann das Fenster gleich bestimmt werden.
  HILFSANSICHT: Zusätzliche Ansicht von einer beliebigen Richtung. Bestimmung des Fensters wie oben.
  SCHNITT: Erzeugung eines Schnitts durch den Volumenkörper an einer wählbaren Schnittebene.

Anmerkung

- Für jedes Ansichtsfenster wird ein Satz neuer Layer angelegt (XXX steht für den Fensternamen):
  - ***XXX-DIM***   Layer für Bemaßungen in der Ansicht
  - ***XXX-HAT***   Layer für Schraffuren in der Ansicht
  - ***XXX-HID***   Layer für verdeckte Profilkanten in der Ansicht
  - ***XXX-VIS***   Layer für sichtbare Profilkanten in der Ansicht

Ausführung: Befehl SOLZEICH

Mit dem Befehl **SOLZEICH** lassen sich Profilansichten in den Ansichtsfenstern erzeugen, die mit dem Befehl **SOLANS** erzeugt wurden.

- **Befehl SOLZEICH auswählen**
  - Abrollmenü **ZEICHNEN, VOLUMENKÖRPER >, EINRICHTEN >, ZEICHNUNG**
  - Symbol im Werkzeugkasten **VOLUMENKÖRPER**

- **Befehlsanfrage:**

```
Befehl: SOLZEICH
Zu zeichnende Ansichtsfenster wählen:
Objekte wählen:
```

Die Ansichtsfenster, von denen eine Profilansicht generiert werden soll, können gewählt werden, danach die Objekte, für die die Ansicht erstellt werden soll.

Anmerkungen

- Werden die Layer **XXX-HID** gefroren, sind nur noch die sichtbaren Kanten vorhanden. Auf dem Layer **VPORTS** liegen die Fensterrahmen. Der Layer kann ebenfalls gefroren werden.
- Schnitte werden schraffiert. Dazu sollten vorher die Variablen für die Schraffur gesetzt werden: **Hpname** (Name des Schraffurmusters), **Hpscale** (Maßstab des Schraffurmusters) und **Hpang** (Winkel des Schraffurmusters).

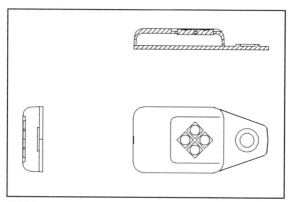

Abbildung 9.18: Profilansichten in den Ansichtsfenstern

9.4 Plotter konfigurieren

Bevor eine Zeichnung geplottet werden kann, muss der Plotter in AutoCAD konfiguriert werden. Allerdings stehen die Drucker/Plotter, die in Windows konfiguriert sind, ohne weitere Konfiguration auch in AutoCAD zur Verfügung.

Ausführung: Plotter konfigurieren

Oft aber ist der Plotter in Windows nicht konfiguriert oder die Ansteuerung über den AutoCAD-eigenen HDI-Treiber bietet mehr Einstellmöglichkeiten für die Zeichnungsausgabe als der Windows-Standardtreiber. In diesem Fall muss der Plotter neu konfiguriert werden. Dazu wird der **PLOTTER-MANAGER** verwendet.

- **PLOTTER-MANAGER** auswählen
  - ◆ Abrollmenü **DATEI, PLOTTER-MANAGER...**
- Funktionen im **PLOTTER-MANAGER**
  - ◆ Symbol **ASSISTENT ZUM HINZUFÜGEN EINES PLOTTERS...** doppelt anklicken, um einen neuen Plotter zu konfigurieren,
  - ◆ Symbol eines vorhandenen Plotters doppelt anklicken, um die Einstellungen eines vorhandenen Plotters zu ändern.

Soll ein neuer Plotter konfiguriert werden, kann auch der Assistent direkt aus dem Menü von AutoCAD gewählt werden.

◆ Abrollmenü **WERKZEUGE, ASSISTENTEN ›, PLOTTER HINZUFÜGEN**

In verschiedenen Dialogfelder werden der Plotter und dessen Anschlussdaten eingegeben. Nach einer Einführungsseite kann in der Startseite gewählt werden, welche Art von Druckertreiber installiert werden soll (→ Abbildung 9.19).

Folgende Möglichkeiten stehen zur Auswahl:

MEIN COMPUTER: Der Drucker/Plotter ist direkt am Computer angeschlossen.

NETZWERK-PLOTTERSERVER: Der Drucker/Plotter ist über das Netzwerk erreichbar und dort als freigegebener Drucker wählbar.

SYSTEMDRUCKER: Der Drucker oder Plotter ist auf dem Computer als Windows-Systemdrucker konfiguriert (lokal oder an einem Druckserver im Netzwerk) und wird über den HDI-Systemdrucker-Treiber angesteuert. Der Drucker muss nur dann konfiguriert werden, wenn in AutoCAD andere Einstellungen verwendet werden sollen, als die, die in der Windows-Sytemsteuerung eingestellt sind.

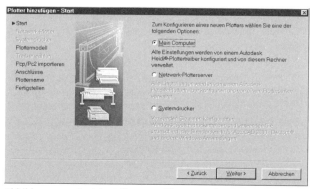

Abbildung 9.19: Assistent für neuen Plotter, Treiberart

Je nachdem welche Möglichkeit gewählt wurde, werden andere Seiten zur Konfiguration angezeigt:

■ **MEIN COMPUTER gewählt**

PLOTTERMODELL: Hersteller und Modell des Plotters aus den Listen wählen (→ Abbildung 9.20). Mit den Angaben *Adobe*, *Autodesk-ePlot (DWF)* und *Rasterdateiformate* können Plotter zur Erzeugung von Austauschdateien konfiguriert werden. Mit der Möglichkeit des sogenannten elektronischen Plottens, können diese Dateien mit allen Funktionen des Plot-Befehls erzeugt werden. Mit den obigen Auswahlmöglichkeiten lassen sich PostScript-, DWF- oder Rasterdateien erstellen.

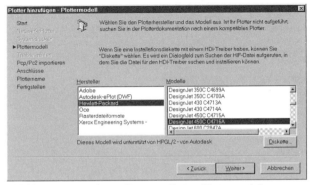

Abbildung 9.20: Assistent für neuen Plotter, Plottermodell

Pcp oder Pc2 importieren: Sollen aus einer vorherigen AutoCAD-Installation die Einstellungen übernommen werden, kann die Einstellungsdatei (**.pcp* oder **.pc2*) übernommen werden. Diese kann auf der nächsten Seite gewählt werden.

Anschlüsse: Auf der nächsten Seite kann der Anschluss gewählt werden, an dem der Drucker/Plotter am Computer angeschlossen ist.

Plottername: Auf dieser Seite kann ein Plottername zur besseren Erkennung des Geräts in AutoCAD eingegeben werden.

Fertigstellen: Auf der letzten Seite wird die Konfiguration des Druckers/Plotters erstellt. Vorher kann mit der Schaltfläche **Plotterkonfiguration bearbeiten...** die Einstellung des Geräts geändert werden. Mit der Schaltfläche **Plotter kalibrieren...** kann ein Stiftplotter mit einem weiteren Assistenten kalibriert werden.

- **NETZWERK-PLOTTERSERVER gewählt**
  NETZWERK-PLOTTER: Hier wird der Name des Plotters (UNC-Name: *\\Servername\Gerätename*) eingetragen. Ist der nicht bekannt, kann die Schaltfläche **DURCHSUCHEN...** angeklickt und der Plotter in der Netzwerksstruktur ausgewählt werden (→ Abbildung 9.21).

Abbildung 9.21: Auswahl des Plotter-Servers im Netzwerk

Der Rest ist identisch mit der ersten Konfigurationsmethode.

- **SYSTEMDRUCKER gewählt**
  SYSTEMDRUCKER: Auf der nächsten Seite wird der Systemdrucker, der konfiguriert werden soll, aus der Liste ausgewählt (→ Abbildung 9.22).

  Der Rest ist identisch mit den anderen Konfigurationsmethoden.

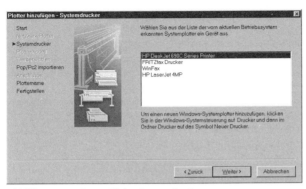

Abbildung 9.22: Auswahl des Systemdruckers

Ausführung: Plotter-Konfiguration ändern

Ist ein Plotter konfiguriert, kann mit einem Doppelklick auf das Symbol im Plotter-Manager die Plotterkonfiguration angezeigt und geändert werden. Es wird ein Dialogfeld mit drei Registerkarten eingeblendet:

- **Register ALLGEMEIN**
  Angaben zur Plotterkonfiguration und zum Plottertreiber.
- **Register ANSCHLÜSSE**
  Anzeige des Plotteranschlusses. Hier kann auch noch geändert werden. So ist es möglich, einen lokalen Plotter auf einen Plotter-Server im Netzwerk umzuleiten.
- **Register GERÄT- UND DOKUMENTEINSTELLUNGEN**
  In diesem Register lassen sich die gerätespezifischen Einstellungen vornehmen (→ Abbildung 9.8 beim Befehl **SEITENEINR**).

Anmerkungen

- Bei den Geräteeinstellungen sind die benutzerspezifischen Größen besonders wichtig. Wählt man beim Plotten ein Papierformat aus, beispielsweise DIN A3 mit einer Papiergröße von 420 x 297 mm, ist der bedruckbare Bereich beim Plotter kleiner. Es bleibt ein nicht bedruckbarer Bereich links und rechts von je 5 mm und oben und unten von bis zu 18 mm. Soll aber ein Zeichnungsrahmen ausgedruckt werden, der bis zum äußersten Papierrand geht, muss mit einem Überformat oder von der Rolle gedruckt werden.

■ In diesem Fall sollten mit dem dafür vorhandenen Assistenten benutzerspezifische Papiergrößen angegeben werden. Der Assistent wird im Register **GERÄT- UND DOKUMENTEINSTELLUNGEN, KALIBRIERUNG & BENUTZERDEFINIERTE PAPIERGRÖSSEN, BENUTZDEFINIERTE PAPIERGRÖSSEN** mit der Schaltfläche **HINZUFÜGEN...** gestartet (→ Abbildung 9.23).

Abbildung 9.23: Benutzerspezifische Größen hinzufügen

9.5 Zeichnungen Plotten

Nachdem der Plotter konfiguriert und das Layout fertig ist, kann die Zeichnung ausgedruckt oder in der Voransicht betrachtet werden.

Ausführung: Befehl PLOT

Endgültig ausgeplottet wird die Zeichnung mit dem Befehl **PLOT**. Das kann im Modellbereich oder im Layout erfolgen. Der entsprechende Bereich oder alle Layouts auf einmal können dann geplottet werden. Die Einstellungen beim Befehl Plot sind identisch mit dem Befehl **SEITENEINR** (→ 9.2). Es kommen nur noch einige wenige Einstellungen hinzu. Haben Sie den Befehl **SEITENEINR** auf den Bereich der Zeichnung, den Sie plotten wollen (Modellbereich oder das entsprechende Layout) schon einmal angewendet, dann werden diese Einstellungen alle als Vorgabe übernommen. Es kann sofort ohne weitere Einstellungen geplottet werden.

- **Befehl PLOT auswählen**
  - ◆ Abrollmenü **DATEI, PLOT...**
  - ◆ Rechtsklick auf eine Layout-Registerkarte und Auswahl der Funktion **PLOT...** aus dem Pop-up-Menü
  - ◆ Tablettfeld **W25**
  - ◆ Symbol in der **STANDARD-FUNKTIONSLEISTE**

  In einem Dialogfeld mit zwei Registerkarten (→ Abbildungen 9.24 und 9.25) werden die Angaben zum Plotter und zu den Ploteinstellungen gemacht.

- **Register PLOTTER**

  Die Einstellungen sind identisch mit denen beim Befehl **SEITENEINR** (→ 9.2 und Abbildung 9.24). Zusätzliche Einstellungen befinden sich im unteren Teil des Registers.

  PLOTTEN: Hier kann gewählt werden, was geplottet werden soll: **AKTUELLE REGISTERKARTE** für den aktuellen Bereich, **AUSGEWÄHLTE REGISTERKARTEN** für alle markierten Registerkarten oder **ALLE LAYOUT-REGISTERKARTEN** für alle in dieser Zeichnung vorhandenen Layouts. Außerdem kann eingestellt werden, wie viele Exemplare gedruckt werden sollen.

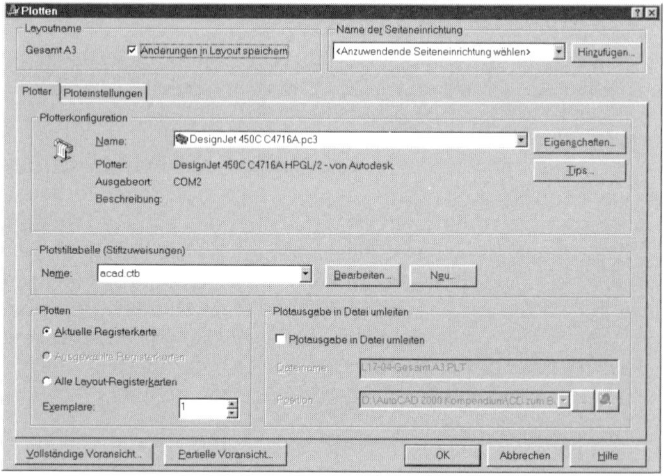

Abbildung 9.24: Befehl Plot, Register Plotter

PLOTAUSGABE IN DATEI UMLEITEN: Ist dieser Schalter ein, werden die Plotdaten nicht an das Gerät ausgegeben, sondern in eine Datei umgeleitet. Diese Datei kann später auf dem Plotter ausgegeben werden. Dateiname und Pfad können eingegeben werden. Dieses Verfahren wird auch beim elektronischen Plotten (Erzeugung einer Austauschdatei) angewendet.

■ **Register PLOTEINSTELLUNGEN**

Die Einstellungen sind identisch mit denen beim Befehl **SEITENEINR** (→ 9.2 und Abbildung 9.25).

In der oberen Zeile des Dialogfeldes wird der Name des Layouts angezeigt, das gerade geplottet werden soll. Mit dem Schalter **ÄNDERUNGEN IN LAYOUT SPEICHERN** kann gewählt werden, dass Änderungen, die beim Plotten vorgenommen werden, in das Layout übertragen werden. So ist gewährleistet, daß die Änderungen gespeichert werden und beim nächsten Plotten als Vorgabe erscheinen.

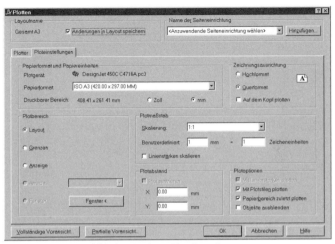

Abbildung 9.25: Befehl Plot, Register Ploteinstellungen

■ Voransichten

Mit OK wird die Zeichnung ausgeplottet, es kann aber auch vorher in der Voransicht kontrolliert werden, ob alle Einstellungen richtig gemacht wurden. Zwei Möglichkeiten stehen zu Auswahl:

VOLLSTÄNDIGE VORANSICHT...: Mit dieser Auswahl wird die Zeichnung auf dem Papierblatt mit Farben und Linienstärken angezeigt (→ Abbildung 9.26). Mit der rechten Maustaste wird ein Pop-up-Menü mit den Zoom- und Pan-Funktionen eingeblendet. Wie in der Zeichnung kann auch in der Voransicht mit Echtzeit-Funktionen gezoomt und gepant verwenden. Der Eintrag **BEENDEN** im Pop-up-Menü oder die Taste [Esc] beenden die Voransicht und verzweigen zum Plot-Dialogfeld zurück. Mit dem Eintrag **PLOT** kann die Zeichnung auch aus dem Pop-up-Menü heraus ausgegeben werden.

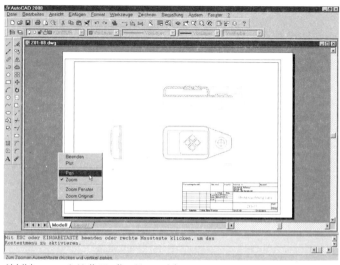

Abbildung 9.26: Vollständige Voransicht

PARTIELLE VORANSICHT...: Soll nur die Lage des Ausdrucks auf dem Papierblatt dargestellt werden, ist diese Schaltfläche vorzuziehen. In einem Fenster wird das Papier und darauf Größe und Position des Ausdrucks angezeigt (→ Abbildung 9.27). Zudem werden die Maße des Papiers, der bedruckbare Bereich und der verwendete Plotbereich angezeigt. Bei eventuellen Bereichsüberschreitungen kommt eine Warnmeldung. Mit **OK** wird zum Plot-Dialogfeld zurückverzweigt.

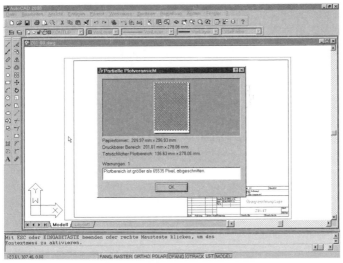

Abbildung 9.27: Partielle Voransicht

Ausführung: Befehl VORANSICHT

Die Voransicht kann auch ohne den Befehl **PLOT** angezeigt werden. Mit dem Befehl **VORANSICHT** kommt die Voransicht mit den Einstellungen des letzten Plots bzw. der aktuellen Seiteneinrichtung auf den Bildschirm.

■ Befehl VORANSICHT auswählen
- ◆ Abrollmenü **DATEI, PLOT-VORANSICHT**
- ◆ Tablettfeld **X24**
- ◆ Symbol in der **STANDARD-FUNKTIONSLEISTE**

Bei diesem Befehl kommt die gleiche Voransicht wie bei der Auswahl **VOLLSTÄNDIGE VORANSICHT** beim Befehl **PLOT** auf den Bildschirm (→ Abbildung 9.26).

10 Datenaustausch, sonstige Befehle und Programmoptionen

10.1 »Drag&Drop«-Funktionen

Mit dem neuen Multiple Design Environment (MDE) in AutoCAD 2000 können mehrere Zeichnungen geöffnet werden (→ 1.11). Aber nicht nur das, es lassen sich auch Objekte von einer Zeichnung in die andere schieben. Auch mit anderen Programmen lassen sich die Windows »Drag&Drop«-Funktionen nutzen.

Ausführung: Kopieren innerhalb eines Zeichnungsfensters

Innerhalb des Zeichnungsfensters lassen sich Objekte per »Drag&Drop« verschieben, kopieren usw:

■ **Vorgehen:**
- ◆ Zeichnungsfenster aktivieren und Fenster ohne Befehlswahl um die Objekte ziehen.
- ◆ Rechte Maustaste an einer beliebigen Stelle im Zeichnungsfenster drücken und gedrückt halten. Die markierten Objekte verschieben.
- ◆ Maustaste loslassen und Funktion aus dem Pop-up-Menü wählen (→ Abbildung 10.1).

Abbildung 10.1: Pop-up-Menü beim Bearbeiten im gleichen Fenster

■ **Funktionen:**
HIERHER VERSCHIEBEN: Verschieben an die aktuelle Position.
HIERHER KOPIEREN: Kopieren an die aktuelle Position.
ALS BLOCK EINFÜGEN: Objekte als Block an der aktuellen Position einfügen.

Ausführung: Kopieren zwischen Zeichnungsfenstern

Noch praktischer ist es, Objekte von einem Zeichnungsfenster per »Drag&Drop« in das andere zu verschieben, kopieren usw:

■ **Vorgehen:**
- Beide Zeichnungsfenster auf dem Bildschirm anordnen.
- Zeichnungsfenster aktivieren und Fenster ohne Befehlswahl um die Objekte ziehen.
- Rechte Maustaste an einer beliebigen Stelle im Zeichnungsfenster drücken und gedrückt halten. Die markierten Objekte ins andere Fenster schieben.
- Maustaste loslassen und Funktion aus dem Pop-up-Menü wählen (→ Abbildung 10.2).

Abbildung 10.2: Pop-up-Menü beim Bearbeiten in verschiedenen Fenstern

■ **Funktionen:**
HIERHER VERSCHIEBEN: Verschieben an aktuelle Position im anderen Zeichnungsfenster.
ALS BLOCK EINFÜGEN: Objekte als Block an der aktuellen Position im anderen Zeichnungsfenster einfügen.
AN ORIGINALKOORDINATEN EINFÜGEN: Objekte als Block im anderen Zeichnungsfenster an den gleichen Koordinaten wie im Ursprungsfenster einfügen.

Ausführung: Befehle per »Drag&Drop« ausführen

Hat man neben AutoCAD auch den Windows-Explorer auf dem Bildschirm geöffnet, lassen sich verschiedene Befehle durch »Drag&Drop« von Dateien ausführen.

■ **Vorgehen:**
- ◆ AutoCAD und den Windows-Explorer auf dem Bildschirm anordnen (→ Abbildung 10.3).
- ◆ Zeichnungsdateien im Explorer markieren und mit gedrückter linker Maustaste auf den leeren Zeichnungshintergrund ziehen, Maustaste loslassen. Die Datei wird in einem eigenen Fenster geöffnet (wie Befehl **ÖFFNEN**).
- ◆ Zeichnungsdateien im Explorer markieren und mit gedrückter linker Maustaste in ein Zeichnungsfenster ziehen und Maustaste loslassen. Die Datei wird in die Zeichnungsdatei als Block eingefügt (wie Befehl **EINFÜGE**).

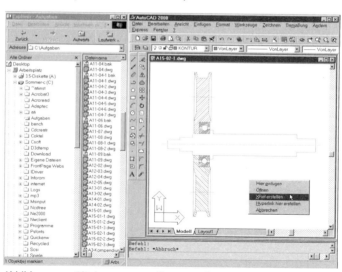

Abbildung 10.3: Blöcke zusammenfügen per »Drag&Drop«

- Zeichnungsdateien im Explorer markieren und mit gedrückter rechter Maustaste in ein Zeichnungsfenster ziehen und Maustaste loslassen. Aus dem Pop-up-Menü wählen, was mit der Datei erfolgen soll (→ Abbildung 10.4): Einfügen als Block oder externe Referenz, öffnen oder Hyperlink einfügen (→ Abbildung 10.4).

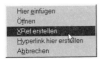

Abbildung 10.4: Pop-up-Menü bei »Drag&Drop«

Ausführung: Weitere Möglichkeiten mit »Drag&Drop«

Das Einfügen bzw. Öffnen von Zeichnungsdateien ist nicht die einzige Anwendung von »Drag&Drop« in AutoCAD. Tabelle 10.1 zeigt, welche Dateiarten Sie in die Zeichnung ziehen können und welcher Befehl dabei aktiviert wird.

Funktion	Dateityp	Befehl
Zeichnung öffnen	*.DWG	Öffnen
Zeichnung einfügen	*.DWG	Einfüge
Xref zuordnen	*.DWG	Xzuordnen
DXF-Datei importieren	*.DXF	Dxfin
Linientyp Laden	*.LIN	Linientyp, Laden
Script Datei ausführen	*.SCR	Script
Diadatei anzeigen	*.SLD	Zeigdia
ASCII-Text einfügen	*.TXT	Mtext oder Dtext
Bilddateien	Diverse	Bildzuordnen
Programmdatei	*.LPS, *.ARX	Lisp oder ARX laden
Andere Formate	*.*	OLE-Objekt (→ unten)

Tabelle 10.1: Befehle per »Drag&Drop« ausführen

10.2 Die Windows-Zwischenablage

Die Zwischenablage (auch Clipboard genannt) ist ein Hintergrundspeicher, auf den alle Windows-Anwendungen zugreifen können. Allen Windows-Anwendungen gemeinsam ist das Abrollmenü **BEARBEITEN**. Dort können Objekte in die Zwischenablage kopiert und aus der Zwischenablage eingefügt werden.

Ausführung: Befehl COPYCLIP

Mit dem Befehl **COPYCLIP** können AutoCAD-Objekte in die Zwischenablage kopiert werden.

- Befehl COPYCLIP auswählen
    - ◆ Abrollmenü **BEARBEITEN, KOPIEREN**
    - ◆ Tastenkombination [Strg]+[C]
    - ◆ Tablettfeld **T14**
    - ◆ Symbol in der **STANDARD-FUNKTIONSLEISTE**
- Befehlsanfrage:

```
Befehl: COPYCLIP
Objekte wählen:
```

Die gewählten Objekte werden in die Zwischenablage kopiert. Der Basispunkt für das spätere Einfügen aus der Zwischenablage ist der linke untere Punkt der gewählten Objekte.

Ausführung: Befehl KOPIEBASISP

Der Befehl arbeitet wie der Befehl **COPYCLIP**, nur dass der Basispunkt für das Einfügen in der Zeichnung bestimmt werden kann.

- Befehl KOPIEBASISP auswählen
    - ◆ Abrollmenü **BEARBEITEN, KOPIEREN MIT BASISPUNKT**
- Befehlsanfrage:

```
Befehl: KOPIEBASISP
Basispunkt angeben:
Objekte wählen:
```

Nach Bestimmung des Basispunktes werden die Objekte in die Zwischenablage kopiert.

Ausführung: Befehl AUSSCHNEIDEN

Mit dem Befehl AUSSCHNEIDEN können AutoCAD-Objekte in die Zwischenablage kopiert und aus der Zeichnung entfernt werden.

- **Befehl AUSSCHNEIDEN auswählen**
  - ◆ Abrollmenü BEARBEITEN, AUSSCHNEIDEN
  - ◆ Tastenkombination [Strg]+[X]
  - ◆ Tablettfeld T13
  - ◆ Symbol in der STANDARD-FUNKTIONSLEISTE
- **Befehlsanfrage:**

```
Befehl: AUSSCHNEIDEN
Objekte wählen:
```

Der Befehl funktioniert wie COPYCLIP, nur dass die Objekte aus der Zeichnung entfernt werden.

Ausführung: Befehl KOPIEVERKNÜPFEN

Bei diesem Befehl wird die aktuelle Ansicht ohne weitere Anfrage in die Zwischenablage kopiert.

- **Befehl KOPIEVERKNÜPFEN auswählen**
  - ◆ Abrollmenü BEARBEITEN, KOPIE VERKNÜPFEN

Ausführung: Befehl CLIPEINFÜG

Mit dem Befehl wird der Inhalt der Zwischenablage in die aktuelle Zeichnung kopiert.

- **Befehl CLIPEINFÜG auswählen**
  - ◆ Abrollmenü BEARBEITEN, EINFÜGEN
  - ◆ Tastenkombination [Strg]+[V]
  - ◆ Tablettfeld U13
  - ◆ Symbol in der STANDARD-FUNKTIONSLEISTE
- **Befehlsanfrage:**

```
Befehl: CLIPEINFÜG
Einfügepunkt angeben:
```

Die Objekte werden als Einzelteile eingefügt, der Einfügepunkt wird angefragt. Skalierfaktor und Drehwinkel sind nicht erforderlich.

Ausführung: Befehl BLOCKEINFÜG

Mit dem Befehl wird der Inhalt der Zwischenablage als Block in die aktuelle Zeichnung kopiert.

- **Befehl BLOCKEINFÜG auswählen**
  - ◆ Abrollmenü **BEARBEITEN, ALS BLOCK EINFÜGEN**
- **Befehlsanfrage:**

```
Befehl: BLOCKEINFÜG
Einfügepunkt angeben:
```

Die Objekte werden als Einzelteile eingefügt, der Einfügepunkt wird angefragt. Skalierfaktor und Drehwinkel sind nicht erforderlich.

Ausführung: Befehl ORIGEINFÜG

Der Befehl **ORIGEINFÜG** kann nur dann verwendet werden, wenn ein Objekt aus einer anderen Zeichnung über die Zwischenablage eingefügt werden soll.

- **Befehl ORIGEINFÜG auswählen**
  - ◆ Abrollmenü **BEARBEITEN, MIT ORIGINALKOORD. EINFÜGEN**

  Die Objekte werden ohne weitere Anfrage als Einzelteile eingefügt, und zwar an den gleichen Koordinaten, an denen sie in der anderen Zeichnung ausgeschnitten wurden.

Ausführung: Wahl aus dem Pop-up-Menü

Ist kein Befehl aktiv, kann mit der rechten Maustaste ein Pop-up-Menü aktiviert werden, in dem die Befehle für die Zwischenablage verfügbar sind (→ Abbildung 10.5).

Abbildung 10.5: Pop-up-Menü mit den Zwischenablage-Befehlen

Ausführung: Verknüpfen und Einbetten (OLE)

Verknüpfen und Einbetten von Objekten (OLE = Objekt Linking and Embedding) sind Windows-Funktionen. Damit lassen sich Objekte aus mehreren Anwendungen in einem Dokument zusammenführen, zum Beispiel in einer AutoCAD-Zeichnung, Tabellen, Diagramme oder Texte einfügen bzw. umgekehrt in eine Beschreibung Ausschnitte einer AutoCAD-Zeichnung einsetzen. Um mit OLE arbeiten zu können, müssen beide Windows-Programme OLE unterstützen. In einem Programm, dem OLE-Server, werden die Objekte erstellt, die eingebettet bzw. verknüpft werden sollen. In einem anderen Programm, dem Ole-Client, werden die Objekte eingebettet bzw. verknüpft. AutoCAD kann als OLE-Server und OLE-Client agieren.

■ Einbetten:

Die Funktion **EINBETTEN** erzeugt eine Kopie der Objekte aus dem OLE-Server im OLE-Client. Diese Kopie ist danach unabhängig vom ursprünglichen Dokument. Wird dieses geändert, hat das keine Auswirkungen auf die eingebetteten Objekte. Sollen Änderungen an den eingebetteten Objekten vorgenommen werden, wird der OLE-Server automatisch gestartet und die Änderungen können ausgeführt werden. Danach kann das Zieldokument aktualisiert werden.

- **Verknüpfen:**
  Mit der Funktion **VERKNÜPFEN** wird eine Verbindung zwischen Server und Client hergestellt. Wurde ein Objekt aus einem OLE-Server mit einem OLE-Client verknüpft und das Server-Dokument wird nachträglich geändert, wird das Client-Dokument automatisch geändert.

  Bei beiden Verfahren kann aus dem OLE-Client die Applikation gestartet werden, in der das Dokument erstellt wurde. Mit den Befehlen **COPYCLIP**, **AUSSCHNEIDEN** erzeugt man in AutoCAD Objekte, die in andere Programme eingebettet werden können. Wenn Objekte mit anderen Applikationen verknüpft werden sollen, ist der Befehl **KOPIEVERKNÜPFEN** zu verwenden.

Ausführung: Befehl INHALTEINFÜG

Mit dem Befehl **INHALTEINFÜG** können Objekte von anderen Programmen aus der Zwischenablage in die aktuelle Zeichnung kopiert werden.

- **Befehl INHALTEINFÜG wählen**
  ◆ Abrollmenü **BEARBEITEN**, **INHALTE EINFÜGEN...**

In einem Dialogfeld (→ Abbildung 10.6) kann gewählt werden, wie die Objekte in AutoCAD eingefügt werden sollen. In einer Liste stehen beispielsweise bei einem Word-Text in der Zwischenablage folgende Möglichkeiten zur Auswahl: einfügen im objekteigenen Format, einfügen als Bilddatei, umwandeln in AutoCAD-Objekte, als Bild einfügen, als Text einfügen.

EINFÜGEN: Das Objekt wird in AutoCAD eingebettet.

LINK EINFÜGEN: Eine Verknüpfung mit dem Originalobjekt wird erstellt. Änderungen am Originalobjekt werden nachgeführt.

SYMBOL: Ist der Schalter ein, wird in der Zeichnung nur ein Symbol als Platzhalter angezeigt.

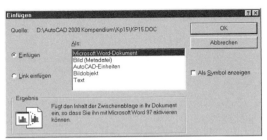

Abbildung 10.6: Dialogfeld des Befehls Inhalteinfüg

Ausführung: Befehl OBJEINF

Mit dem Befehl **OBJEINF** können Objekte aus anderen Programmen in AutoCAD eingebettet bzw. mit AutoCAD verknüpft werden.

- **Befehl OBJEINF wählen**
    - ◆ Abrollmenü **EINFÜGEN, OLE-OBJEKT...**
    - ◆ Tablettfeld **T1**
    - ◆ Symbol im Werkzeugkasten **EINFÜGEN**

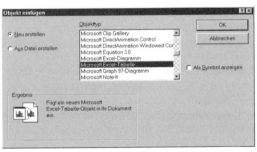

Abbildung 10.7: Dialogfeld des Befehls Objeinf, Neu erstellen

NEU ERSTELLEN: Wenn im Dialogfeld (→ Abbildung 10.7) dieser Schalter ein ist und in der Liste die Applikation gewählt wurde, wird die Applikation gestartet, z.B. Microsoft-Excel. Jetzt kann dort eine Tabelle erstellt werden. Wenn Excel beendet wird, wird die Tabelle in AutoCAD als OLE-Objekt eingebettet.

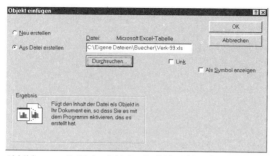

Abbildung 10.8: Dialogfeld des Befehls Objeinf, Aus Datei einfügen

AUS DATEI ERSTELLEN: Wenn im Dialogfenster (→ Abbildung 10.8) dieser Schalter ein ist, kann die Datei gewählt werden, die als OLE-Objekt eingebettet werden soll. Ist der Schalter **LINK** eingeschaltet, wird das Objekt mit AutoCAD verknüpft.
Somit stehen folgende Möglichkeiten zur Verfügung:

Ausführung: Einbetten von AutoCAD Objekten in andere Anwendungen

1. AutoCAD starten und gewünschte Zeichnung laden (OLE Server)
2. In einem anderen Fenster eine andere Anwendung starten (OLE Client, z.B.: Textverarbeitung)
3. Im Abrollmenü **BEARBEITEN** die Funktion **KOPIEREN** (Befehl **COPYCLIP**) oder **AUSSCHNEIDEN** (Befehl **AUSSCHNEIDEN**) wählen und gewünschte Objekte wählen
4. In den OLE Client wechseln und dort im Abrollmenü **BEARBEITEN**, **EINFÜGEN** wählen, die AutoCAD-Objekte werden eingefügt

Ausführung: Verknüpfen von AutoCAD-Objekten mit anderen Anwendungen

1. AutoCAD starten und Zeichnung laden (OLE Server).
2. In einem anderen Fenster eine andere Anwendung starten (OLE Client), im Folgenden am Beispiel Microsoft Word beschrieben.
3. Ausschnitt in der AutoCAD-Zeichnung wählen und im Abrollmenü **BEARBEITEN** die Funktion **KOPIE VERKNÜPFEN** (Befehl **KOPIEVERKNÜPFEN**) wählen. Die aktuelle Ansicht wird ohne Anfragen in die Zwischenablage kopiert.
4. In Microsoft Word wechseln und aus dem Abrollmenü **BEARBEITEN** die Funktion **INHALTE EINFÜGEN...** wählen. Im Dialogfeld die Funktion **VERKNÜPFEN** wählen.

Ausführung: Einbetten von Objekten aus anderen Anwendungen in eine AutoCAD-Zeichnung

1. In AutoCAD eine Zeichnung öffnen, in die Objekte übernommen werden sollen (OLE Client). In einem anderen Fenster eine weitere Windows Anwendung öffnen (OLE Server).
2. Markieren Sie die einzubettenden Objekte im OLE Server und wählen Sie im Abrollmenü **BEARBEITEN** die Funktion **KOPIEREN**. Die markierten Objekte werden in die Zwischenablage kopiert.
3. In AutoCAD wechseln und im Abrollmenü **BEARBEITEN, EINFÜGEN** (Befehl **CLIPEINFÜG**) wählen. In einem Dialogfeld können die OLE-Objekte skaliert werden (→ Abbildung 10.9).
4. Im Feld **GRÖSSE** die Größe in Zeichnungseinheiten eintragen oder im Feld **FAKTOR** einen Skalierfaktor eintragen. Ist der Schalter **GRÖSSENVERHÄLTNISSE SPERREN** ein, werden Verzerrungen unterdrückt. Zudem können die Schriftart und die Textgröße eingestellt werden.

Abbildung 10.9: OLE-Objekte skalieren

Ausführung: Verknüpfen von Objekten aus anderen Anwendungen mit AutoCAD-Zeichnungen

1. Anwendung starten, aus der Objekte in die AutoCAD-Zeichnung übernommen werden sollen (OLE Server).
2. In einem anderen Fenster AutoCAD starten (OLE Client).
3. Objekte in der anderen Anwendung markieren und im Abrollmenü **BEARBEITEN** die Funktion **KOPIE VERKNÜPFEN** wählen. Objekte werden in die Zwischenablage kopiert.
4. Zu AutoCAD wechseln und im Abrollmenü **BEARBEITEN** die Funktion **INHALTE EINFÜGEN...** (Befehl **INHALTEINFÜG**) wählen. Im Dialogfeld Funktion **LINK EINFÜGEN** einschalten.

Anmerkungen

- Außer den oben beschriebenen Verfahren gibt es die Möglichkeit, mit dem Befehl **OBJEINF** direkt Objekte in AutoCAD einzubetten und zu verknüpfen, ohne vorher die Server-Anwendung zu starten (→ oben, Befehl **OBJEINF**).

Ausführung: Änderungen an einem OLE-Objekt

Der Vorteil von OLE-Objekten ist, dass Änderungen leicht ausgeführt werden können, ohne dass man weiß, mit welchem Programm das Objekt erstellt wurde.

1. OLE-Objekt in AutoCAD doppelt anklicken. Die Anwendung wird gestartet, z. B. Excel wird geöffnet und die Tabelle in Excel übernommen.
2. Bearbeiten und Anwendung beenden. Das Objekt wird in AutoCAD aktualisiert. Dabei ist es ohne Bedeutung, ob das Objekt eingebettet oder verknüpft ist. Der Unterschied besteht darin, dass bei einem verknüpften Objekt die Originaldatei geöffnet wird und die Änderungen an der Originaldatei vorgenommen werden und bei einem eingebetteten Objekt das Objekt aus der Zeichnung in das ursprüngliche Programm kopiert wird und dort geändert werden kann.

Ausführung: Griffe an OLE-Objekten

OLE-Objekte bekommen Griffe, wenn sie angeklickt werden, die sich jedoch von den AutoCAD-Griffen unterscheiden.

1. Seitenmittelpunkt anklicken, Maustaste festhalten und ziehen. Das Objekt wird in dieser Richtung gestreckt.
2. Eckpunkt anklicken, Maustaste festhalten und ziehen. Das Objekt wird diagonal auseinandergezogen. Die Proportionen bleiben erhalten.
3. Mitte des Objekts anklicken, Maustaste festhalten und an die gewünschte Stelle schieben.
4. Die Griffe verschwinden, wenn an einer anderen Stelle in die Zeichnung geklickt wird. Mit der AutoCAD-Objektwahl können eingefügte Objekte nicht gewählt werden.

Ausführung: Pop-up-Menü bei markierten OLE-Objekten

1. Wenn ein eingefügtes Objekt markiert ist, kann mit der rechten Maustaste ein Pop-up-Menü am Fadenkreuz eingeblendet werden (→ Abbildung 10.10).

2. Daraus kann gewählt werden: **AUSSCHNEIDEN, KOPIEREN, LÖSCHEN, RÜCKGÄNGIG** (Bearbeitung zurücknehmen), **AKTIVIERBAR** (das Objekt wählbar oder nicht wählbar schalten), **IN VORDERGRUND/HINTERGRUND STELLEN** und mit der Funktion **EIGENSCHAFTEN...** das Dialogfeld für die OLE-Skalierung starten (→ Abbildung 10.9).

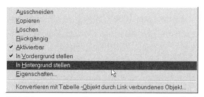

Abbildung 10.10: Pop-up-Menü zur Bearbeitung von OLE-Objekten

Ausführung: Befehl OLEVERKN

Mit dem Befehl **OLEVERKN** können die Verknüpfungen in der Zeichnung bearbeitet werden.

■ Befehl **OLEVERKN** wählen
  ◆ Abrollmenü **BEARBEITEN, VERKNÜPFEN**
  In einem Dialogfeld können die Verknüpfungen bearbeitet werden (→ Abbildung 10.11).

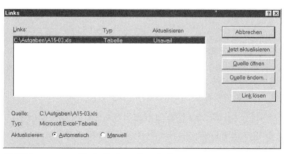

Abbildung 10.11: Verknüpfung bearbeiten

Anmerkungen

- In der Liste sind alle Verknüpfungen der Zeichnung enthalten. Der Pfad der Originaldatei, der Dateityp und die Art der Aktualisierung sind aufgelistet.
- Wenn eine Verknüpfung markiert ist, kann mit der Schaltfläche **JETZT AKTUALISIEREN** der aktuelle Stand geladen werden. Die Schaltfläche **QUELLE ÖFFNEN** startet das Programm, mit dem die Datei erstellt wurde, und lädt die Datei. Mit der Schaltfläche **QUELLE ÄNDERN...** kann eine neue Datei gewählt werden. Das Objekt wird durch die neue Datei ersetzt. Mit der Schaltfläche **LINK LÖSEN** verschwindet es aus der Zeichnung.
- In der untersten Zeile kann gewählt werden, ob die AutoCAD-Zeichnung beim Laden automatisch aktualisiert werden soll, wenn die Ausgangsdatei verändert wurde. Ist **MANUELL** gewählt, wird bei Änderungen gefragt, ob aktualisiert werden soll.

10.3 Hyperlinks und Internet

In der AutoCAD-Zeichnung lassen sich Hyperlinks platzieren. Diese funktionieren ähnlich wie die automatischen Querverweise in einer Online-Hilfe. Damit können beispielsweise Verbindungen zu anderen AutoCAD-Zeichnungen hergestellt werden. Wenn das Objekt mit dem Hyperlink gewählt wird, kann beispielsweise automatisch die Detailzeichnung davon geöffnet werden. Es kann aber auch ein Textdokument, eine Tabelle, eine Sound-Datei, ein Video-Film usw. mit einem Objekt der Zeichnung verknüpft werden. Mit einem Internet-Zugang kann ein Hyperlink zu einer URL-Adresse eingegeben werden, und es lassen sich damit Web-Seiten aus dem Internet im Browser anzeigen. Ein URL (Uniform Resource Locator) stellt die Adresse eines Objekts im Internet dar (zum Beispiel www.sup-gmbh.de). Dies kann die Adresse einer Homepage, einer Grafik oder eines Verzeichnisses sein

Ausführung: Befehl HYPERLINK

Mit dem Befehl **HYPERLINK** kann einem Objekt in der Zeichnung ein Hyperlink zugeordnet werden.
- **Befehl HYPERLINK auswählen**
  - Abrollmenü **EINFÜGEN, HYPERLINK**
  - Tastenkombination [Strg]+[K]
  - Symbol in der **STANDARD-FUNKTIONSLEISTE**

Die Objekte, denen der Hyperlink zugeordnet werden soll, können in der Zeichnung gewählt werden. Danach kommt ein Dialogfeld auf den Bildschirm, in das der Hyperlink eingetragen werden kann (→ Abbildung 10.12).

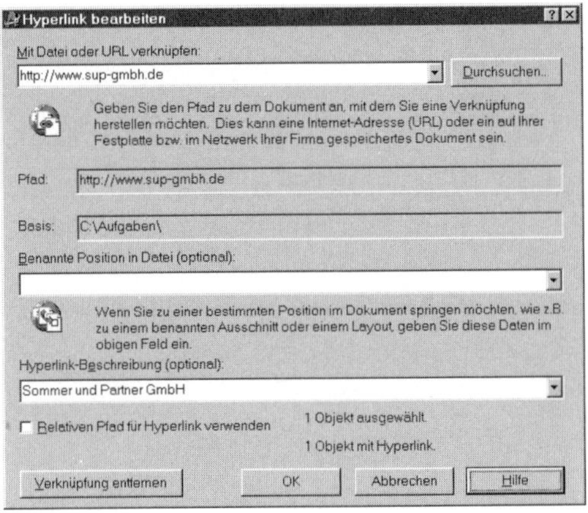

Abbildung 10.12: Dialogfeld zur Eingabe des Hyperlinks

MIT DATEI ODER URL VERKNÜPFEN: Dateinamen oder Internet-Adresse eintragen oder mit einem Klick auf die Schaltfläche **DURCHSUCHEN** die Datei im Explorer wählen.

PFAD: Zeigt den Pfad der Datei an, die mit dem Hyperlink verbunden ist.

BASIS: Zeigt den Pfad der Basiszeichnung an.

BENANNTE POSITION IN DATEI: Öffnet die verknüpfte Datei an einer bestimmten Position, beispielsweise mit einem benannten Ausschnitt in AutoCAD oder an einem Lesezeichen in einer Textverarbeitung.

HYPERLINK-BESCHREIBUNG: Beschreibung für den Hyperlink anzeigen. Diese wird im Quick-Info in der Zeichnung angezeigt.

Ausführung: Hyperlink suchen

Sind in der Zeichnung Hyperlinks platziert, erscheint am Fadenkreuz eine Weltkugel, wenn es sich in der Nähe eines Objekts mit einem Hyperlink befindet. Nach kurzer Zeit erscheint an der Stelle auch im Quick-Info die Hyperlink-Beschreibung.

Ausführung: Hyperlink öffnen

Soll ein Hyperlink geöffnet werden, ist wie folgt vorzugehen:
- Objekt, dem der Hyperlink zugeordnet ist, anklicken.
- Mit dem Fadenkreuz in die Nähe fahren, bis das Hyperlink-Symbol erscheint.

Mit der rechten Maustaste Pop-up-Menü aktivieren. In einem Untermenü befinden sich die Hyperlink-Funktionen (→ Abbildung 10.13).

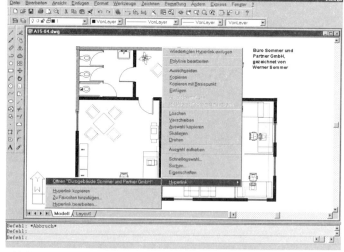

Abbildung 10.13: Pop-up-Menü mit Hyperlink-Funktionen

- Folgende Funktionen für Hyperlinks stehen zur Verfügung:

  ÖFFNEN "HYPERLINK NAME": Mit dieser Funktion wird die Datei in der ihr zugeordneten Anwendung gestartet. Ist der Hyperlink eine Internet-Adresse, wird der Browser gestartet und zu der Adresse gesprungen (→ Abbildung 10.14).

  HYPERLINK KOPIEREN: Kopiert den Hyperlink in die Zwischenablage.

ZU FAVORITEN HINZUFÜGEN...: Fügt den Hyperlink zu den Favoriten hinzu. Das ist ein spezieller Ordner, in dem Sie Verknüpfungen mit häufig benötigten Dateien ablegen können.

HYPERLINK BEARBEITEN...: Bringt das Dialogfeld zur Bearbeitung des Hyperlinks auf den Bildschirm (→ Abbildung 10.12).

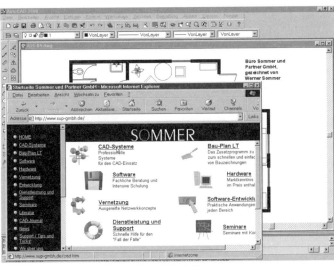

Abbildung 10.14: Hyperlink zu einer Web-Seite

Ausführung: Dateien aus dem Internet öffnen

In allen Dialogfeldern zum Öffnen und Speichern von Dateien ist in AutoCAD ein Symbol für den Zugriff aufs Internet. Wird beispielsweise der Befehl **ÖFFNEN** gewählt, ist über dem Voransichtsfenster ein Symbol, mit dem der in AutoCAD integrierten Internet-Browser gestartet wird.

■ Internet-Bowser starten
◆ Browser-Symbol im Dateiwähler anklicken
Internet-Adresse eingeben (→ Abbildung 10.15) und Datei
darin suchen. Wenn die Adresse einer Zeichnung bekannt
ist, kann auf die Schaltfläche **ÖFFNEN** geklickt werden, und die
Zeichnung wird direkt vom World Wide Web in AutoCAD geladen.

Abbildung 10.15: Internet-Browser in AutoCAD

10.4 Sonstige Befehle

Mit verschiedenen Befehlen kann der Status der Zeichnung geprüft und die Struktur der Zeichnung verändert werden.

Ausführung: Befehl Zeit

AutoCAD verwendet die Datums- und Zeitinformationen des Betriebssystems für eine eigene Zeitverwaltung. Mit dem Befehl Zeit können die Zeitinformationen angezeigt und eine Stoppuhr bedient werden.

- **Befehl Zeit auswählen**
  - ◆ Abrollmenü **Werkzeuge, Abfrage 〉, Zeit**
- **Befehlsanfrage:**

```
Befehl: Zeit
Aktuelle Zeit: Samstag, 25. September 1999 um 10:40:41:010
Benötigte Zeit für diese Zeichnung:
  Erstellt:    Dienstag, 21. September 1999 um 15:48:53:890
  Zuletzt nachgeführt: Mittwoch, 22. September 1999 um
21:34:50:510
  Gesamte Bearbeitungszeit: 0 Tage 00:08:57.560
  Benutzer-Stoppuhr (ein): 0 Tage 00:08:57.610
  Nächste automatische Speicherung in: 0 Tage 01:53:54.330

Option eingeben [Darstellung/Ein/Aus/Zurückstellen]: *Abbruch*
```

Neben dem aktuellen Datum und der aktuellen Zeit, dem Datum und der Zeit des Zeichnungsbeginns und der letzten Änderung wird die Bearbeitungszeit angezeigt. Zusätzlich kann eine Stoppuhr benutzt werden.

- **Optionen:**

  D (Darstellung): Die Datums- und Zeitangaben werden nochmal angezeigt mit nachgeführten Zeiten.

  E (Ein): Start der Stoppuhr.

  A (Aus): Anhalten der Stoppuhr, die Zeit bleibt gespeichert.

  Z (Zurückstellen): Zurückstellen der Stoppuhr.

Ausführung: Befehl STATUS

Der Befehl zeigt eine Zeichnungsstatistik, verschiedene Zeichnungsmodi und -grenzen an.

- **Befehl STATUS auswählen**
    - ◆ Abrollmenü **WERKZEUGE, ABFRAGE ›, STATUS**

Ausführung: Befehl SETVAR

Verschiedene Modi zur Zeichnungserstellung werden in Systemvariablen gespeichert. Ob zum Beispiel mit dem Befehl **RASTER** (→ 2.1) der Punktabstand verändert wird oder die Systemvariablen **GRIDUNIT** verändert werden, bewirkt dasselbe. Mit dem Befehl **SETVAR** können die Systemvariablen verändert werden.

- **Befehl SETVAR auswählen**
    - ◆ Abrollmenü **WERKZEUGE, ABFRAGE ›, VARIABLE DEFINIEREN**
- **Befehlsanfrage:**

```
Befehl: SETVAR
Variablenname eingeben oder [?]:
```

?: Zeigt alle Systemvariablen mit ihren aktuellen Werten an.
Variablenname eingeben: Wird ein Variablenname eingegeben, wird der aktuelle Wert der Variablen angezeigt:

```
Befehl:  SETVAR
Variablenname eingeben oder [?]: z. B. GRIDUNIT
Neuen Wert für GRIDUNIT eingeben <5.00,5.00>:
```

In den Zeichen <> steht der aktuelle Wert, der überschrieben werden kann.

Anmerkung

- Der Variablenname kann auch direkt über die Tastatur eingegeben werden (ohne den Befehl **SETVAR**).
- Beide Varianten sind transparent ausführbar. Dann muss dem Befehl bzw. dem Variablennamen ein »'« vorangestellt werden.

Ausführung: Befehl BEREINIG

Wenn Zeichnungen erstellt werden, kommt es immer wieder vor, dass Layer erstellt, Textstile kreiert und Blöcke definiert werden, die nachher doch nicht benötigt werden. Diese Elemente werden aber mitgeführt und sie setzen unter Umständen die Verarbeitungsgeschwindigkeit der Zeichnung herunter. Mit dem Befehl BEREINIG lassen sich nicht benutzte Elemente entfernen.

■ **Befehl BEREINIG auswählen**
  ◆ Abrollmenü DATEI, DIENSTPROGRAMME >, BEREINIGEN >, Untermenü für die Optionen

■ **Befehlsanfrage:**

```
Befehl: BEREINIG
Typ der zu bereinigenden ungenutzten Objekte eingeben
Blöcke/BEmstile/LAyer/LTypen/Plotstile/Symbole/Textstile/
Mlinienstile/ALles]:
Zu löschende(n) Namen eingeben <*>:
Jeden zu löschenden Namen bestätigen? [Ja/Nein] <J>:
```

Mit der entsprechenden Option kann die Zeichnung von den unbenutzten Elementen bereinigt werden. Zudem lassen sich die Namen einschränken und es lässt sich eine Anfrage für jede Löschung aktivieren.

Ausführung: Befehl PRÜFUNG

Mit dem Befehl PRÜFUNG kann eine Zeichnungsdatei auf Fehler untersucht werden. Gefundene Fehler werden gemeldet und können auf Wunsch und soweit möglich behoben werden.

■ **Befehl PRÜFUNG auswählen**
  ◆ Abrollmenü DATEI, DIENSTPROGRAMME >, PRÜFUNG

■ **Befehlsanfrage:**

```
Befehl: PRÜFUNG
Gefundene Fehler beheben? [Ja/Nein] <N>:
...
...
0 Fehler gefunden, 0 behoben
```

Es kann gewählt werden, ob versucht werden soll, eventuelle Fehler in der Zeichnungsdatei zu beheben.

10.5 Programmoptionen

Alle Grundeinstellungen des Programms, Dateisuchpfade, Profile, aber auch die Grundeinstellungen zum Zeichnen, die in früheren AutoCAD-Versionen noch in der Zeichnung gespeichert wurden, werden jetzt in der Registrierdatenbank gespeichert.

Ausführung: Befehl OPTIONEN

Mit dem Befehl OPTIONEN können alle Grundeinstellungen des Programms ausgeführt werden.

- **Befehl OPTIONEN auswählen**
    - Abrollmenü WERKZEUGE, OPTIONEN...
    - Rechte Maustaste im Befehlszeilenfenster bzw. Textfenster, Funktion OPTIONEN... im Pop-up-Menü wählen
    - Tablettfeld Y10

    In einem Dialogfeld mit 9 Registerkarten (→ Abbildungen 10.16 bis 10.24) lassen sich alle Einstellungen vornehmen. Viele Einstellungen, die in AutoCAD 14 noch mit anderen Befehlen und Dialogfeldern gemacht wurden, sind jetzt in diesen Registern.

- **Registerkarte DATEIEN**

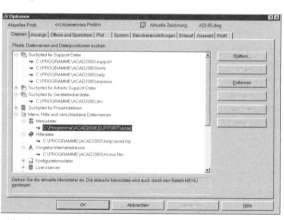

Abbildung 10.16: Befehl Optionen, Register Dateien

In der Registerkarte DATEIEN wird festgelegt, mit welchen Dateien AutoCAD arbeitet bzw. in welchen Ordnern AutoCAD nach Dateien sucht. Im Dialogfeld befindet sich ein Fenster, in dem wie im Windows Registriereditor alle Einträge aufgelistet sind (→ Abbildung 10.16).

■ **Registerkarte ANZEIGE**
In der Registerkarte **ANZEIGE** befinden sich alle Einstellungen, die die Darstellung der Objekte am Bildschirm beeinflussen (→ Abbildung 10.17).

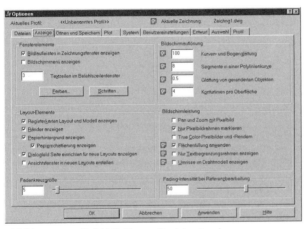

Abbildung 10.17: Befehl Optionen, Register Anzeige

FENSTERELEMENTE: Bildlaufleisten und Bildschirmmenü ein-/ausschalten und Anzahl der Zeilen im Befehlszeilenfenster einstellen.
FARBEN...: Einstellung der Farben für die Bildschirmelemente in einem weiteren Dialogfeld.
SCHRIFTEN...: Einstellung der Schriften in einem weiteren Dialogfeld.

LAYOUT-ELEMENTE: Hier kann eingestellt werden, welche Elemente die Layout-Darstellung haben soll (→ 9.2): Registerkarten für den Modellbereich und die Layouts, Ränder für den bedruckbaren Bereich, Papierhintergrund in spezieller Farbe und Schatten am Papierrand.

DIALOGFELD SEITE EINRICHTEN FÜR NEUE LAYOUTS ANZEIGEN: Ist dieser Schalter ein, wird automatisch beim Anlegen eines Layouts der Befehl **SEITENEINR** (→ 9.2) gestartet.

ANSICHTSFENSTER IN NEUEN LAYOUTS ERSTELLEN: Ist dieser Schalter ein, wird in einem neuen Layout (→ 9.2) automatisch ein Ansichtsfenster erstellt.

FADENKREUZGRÖSSE: Größe des Fadenkreuzes in % zur Größe des Bildschirms.

KURVEN- UND BOGENGLÄTTUNG: Einstellung der Genauigkeit der Kreisbogenannäherung (→ 6.5, Befehl **AUFLÖS**). Werte zwischen 1 bis 20000 sind möglich, sinnvoll ist 1000.

SEGMENTE IN POLYLINIENKURVE: Anzahl der Segmente, mit denen die Kurvendarstellung beim Befehl **PEDIT** angenähert wird (→ 4.7, Systemvariable **SPLINESEGS**).

GLÄTTUNG VON GERENDERTEN OBJEKTEN: Darstellung von gerenderten Objekten (→ 6.6, Systemvariable **FACETRES**). Die Genauigkeit der Ausgabe von Stereolithografiedateien ist ebenfalls von dieser Einstellung abhängig.

KONTURLINIEN PRO OBERFLÄCHE: Darstellung von Volumenkörpern am Bildschirm, je höher der Wert, desto mehr Linien werden an Radien angezeigt (→ 3.8, Systemvariable **ISOLINES**).

PAN UND ZOOM MIT PIXELBILD: Bilddateien beim Zoomen in Echtzeit anzeigen oder nur Rahmen.

NUR PIXELBILDRAHMEN MARKIEREN: Nur den Rahmen von Bildern bei der Objektwahl anzeigen.

TRUE COLOR-PIXELBILDER UND -RENDERN: True-Color-Darstellung bei Bilddateien und beim Rendern.

FLÄCHENFÜLLUNG ANWENDEN: Gefüllte Flächen bei Polylinien, Solids und Schraffuren anzeigen (→ 3.5, Befehl **FÜLLUNG**).

NUR TEXTBEGRENZUNGSRAHMEN ANZEIGEN: Text nur mit einem Rechteck als Platzhalter anzeigen (→ 5.8, Befehl **QTEXT**).

UMRISSE IN DRAHTMODELL ANZEIGEN: Umrisse in der Drahtdarstellung eines Volumenkörpers anzeigen, unabhängig von der Zahl der Konturlinien (→ 6.3, Systemvariable **DISPSILH**).

■ **Registerkarte ÖFFNEN UND SPEICHERN**

In der Registerkarte **ÖFFNEN UND SPEICHERN** können die Einstellungen für die Dateibefehle vorgenommen werden (→ Abbildung 10.18).

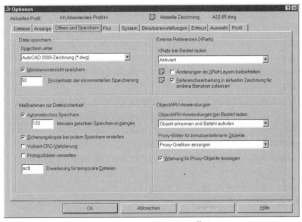

Abbildung 10.18: Befehl Optionen, Register Öffnen und Speichern

DATEI SPEICHERN: Einstellung des Vorgabeformats zur Speicherung von Zeichnungen, Einstellung der Voransicht und des Prozentsatzes für inkrementelle Speicherung (Systemvariable **ISAVEPERCENT**). Ist dieser Wert 0, wird jede Speicherung vollständig durchgeführt. Für eine optimale Systemleistung wird ein Wert von 50 empfohlen.

Massnahmen zur Datensicherheit: Automatische Sicherung, Sicherungskopie (*.bak), CRC-Prüfung (zyklische Redundanzprüfung) beim Öffnen von Dateien und Protokolldatei können ein- und ausgeschaltet werden.

Xrefs bei Bedarf laden: Im Abrollmenü kann eingestellt werden, dass nur der Teil der externen Zeichnung geladen wird, der für die momentane Anzeige benötigt wird. Der Bildaufbau wird dadurch beschleunigt. In diesem Fall können andere Benutzer aber nicht mehr auf die Zeichnung zugreifen.

Änderungen an XRef-Layer beibehalten: Ist dieser Schalter ein, erhalten Sie Änderungen an den Layern von externen Referenzen, auch dann, wenn Sie die Zeichnung schließen.

Referenzbearbeitung in aktueller Zeichnung für andere Benutzer zulassen: Der Schalter legt fest, ob die Zeichnung bearbeitet werden darf, wenn sie durch andere Zeichnungen referenziert wird.

ObjectARX-Anwendungen bei Bedarf laden: Das Abrollmenü steuert, ob und wie ARX-Anwendungen geladen werden, wenn die aktuelle Zeichnung benutzerspezifische Objekte enthält. **Proxy-Bilder für benutzerdefinierte Objekte:** Das Abrollmenü steuert die Anzeige von benutzerspezifischen Objekten in Zeichnungen.

Warnung für Proxy-Objekte anzeigen: Mit dem Schalter wird festgelegt, ob beim Öffnen einer Zeichnung mit benutzerspezifischen Objekten eine Warnung angezeigt werden soll.

- **Registerkarte Plot**

In dieser Registerkarte sind die Voreinstellungen fürs Plotten wählbar (→ Abbildung 10.19).

Vorgabe Plot-Einstellungen für neue Zeichnungen: Vorgabeplotter für neue Zeichnungen und Verzweigung zum Plotter-Manager (→ 9.4).

Allgemeine Plotoptionen: Angaben zur Ausgabequalität von OLE-Objekten und Verhalten bei Fehlern.

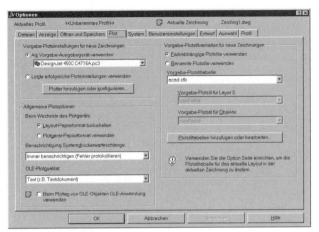

Abbildung 10.19: Befehl Optionen, Register Plot

VORGABE-PLOTSTILVERHALTEN FÜR NEUE ZEICHNUNGEN: Neue Zeichnung mit farbabhängigen Plotstiltabellen oder mit benannten Plotstiltabellen erstellen. Achtung! Diese Einstellung lässt sich nachher in der Zeichnung nicht mehr ändern. Außerdem können weitere Voreinstellungen für die Plotstile vorgenommen und Plotstile bearbeitet werden.

■ **Registerkarte SYSTEM**

In dieser Registerkarte können Konfigurationseinstellungen vorgenommen werden (→ Abbildung 10.20).

AKTUELLER 3D-GRAFIKBILDSCHIRM: Auswahl des Grafiktreibers; als Vorgabe ist *Gsheidi10* eingestellt, der mit AutoCAD gelieferte Universal-Grafiktreiber.

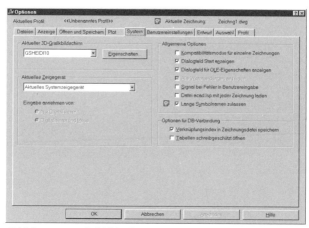

Abbildung 10.20: Befehl Optionen, Register System

AKTUELLES ZEIGEGERÄT: Auswahl des Zeigegeräts, Systemzeigegerät bei der Maus oder Wintab-kompatibler-Treiber bei Maus und Grafiktablett.

ALLGEMEINE OPTIONEN: Diverse Konfigurationseinstellungen.

OPTIONEN FÜR DB-VERBINDUNGEN: Hier kann gewählt werden, ob die Verknüpfung zu einer Datenbank in der Zeichnung gespeichert werden soll und ob Datenbanktabellen aus der Zeichnung heraus bearbeitet werden dürfen.

■ **Registerkarte BENUTZEREINSTELLUNGEN**

In dieser Registerkarte kann die Funktion diverser Bedienelemente eingestellt werden (→ Abbildung 10.21).

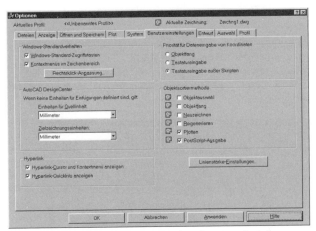

Abbildung 10.21: Befehl Optionen, Register Benutzereinstellungen

WINDOWS-STANDARD-ZUGRIFFSTASTEN: Windows-Tastenbelegung [Strg]+[C] zum Kopieren in die Zwischenablage oder die frühere AutoCAD-Belegung [Strg]+[C] für Befehlsabbruch.

KONTEXTMENÜS IM ZEICHENBEREICH: Pop-up-Menüs mit der rechten Maustaste ein- bzw. ausschalten.

RECHTSKLICK-ANPASSUNG...: Einstellung der Funktion der rechten Maustaste.

AUTOCAD DESIGNCENTER: Einstellung der Einheiten in der Zeichnung und im Design-Center.

HYPERLINK: Hyperlink-Cursor, Pop-up-Menü und Hyperlink-Quickinfo ein- und ausschalten.

PRIORITÄT FÜR DATENEINGABE VON KOORDINATEN: Steuerung der Koordinaten. Normalerweise soll beim Eintippen einer Koordinate der Objektfang nicht aktiv sein. Mit der Einstellung **TASTATUREINGABE** oder **TASTATUREINGABE AUSSER SKRIPTEN** ist dies gewährleistet.

OBJEKTSORTIERMETHODE: Bestimmt die Sortierreihenfolge von Objekten.

LINIENSTÄRKE-EINSTELLUNGEN...: Mit dieser Schaltfläche kann die Vorgabe-Linienstärken eingestellt werden (→ 2.6).

■ **Registerkarte ENTWURF**

Hier werden die Vorgaben für die Zeichnungshilfen eingestellt (→ Abbildung 10.22).

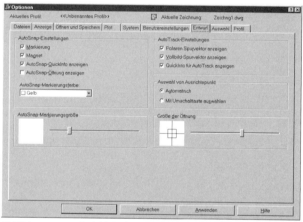

Abbildung 10.22: Befehl Optionen, Register Entwurf

AUTOSNAP-EINSTELLUNGEN: Einstellungen für den Objektfang (→ 2.1).

AUTOTRACK-EINSTELLUNGEN (Objektfangspuren): Einstellungen für die Objektfangspuren (→ 2.1).

■ **Registerkarte AUSWAHL**

Hier können die Einstellungen für die Objektwahl und die Griffe vorgenommen werden (→ Abbildung 10.23).

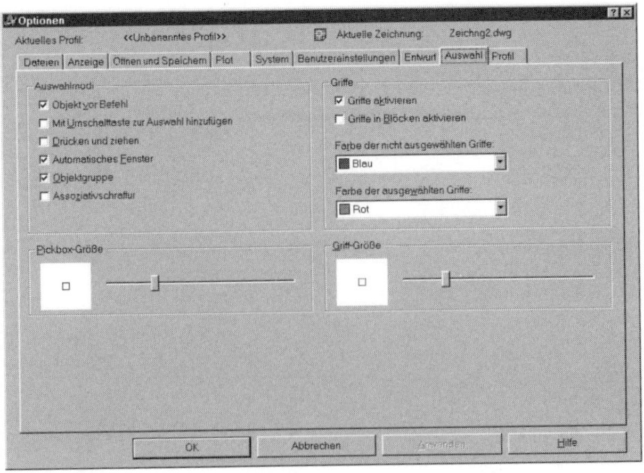

Abbildung 10.23: Befehl Optionen, Register Auswahl

AUSWAHLMODI: Einstellung der Objektwahl (→ 4.1).
GRIFFE: Einstellung der Griffe (→ 4.2).

■ **Registerkarte PROFIL**
Alle Einstellungen aus den vorherigen Registern lassen sich in einem Profil speichern. So kann sich jeder Benutzer seine eigenen Einstellungen speichern und bei Bedarf zurückholen. Außerdem ist es möglich, unterschiedliche Menüs, Bibliotheken, Zusatzprogramme usw. in den Profilen zu hinterlegen. Damit lassen sich die Einstellungen für unterschiedliche Zusatzapplikationen in Profilen speichern. In der Registerkarte **PROFIL** lassen sich Profile erstellen, löschen, kopieren, umbenennen, exportieren usw. (→ Abbildung 10.24).

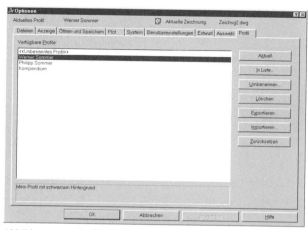

Abbildung 10.24: Befehl Optionen, Register Profil

Folgende Möglichkeiten stehen mit den Schaltflächen in der rechten Spalte zur Verfügung:

AKTUELL: Markiertes Profil zum aktuellen Profil machen. Alle Änderungen, die dann in den Optionen vorgenommen werden, werden in dem Profil gespeichert und sind auch beim nächsten Start wieder aktiv.

IN LISTE...: Kopieren des markierten Profils. Name und Beschreibung können angegeben werden.

UMBENENNEN...: Umbenennen des markierten Profils.

LÖSCHEN: Löschen des markierten Profils.

EXPORTIEREN...: Exportiert das markierte Profil in eine Profil-Datei (**.arg*). Diese Datei kann auf demselben oder einem anderen Computer wieder importiert werden. Somit lassen sich Einstellungen übertragen.

Importieren...: Importiert eine Profil-Datei. Den Einstellungen aus der Datei muss in der Zeichnung ein Profilname gegeben werden. Existiert das Profil bereits in der Zeichnung, kann man es mit dem neuen überschreiben. Das aktuelle Profil kann nicht überschrieben werden.

Zurücksetzen: Setzt die Werte im markierten Profil auf die Vorgabeeinstellungen zurück.

10.6 Konfiguration des Grafiktabletts

Falls AutoCAD mit einem Grafiktablett betrieben wird und dieses, wie im vorherigen Abschnitt beschrieben, installiert wurde, kann die Tablettfläche in bis zu vier Menübereiche und einen Bildschirmzeigebereich aufgeteilt werden.

Die AutoCAD-Standardmenüdatei enthält in drei Menübereichen die wesentlichen Befehle für die Arbeit mit AutoCAD. Ein weiterer Menübereich im oberen Teil des Tabletts kann vom Anwender frei belegt werden. Ihrem AutoCAD Paket liegt eine Menüfolie bei, die Sie auf Ihrem Tablett befestigen können. Sollte sie nicht passen, finden Sie im Verzeichnis *\Programme\Acad2000\Sample* die Zeichnungsdatei *Tablet 2000.dwg*. Diese Datei kann in den Maßen des verwendeten Grafiktabletts ausgeplottet und auf das Tablett gelegt werden.

Ausführung: Befehl TABLETT

Mit dem Befehl TABLETT kann die Tablettauflage konfiguriert werden.
- Befehl TABLETT auswählen
    - ◆ Abrollmenü WERKZEUGE, TABLETT, KONFIGURIEREN
    - ◆ Tablettfeld **X7**

Anzugeben sind die Zahl der Menübereiche, drei Punkte jedes dieser Menübereiche und die beiden Punkte des Bildschirmzeigebereichs (→ Abbildung 10.25).

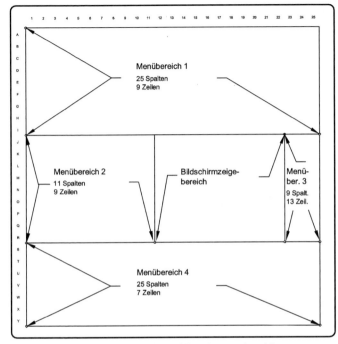

Abbildung 10.25: Konfiguration des Tabletts in Menübereiche

Symbols

%%% 311
%%123 311
%%c 311
%%d 311
%%o 311
%%p 311
%%u 311
* 68
... 29
.TTF 322
› 28
? 74
@ 68
⏎ 24
⇧ 29
⇧-Taste 201
⇥ 30, 85
Alt 28
Esc 24, 97
Alt+F4 65
Entf 97
F1 97
F2 97
F3 86, 97
F4 97
F5 97
F6 97
F7 79, 93, 97
F9 79, 97
F8 81, 97
F10 82, 97
F11 92, 97
Leertaste 24

Strg 31, 35, 199
Strg+⇥ 59
Strg+2 432
Strg+C 490
Strg+K 502
Strg+R 464
Strg+X 491
Strg+A 97
Strg+J 97
Strg+K 97
Strg+R 97

Numerics

0-Grad Richtung 99
2D-Formate 71
2D-Polylinien 242
3D-Ansichten 336
3ddrehen 215
3dentfernung 343
3dfläche 170
3D-Flächenkörper 178
3D-Formate 72
3D-Grafikbildschirm 515
3dnetz 172
3D-Netze 247
3Dorbit 343
3dorbitfortl 343
3dpan 343
3dpoly 170
3D-Polylinie bearbeiten 247
3DReihe 240
3dschnitt 343
3dschwenken 343
3dspiegeln 218

3dzoom 343
3P 147
3-Punkte-Bogen 149
3-Punkte-Kreis 147

A

Abbrechen 31
Abfragebefehle 305
Abrollmenüs 28
Abrunden 221
Absatztext 311
Absolute Koordinate 68
Absolute
– polare Koordinate 69
– sphärische Koordinate 71
– zylindrische Koordinate 71
Abstand 226, 305
– Schraffurmuster 188
Abstandsangabe 73
Acad.ctb 126
ACAD.MLN 129
Acad.pat 186
Acad.stb 126
ACADISO.LIN 113
Acadiso.pat 186
Adcenter 432
Adcschliessen 432
Addieren 306
-Afenster 460
Afenster 445, 459
Afzuschneiden 462
Aktuelle Erhebung 67
Aktuelle Objektskalierung 112
Aktueller Layer 109

Alphabetisch 419
Alternativeinheiten,
  Bemaßungsstil 300
Andocken 35
Anfangsansicht 53
Angenommener SCHnitt-
  punkt 87
Anpassungsdaten 251
Anpassungstoleranz 153
Ansichtsfenster
– Modellbereich 445
– Papierbereich 459
Ansichtsfensterabstand 459
Ansichtsname 334
Ansichtspunkt 336
Anzeigebefehle 324
Anzeigehilfen, 3Dorbit 345
Anzeigereihenfolge 349
Anzeigeskalierung 120
Apunkt 336
Assistent
– Befehl Neu 44
– Benutzerdefiniert 44
– Schnellstart 47
Assistent zum Hinzufügen eines
  Plotters 475
Assoziativ, Schraffur 191, 203
Attdef 384
Attdia 386
Attedit 388
Attext 390
Attredef 387
Attreq 386
Attributanzeige 389

525

Attribute 383
Attzeig 389
Auf dem Kopf plotten 456
Auflös 351
Aufprägen 262
Ausgangsposition 286
Ausgerichtet 267
Ausgezogen 276
Ausrichten 212, 309, 311
Ausschneiden 491
Ausschnitte 332
Ausschnt 332
Auswahlpunkte, Schraffur 190
Auswahlsatz 198
Auto-AFenster 330
AutoCAD-Schriften 322
AutoSnap 85
AutoSnap-Öffnung 96
AutoSnap-QuickInfo 96
AutoStack 314

B

Backup-Datei 52
Basis 381
Basislinie 269, 276
BASispunkt 88
BAsispunkt 205
Basispunkt 374
Beenden 65
Befehl
– 3ddrehen 215
– 3dentfernung 343
– 3dfläche 170
– 3dnetz 172
– 3Dorbit 343
– 3dorbitfortl 343
– 3dpan 343
– 3dpoly 170
– 3DReihe 240
– 3dschnitt 343
– 3dschwenken 343
– 3dspiegeln 218
– 3dzoom 343
– Abrunden 221
– Abstand 305
– Adcenter 432
– Adcschliessen 432
– Afenster 445, 459f.
– Afzuschneiden 462
– Apunkt 336
– Attdef 384
– Attedit 388
– Attext 390
– Attredef 387
– Attzeig 389
– Auflös 351
– Ausrichten 212
– Ausschneiden 491
– Ausschnt 332
– Basis 381
– Bemausg 267
– Bembasisl 269
– Bemdurchm 273
– Bemedit 285
– Bemlinear 264
– Bemmittelp 273
– Bemordinate 278
– Bemradius 273

- Bemstil 288
- Bemtedit 286
- Bemüberschr 303
- Bemweiter 269
- Bemwinkel 271
- Bereinig 509
- Bild 409
- Bildanpassen 411
- Bildqualität 412
- Bildrahmen 412
- Bildzuordnen 406
- Bildzuschneiden 413
- Bks 132
- Bksman 133
- Block 373
- Blockeinfüg 492
- Bogen 148
- Bruch 223
- Clipeinfüg 491
- Copyclip 490
- Ddedit 287, 317
- Ddptype 139
- Ddvpoint 337
- Dehnen 224
- Differenz 253
- Drehen 213
- Drsicht 340
- Dtext 308
- Dwgeigen 62
- Edge 249
- Eigenschaften 418
- Eigschliess 418
- Eigübertrag 427
- Einfüge 377
- Einheit 98
- Ellipse 154
- Erhebung 127
- Extrusion 183
- Farbe 116
- Fase 226
- Fläche 306
- Füllen 158
- Gruppe 415
- Gschraff 186
- Hilfe 74
- Hintergrund 364
- Hoppla 209
- Hyperlink 502
- Id 305
- Info 77
- Kamera 339
- Kantob 174
- Kappen 255
- Kegel 182
- Keil 182
- Klinie 141
- Kopiebasisp 490
- Kopieren 209
- Kopieverknüpfen 491
- Kreis 146
- Ksich 50
- Kugel 181
- Länge 228
- Layer 103
- Layout 451
- Licht 352
- Limiten 99
- Linie 140

- Linientyp 110
- Liste 307
- Löschen 209
- Lsbearb 367
- Lsbibl 367
- Lsneu 366
- Lstärke 119
- Ltfaktor 115
- Mapping 362
- Masseig 307
- Mat 357
- Matbibl 361
- Mbereich 464
- Messen 230
- Mledit 249
- Mlinie 168
- Mlstil 128
- Mtext 311
- Nebel 365
- Neu 44
- Neuzall 350
- Neuzeich 350
- Objeinf 495
- Öffnen 52
- Oleverkn 500
- Optionen 201, 207, 510
- Origeinfüg 492
- Pan 326
- Pbereich 464
- Pedit 242
- Plinie 159
- Plot 481
- Plotstil 123
- Pnetz 178
- Polygon 162
- Prüfung 62, 509
- Punkt 138
- Quader 180
- Querschnitt 255
- Quit 65
- Rechteck 164
- Rechtschreibung 318
- Refclose 404
- Refedit 402
- Refset 404
- Regelob 174
- Regen 349
- Regenall 350
- Region 263
- Reihe 238
- Reinst 371
- Render 369
- Ring 161
- Rotation 184
- Rotob 176
- Sauswahl 429
- Sbem 275
- Schieben 216
- Schnittmenge 253
- Schraffedit 192
- Seiteneinr 453
- Setvar 508
- Sführung 279
- Shademode 341
- Sichals 50
- Skizze 144
- Solans 472
- Solid 165

- Solprofil 470
- Solzeich 473
- Spiegeln 217
- Spline 153
- Splineedit 251
- Stat 371
- Status 508
- Stil 322
- Strahl 142
- Strecken 231
- Stutzen 233
- Suchen 320
- Szene 368
- Tablett 522
- Tabob 177
- Teilen 234
- Teillad 57
- Toleranz 284
- Torus 182
- Transparenz 412
- Überlag 256
- Üfenster 329
- Umbenenn 443
- Umgrenzung 193
- Ursprung 381
- Varia 219
- Verdeckt 340
- Vereinig 253
- Versetz 236
- Volkörperbearb 257
- Voransicht 485
- Wblock 376
- Werkzeugkasten 33
- Wiederherstellen 62
- Xbinden 398
- Xref 395
- Xzuordnen 394
- Xzuschneiden 400
- Z 195
- Zeicheinst 79, 82, 86, 92
- Zeichreihenf 349
- Zeit 507
- Zlösch 195
- Zoom 324
- Zylinder 181

Befehlsabbruch 24
Befehlseingabe 24
Befehlsoptionen 21
Befehlswiederholung 24
Befehlszeilenfenster 25
Bemasso 264
Bemaßungslinien, Bemaßungsstil 292
Bemaßungsskalierung, Bemaßungsstil 300
Bemaßungsstile 288
Bemaßungsstil-Manager 288
Bemaßungsvariablen 288
Bemausg 267
Bembasisl 269
Bemdurchm 273
Bemedit 285
Bemlinear 264
Bemmittelp 273
Bemordinate 278
Bemradius 273
Bemstil 288, 304
Bemtedit 286

Bemüberschr 303
Bemweiter 269
Bemwinkel 271
Benannte Ansichtsfenster 445
Benannte Ausschnitte 332f.
Benannte Layerfilter 106
Benannte Objekte, Design-Center 439
Benannte Plotstiltabelle 122
Benanntes BKS 133
Benutzerdefiniert, Plotmassstab 457
Benutzerkoordinatensystem 66, 132
Benutzerspezifisch, Schraffurmuster 186
Benutzerspezifischer Pfeil 294
Benutzerwörterbuch 319
Bereich 47
Bereinig 509
Bereinigen 262, 509
Bezier-Oberfläche 248
Bezug 214, 219
Bild 409
Bildanpassen 411
Bilddateien 406
Bildqualität 412
Bildrahmen 412
Bildschirmaufbau 17
Bildschirmmenü 38
Bildzuordnen 406
Bildzuschneiden 413
Binden, Xref 398

BKS 66
Bks 132
Bksman 133
BKS-Symbol, 3dorbit 345
BL
– HANDLE 391
– LAYER 391
– LEVEL 391
– NAME 391
– NUMBER 391
– ORIENT 391
– X 391
– XEXTRUDE 391
– XSCALE 391
– Y 391
– YEXTRUDE 392
– YSCALE 391
– Z 391
– ZEXTRUDE 392
– ZSCALE 391
Blättern 54
Block 372f.
– Design-Center 439
– editieren 402
Blockeinfüg 492
Blockeinheiten 375
Blockreferenz 283
Bogen 148
Breite 159
Breitenfaktor 323
BRUch 245
Bruch 223
Bruch-Höhenskalierung 295

C

C
- DELIM 392
- QUOTE 392

CDF 390
Clipboard 490
Clipeinfüg 491
CONTINUOUS 102, 113
Copyclip 490

D

Datei
- aus dem Internet 505
- suchen 54

Dateityp 51
Datensicherheit 514
Datumsfilter 55
Ddedit 287, 317
Ddptype 139
Ddvpoint 337
Dehnen 224
DElta 229
Design-Center 432
Design-Center-Blöcke 99
Details 106, 111
Dialogfelder 30
Dienstprogramme 62
Differenz 253
Direkt beginnen 49
Direkthilfe zum Plotten 77
Dispsilh 340
Drag&Drop 61
- Befehle 488
Draufsicht 340

DREHEN 206
Drehen 213
Drehwinkel 379
Drsicht 340
Dtext 308
Durchmesser 273, 277
Durchmessermaße 273
Dwgeigen 62
DXF 390
DYnamisch 229
Dynamsich aktualisieren 331

E

Echtzeit
- Pan 327
- Zoom 327

Eckverbindung 250
Edge 249
Editierbefehle 196
Effekte 323
Eigenschaften 315, 418
- übertragen 427
- von Blöcken 372

Eigschliess 418
Eigübertrag 427
Einbetten 493
Einfüge 377
Einfügen 245
Einheit 98
Einheiten 44, 98
Einheitliche Skalierung 379
Einpassen 309
Einpassungsoptionen, Bemaßungsstil 297

Einzeiliger Text 308
Einzeleditierung, Attedit 389
Ellipse 154
Ellipsenbögen 155
ENDpunkt 87
Englische
– Bedienung 23
– Namen 23
Entfernen 200
Entwurfseinstellungen 79, 82, 86, 92
Erhebung 67, 127
Ersetzen durch 320
Erweiterter angenommener Schnittpunkt 88
Externe Referenzen 393
Extrusion 183, 258
Extrusionshöhe 184

F

Fadenkreuz 18
Fadenkreuzgröße 512
Fang 79
Farbabhängige Plotstiltabelle 122
Farbe 116
Fase 226
Favoriten 505
Feinabstimmung, Bemaßungsstil 298
Fenster 59, 198
Fensterelemente 511
Filedia 32, 43
Fläche 306

Flächen bearbeiten 257
Flächenauswahl 258
Flyout-Menü 36
Formate 98
FPolygon 199
Führung 279
Füllen 158, 162, 167
Füllmodus 167
Funktionsleiste Eigenschaften 33
Funktionstasten 97

G

Genauigkeit 44
Geographische Position 356
Gesamt 229
Geschlossenes
– Kreuz 250
– T 250
Glättung löschen 248
Glättungswinkel 370
Globale Editierung, Attedit 389
Globaler Skalierfaktor 112
– Bemaßungsstil 298
Grafiktablett 40, 522
Granit 360
Grips 204
Größe angepasst, Plotmaßstab 457
Größe der Pickbox 203
Große Werkzeugsymbole 34
Grundeinstellungen 42
Grundfunktionen 14
Gruppe 201, 415

Gruppenname 416
Gschraff 186
Gsheidi10 515

H

Halbbreite 160
Handcursor 77
Hauptwörterbuch 319
Heiße Griffe 204
Hilfe 74
Hilfe... 31
Hilfe-Fenster 77
Hilfetext 79
HILfslinie 90
Hilfslinien, Bemaßungsstil 292
Hintergrund 364
Hinzufügen 200
Höhe 311
Holz 361
Hoppla 209
Hyperlink 502
– Beschreibung 503
– öffnen 504
– suchen 503

I

Id 305
Index 74
Info 77
Inkreis 163
Inkrementalwinkel 83
Inselerkennungsstil 189
Inseln 191

Integriertes
– Kreuz 250
– T 250
IntelliMouse 328
Internet 502
Internet-Bowser 506
Isokreis 156
Isolines 180
Isometrischer
– Fang 81
– Fangmodus 156

K

Kalte Griffe 204
Kamera 339
Kante 223, 227, 233, 249
Kanten bearbeiten 260
Kantendefinierte Fläche 174
Kantob 174
Kappebene 255
Kappen 255
– 3dorbit 348
Kartesische Koordinaten 68
Kegel 182
Keil 182
KElner 89
Kette 223
Ketten- und Bezugsmaße 269
Klassifiziert 419
Klinie 141
Konstruktionslinie 141
Kontrollpunkt 250
Kontur 227
Koordinaten 276

Koordinatenanzeige 78
Koordinateneingabe 68
Koordinatenformate 71
Koordinatensystem 66
Kopiebasisp 490
Kopieren 206, 209
– mit Basispunkt 490
Kopieverknüpfen 491
Korrekturbefehle 195
KPolygon 199
Kreis 146
Kreisbogen 160
Kreisradius 163
Kreiszoomkomponente 351
Kreuzen 198
Ksich 50
Kubische B-Spline 244
– B-Spline-Oberfläche 248
Kugel 181
Kurve LÖschen 244
KurveAngleichen 243
Kurven- und Bogenglättung 512
Kurvenlinie 244

L

Landschaft 366
Landschaftsbibliothek 367
Länge 228
Layer 103
Layerfilter 106
Layout 451
Layout-Assistent 463
Layout-Elemente 512

Licht 352
Lichtintensitätsverlust 354
Lichtquellen 352
Lichtsymbolgröße 370
Limiten 99
Limitenkontrolle 100
Lineare Bemaßungen, Bemaßungsstil 299
Lineare Maße 264
Linie 140
Liniensegmente 140
Linienstärke 119
– anzeigen 120
– Einstellungen 518
LInientyp 244
Linientyp 110
Linientypfilter 111
Liste 307
Listenfenster 31
Löschen 209
LOT 88
Lsbearb 367
Lsbibl 367
Lsneu 366
Lstärke 119
Ltfaktor 115

M

M- und N-Wert 173
Magnet 96
Mapping 362
Markierungsfarbe 96
Markierungsgröße 96
Marmor 361

Masseeigenschaften 307
Masseig 307
Maßstab 100
– Ansichtsfenster 465
Maßtext 280
Maßtexttyp 280
Mat 357
Matbibl 361
Materialbibliothek 358, 361
Materialien 357
Mbereich 464
MDE 486
Mehrere Zeichnungsfenster 58
Mehrfach 210
Mein Computer, Plotter 476
Menübereiche 40
Menüfolie 522
Menügruppe 33
Messen 230
Mirrtext 217
Mitte 309
MITtelpunkt 87
Mittelpunkt
– Startpunkt, Endpunkt 150
– Startpunkt, Sehnenlänge 150
– Startpunkt, Winkel 150
Mledit 249
Mlinie 168
Mlstil 128
Modellbereich 464
Möffnen 247
Mschliessen 247
Mtext 311
Multilinien 168

– bearbeiten 249
Multilinienstil 128
Multiple Design Environment 486

N
NÄChster 89
Nebel 365
Nebelhintergrund 365
Netzwerk-Plotterserver 478
Neu 44
Neuladen, Xref 397
Neuzall 350
Neuzeich 350
Neuzeichnen 350
Nöffnen 247
Nschliessen 247
Nullen unterdrücken, Bemaßungsstil 300

O
Oberfläche glätten 247f.
ObjectARX-Anwendungen 514
Objeinf 495
Objekt Linking and Embedding 493
Objekt-Eigenschaften-Manager 418
Objektfang 83
Objektfangmodi 86
Objektfangspuren 92
Objektgriffe 204
Objektgruppe 203

Objekthöhe 127
Objektwahl 198
Ofang 86
Offenes Kreuz 250
– T 250
Öffnen 52
OK 31
Ole-Client 493
OLE-Objekt 495
OLE-Server 493
Oleverkn 500
Optionen 21, 201, 207, 510
Optionsliste 21
Origeinfüg 492
Originalkoorden 492
Orthogonale bks 134
Ortho-Modus 81
Otrack 92

P

Pan 326
– Echtzeit 327
Papierbereich 464
Papiereinheiten 456
Papierformat 456
Parallel 91
– 3Dorbit 346
Parallellicht 354
Parameter 155
Partielle Voransicht 484
Partielles Laden 57
– Öffnen 56
Pbereich 464
Pc2 477

Pcp 477
Pdmode 138
Pdsize 138
Pedit 242
Pellipse 154
Perspektivisch, 3Dorbit 346
Pfeilspitzen, Bemaßungs-
  stil 294
Photo Raytrace 369
Photo Real 369
Pickadd 202
Pickauto 203
Pickdrag 202
Picken 198
Pickfirst 202
Pick-Taste 29
Pixelbild 406
Plinie 159
Plot 481
– zentrieren 457
Plotabstand 457
Plotausgabe in Datei 482
Plotbereich 457
Ploteinstellungen 482
Plotmaßstab 100, 457
Plotoptionen 457, 514
Plotstil 123
Plotstil-Manager 124
Plotstiltabelle 122
Plotstilverhalten 515
Plotter konfigurieren 454, 475
Plotter-Manager 475
Plottermodell 476
Plot-Voransicht 485

Pnetz 178
Polar 82
Polare Anordnung 238, 240
– Winkelmessung 83
Polarer
– Abstand 83
– Fang 81
Polarkoordinaten 69
Polygon 162
Polylinien bearbeiten 242
Pop-Up-Menü 28
Position der Bemaßungslinie 266
Position der Maßlinie 268
Primäreinheiten, Bemaßungsstil 299
Profil 519
Programmoptionen 510
Projektion 225, 233
– 3Dorbit 346
Protokoll 27
Proxy-Bilder 514
Prozent 229
Prüfung 62, 509
PUNkt 88
Punkt 138
Punktlicht 353
Punktstil 139

Q

Quader 180
QUAdrant 88
Quadratische B-Spline 244
– B-Spline-Oberfläche 248

Querschnitt 255
Querverweise 77
Quickinfo 34, 81
Quit 65

R

Radius 221, 273, 277
Radiusmaß 273
Radtaste 329
Rahmen 412
Raster 79
Rasterfang 81
Rechteck 164
Rechteckige Anordnung 238, 240
Rechteckiger Fang 81
Rechtschreibung 318
Rechtsklick 517
Refclose 404
Refedit 402
Refset 404
Regelfläche 175
Regelob 174
Regen 349
Regenall 350
Regenerieren 350
Region 253, 263
Reihe 238
Reinst 371
Relative Koordinate 68
Relative
– polare Koordinate 69
– sphärische Koordinate 71
– zylindrische Koordinate 71

Render 369
Rendern 352
Renderoptionen 370
Renderszene 370
Rendertyp 369
Renderverfahren 370
Richtung wechseln 252
Ring 161
Rotation 184
Rotationsfläche 176
Rotob 176

S

Sauswahl 429
Sbem 275
Schattenoptionen 354
Schattieren 341
Schattierungsmodi 344
Scheitel bearbeiten 245
SCHIEBEN 206
Schieben 216, 245
Schnellauswahl 429
Schnellbemaßung 275
Schnitt aktivieren, 3dorbit 348
Schnittebene 255
Schnittflächen, 3Dorbit 347
Schnittmenge 253
SCHnittpunkt 87
Schraff 192
Schraffedit 192
Schraffieren 186
Schräge-Winkel 323
Schreibschutz 53
Schriftname 323

Schriftstil 323
Schwerpunkt 307
SDF 390
SehnenLänge 159
Seite 163
– einrichten 453
Seiteneinr 453
Setvar 508
Sführung 279
Shademode 341
Sichals 50
Sicherungsdatei 52
SKALIEREN 206
Skalierfaktor 112
Skalierung 379
– Bemaßung 298
– Schraffur 188
Skizze 144
Skizziergenauigkeit 144
Skpoly 144
Solans 472
Solid 165
Solprofil 470
Solzeich 473
Sonderzeichen 310
Sonnenstandsberechnung 355
Speichern unter 50
Sphärische Koordinaten 70
Spiegelachse 217
SPIEGELN 206
Spiegeln 217
Splframe 172, 244, 248
Spline 153
– bearbeiten 251

Splineedit 251
Splinesegs 244
Splinestype 244
Spotlicht 356
Spurvektor 81
Stacking 313
Standard Funktionsleiste 33
Standard-BKS 136
Start von AutoCAD 14
Startdialogfeld 15, 43
Startpunkt, Endpunkt, Radius 149
– Richtung 150
– Winkel 150
Startpunkt, Mittelpunkt, Endpunkt 149
– Sehnenlänge 149
– Winkel 149
Stat 371
Status 508
Statusfelder 79
Stift 144
Stil 308, 312, 322
Stilüberschreibung 289
Stoppuhr 507
Strahl 142
Strecken 205, 231
Stutzen 233
Subtrahieren 306
Suchen 56, 320
– Design-Center 442
Suchen/Ersetzen 316
Suchkriterium 54
Surftab1 174ff.

Surftab2 174, 176
Surftype 247
Surfu 248
Surfv 248
Symbol, Befehl Block 375
Symbole anordnen 59
Systemdrucker 478
Szene 368

T

Tabellarische Fläche 177
TABLET2000.DWG 41, 522
Tablett 522
Tablettmenü 40
Tabob 177
Tan,Tan,Tan 147
TANgente 88
Tangente-Tangente-Radius 147
Tastatur 24
Teilen 234
Teillad 57
Teil-Sampling 371
Template 42
Temporäre Spurpunkte 94
Text ausrichten 286
– Bearbeiten 287, 317
– importieren 314
– suchen 320
Textausrichtung, Bemaßungsstil 296
Textbegrenzungsrahmen 513
Textdarstellung, Bemaßungsstil 295

Textfenster 25
Textoptionen, Attdef 385
Textplazierung, Bemaßungsstil 296
Textposition, Bemaßungsstil 297
Textstile 322
Thickness 127
Tilemode 450
Toleranz 283, 284
Toleranzformat, Bemaßungsstil 302
Torus 182
Trägheitsmomente 307
Transparente Befehle 23
Transparenz 412
TTR 147

U

Übereinanderliegende Objekte 199
Überlag 256
Überlagerung 256
– Xref 395
Überprüfen 263
Übersichtsfenster 330
Ucsfollow 340
Üfenster 329
Umbenennen 443
Umgebungslicht 353
Umgrenzung 193, 400
Umkreis 163
Umschalttaste 96
UNC-Name 478

Uniform Resource Locator, URL 502
Unsichtbar 171, 249
URL 502
Ursprung 192, 373, 379, 381

V

Varia 219
Variable definieren 508
VDrehen 381
Verdeckt 340
Verdplot 461
Vereinig 253
vErfeinern 252
Verjüngung 259
Verjüngungswinkel 184
Verknüpfen 494, 500
Versetz 236
Versetzen 259
VFaktor 381
VisRetain 393
Volkörperbearb 257
Vollständige Voransicht 483
Volumenkörper 180, 222, 227, 253
– bearbeiten 257
– trennen 262
VON Punkt 91
VONBLOCK 117, 373
VONLAYER 111, 117, 373
Voransicht 483, 485
Vordefiniert, Schraffurmuster 187

Voreingestellte Ansichten, 3Dorbit 345
Voreinstellungen, Rendern 371
Vorgabelinienstärke 120
Vorlage 42
– verwenden 48
Vorlagendatei 391
Vorschläge 318

W

Wandstärke 262
Warme Griffe 204
Wblock 376
WEITER 150
Weiter 269
Weitersuchen 321
Weltkoordinatensystem 66, 132
Werkzeugkasten 33
Wiederherstellen 62
Windows TrueType-Schriften 322
Windows-Zwischenablage 490
Winkel 45, 226
Winkelbemaßung, Bemaßungsstil 300
Winkelhalbierende 142
Winkelmaß 45, 271
Winkelrichtung 46
WKS 66, 132
Worldview 337
World-Wide-Web 506
Wörterbuch 318

X

Xbinden 398
Xclipframe 401
Xdaten 278
Xfadectl 404
XP 465
Xref 395
Xref-manager 395
Xzuordnen 394
Xzuschneiden 400

Y

Ydaten 278

Z

Z 195
Zaun 199
Zeicheinst 79, 82, 86, 92
Zeichen 312
Zeichenbefehle 137
Zeichenfenster 17
Zeichenfläche 17, 100
Zeichensätze 322
Zeichng1.dwg 49
Zeichnungsausrichtung 456
Zeichnungseinheiten 99f.
Zeichreihenf 349
Zeigegerät 516
Zeilenabstand 312, 315
Zeit 507
Zentrieren 309
ZENtrum 88

Zentrumsmarke, Bemaßungs-
  stil 294
Ziehen und Ablegen 61
Zlösch 195
Zoom 324
– Echtzeit 327
Zoom auf, Suchen 321

Zuletzt bearbeitete Dateien 61
Zuordnung, Xref 395
Zuschneiden 400, 413
– Ansichtsfenster 462
– Xref 400
Zylinder 181
Zylindrische Koordinaten 71